Über dieses Buch

Die stimmungsvolle Einführung, die die Entstehung der Sommernachtstraum-Ouvertüre schildert, und Jacobs scharfe Verteidigung Felix Mendelssohns gegen die Angriffe Richard Wagners in dessen Hetzschrift über das »Judentum in der Musik« am Schluß des Buches bilden den Rahmen einer außergewöhnlichen Biographie. Dank seiner glänzenden Erzählkunst und seines historischen, soziologischen und psychologischen Wissens gelingt Jacob über das differenzierte Porträt Mendelssohns hinaus ein Kulturbild der ersten Hälfte des neunzehnten Jahrhunderts. Neben Analyse und Einordnung der Schöpfungen des großen Romantikers und der farbigen Erzählung seines Lebens geht es dem Autor vor allem um die Ehrenrettung Mendelssohns, der durch den Antisemitismus des späten 19. Jahrhunderts ins Vergessen gestoßen oder, wie Jacob sagt, künstlerisch »ermordet« wurde. »Musikgeschichte wird hier zur Kultur- und Geistesgeschichte einer ganzen Epoche.«

(Neue Zürcher Zeitung)

Der Autor

Heinrich Eduard Jacob wurde 1889 in Berlin geboren. Er promovierte zum Dr. phil., war nach 1933 in den Lagern Dachau und Buchenwald interniert und emigrierte über Österreich in die USA, wo er lange lebte. Am 25. 10. 1967 verstarb er in Salzburg.
Im Mittelpunkt seiner mehr als 40 Bücher, die in siebzehn Sprachen gedruckt wurden (Novellen, Romane, Schauspiele, kulturgeschichtliche Untersuchungen), stehen die Biographien großer Musiker.

Heinrich Eduard Jacob

FELIX MENDELSSOHN UND SEINE ZEIT

Bildnis und Schicksal eines Meisters

Fischer Taschenbuch Verlag

Fischer Taschenbuch Verlag
Februar 1981
Ungekürzte Ausgabe
Umschlagentwurf: Jan Buchholz / Reni Hinsch
Foto: Mendelssohn-Archiv. Archiv für Kunst und Geschichte, Berlin
Fischer Taschenbuch Verlag GmbH, Frankfurt am Main
Lizenzausgabe mit freundlicher Genehmigung
der S. Fischer Verlag GmbH, Frankfurt am Main

Gesamtherstellung: Clausen & Bosse, Leck
Printed in Germany
1480-ISBN-3-596-25023-4

VORWORT

Er hieß Felix — und vielleicht war dies das einzige Unrecht, das seine Eltern ihm taten. Einen Schöpfermenschen »Felix« zu nennen, einen »Glücklichen«, wie durfte man das? — Bis zu Mendelssohn hat kein Genius auf solch einen Namen Anspruch erhoben. War etwa Beethoven glücklich, als die Welt für ihn die Stimme verlor, die Rache der Götter ihn taub werden ließ? War es Schumann, der, umgekehrt, zuviel hörte und, um dem Schrecknis der inneren Stimmen zu entgehen, voller Verzweiflung in den Rhein sprang? Schubert, der Unbekannte, Gedrückte — war er glücklich? War es Mozart, der fünfunddreißigjährig in Armut starb? Hugo Wolf, der im Wahnsinn unterging? Weber, der mit noch nicht vierzig Jahren an der Lungenschwindsucht auslosch, der Krankheit Chopins, der ebenso jung starb?

Keiner dieser Meister war glücklich. Nur einer war es: Mendelssohn. Sein Leben war umhegt und gepflegt. Er genoß Kunstreisen und Ruhm, wie sie sonst nur den Virtuosen, nie den Schöpfern zuteil werden. Andere mußten sich nach Paris und London hin- und zurückbetteln. Er nicht. Für ihn standen Schiffe bereit, Eisenbahnzüge, Empfehlungsbriefe. Geld, das er nicht hatte verdienen müssen; Geld, das ihm aus einem Kaufmannserbe zufloß. Ein Genie — und dennoch ein reicher Mann? Die kleinen Abnützungsversuche des Daseins, der Kampf mit Orchestern und Intendanten, die Unzufriedenheit mit sich selbst, die alle edlen Seelen befällt, die Ermüdungen des eigenen Talents — er kannte auch sie, wie alle sie kennen. Doch das furchtbare Gewicht, das die übrigen Meister zu schleppen hatten, die grauenhafte Tagessorge um Nahrung und Obdach bedrückte ihn nicht, den Gesegneten, der von Knabenzeiten an nur an seinem Erfolg arbeiten durfte. Nicht nur sein schöpferisches Leben, sogar sein Tod war ein lächelnder Hauch, als er — völlig unverbraucht und fast ohne sichtbare Zeichen des Siechtums — als achtunddreißigjähriger Mann starb, beweint von einer erstaunten Welt.

Felix? Ein Felicissimus! — Selbst die Verkennung durch seinesgleichen, die das Dasein so vieler Meister trübt, hat er bei Lebzeiten nie erfahren. Als man Chopin in Paris nach Robert Schumanns

Musik fragte, hatte er die Stirn, zu sagen: »Diese Musik ist keine Musik.« Schumann selbst wieder verkannte Wagner. Und als Johannes Brahms davon hörte, daß man in »anständigen Konzerten« jetzt den »Charlatan Liszt« spiele, brach er in Verwünschungen aus. — All diese Verkenner ihresgleichen, die Schumann, Chopin, Brahms und Liszt, aber verehrten *Mendelssohn* — über den Hans von Bülow gar drucken ließ, ein Mendelssohnsches »Lied ohne Worte« sei wie ein Goethesches Gedicht! Neid und Verständnislosigkeit kehrten vor diesem Antlitz um.

Doch nur vor dem Antlitz des *Lebenden.* — Denn gerade diesem deutschen Meister wurde ein Geschick zuteil, ein posthumes Geschick, wie es keinem andern Genius jemals zuteil geworden ist. Ein Schicksal, das die »leidenden« Meister, die um ihr Leben kämpfenden, für das ihre nie hätten eintauschen wollen! Nicht etwa ward Felix Mendelssohn von jener »Vergessenheit« ereilt, die so oft das Los großer Künstler ist. Heinrich Schütz und die Söhne Bachs sind vergessen, ohne daß wir Anklage erheben. Es sei denn gegen die Natur, die mit verschränkten Armen dabeisteht, sobald die Musik eines Meisters dahinwelkt. Im Falle Mendelssohn jedoch ist die Ausmerzung seines Namens unnatürlich gewesen. Eine politische Diktatur von Rasse-, nicht von Kunstgläubigen hat die Streichung seines Lebenswerks aus den Tafeln der deutschen Kunst verfügt.

Dies geschah 1933 — wo so viel anderes noch geschah. Und dennoch nicht plötzlich, nicht überraschend; denn schon manches Jahrzehnt war gegen sein Werk und seinen Namen geflüstert, geraunt und auf ihn aus dem Dunkel gezielt worden. Denn die Größe dieses Tonsetzers paßte den weltanschaulichen Ablehnern nicht ins Konzept. Wäre er doch nur kleiner gewesen! Mit Dichtern, Malern, Bildhauern, auch mit anderen Musikern war von den Rassegläubigen leichter umzugehen als mit Mendelssohn, der die Wurzeln seiner Wirkung im tiefsten deutschen Volkstum hatte. Es war nicht ganz leicht, daherzukommen und diesem Volke einzureden, wenn es feiertäglich zusammenkam, daß es das nun nicht mehr singen dürfe:

Wer hat dich, du schöner Wald,
aufgebaut so hoch da droben?
Wohl den Meister will ich loben,
so lang noch mein Stimm' erschallt.

Volle hundert Jahre lang hatte das Volk seinen Schmerz, seine Lust, seine Landschaft und seine Seele in Mendelssohns Liedern wiedergefunden. »Es ist bestimmt in Gottes Rat, daß man vom Liebsten, was man hat, muß scheiden.« – »O Täler weit, o Höhen, o schöner, grüner Wald, du meiner Lust und Wehen andächt'ger Aufenthalt...« Dieses Morgenbrot der deutschen Seele, dieser vielstimmige Gesang, auf den das Volk sich gefreut hatte am Pflug, in der Werkstatt, im Kaufmannskontor: »Wem Gott will rechte Gunst erweisen...« – »Durch schwankende Wipfel schießt goldner Strahl...« – »Ein Schifflein ziehet leise...« – »Es fiel ein Reif in der Frühlingsnacht...« – das durfte nicht mehr gesungen werden? Aber man konnte es ja singen, es bedurfte nur eines kleinen Betruges – man brauchte ja nur den Sängern zu sagen, daß sie den Namen des Komponisten hinter der Hand verschweigen müßten. Das konnte man, weil die Diktatur alles kann. Und die große amorphe Masse hat es wie anderes hingenommen. Solange ihr die Diktatur nicht ungeheuerliche Opfer an Leib und Leben zumutete, blieb ihr gleichgültig, was Kunst und Künstlern geschah. Und nur wenige lauschten auf, als in Leipzig die Statue Mendelssohns, die vor dem Gewandhaus stand, vom Postament geworfen wurde.

Was war ein jüdischer Komponist?

Und dann brach die Gewaltherrschaft zusammen. Die alten Werte tauchten auf. Ist das Werk Mendelssohns unter ihnen? An uns wird es liegen, ob dem so sein wird! In den dunklen Jahren der Diktatur sind Bücher und Noten eingestampft worden, die von Felix Mendelssohn kündeten. Aber Deutschland ist wieder reich geworden. Es kann sich in ästhetischen Dingen weit mehr als ein bloßes »Umdenken« erlauben. Es kann in Buch und Notenschrift, am Dirigentenpult, im Konzertsaal, dem Volk einen Meister zurückgeben, den man dem Volke gestohlen hat. Mendelssohns Bild wieder aufzurichten, wo es für immer hingehört – in die Mitte zwischen Schumann und Brahms, die ohne ihn nicht denkbar wären; in die Mitte des neunzehnten Jahrhunderts! – das unternimmt auch dieses Buch.

Ein Buch, von dessen technischer Absicht einiges zu sagen wäre. Es ist unmöglich und lächerlich, heutigen Menschen »Leben« und »Werk« eines Meisters getrennt vorzusetzen. Denn beides erst macht die »Gestalt« aus. Beides fließt ineinander über. Es gewaltsam einzeln betrachten, hieße gleichsam: ein Buch über Napoleon schreiben und es in »Sein Privatleben« und »Seine Feldzüge« unterteilen. – Ferner: Ins Leben jedes Meisters wirft die »Zeit« ihre Wellen hinein. Die Zeit der vielen »Zeitgenossen«; die Zeit, in der die Vergangenheit mitschwingt, und die soviel Zukunft ahnen läßt ... Mozart ist *mehr* als das »Rokoko« – aber zugleich ist er doch nicht denkbar ohne die Grenzen, Gewohnheiten und Seltsamkeiten dieser Epoche. Mendelssohn *ist* das »Biedermeier« – allerdings ein Biedermeier, dem nichts Kleinstädtisches mehr anhaftet. Mendelssohn ist sogar ein Sohn des englischen Sieges bei Waterloo; ein Kind der früh-viktorianischen Zeit.

Drittens: Um Musik zu deuten, muß man selber Musiker sein. Aber jedes Notenbeispiel und jede technische Analyse – wenn sie lebendig werden sollen! – haben in ihrer Ursächlichkeit auch *psychologisch durchleuchtet zu werden:* Warum schrieb der Meister so und nicht anders? (Sonst bleiben sie Fremdkörper im Buch.) – Und viertens und letztens: Dieses Buch ist keine Vita Mendelssohns, wenigstens nicht in jenem Sinne, daß hier Leben und Werk des Meisters dem Zeitablauf nach erzählt werden. Es schien wichtiger, bei diesem Künstler, der »in der Kindheit alt und als reifer Mann jung war«, zurück- und vorspringend zu verfahren, die Kette der äußeren Begebenheiten zeitlich zu *durchbrechen,* um seinem tiefsten Wesen gerecht zu werden.

Das mag nicht für jeden Meister passen. Aber für Felix Mendelssohn, der fast in jeder seiner Phasen »vollkommen« war – nie bloß alt oder jung! – haben wir es für das Rechte gehalten.

New York und Zürich 1958 *Heinrich Eduard Jacob*

Erstes Buch

DIE VORBEREITUNG

Mit dem ungeheueren Gemenge,
das er selbst im Innern trägt, beginnt er
nach dem ungeheueren Gemenge
äußeren Daseins gleichnishaft zu haschen.

Hugo von Hofmannsthal

Vier Akkorde und eine Sommernacht

Die Sterne. Wie sind sie heute rot und zittern in ihren rauchigen Höhlen. Ob es im Weltraum auch so heiß ist wie im Park dieser Sommernacht?

Das wäre eine törichte Frage, wenn sie im Ernst gestellt werden würde – und Sternwartendirektor Johann Franz Encke, der hamburgische Freund der Eltern, der heut bei ihnen zu Abend aß, würde sie nur belächeln[1]. Aber wirklich: man kann sich nicht vorstellen, daß es irgendwo kühl sein könnte. So atemlos steht die Sommernacht über den reglosen Bäumen des Parks.

Vor allem scheint es undenkbar, daß man hier in der Stadt Berlin ist und, wenn man zweihundert Schritte macht, durch den Garten ihr Häusermeer erreicht[2]. Die Häuser, unter deren Dächern sich's anders schwitzt und seufzt als hier. Denn Leipziger Straße 3, zu der der herrliche Park gehört, ist ein Herrenhaus, beinahe ein Schloß, das Abraham Mendelssohn, der Bankier, aus dem etwas verwahrlosten Grundstück des von der Reckschen Familienbesitzes geschaffen hat. Im Winter läßt sich das Haus schlecht heizen. Im Sommer aber können die Zimmer, die Flügelbauten, der Gartensaal – in dem man Theater spielen mag und Konzerte für vielhundert Gäste geben! – ein luftiges Wunder sein. Vielbeneidet haust hier die Familie. Und nie allein. Auf Wochen hat hier Ludwig Robert, der Bruder der großen Rahel Levin, ein gerne Eingeladener, seine Sommerwohnung bezogen. Und Alexander von Humboldt hat sich im hinteren Garten ein Observatorium eingerichtet (er hat es hier stiller als andernorts in Berlin), wo er Magnetbeobachtungen macht.

Und jetzt kommt doch ein Lüftchen auf. Es weht vorbei; und nun noch ein zweites; es ist, als ob es das erste suchte. Es ist ja auch schon elf Uhr abends. Der junge Felix Mendelssohn ist eben vom Klavier aufgestanden, auf dem er aber nicht gespielt hat. Er hat nur, ohne es zu wissen, seine Tastatur betrachtet, hat dann vom Rheinwein-Sorbet genippt und hat sich wieder zum Tisch gesetzt, den er zur Schwelle des Gartensaals trug, und der schon halb im Freien steht. Die Tischfüße wackeln sogar bedenklich, wenn er auf die Feder drückt. Schreibt er doch Noten wie gewöhnlich!

Es ist August. Der Flieder ist längst verblüht. Er duftet nicht mehr.

Aber andere Düfte sind gekommen. Die Linden und der wilde Wein, die Klematis, die sich am Haus aufwärts rankt – welche Mischung! Duft kann auch tanzen und quirlen, wenn eine Nachtbrise ihn ergreift. Nun kommt ein drittes und viertes Lüftchen hinter den beiden anderen her. Der Knabenjüngling Mendelssohn hebt lauschend seinen schönen Kopf mit den eingedrückten Schläfen. Die Augen im ovalen Gesicht sind halb geschlossen, die hohe Stirn ist leicht vom Schweiß des Nachdenkens bedeckt. Vier Lüfte, vier seltsame Akkorde. Er hat sie vor Wochen schon geschrieben, aber sie standen ihm nie ganz sicher. Heut glaubt er an diese vier Akkorde:

die er nie geschrieben hätte, wenn Fanny, seine ältere Schwester, die er für nicht weniger musikalisch hält als sich selbst, diese eigenwillig-kühne Akkordfolge nicht gebilligt hätte. Auch Adolf Bernhard Marx, sein Lehrer, der Zeitungsmann, der um zehn Jahre ältere Freund, hat sie gebilligt: »Hier beginnt eine neue Musik!«[3]

Was begibt sich da in der Tiefe des Parks? Da sind Glühwürmchen, die sich haschen, die umeinander hereilen. Plötzlich springt das eine weg. Es ist wie der Tangentenstoß einer seltsamen Geometrie. Dann sind die anderen hinter ihm her und haben es wieder eingefangen in ihr Kreisen. Auch diese seltsamen Leuchteffekte hat der Jüngling komponiert, in leisen und überaus schnellen Rhythmen:

— und heute ist es dem sonst nie Zufriedenen, daß diese Takte richtig sind. Die Sterne in ihren rauchigen Höhlen und ihre zuckenden Abbilder drunten, die Glühwürmchen, haben sich dunstig gefunden. Es ist richtig, was er geschrieben hat!

Es ist das Vorspiel zum »Sommernachtstraum« — eine merkwürdig plastische Musik. Wenn diese Musik nicht plastisch wäre, wäre sie auch nicht shakespearisch. Denn Shakespeares Worte sind nie »Stimmung«; sie sind so magisch-realistisch wie Blumenkelche und Blätter im Mondlicht, wie kämpfend-geflügelte Insekten. Shakespeare ist der vollendetste Dichter, der je gelebt hat. Täglich sagt das der treffliche Hauslehrer Karl Wilhelm L. Heyse zu Felix und seinen beiden Schwestern. (Herr Heyse ist zwar selbst kein Dichter; doch sein Sohn, Paul Heyse, wird einer sein.) Man liest die Stücke des großen Briten im Hause Mendelssohn auf deutsch[4]. Denn mit dem Englischen hapert es bei Fanny, Felix, Rebekka bedenklich. Aber daß man Shakespeare auf deutsch liest, dahinter steht auch geheimer Stolz. Sind doch Shakespeares Stücke beinahe eine »Familienangelegenheit«. Wer hat sie denn den Deutschen gegeben? Der große August Wilhelm Schlegel: er ist der Schwager von Tante Dorothea in Wien, und Friedrich Schlegels Bruder[5]. Mögen die Schlegels untereinander auch ein wenig böse sein oder seit Jahren sogar recht verzankt: auf A. W. Schlegels Übersetzung ist die Familie Mendelssohn stolz. Herder, Eschenburg und andere haben sich an Shakespeare versucht. Doch wie hinkend und hölzern ist alles gewesen! Erst August Wilhelm Schlegel hat es vermocht, mit Worten aus Wind und Nachttiefe Shakespeare ein romantisches Kleid zu geben. Aus ihm einen Zeitgenossen zu machen.

Und welch ein Fleiß! Felix steht auf, macht einen Gang, nippt wieder am Sorbet, setzt sich erregt. Er schwört sich zu, fleißig zu sein wie A. W. Schlegel. Eine so einfache Stelle wie *Thy life hath had some snatch of honour in it,* hat dieses Genie zwölfmal übersetzt:

> Dein Leben hat von Ehrgefühl gezeugt.
> Dein Leben zeugte stets von Ehrgefühl.
> Dein Leben hat gezeigt, du hältst auf Ehre,

eh' es ihm gut genug dünkte[6]. So will es auch Felix Mendelssohn halten, mit der Ehre und mit dem Fleiß, und immer wieder ändern und streichen, bis die Takte vollkommen sind. Nein, man soll sich nicht drängen lassen.

Zwölfmal? Vierundzwanzigmal sollte man eine Sache prüfen! Da ist dieses herrliche E-Dur-Thema, das noch verfestigt werden muß:

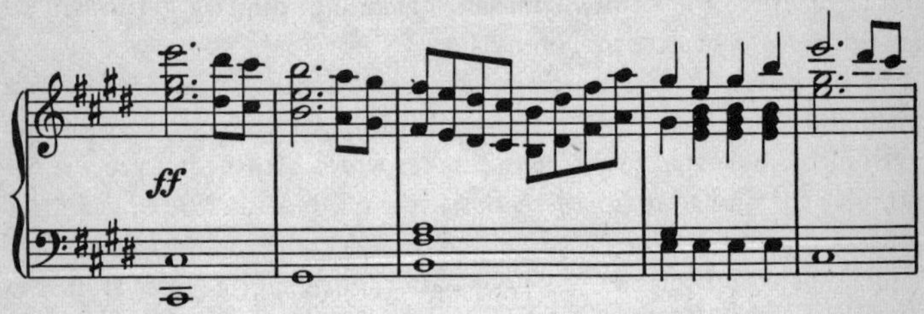

Das ist nicht mehr Nacht, das ist strahlender Tag, ein Hochzeitstag mit einer Kaskade sich abwärts schwingender, stolzer Lust... Doch noch ist die Elfennacht nicht vorbei, die sehr geheimnisvolle Nacht mit den sich haschenden Glühwürmchen. Und vorher abermals jene vier Lüfte in unbegreiflicher Wiederkehr: die zwei Flöten in E, die H-Klarinetten, im dritten Takt zwei Fagotte in a, im vierten Takt alle Bläser zusammen, auch Oboen und Pianissimo-Hörner, ersterbend und nie ganz ersterbend, in einer Fermate lang ausgehalten ...

Eine Lachkaskade im Nebentrakt. Dort haben Rebekka und Fanny Gesellschaft. Ein paar Jünglingsstimmen sind auch dabei. Es wäre schrecklich, wenn sie jetzt kämen, die Abschiednehmenden, und ihn störten. Dann müßte er das Licht ausblasen und heimlich fortschleichen in sein Zimmer. Jetzt nur keine Komplimente, Jungweiberliches und sonst derlei. Dabei kann man von Felix nicht sagen, daß er sich gar nichts aus Mädchen macht. Nur ihr Dominieren im Leben der Jünglinge ist ihm verhaßt. Das dumpfe Verlangen, das sie überall mit sich verbreiten. Die Berliner Universität, seine Vorlesungen bei Hegel, werden ihm bald viel wichtiger sein als diese Zeitstehlerinnen, die Frauen. Und die Musik? Es soll ja wahr sein, daß mancher Meister nach dem Takt des Begehrens, das er für Frauen empfand, Musik schrieb. Ihm, Mendelssohn, wird das nie passieren. Lieber läßt er sich selbst von den Frauen hofieren.

Weil die Liebe ihm unerlebt und vorläufig etwas Gleichgültiges ist, darum gibt es auch breite Teile im »Sommernachtstraum«, die er nicht versteht. Luft, Puck und Glühwürmchen sprechen zu ihm. Aber nicht Qual und Treulosigkeit der verzauberten, sich verwechselnden Paare. Hermia, Lysander, Demetrius. Hier hätte Mozart hergemußt. Das

Liebesunglück, der Liebeszorn, die Erniedrigung durch die Liebe. Mozart hat um Frauen geweint; den geliebt-gehaßten, langhaarigen Wesen hat er »Così fan tutte« gewidmet, die Oper zynischer Treulosigkeit, und die ihn Höhnenden verhöhnt[7]. Mendelssohn wird nie um Frauen weinen. Wird die Frauen niemals verhöhnen und darum auch nie in die Hölle fahren wie Mozarts rauschender »Don Giovanni«.

Heut macht er sich an die Scherzo-Takte seiner Sommernachtstraum-Ouvertüre — und das ist nun wirklich etwas für ihn. Ein Scherzo! Freund Marx hat ihn neulich gewarnt vor allzu »huschiger« Musik. Eine Sommernachtstraum-Musik müsse stark *charakterisieren*[8]. Wie könnte man das besser tun als in einem Scherzo, nicht wahr? Die Menschen spaßig empfinden, das ist's! Oft hat er beim Spazierengehen Berliner Firmentafeln und Namen in Musik gesetzt und sich totgelacht[9]. Hat sie vor sich hin geträllert. Auch sonst ganz verehrungswürdige Leute wie sein Lehrer A. B. Marx eignen sich zu Tonwitzen. Immer trägt er zu kurze Hosen und führt eine Schuhnummer spazieren, die man hier »Äppelkähne« nennt. Adolf Bernhard Marx: wie klingt das? Man komponiert das am besten wohl so, daß man patschend-plattfüßige Trochäen in abfallender Quarte und Quinte bringt und dann den Sekund-Akkord g—a setzt. Das klänge dann aber nicht wie Marx, sondern Mrx. Das Rasseln wäre richtig.

Sind nicht die meisten Menschen komisch? Eigentlich sind alle Menschen komisch. Der alte Haydn hat es gewußt, über den man jetzt schon die Nase rümpft. Wie sehr mit Unrecht übrigens doch ... Er hat die Menschen tierkomisch gesehen und gab den Tieren Menschenkomik[10]. Was für ein Brüllen und Stampfen bei Haydn! Die Herden der »Schöpfung« ... Und ins Scherzo der Sommernachtstraum-Ouvertüre schreibt der junge Komponist den Eselsruf I—A, I—A. Schreibt ihn zweimal, wo er bisher nur einmal stand:

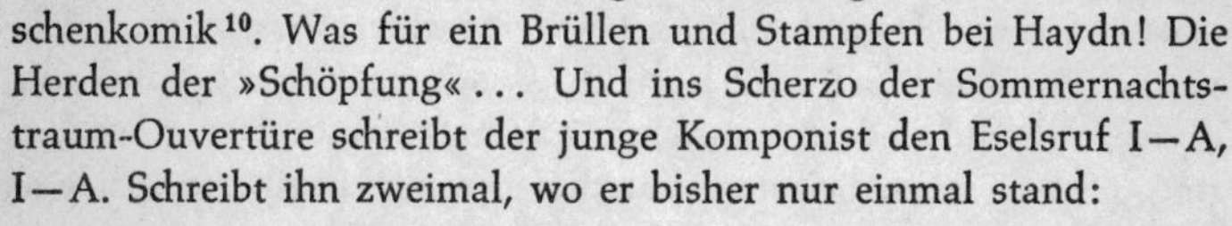

Wirklich, alle Menschen sind komisch. Nicht nur die Ungebildeten. Nicht etwa nur die Handwerker, auf die es Shakespeare scharf hatte,

weil sie die griechische Mythologie nicht verstanden und sich vor ihr ängstigten. Auch Berliner Handwerker sind komisch, wenn man etwas bei ihnen bestellt hat [11], wenn sie es falsch gemacht haben und es, weil sie gescheit sind, merken, aber mit ihrem frechen Maulwerk den Schaden zu verkleistern trachten. Und übrigens möchte der junge Mann einstweilen in keiner andern Stadt leben als in Berlin und in diesem Park.

Nicht nur die niederen Stände sind komisch, wie sehr erst die höheren! Heinrich Heine zum Beispiel mit seinen Gedichten und »Nordseebildern«. In snobistischer Byron-Pose pflegt er ein Kompliment abzuwarten und, wenn es ausbleibt, heimlich zu grollen. Neulich sprach man von Jean Paul. »Was ist Jean Paul! Hat das Meer nicht gesehn!« bemerkte Heine, so recht auffällig-unauffällig. Doch Fanny Mendelssohn, brenneisenscharf und witzig, bügelte ihn gleich nieder: »Freilich, er hatte auch keinen Onkel, der ihm das Reisegeld dazu gegeben hätte.« [12]

Je bedeutender Menschen sind, desto mehr drohn sie in die Komik zu rutschen. Wie oft kommt Rahel von Varnhagen her, die früher einmal Rahel Levin hieß. Eine unscheinbare, fast häßliche Frau. Doch Herz und Verstand auf dem rechten Fleck. Man lauscht ihren Aussprüchen; vor allem aber ihr Gatte, der Legationsrat. Wenn in ihrer Umgebung Lachen oder Zustimmung ertönt, kommt Varnhagen näher und fragt: »Was hat sie gesagt?« Eine gewisse Prätension, die das Ehepaar umgibt, ist für Felix nicht ganz behaglich. Er kann berühmte Frauen nicht leiden: die immer wie auf dem Dreifuß sitzen und deren Orakelsprüche, wie die einer Pythia, umhergetragen werden. Auch der berühmten Bettina von Arnim wird er später zwar Respekt, aber keine Sympathie abgewinnen [13]. Übrigens, Varnhagen ist nicht komisch. Welcher Respekt gebührt ihm doch! Während andere Hauslehrer (auch Professor Heyse wird es tun) reiche Frauen heiraten, hat dieser wenig Begüterte sich eine arme Jüdin genommen. Und schön ist seine Rahel gewiß nicht [14].

Nein, die Menschen sind nicht komisch. Und wie der Jüngling das bedenkt, stellt sich in seinem Innern die Waage des Gleichgewichts wieder her. »Schon das Menschsein selbst bedingt unsre Ehrfurcht«, hat Moses Mendelssohn gelehrt, sein wunderbarer Großvater. Verdienen nun alle Menschen Ehrfurcht? Obwohl es schwer ist, sie immer zu hegen, haben Goethe und Lessing dasselbe gesagt [15]. Ehrfurcht! Ehrfurcht vor den Eltern! Jeden Tag müßte man niederknien und Gott für solche Eltern danken. Für den Vater, den die Gnade des Herrn zum erfolgreichen Kaufherrn gemacht hat. Die Mutter, die musikalische Frau, die von einem Sohne Bachs die Kenntnis des »Wohltemperierten Klaviers« erwarb[16].

Ehrfurcht. Ehrfurcht auch in der Musik! Aber in Norddeutschland gibt es wenig, dem Felix Mendelssohn Ehrfurcht entgegenbringen könnte. Und in Paris, wo er schon gewesen ist, war's nicht besser, wird's nicht besser sein — wenn auch der Vater, der zeitlebens über den französischen Geschmack nicht ganz hinauskommen wird, anderer Ansicht sein mag... Welch eine Idee, Cherubini zu fragen: »Halten Sie meinen Sohn für begabt?«, dann schale Komplimente zu hören, nebst ein paar taktlosen Anspielungen auf den Reichtum der Mendelssohns[17]!

Felix kann die Pariser nicht leiden. — Oh, daß man doch in Wien lebte und die Götter auf der Straße erblickte, wie sie wandeln und unbegreiflicherweise von den Menschen für Menschen gehalten werden! Mozart und Haydn sind freilich tot — aber Beethoven, der Gewaltige, lebt. Als der Jüngling das voller Verlangen denkt, weiß er nicht, daß, wenn er heute das Finis unter die Ouvertüre schreibt, Beethoven nicht viel mehr als ein Jahr noch auf der Erde weilen wird. Nie wird er eine Notenzeile von Felix zu Gesicht bekommen — und eigentlich wird das ganz gut sein. Felix erbebt ja in tiefstem Herzen, wenn er an solche Möglichkeit denkt. Zwei Jahre ist es jetzt her, daß der Vater ein Quartett von Felix nach Wien senden wollte, damit Beethoven es begutachte. Voller Angst und Zorn, und schließlich mit Tränen, hat der Sohn ihn davon abgehalten: das wäre doch wohl ein Sakrileg, denn vorläufig sei er noch Dilettant[18].

Doch *einen* Großen hat er gesehn, und sein ganzes Wesen hat sich dem Wesen dieses Großen erschlossen. Der herrliche Carl Maria von Weber: Wieder geschah es vor ein paar Jahren, daß, nach einer Freischütz-Aufführung, der Bankier dem gefeierten Mann seinen Wagen ins Opernhaus schickte. Weber stieg ein und wartete, daß der junge Mendelssohn mitkommen möchte. Aber Felix packte ein Schrecken: mit Weber in einem Wagen zu fahren und einer Anrede gewürdigt zu werden! Da lief er auf seinen Knabenbeinen rasch selbst nach Haus und kam zur Zeit, um dem Meister den Schlag zu öffnen[19].

Aber jetzt ist Weber gestorben. Und unter so furchtbaren Umständen, daß es einem das Herz abdrückt. In London, wohin der Schwindsüchtige fuhr, weil er Geld verdienen mußte, um für Frau und Kinder zu sorgen. Ach, die Gestalt! Das hagere, freundliche Gesicht mit der langen, geraden Nase! Besäße man doch nur seine Brille, die er beim Dirigieren trug! ... Und nach London war er gefahren, um seinen »Oberon« einzustudieren. Es schauert Felix, wenn er bedenkt, daß dieses allerletzte Werk die Geschichte vom Oberon war. Wielands, nicht Shakespeares Oberon – aber doch mit elfischen Hörnern: eine Geistermusik aus Wasser und Luft.

Als dann vor zwei Monaten die Nachricht von Webers Tod kam, hat Mendelssohn Ludwig Berger gefragt, ob man das eigentlich noch dürfe: eine Oberon-Musik schreiben, ein Tonstück zu Shakespeares »Sommernachtstraum«, jetzt da Weber gestorben sei! Und Klaviermeister Berger hat erwidert: »*Du* darfst es! Du bist schon weiter als jener!«[20]

Und strömend kommt die Erinnerung an das Londoner Werk. Wie den Meister ehren? Nichts schöner und nichts inniger, als daß man seine Takte *zitiert*. Es sind ganz unbedeutende Takte, jene absteigend-wiegenden (fast klingen sie wie ein verschüchterter Walzer) aus dem Weberschen »Meermädchenlied«:

die jetzt Mendelssohn einfallen. Aber in kniender Verehrung macht er die große Ausleitung aus seiner Ouvertüre daraus:

und nun klingen sie ganz anders. Sanft, hallend. Weiträumig. Unvergeßlich. Haben sie nicht schon in ihm gegeistert, als er das Fortissimo des Hochzeits-Jubelthemas hinschrieb? Doch jetzt erst gehören die Takte ihm ganz. Denn ein legitimes Zitat, das wir einem andern entnehmen, muß immer zugleich auch die Variation eines *eigenen Gedanken*s sein! Welch weiter Raum um diese Takte, in denen Shakespeares Verse wohnen:

> Wirbelt mir mit zarter Kunst
> eine Not' auf jedes Wort;
> Hand in Hand mit Feengunst,
> singt, und segnet diesen Ort.
>
> Elfen, sprengt durchs ganze Haus
> Tropfen heil'gen Wiesentaus!
> Jedes Zimmer, jeden Saal
> weiht und segnet allzumal!
> Friede sei in diesem Schloß,
> und sein Herr ein Glücksgenoss!

Holdselige Stille. Ausschwingender Ernst... Dann erst schließt Felix die Ouvertüre pianissimo mit den vier Akkorden, mit denen er sie begonnen hat. – Alles hat sich in Luft aufgelöst.

Nun steht er auf und taumelt leicht. Alle Kerzen sind niedergebrannt. Es ist der 26. August 1826. Zwei Uhr morgens ist es geworden, und bald wird die Sonne aufgehn. Er sieht die Vision seines Bettes vor sich, und als er jetzt die Innenhand auf seine schmerzenden Augen legt, ist er im Gehen schon fast entschlafen.

Großvater Moses Mendelssohn

Alle Jugendfreunde Mendelssohns stimmen in einer Beobachtung überein. Es ist seine »leichte Ermüdbarkeit«, wie sie es nennen. Er konnte kein Sofa, kein Kanapee sehn, ohne sich darauf auszustrecken[1]. Zu welcher Tageszeit auch immer. Lag er dann aber horizontal, stellte sich seine Geisteskraft fast augenblicklich wieder ein: er sprach stundenlang mit seinen Freunden, spaßte, ja, komponierte im Liegen. All das war um so sonderbarer, als Mendelssohn gar nicht schwächlich war.

In seiner Kindheit war er sogar aggressiv wie ein junges Böckchen gewesen. Ferdinand Hiller lernte ihn kennen, als er, dreizehn Jahre alt, in Frankfurt auf der Straße mit einem Sprung die Schultern eines vor ihm gehenden Mannes enterte, des Klaviervirtuosen Aloys Schmitt, und sich von ihm schleppen ließ. Er hatte vor nichts und niemandem Furcht. Seine Eltern hatten ihn schon früh zur Körperkultur erzogen. Er besaß einen Turnlehrer — und das zu einer Zeit, in der es noch gar nicht üblich war —, einen Schüler Friedrich Ludwig Jahns. Außerdem war er ein guter Schwimmer und ein unermüdlicher Tänzer, dem die Freundinnen seiner Schwestern auf häufigen Familienbällen in und aus dem Arm flogen[2]. Er »tanzte wie ein gebildeter Sturmwind«, sagte Rahel Varnhagen von ihm, nach ihrer Art zwei Begriffe verbindend, die sich eigentlich widersprachen.

Und doch diese häufigen Müdigkeiten, dies Bedürfnis nach Ausruhen! Da ist es wohl nicht abzuweisen, daß der sechzehnjährige Jüngling in seinem überbelasteten Hirn den unendlichen Weg spürte, den er seit einem Dreivierteljahrhundert durchs Dickicht der Welt gemacht hatte! Einen Weg schon vor seiner Geburt? Felix Mendelssohn, der Berliner, war der Enkel Moses Mendelssohns, der vor mehr als achtzig Jahren als ein hilfloses, buckliges Kind aus Dessau zugewandert war. Und der eigentlich Moses Dessau hieß. Oder: Sohn des Mendel aus Dessau.

Was wollte der kleine Moses Dessau auf der Wanderschaft, die ihm vom Staate eigentlich gar nicht gestattet war? (Er hatte keinen Geleitbrief bei sich.) Seinen Talmudlehrer Fränkel besuchen, den berühmten David Hirschel Fränkel, der von der Berliner Gemeinde als Oberrabbiner berufen war. Ein Schriftsteller unserer Zeit, Otto Zarek, hat erzählt, wie man für diese Reise des Kindes einen Dukaten in Gold aufbrachte und einen alten, zerschlissenen Mantel. Der Knabe wanderte zu Fuß. Staubbedeckt, ausgezehrt von Hunger, langte er endlich vor Berlin an. Doch die Wachen an den westlichen Toren wiesen den Kleinen höhnisch zurück. Er mußte einen weiten Umweg um die preußische Hauptstadt machen. Denn nur am Rosenthaler Tor konnten Juden Einlaß begehren. »Einlaß?« fährt Zarek hellsichtig fort[3]: »Ein hochnotpeinliches Verhör! Der Wachhabende beginnt das ›Examen‹ — jenen Komödiendialog eines bramarbasierenden Uniformierten mit dem eingeschüchterten Judenjungen.

Der Wachhabende: ›Wie heißt Er?‹

Der Knabe errät die Frage nur; er kann ja kein Deutsch — ein einziges Wort nur, das er sich aufspart. Er stammelt: ›Moses!‹

Der Schnauzbart lächelt herablassend. ›Woher?‹

›Dessau.‹

Der Wachhabende notiert es. ›Zu wem will Er?‹

Der Knabe horcht auf. Als die Frage wiederholt wird, glaubt er, daß er sie versteht. Er nennt den Namen: ›Rabbi Fränkel.‹

›Was will Er dort?‹

Moses zittert. Angstvoll steht er, ein buckliger Gnom, vor einem riesengroßen Fafner in preußischer Grenadieruniform. Nun will er es anbringen, jenes Wort, jenes einzige deutsche Wort, das man ihm daheim beigebracht hat. *›Lernen!‹* heißt jenes Zauberwort, das der Kleine fast buchstabiert; die fremde Sprache der ›andern‹ will ihm einstweilen nicht über die Lippen.

›Lernen!‹ wiederholt er. Da gibt der Wachbeamte den Weg frei. Er kennt diese Sorte Talmudschüler, die sich um den Rabbi scharen. Über diesen aber, den armen, zerlumpten, buckligen, abgründig häßlichen Vierzehnjährigen mit den großen, dunklen, klugen Augen schüttelt er verwundert den Kopf.

In den Journalen der Wache findet sich an diesem Oktobertag des Jahres 1743 die Eintragung: ›Heute passierten das Rosenthaler Tor sechs Ochsen, sieben Schweine, ein Jude‹.« –

Lernen! Lernen! Klingt dieses Wort nicht auch in Moses' Enkel nach, als er jetzt mit halbgeschlossenen Lidern der Länge nach auf dem Sofa liegt? Musik ist zwar eine herrliche Sache. Doch gibt es noch andere werte Dinge, mit denen man sich beschäftigen sollte. Vielleicht wird man Dr. juris werden. Beim berühmten Begründer der Rechtshistorie, Professor Eduard Gans, studieren, über dessen Entengang die Berliner spotten, und der ein so scharfer Denker ist. Eine Zierde der Universität! Oder man wird beim Professor Böckh klassisches Altertum studieren, die Sprachkunstwerke der Griechen und Römer. Schon hat Felix Mendelssohn begonnen, für seinen Hauslehrer Karl Wilhelm L. Heyse eine Übersetzung zu machen, »Das Mädchen von Andros«, eine Komödie von Terenz, in den Versmaßen des Originals. (Noch im selben Jahr wird sie Heyse mit Anmerkungen herausgeben, während der »jugendliche Verfasser« dabei anonym bleiben wird.)

Oder sollte er nicht eigentlich – und dies ganz besonders! – Geschichte studieren? Welt- oder Universalgeschichte – wie man derlei nach Herder und neuerdings nach Schiller nennt? Eigentlich müßte er jahrelang auf dem Sofa liegen und lesen. Was sich in

Ägypten, Assyrien und im fernen Indien getan hat. (Indien, dessen »Mahabharata« der gelehrte Franz Bopp soeben entdeckt hat!) Dann die Völker der Kreuzzüge studieren, das England der Elisabeth und das Frankreich der Revolution. Ein einziges Leben langt nicht aus für das, was man eigentlich treiben müßte. »Ich brauche sieben Leben!« hat einmal der vergötterte Goethe gesagt. Wenn der in Weimar darum gewußt hat, kam ein gewöhnlicher Sterblicher (für den sich Felix Mendelssohn hält) auch nicht mit einundzwanzig aus.

Übrigens hat sich Großvater Moses — und das ist schon früh aufgefallen[4] — nie für Geschichte interessiert. Und das war weise eingerichtet! Hätte er nämlich das Leben der Alten, des Mittelalters, der Neuzeit durchforscht, wäre ihm der Mut entsunken, etwas so Neues zu begründen wie sein eigenes Leben, das einfach allem ins Gesicht schlug, was ein Jude damals wagen durfte. Kurze Zeit nach seiner Ankunft in Berlin fing Moses an, Deutsch zu lernen, sich mit dem strenggeübten Ritus seiner Glaubensgenossen zu überwerfen und — auf die empört geäußerte Frage: »Bist du denn kein Jude mehr?« — zu erklären: *»Ich bin ein Mensch!«* Das Wort »Humanismus« war längst in der Welt. Doch daß ein Mitglied der Berliner jüdischen Gemeinde sich zu solchem »Humanismus« bekannte, das war immerhin etwas Neues. Das hätte in früheren Zeiten auch mit dem »Cherem« enden können, dem großen, unabwälzbaren Bannfluch.

Und dann erschienen bald Bücher von Moses, über die die Zeitgenossen staunten. Außerordentlich rasch hatte der Fremdling Deutsch gelernt, philosophisches Deutsch, und sprach jetzt über die Fragen mit, welche das geistige Deutschland erregten. Seine schicksalsreichste Begegnung brachte ihn mit Lessing zusammen. Von ihm aufgefordert, verfaßte Moses die »Philosophischen Gespräche«, in denen er Plato nachahmte. Als Schüler und Anhänger Leibnizens verteidigte er dessen System gegen den großen Spötter Voltaire und dessen »Candide oder Die beste der Welten«[5]. »Briefe über die Empfindungen« und andere ästhetische Arbeiten folgten. Und schließlich sein berühmtestes Werk, 1767, »Phädon oder über die Unsterblichkeit der Seele«[6].

Die Schicksalsbedeutung, die Moses Mendelssohn nun aber für G. E. Lessing gewann, übertraf noch die andere, die Lessings Gestalt für Mendelssohn hatte. War Moses doch das lebende Beispiel, das leidende Beispiel aus Fleisch und Blut, für den Jahrtausendkampf der Besten gegen die Unduldsamkeit. Dieser Kampf war ein Erbe in Lessings Familie. Sein Großvater hatte ihn begonnen: Theophilus, Bürgermeister von Kamenz, hatte gewagt, die Geisteswelt mit der Schrift: »Von der allgemeinen Duldung aller Religionen« zu überraschen. Vor der Leipziger Universität hatte er diese These verfochten. Das Wort *Toleranz* war in der Welt! Der Enkel nahm den Kampfruf auf[7]. Das aber konnte erst geschehen, als Lessing ein Opfer der Intoleranz, den Juden Moses Mendelssohn, in sein Herz geschlossen hatte. Hätte er Moses nicht kennengelernt, hätte er keine Ahnung gehabt, unter welchen Ausnahmegesetzen, Erpressungen, Verfolgungen so viele seiner Mitmenschen lebten. Juden, die Christen Geld schuldeten, durften nicht bestattet werden, bevor die Schulden von den Erben oder von der jüdischen Gemeinde nicht getilgt worden waren. Da waren Leibzoll und Reiseverbot. Und da war der Judeneid, der farbig-lächerliche Eid, sobald ein Jude vor Gericht stand: »Es verzehre mich das Feuer, das zu Sodom und Gomorrha brannte, und alle Flüche, die in der Thora geschrieben stehn; und nimmer komme mir Gott zu Hilfe, der Laub und Gras und alle Dinge schuf, sofern ich hier die Unwahrheit sage. Es sollen auf mich geschickt werden alle zehn Plagen von Ägypten. Es sollen mein Haus und meine Güter, mein Weib und alle meine Kinder bestrafet werden mit Schwefel und Pech...« Der Christ schwur einfach »so wahr mir Gott helfe«. Der Jude aber, nach dem Volksglauben von Urzeiten »rachsüchtig und grausam«, mußte sich selber Rache schwören, indem er solch eine Formel nachsprach. Eine Formel, die fremdartig-grausig und die zugleich auch lächerlich war, wenn sie unter dem flachen und grauen Himmel von Leipzig, Frankfurt, Berlin erklang.

Jawohl, Berlin! Man konnte ganz wohl als »Freigeist« auf einem Thron sitzen und Friedrich II., der Große, heißen und dennoch die Juden genauso bedrücken wie irgendein bigotter Kleinfürst oder der Rat einer mittleren Stadt. Waren die Juden nicht Zauberer? Die Kunst, aus Geld mehr Geld zu machen, war ja doch ein unpopuläres, an Magie grenzendes Geschäft. Aus diesem Grunde waren auch die Hofbankiers und Münzmeister der großen und der kleinen Herren — in Deutschland und anderswo — meist Juden. Wenn nun irgendwo ein Bankrott, eine Münzverschlechterung, eine Inflation stattfand, legte man es nicht den Exzessen, den Kriegen, den erotischen Eskapaden und der baulichen Verschwendungssucht der Herrenkaste zur Last, sondern den Juden[8]. Sie wurden gebrandschatzt, und wo sie nicht gar umgebracht wurden, mußten sie auswandern, um, eine Wochenreise weiter, ihr unpopuläres, aber so notwendiges Geschäft als geldkundige Leute von vorn zu beginnen.

Nun, ein Mann wie Friedrich der Große glaubte bestimmt nicht an Zauberei. Doch verhaßt waren ihm die Juden gleichwohl. Vielleicht weil der »Philosoph von Sanssouci« von Natur aus ein Menschenverächter war. Wer »auf der Bank der Spötter sitzt«, muß schließlich alle Menschen verspotten. Warum sollte er die Juden ausnehmen – die Verachtetsten aller Verachteten? Außerdem imponierte dem König, der an Voltaire geschult war, nur »Geist«. Den die Mehrzahl der Juden schwerlich besaß oder doch nicht entfalten konnte. Denn wer für das bare Minimum des Lebens kämpfen muß, der hat keine Muße, mit Geist zu glänzen. Die Juden schienen trockene Rechner und schienen zu nichts anderem gut, als durch befohlene Zwangskäufe die Porzellanmanufaktur, die preußische Seidenindustrie und andere Zweige erst möglich zu machen. Gerade darum war ein Stück Selbsthaß in dem Haß, mit dem Friedrich der Große die preußische Judenschaft bedachte[9]. Denn der Hochflug seiner Gedanken – kurz gesagt: sein besseres Ich – wollte nicht von dem anderen Ich, den ökonomischen Zwängen und den Staatsnotwendigkeiten des Alltags, also vom Gelde gestört werden. Die Juden aber waren ihm die projizierten Symbole des Geldes. Und wer war Moses Mendelssohn? Obwohl er doch das einzige war, was der König gelten ließ, nämlich Geist, verweigerte dieser König ihm – um seiner Abstammung willen! – die Aufnahme in die Akademie.

Wer aber war denn die Akademie? Weder Maupertuis noch Kant waren die Schriftsteller des Tages, sondern der Philosoph Mendelssohn. Seine Bücher gingen in die Welt hinaus, und manchmal waren auch Kupfer dabei, die Moses Mendelssohns Antlitz zeigten. Aber er war ja gar nicht so häßlich! Johann Kaspar Lavater in seinen »Physiognomischen Fragmenten« fand ihn schön[10]. Er sprach von dem herrlichen Bogen der Stirne (den später auch Felix Mendelssohn hatte) und dem scharfen Knochen des Auges. »In dieser Tiefe des Auges sitzt eine sokratische Seele! Die Bestimmtheit der Nase, der herrliche Übergang von der Nase zur Oberlippe! Die Höhe beider Lippen, ohne daß eine über die andere hervorragt!«

Und weiter sprach Lavater von Moses' Leutseligkeit und Freundlichkeit. »Wenn er wirklich häßlich war, dann doch nur häßlich wie Äsop, der alte griechische Fabeldichter. Vertraulich und offenherzig im Umgang; schnell in der Aussprache, dann plötzlich durch ein Band der Natur im Laufe gehemmt« (zum Buckel und zur Schwächlichkeit kam nämlich bei Moses auch noch das Stottern). Es bedeutet allerlei, daß im selben Jahrzehnt, da Winckelmann den Deutschen das Schönheitsideal der Antike entdecken sollte und die Pflicht zur Symmetrie (eine Pflicht, der von Goethe zu Mozart alle Künstler Tribut zollen), ein so unsymmetrischer Kopf wie der von Moses Mendelssohn das Zeitalter so ansprechen konnte.

Moses Mendelssohn war ein Krüppel — aber vielleicht war auch das ein Geschenk. Wenn nämlich Maimonides im zwölften Jahrhundert darüber im »More Newuchim« klagte: »Die Philosophen lehren, daß die jugendlichen Körperkräfte die meisten ethischen Tugenden hemmen, und daß eine zur Gottesliebe führende Erkenntnis den Jünglingen unmöglich aus der Glut der Körpersäfte erwachsen kann«[11], so war auch dem jungen Moses Mendelssohn die Versuchung des Körperlichen nicht gestellt; er war für das geistige Leben geboren[12].

Obwohl man seine Schriften las, war Mendelssohn noch immer recht arm. Nebenverdienst aus einer Gelehrtenstellung, etwa dem Amt eines Bibliothekars, wie Lessing es verwaltete, war für ihn als Juden ja ausgeschlossen. Da engagierte ein Glaubensgenosse, der Seidenhändler Bernhard, ihn als Hauslehrer für seine Kinder. Eines Tages erkrankt der Buchhalter. Der Fabrikant bittet Moses auszuhelfen, wofür er ihm ein wenig zu seinem bescheidenen Hauslehrergehalt dazulegt. Mendelssohn ist ein genauer Denker, auch Kaufmannstum und Zahlen hängen mit genauem Denken zusammen. Der Ersatzbuchhalter macht dem Chef ein paar praktische Vorschläge und versteht sich auch gut mit den Seiden-Arbeitern, armen Gesellen, die er, der Gebildete, ohne jeden Hochmut behandelt. Möchte er dauernd Buchhalter werden? Bernhard wagt kaum, ihm das anzubieten. Doch erstaunlicherweise nimmt Moses an. Hat er doch die persönliche Armut als den größten Feind seiner Denkbestrebungen erkannt.

»Nun geht er täglich«, erzählt Otto Zarek, »um acht Uhr morgens in sein Büro und darf es erst spät abends verlassen. Er lächelt;

er hat diese Pflicht gewählt, nun erfüllt er sie. Aber manchmal übermannt ihn doch die Sehnsucht nach der Freiheit. Mit den Jahren wächst der Unmut über die Absperrung im dunklen Büro. Lessing vertraut er seine Klage: ›O die Geschäfte! Die lästigen! Sie drücken mich zu Boden und verzehren die Kräfte meiner besten Jahre. Wie ein Lastesel schleiche ich mit beschwertem Rücken meine Lebenszeit hindurch, und zum Unglück sagt mir die Eigenliebe, daß mich die Natur vielleicht zum Paradepferd geschaffen hat. Was ist zu tun, mein lieber Freund? Wir wollen uns einander bedauern und zufrieden sein…‹« [13]

Jawohl, er ist ein Paradepferd, das »mehrere Schulen reiten kann«. Er wird philosophisch immer tiefer, aber wunderlicherweise immer breiter und tüchtiger für seine Firma. Als er, ein Abgekämpfter, stirbt, ist er irdischer Teilhaber des Seidenfabrikanten geworden. – Er starb 1786.

Vorher hatte er noch Lessing verloren, den Tapferen, der um des Rechtes willen mit einer Welt im Kampfe lag. Seit Lessing die geliebte Frau im Wochenbett hatte sterben sehn, verfiel er. Er lachte oft schrecklich auf; das Schriftbild seiner Manuskripte war nicht wiederzuerkennen durch den schräggestellten und fremden Zug. Im Dezember 1780 schrieb Lessing dem Lebensfreund Mendelssohn: »Ach, lieber Freund! Die Szene ist aus!« Doch als er mit diesem Theatergleichnis auf den Lippen am 15. Februar 1781 starb, hatte er der Mitwelt seine größte Dichtertat geschenkt. Es war das Schauspiel *Nathan der Weise*.

Moses Mendelssohn *ist* Nathan. Ehe Lessing Mendelssohn kennenlernte, hatte er keine Ahnung gehabt, welcher »Kunst es bedurfte, als Jude zu leben« [14]. Nathan, als Weiser und Diplomat an einem morgenländischen Hofe – Nathan, der als einziger das Massaker seiner Familie, ein Glaubensmassaker, überlebt hat! – ist ein Künstler auf dem Gebiet des »Wägens«, dem Gebiet der »Greuelverhinderung« – wie ein führender Jude das sein soll. Der Kern dieses umwälzenden Schauspiels ist die »Parabel von den drei Ringen«, die Lessing nicht einmal erfand. Denn sie entstammt, was zu wenige wissen, einer Erzählung des Boccaccio [15], also dem vierzehnten Jahrhundert, eine der dunkelsten Epochen der Menschheit: die Kreuzzugs-Zeit war kaum vorüber, da erfand dieser große Italiener die Forderung der Humanität und der Gleichwertigkeit der Kultur-

Religionen. Sicherlich kannte Lessing die Fabel als Braunschweigischer Bibliothekar. Als Nathan seine Erzählung begann:

> Vor grauen Jahren lebt' ein Mann im Osten,
> der einen Ring von unschätzbarem Wert
> aus lieber Hand besaß. Der Stein war ein
> Opal, der hundert schöne Farben spielte,
> und hatte die geheime Kraft, vor Gott
> und Menschen angenehm zu machen...

da hielt die Welt den Atem an. Und wie der Erbe des Gottesringes dann weiter handelte, indem er, um keinen der geliebten Söhne zu benachteiligen, aus einem Ring deren *drei* machte – wie er dem ungeheuren Betrug: dem Einzigkeitsanspruch der Religionen! – *seine* Wahrheit entgegenstellte, da wandelte Lessing das Zeitalter um. Da machte er Goethe und Schiller erst möglich, die Humanität, die deutsche Klassik und das neunzehnte Jahrhundert.

Moses Mendelssohn mag vergessen werden. Doch nie sein Porträt in Lessings »Nathan«, das für immer den Kommenden zuruft:

> Wir haben beide
> uns unser Volk nicht auserlesen. Sind
> wir unser Volk? Was heißt denn Volk?
> *Sind Christ und Jude eher Christ und Jude*
> *als Mensch?*

Nathan ruft es dem Tempelherrn zu. Und dieses lastende, stolze Erbe hatte Felix Mendelssohn zu tragen, der Knabenjüngling, der Genosse einer glücklicheren Zeit – und das durfte ihn müde machen, wenn er zur Verwunderung seiner Freunde nachsinnend lieber lag als stand.

Loyalitäten, Loyalitäten

Der verkrüppelte Philosoph war kein Junggeselle geblieben. Er heiratete und bekam acht Kinder, von denen zwei schon früh starben. Sechs aber überlebten ihn und pflanzten seinen Geist weiter fort. Drei Söhne, drei Töchter – manche bedeutend und keins von ihnen ohne Bedeutung[1].

Seine Gattin? Sie hieß Fromet Gugenheim und wollte ihn zuerst nicht nehmen. Berthold Auerbach hat erzählt[2], was ebenso rührend wie glaubhaft ist: daß die Tochter des Kaufmanns Gugenheim Moses zunächst gar nicht gekannt, sondern um seiner Schriften willen ihn nur aus der Ferne verehrt habe. Umgekehrt machte das junge Mädchen auf Moses, der die Gugenheims in Hamburg besuchte, den tiefsten Eindruck. Er fragte den Vater, was die Tochter von ihm gesagt habe.

»Ja, verehrter Rabbi«, meint Gugenheim, »soll ich's Ihnen ehrlich sagen? Sie sind ein Philosoph, ein Weiser, Sie werden es dem Kind nicht verübeln; sie hat gesagt, sie wäre erschrocken, als sie Sie gesehn hat...«

»Weil ich einen Buckel habe? – Ach, ich habe es mir gedacht, will aber doch, bevor ich reise, von Ihrer Tochter Abschied nehmen.«

Darauf ging er in die Wohnung und setzte sich zu der Tochter, die nähte. Sie sprachen leise und gut miteinander, doch das Mädchen sah nicht von der Arbeit auf. Sie gedachten des alten Sprichworts »Ehen werden im Himmel geschlossen«. Lächelnd perorierte der Weise: »Mir ist dazu etwas eingefallen. Bei der Geburt eines Kindes wird im Himmel ausgerufen: Der und der bekommt die und die. Wie nun ich geboren wurde, ward auch mir meine Frau ausgerufen, doch dabei hieß es: Sie wird leider einen Buckel haben. Lieber Gott, hab' ich da gesagt, ein Mädchen, das verwachsen ist, wird es bitter und schwer haben, ein Mädchen soll schön sein. Lieber Gott, gib *mir* den Buckel und laß das Mädchen schlank aufwachsen.«

Kaum hatte Moses das gesagt, als Fromet Gugenheim ihm um den Hals fiel – und sie ward seine Frau, und sie wurden sehr glücklich.

Ein Biograph Felix Mendelssohns, Ernst Wolff, hat von dieser Geschichte gesagt, sie wäre »in ihrem eigentümlichen Gemisch von orientalischer Schlauheit und resignierter Philosophie« eigentlich »Nathans des Weisen« würdig[3]. Und wirklich: Lessings Ringparabel waltete über den Kindern von Moses. Die bedeutendste Geisteserbin des Vaters war Dorothea Mendelssohn, später verehelichte Veit und noch später Gattin Friedrich Schlegels. Die leidend-sanftmütige Art des Vaters hatte sich bei Dorothea ins Heftig-Polemische gewandelt. Ihre Kriegsrufe waren es, die den Geist der Romantik streitbar erhielten, freilich auch das Brüderpaar der Schlegels auseinander trieben. Waren doch August Wilhelm, der Elegante, der nie erreichte Einfühler in den Sprachleib fremder Dichtung, und Friedrich, der Tiefere, Sündigere und zu mystischer Schau Entschlossene, höchst verschiedene Charaktere. Ricarda Huch, die für unser Jahrhundert die Romantik wiederentdeckte, hat Dorothea Unrecht getan[4]. Sie erlag, wie so viele, dem lockenden Zauber, der Karoline Schlegel umgab, die früh verstorbene Gegnerin und Schwägerin Dorothea Schlegels. Am unbefangensten aber hat Haym die Tante Felix Mendelssohns, die geniale und seltsame Frau, geschildert[5]:

»Sie war der selbstlosesten Hingebung, der aufopferndsten Treue fähig. Unter harten Prüfungen hat sie es im Verhältnis zu Friedrich, dem selbstsüchtigen, anspruchsvollen, nichts weniger als gutmütigen Manne bewiesen. Ein starker Geist wohnte in diesem schwächlichen Körper, stark vor allem in Stillhalten, Dulden, Entsagen. Es war ihr Stolz, ganz dem geliebten Manne zu leben.« Als »Auslegerin und Ergänzerin« stellte sie sich zwischen Friedrich Schlegel und Schleiermacher, den Theologen, der die undankbare Aufgabe hatte, Friedrichs »unsittlichstes« Buch, die »Lucinde«, zu verteidigen. Es war ein Buch über die »freie Liebe« — und so ward es Schleiermacher nicht leicht. Dorothea konnte auch bitter sein; dann meint man, die häßliche Frau zu sehn, sagt Haym, »wie sie die Nase rümpft und die Lippen aufwirft, und es steht ihr das keineswegs gut«. Aber auf den Zorn folgt die Demut: ist nicht alles, was Friedrich mißlingt, eigentlich ihre eigene Schuld? Dann wieder schüttelte sie gründlich den Kopf, als echte Tochter Mendelssohns, über die Exzentrizitäten der Romantik. Friedrich ist katholisierender Künstler und transzendentaler Ironiker, und dagegen hat sie nichts, »aber recht lieb würde er ihr erst sein, wenn er sich als tüchtiger Bürger in einem echten Staate bewährte«. Und, um diesen philiströsen Wunsch in sich selber zu beschämen, schreibt sie plötzlich selbst einen Roman, den »Florentin«, der von Genieblitzen durchzuckt ist, aber nicht immer weiß, wie es um die deutsche Grammatik bestellt ist — »indem der Teufel an den Stellen regiert, wo eigentlich der Akkusativ oder der Dativ regieren sollte...«. Ach, dieser vierte und dritte Fall! Auch jener Angstbrief einer Mutter — vom Juni 1814, ein Angstbrief aus den Freiheitskriegen! — an den Baron de la Motte-Fouqué (der Brief erscheint hier zum erstenmal als Faksimile) spricht von einem »Anliegen an Ihnen«, bevor ein mächtiger Tintenklecks das darübergeschriebene »Sie« ermöglicht...

Dorothea Mendelssohn war nacheinander Jüdin, Protestantin und Katholikin — und, wie wir keineswegs zweifeln dürfen, alle drei Male mit Überzeugung. Mit jener Lessingschen Überzeugung der Ringparabel: daß *eine Kulturreligion so viel wert sei wie die andere.* Und genau das war auch der Glaube, der ihren Bruder Abraham, den Vater Felix Mendelssohns, dazu bewog, seine Kinder taufen zu lassen (es geschah, als Fanny elf Jahre und Felix sieben Jahre alt waren, am 21. März 1816). Der Vater selbst trat erst sechs Jahre später zum Christentum über. Er war nur dem sittlichen Gehalt der neuen Religion zugeneigt. Jeglichen Offenbarungsglauben des Alten und Neuen Testaments lehnte er im Innersten ab[6].

Als Fanny 1820 eingesegnet werden sollte, schrieb er ihr einen bedeutsamen Brief:

Ob Gott ist? Was Gott sei? Ob ein Teil unseres Selbst ewig sei und, nachdem der andere Teil vergangen, fortlebe? und wo? und wie? — Alles das weiß ich nicht und habe Dich deswegen nie etwas darüber gelehrt. Allein ich weiß, daß es in mir und in Dir und in allen Menschen einen ewigen Hang zu allem Guten, Wahren und Rechten und ein Gewissen gibt, welches uns mahnt und leitet, wenn wir uns davon entfernen. Ich weiß es, glaube daran, lebe in diesem Glauben, und er ist meine Religion. Die konnte ich Dich nicht lehren, und es kann sie niemand erlernen, es hat sie ein jeder, der sie nicht absichtlich und wissentlich verleugnet; und daß Du das nicht tun würdest, dafür bürgt mir das Beispiel Deiner Mutter, dieser edelsten, würdigsten Mutter — dieser Religion in Menschengestalt. Du wuchsest heran unter ihrem Schutz. Deine Mutter war und ist, und mein Herz sagt mir, sie wird noch lange bleiben unser aller Vorsehung und Leitstern. Wenn Du sie betrachtest und das Gute erwägst, was sie Dir erwies, und wenn Dir dann in Dankbarkeit, Liebe und Ehrfurcht das Herz auf- und die Augen übergehen, so fühlst Du Gott und bist fromm.

Dies ist alles, was ich Dir über Religion sagen kann, alles, was ich davon weiß. — Die Form, unter der es Dir Dein Religionslehrer gesagt, ist geschichtlich und wie alle Menschensatzungen veränderlich. Vor einigen tausend Jahren war die jüdische Form die herrschende, dann die heidnische, jetzt ist es die christliche. Wir, Deine Mutter und ich, sind von unsern Eltern im Judentum geboren und erzogen worden und haben, ohne diese Form verändern zu müssen,

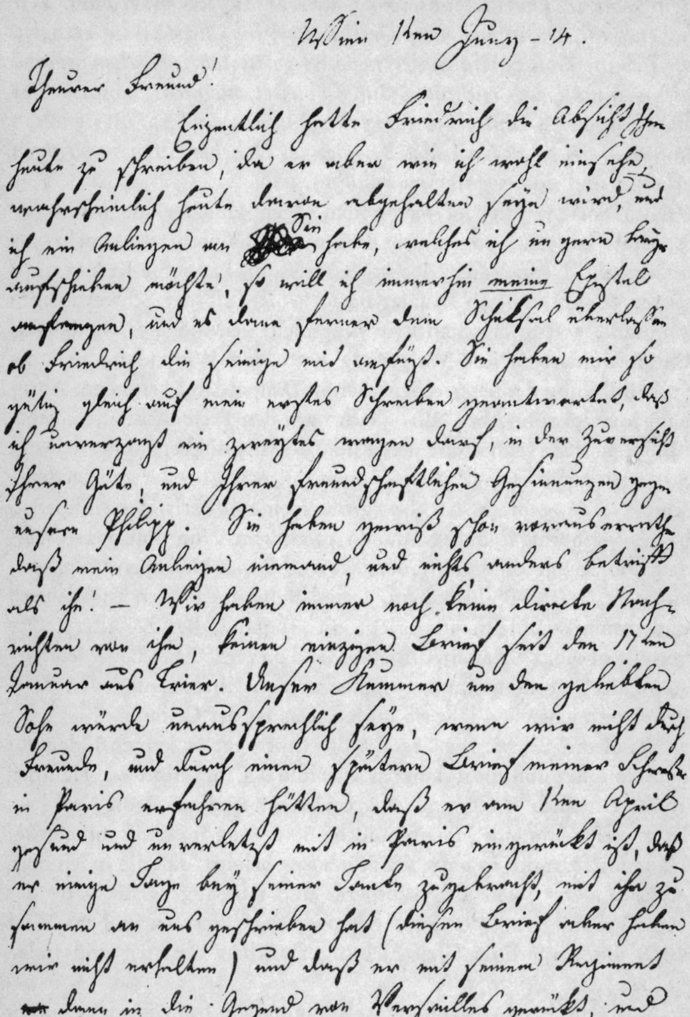
Wien 1ten Juny – 14.

Theurer Freund!

Eigentlich hatte Friedrich die Absicht Ihnen heute zu schreiben, da er aber wie ich wohl einsehe, wahrscheinlich heute daran abgehalten seyn wird, und ich ein Anliegen an Sie habe, welches ich nur ungern länger aufschieben möchte, so will ich immerhin meine Epistel anfangen, und es dann ferner dem Schicksal überlassen ob Friedrich die seinige mit anfügt. Sie haben mir so gütig gleich auf mein erstes Schreiben geantwortet, daß ich überzeugt ein zweytes wagen darf, in der Zuversicht Ihrer Güte, und Ihrer freundschaftlichen Gesinnungen gegen unseren Philipp. Sie haben gewiß schon errathen, daß mein Anliegen niemand, und nichts anders betrifft als ihn! – Wir haben immer noch keine directe Nachrichten von ihm, keinen einzigen Brief seit den 17ten Jenner aus Trier. Unser Kummer um den geliebten Sohn würde unaussprechlich seyn, wenn wir nicht durch Freunde, und durch einen spätern Brief meiner Schwester in Paris erfahren hätten, daß er am 1ten April gesund und unverletzt mit in Paris eingerückt ist, daß er einige Tage bey seiner Tante zugebracht, mit ihr zusammen an uns geschrieben hat (diesen Brief aber haben wir nicht erhalten) und daß er mit seinem Regiment dann in die Gegend von Versailles gerückt, und

Dorothea Mendelssohn-Schlegel
Brief an Friedrich Freiherr de la Motte-Fouqué

dem Gott in uns und unserem Gewissen zu folgen gewußt. Wir haben euch, Dich und Deine Geschwister, im Christentum erzogen, weil es die Glaubensform der meisten gesitteten Menschen ist und nichts enthält, was euch vom Guten ableitet, vielmehr manches, was euch zur Liebe, zum Gehorsam, zur Duldung und zur Resignation hinweist. Sei es auch nur das Beispiel des Urhebers, von so wenigen erkannt und noch wenigeren befolgt...

Nun, das ist nicht viel – mag man sagen. Und deshalb wird einer Apostat? Es klingt sogar recht resigniert. Dennoch ist es mehr, als man denkt. Denn Vater Moses Mendelssohn hat seine Kinder *nicht* taufen lassen und gab Lavater harte Worte, als der Schweizer ihm zumutete, »wenn er schon kein Jude mehr sei, möge er wenigstens Christ werden«. Diese Weigerung hatte den Widerklang und die volle Billigung der besten Menschen in Deutschland gefunden. Abraham Mendelssohn aber läßt, gleich nach den Freiheitskriegen, seine Kinder taufen. Man spürt den Ruck, den mystischen Ruck, den der Sieg über Napoleon – dieser so unverhoffte Sieg! – der ganzen deutschen Nation gebracht hat. Der große Heide in Paris, der Antichrist, hat es vermocht, fremde Nationen zu einigen. Nun muß verschwinden und weggeschäumt werden, was in diesen Nationen noch »uneins« ist: Fremd-Philosophien, Fremd-Religionen. Man ist »deutsch und fromm« zugleich und erlebt ein »romantisches Zeitalter«. Das vermögen wohl aber nur Christen. Und so reißt Abraham Mendelssohn die Trennungswand zwischen seinen Kindern und den Zeitgenossen nieder und läßt sie taufen. Das ist der Grund.

Napoleon? Schwierige Gestalt! Eigentlich gab es keinen Juden auf der Welt, der ihm nicht dankbar war und der ihm nicht wie Heinrich Heine ein Buch »Le Grand« hätte widmen wollen. Denn Napoleon hatte rechtzeitig eine judenfeindliche Bewegung im Elsaß mit starker Hand unterdrückt. Er hatte die Franzosen belehrt, daß die Juden noch etwas anderes seien als »Wucherer und Aussauger«. Er hatte das »Große Sanhedrin« der Rabbiner nach Paris berufen und im März 1808 die bürgerliche Gleichstellung zwischen Christen und Juden vollzogen[7].

Auch Abraham Mendelssohn war einmal ein französisch gesinnter Jude gewesen. Als er 1803 im Pariser Bankhaus Fould das Geldgeschäft erlernt hatte: wie muß sie ihm imponiert haben, die grandiose Sicherheit der Napoleonischen Staatsführung! Wie großartig waren Besitz und Rechte vom Ersten Konsul, dann vom Kaiser, verteilt! Der Code Civil: welch ein Wunderwerk! Die Hydra der Revolution war besiegt — geblieben war nur die Gleichstellung der Bürger und der Religionen. Was in Deutschland doch nur »Papier« gewesen — Lessings Forderung, sein »Nathan«! — war in Paris Wirklichkeit geworden. Damals hatte Abraham Mendelssohn sich nicht träumen lassen, in ein Land zurückzugehn, dessen Regierungen seinen Vater zum Heloten gestempelt hatten.

Und dann ging er doch! Aus privaten Gründen, die nichts Logisches an sich hatten. Weil seine Mutter in Hamburg lebte. Und weil die Erwählte seines Herzens, die reiche Leah Salomon, keinen »Kommis« heiraten wollte, sondern nur einen Handlungs-Chef. Er, der seiner ebenfalls pro-französischen Schwester, Henriette Mendelssohn[8], die in Paris geblieben war (sie hatte eine Erzieherinstellung im Hause des Generals Sebastiani), einmal stolz geschrieben hatte: »*Je préférais manger du pain sec à Paris!*« — er beginnt im kaufmännisch gesinnten Hamburg mit seinem Bruder ein Bankgeschäft. Mit jenem Joseph Mendelssohn, der vom Kaufmannswissen des Vaters ebenfalls einiges geerbt hat, dem aber das andere näher liegt: er ist der »Literat« der Familie, der dichterische Sprachenkenner, heimlich belächelt, doch auch bewundert. Der Führer des Hamburger Bankhauses, der Mann mit den glücklichen Händen, wird Abraham Mendelssohn allein. Hier, in behaglicher Landhaus-Umgebung (die sogar schon etwas vom späteren Berliner Luxus ahnen läßt) werden seine drei Kinder geboren: Fanny am 15. November 1805, von der die musikalische Vorahnung ihrer Mutter bemerkt, sie habe »Bachsche Fugenfinger«; Felix am 3. Februar 1809; und Rebekka am 11. April 1811. Paul, vom Vater scherzend oft »Faul« genannt, kam erst 1813 zur Welt.

In Hamburg geschah etwas Seltsames. Diese Familie Mendelssohn sprach zwar nicht vorwiegend Französisch, aber äußerte doch kaum einen Satz, der nicht die flüssigsten Beweise enthielt, daß ein Paris existierte. (»Den Abend meiner Ankunft«, schrieb Leah an ihre Schwägerin Henriette, »hab ich mir noch den Spaß gemacht, mein Pariser Kistchen zu öffnen und die beiden Prachtgewänder anzuziehn. Himmlisch! Aber nur zur Cour bei Kaiser Napoleon zu gebrauchen. Das herrlichste, reichste, glänzendste, seidenweichste, Chamois-Peking-artigste Atlaskleid, und das zarteste, mit Weiß vermischte façonnierteste Rosa, göttlich garniert und gemacht! Mein Mann war im höchsten Enthusiasmus...«[9]) Und dieser Familie Mendelssohn geschah, was allen Hamburgern geschah. Sie lernte kennen, was Franzosen außerhalb ihres Frankreichs trieben. Tyrannische Bedrückungen. Ungeheuerlichste Aussaugerei, die bald nach dem Frieden von Tilsit einsetzte, nach dem unglücklichen Krieg, den Preußen 1806 gegen Napoleon verlor.

Die Lage Hamburgs war einzigartig. Hamburg lebte von seiner Schiffahrt. Diese Schiffahrt wurde ruiniert durch Napoleons Kontinentalsperre. Sein am 21. November 1806 erlassenes Dekret verbot jeden Handel mit englischen Waren, beschlagnahmte alle Magazine, in denen solche Waren lagen, und erklärte jedes Schiff für verfallen, das englische Güter transportierte. Wer vom Handel gelebt hatte, verarmte über Nacht, und das war gut die Hälfte des Hamburger Volks. Andererseits wurde es patriotische Pflicht, Napoleons Dekret zu umgehn. Binnenländische Städte, besonders Leipzig, zahlten jede Summe, um englische Tuche zu erhalten; noch mehr waren Kolonialwaren gefragt, überseeische Gewürze, Kaffee, Tee, Zucker und Tabak. So verwandelte sich Hamburg in ein riesiges Schmugglerlager. Hoch und niedrig durchbrach die Sperre. Dünne Leute, die frühmorgens nach Altona gewandert waren, eine Stadt, die damals den Dänen gehörte, kamen abends wohlbeleibt zurück, umwunden von Knäueln englischen Garns, von Kattunen und massiger Baumwolle. Die konsternierten französischen Zollwächter konnten es sich nicht vorstellen, daß und warum plötzlich so viele Menschen in Altona gestorben waren und in Hamburg begraben werden wollten: in den hereinkommenden Särgen lagen nämlich Kaffeesäcke[10].

Das alles war meist Sport kleiner Leute. Wenn man aber ein Bankhaus hatte wie die Gebrüder Mendelssohn, konnte man viel weiter gehn. Die reichen Hamburger rüsteten Schiffe unter neutraler Flagge aus, die gar keine neutralen Schiffe waren, und betrieben den Handel mit England im großen. Das war natürlich nur dann möglich, wenn man damit rechnen konnte, daß die Spitzen der französischen Beamten korrupt waren. Und das waren sie in der Tat. Der französische Marschall Mortier, der Gouverneur der Hansestädte, hatte seinen bestimmten Preis. Sogar am Weitertransport englischer Kohle nach Frankfurt, Leipzig und Berlin war er finanziell beteiligt. Napoleon hörte gerüchtweise davon und setzte den dicken Mortier ab. An seine Stelle kam Marschall Brune, der, nach einem späteren Wort des Kaisers, »ein unverzagter Räuber« war. Zusammen mit dem Stadtkommandanten Lallemand und dem Konsul La Chevardière ließ er sich von den Hamburgern 400 000 Franken zahlen, um Napoleons Dekret zu umgehn. Er ließ die Warenregister fälschen: es gab in Hamburg über Nacht nur noch dänisches Einfuhrgut[11].

Auf Brune folgte Bernadotte. Auf Bernadotte der Marschall Davout, der ein fürchterlicher Kriegsmann war, der Sieger von Eckmühl und Auerstädt[12]. Über ihn schwankt das historische Urteil. Nach einigen Geschichtsschreibern war er Napoleon so treu ergeben, daß er diejenigen Kaufleute, die als »Blockadebrecher und Schmuggler« bekannt waren, mit eiserner Hand aus Hamburg hinaustrieb[13]. Nach anderen Historikern wollte er das große Geschäft gegen den Kaiser allein machen[14]. Genug, unter den Schwer-Gefährdeten, die bei Nacht und Nebel davonmußten, war die Familie Mendelssohn. Abraham, Leah, drei kleine Kinder. Sie kamen nicht als arme Leute in Berlin an — aber als höchst loyale Deutsche, die ihre wirtschaftliche Kraft gegen Napoleon eingesetzt hatten.

Loyalitäten, Loyalitäten! Die politische Loyalität des Kaufmanns Abraham Mendelssohn kann von niemand bezweifelt werden. Als der Aufruf Friedrich Wilhelms III. »An mein Volk« erscheint, der Befreiungskampf ausbricht, da rüstet der Kaufmann Freiwillige aus. Im selben Jahr 1813, als die Waage zwischen der Niederlage von Dresden und dem Sieg bei Leipzig schwankt, wird in Prag ein Armeespital aus der Erde gestampft. Mendelssohn und andere geben das Geld — die prachtvolle Rahel Varnhagen (jetzt gar nicht »geistig«, nur hilfreiche Hand) arbeitet achtzehn Stunden am Tag, um Verwundete zu verbinden, Leiden zu lindern, Hoffnungen zu pflanzen[15]. Nach dem Sieg wird der allverehrte Mann, der Wohltäter seiner Mitbürger, zum Berliner Stadtrat gewählt.

Loyalitäten, Loyalitäten! Bürgerlich hat er's weit gebracht. Aber wie steht's mit der Religion? Jahrelang denkt er darüber nach. Er ist kein Hitzkopf wie seine Schwester Dorothea. Wohin soll er, der Vorsichtige, seine geliebten Kinder steuern? Gläubiger Jude ist er doch längst nicht mehr. Aber deshalb Christ werden? Ein unendliches Für und Wider bricht in seiner Seele los. Den Endstoß gibt ihm Leahs Bruder, der den Namen Salomon abgelegt hat und sich seitdem Bartholdy nennt[16]. Wahrscheinlich hat Abraham ihn gefragt; nun antwortet der Schwager Bartholdy: »Du sagst, *du seiest es dem Andenken deines Vaters schuldig* — glaubst du denn, etwas Übles getan zu haben, deinen Kindern diejenige Religion zu geben, die du *für sie* für die bessere hältst? Es ist geradezu eine Huldigung, die du und wir alle den Bemühungen Moses Mendelssohns um die *wahre Aufklärung* im allgemeinen zollen; und er hätte wie du für deine Kinder, vielleicht wie ich für meine Person gehandelt. Man kann einer gedrückten, verfolgten Religion getreu bleiben; man kann sie seinen Kindern als eine Anwartschaft auf ein sich das Leben hindurch verlängerndes Märtyrertum aufzwingen — *solange man sie für die alleinseligmachende hält.* Aber sobald man dies nicht mehr glaubt, ist es eine Barbarei.«

Wieder mag man denken: Wie praktisch! Und: Wo bleiben die Ideale? Als ob sich in einer solchen Anschauung nicht Ideal und Klugheit durchdrängen! Ein inbrünstig religiöses Erlebnis allerdings darf man hier nicht suchen. Ein im achtzehnten Jahrhundert Geborener und im Zeichen der Ratio Erzogener — wie hätte er es haben können? Erst Felix Mendelssohns Generation, die im neunzehnten Jahrhundert Geborenen, haben solche Erweckungen, da der »innere Saulus zum Paulus wird«.

Da ist ein entfernter Verwandter der Mendelssohns in Göttingen, der Sohn des Kaufmanns Emanuel Mendel. Er studiert den ganzen Tag Plato und fühlt einen Blitzschlag in seiner Seele, als Schleiermacher ihm einmal zuruft: »Finden Sie nicht, daß Platos Lehre vom reinen Wort im Evangelium Sankt Johannis noch reiner ausgesprochen ist?[17]« Von Stund an ist Mendel Christ geworden und nennt sich »Neander«, den »neuen Menschen«. Dieser August Neander aber wird ein gewaltiger Gelehrter im Schoß der evangelischen Kirche, der größte Theolog seiner Zeit. 1837 gibt er sein »Leben Jesu« heraus. Als Gegner des Rationalismus, doch auch als Gegner der Orthodoxie, die denkerischen Fortschritt nicht duldet, verficht er Christus »als übernatürliches Prinzip in geschichtlicher Erscheinung«, wobei »Übernatürlichkeit« und »Geschichte« einander wohltätig beschränken... Und ein anderer jüdischer Konvertit ist der berühmte Eduard Gans, der von seinen Voreltern ein scharfes talmudisches Rechtsdenken mitbringt: 1825 getauft, macht er Hegels Dialektik für die Jurisprudenz fruchtbar. »Das Erbrecht in weltgeschichtlicher Entwicklung« ist das früheste Werk der Vergleichenden Rechtsgeschichte[18]. Ein Dritter im Bunde, der Professor Friedrich Julius Stahl, geht weit über alles Maß hinaus. Er zeigt, wessen jüdische Geisteskraft in christlichem Gewand fähig ist. Auf politischem Gebiet wird er der glühendste Verfechter des Legitimitätsprinzips und auf religiöser Ebene der strengste Verkünder des christlichen Offenbarungsglaubens. Bekämpfer der letzten Reste jener Französischen Revolution mit ihrer »Volkssouveränität« und ihrem Rousseauschen »Gesellschaftsvertrag«, wendet sich Stahl gegen Schleiermacher, der (im achtzehnten Jahrhundert geboren!) ihm in kirchlichen Dingen zu »liberal« scheint. Dieser starr theokratische Mensch, der nicht mit sich reden läßt, dieser eigentliche Begründer der Konservativen Partei in Preußen, zeigt in Reden und Flugschriften (»Das monarchische Prinzip« und »Gegen die Frankfurter Kaiserkrone«) den Legitimisten erst, wieviel stärker sie doch sind als alle »achtundvierziger« Demokraten und Revolutionäre... So macht er das Bismarcksche Reich erst möglich![19]

Drei Männer, aus altjüdischer Schicht ins Christentum vorgestoßen. Aufgebrochen zu verschiedenem Ziel. Wer könnte es wagen, ihre idealistischen Beweggründe anzutasten? — Aber da sind die anderen, der Strom der jüdisch geborenen Menschen, die *auch* zum Christentum übertreten. Die Juristen, Ärzte, Naturwissenschaftler, die Denker und Politiker, Maler, Schauspieler, Musiker — waren sie alle Idealisten, wenn sie den neuen Glauben annahmen? *Nur der da fragt, hat zu erröten* — nicht aber hätten es die Gefragten, die vielleicht mit verschämtem Flüstern gestanden hätten, daß ihr Streben nach Wirkenkönnen, Gleichgestelltsein, einer Hochschulprofessur, als Taufpaten mitgewirkt haben könnte. Sich vorzustellen: die deutsche Nation hätte diese Großleistung jüdischer Menschen zurückgewiesen, wäre sie nicht von *Getauften* gekommen!

Mit welchem Rechte eigentlich *verlangte* man von den Juden die Taufe? Waren nicht deutsche Protestanten, Katholiken und Juden in der Theorie gleichgestellt und im Besitz der Bürgerrechte? — Man hat es Heinrich Heine verargt und als eine Beleidigung des alten *und* neuen Glaubens empfunden, in wie taktloser Weise er seine Taufe als ein »Eintrittsbillett in die europäische Kultur« gewertet hatte. In der Tat ein vollendet taktloses Wort — nur daß sein Inhalt leider völlig der deutschen Wirklichkeit entsprach. —

Loyalitäten, Loyalitäten. Mußte es einem Beobachter wie Stadtrat Mendelssohn nicht auffallen, wie wenig »loyal« die »anderen« waren? Viele jüdische Freiwillige hatten sich zur preußischen Armee gemeldet. Kaum aber waren diese Söhne von Berliner Familien, die Franz Hauschildt, Moritz Itzig, Ephraim Wolf, auf dem Schlachtfeld von Lützen verblutet, da erschien auf dem hauptstädtischen Theater eine Posse »Unser Verkehr«, die die Sitten der Juden dem Hohn preisgab[20]. Ein Breslauer Augenarzt, Karl Sessa (das konnte kein guter Augenarzt sein, der selbst mit so scheelen Augen sah!) war der Verfasser. Die Komödie wandte sich gegen das Gesetz, das die Juden in Preußen zu Staatsbürgern machte. Der bessere Teil des Publikums nahm wütend gegen die Künstler Partei, die sich hergegeben hatten, in dem Schmähstück mitzuspielen. Einer von ihnen, der Komiker Wurm, wird verprügelt, als er in einer Szene die alttestamentarischen Speisegesetze und den Abscheu der Juden vor Schweinen verspottet. Der Vorhang muß fallen. Flugblätter rauschen durchs Theater, auf deren einem zu lesen steht:

> Daß du in »Unserm Verkehr« die Juden verspottest, die Ursach,
> sie begreift sich so leicht: Bist du selbst doch ein Schwein!

Immerhin, auf den spottsüchtigen Pöbel hat die Posse Eindruck gemacht, und die Berliner fragen sich, ob die jüdischen Freiwilligen mit Recht das Eiserne Kreuz tragen. Sollten sie nicht an der Wachstuchkappe besser ein großes Geldstück zeigen?[21] Aber ein wirklicher Prediger wie Johann Gottfried Zunkel in Weimar empfand es anders. Als er den Kriegsfreiwilligen in der Kirche die Hostie reichte, da erblickte er in der Kompanie auch den ungetauften Sohn des Hofjuden Elkan. Er stutzte; dann aber legte er seine Hand auf das Haupt des zu Segnenden: »Dich aber, mein Sohn, segne der Gott deiner Väter Abraham, Isaak und Jakob!«[22]

Jetzt hört alle, alle zu

In den letzten Oktobertagen des Jahres 1821 – ein milder Herbst, die Blätter fallen – steht eine geräumige Reisekarosse vor dem Mendelssohnschen Haus. In ihr wartet Professor Zelter, einer von Felix' Musiklehrern. Nach Weimar soll's gehn – zum Geheimrat Goethe, der Exzellenz, dem Staatsminister, mit dem Zelter befreundet ist – und mit feierlichen Herzen setzen die Eltern ihren Sprößling hinein. Eben noch hat ihn der Vater ermahnt, wie man bei Tisch anständig sitze und sich gleich einem Erwachsenen gebärde (was ziemlich überflüssig ist). Dann fällt die Kutschentür ins Schloß, und Abraham und Leah sehn mit bewegten Augen dem Wagen nach.

Das ist kein gewöhnlicher Besuch, den der Zwölfjährige machen wird! Es gibt im Hause Mendelssohn eine »Goethe-Religion«. Sie ist nichts Selbstverständliches. Zu Beginn der zwanziger Jahre ist Goethe ein wenig gelesener und weitgehend unbeliebter Autor. Der »Werther«, der »Götz« sind längst vergessen[1], und Goethe ärgert die Nation, indem er von allem das Gegenteil tut, was die »Zeitströmung« verlangt. Erwartet man »Patriotismus« von ihm, so wird er statt dessen sich »weltbürgerlich« geben. Erwartet man Christentum von ihm, kehrt er den »Heiden« hervor. Die große Entdeckung, das Mittelalter, betritt er nur mit zögerndem Fuß. Sind die Statuen der Antike nicht besser? Aber alles, was er tut – und das sehen die Mendelssohns genau! – tut er nicht aus polemischen Gründen. Nicht weil er eine »andere Zeit« will, stellt sich Goethe gegen die Welt, sondern weil er der »Zeitlose« ist. Das Göttliche ist immer »zeitlos«. Wenn die Mächte der Reaktion sich auf ihn berufen, so irren sie; er vertritt nicht ihre Sache, sobald er sich gegen Wartburgfeste, die Exzesse der Burschenschaftler und den demokratischen Taumel ausspricht. Was kann von der Straße Gutes kommen? Ob Revolution, ob Reaktion; beide sind »Zeit«, also sind die das Böse[2]. Er selbst ist zeitlos, ist wie der »Granit«, den er in einem wunderbaren Aufsatz als das »Seiende« besang. Im übrigen »singt« dieser Goethe jetzt selten. Wo man Streit- und Parteigedichte von ihm erwartet, versteht er zu schweigen. Er versenkt sich in Erdgeschichte und in jene Farbenlehre, die (fortgesetzt liest er's bei seinen Gegnern!) »keinen Menschen interessiert«.

Diesem Fels, diesem zeitlosen Richter, fährt nun der Knabe Mendelssohn zu. Wie wird er die Begegnung bestehn? – Nun, sie wird nicht nur ihn selbst, sie wird sogar die Kunstfreunde des Städtchens Weimar umwälzen!

Johann Christian Lobe, Musiker der Weimarischen Hofkapelle, wurde öfters zum Staatsminister von Goethe gerufen, um dort mit andern Quartett zu spielen. Aber die erste Novemberwoche des Jahres 1821 hat er sich für sein Leben gemerkt: »Drei Pulte standen an der Seite des geöffneten Flügels für uns bereit. Auf denselben lag ein Konvolut geschriebener Notenhefte. Ein Heft war ›Studien im Doppelten Kontrapunkt‹ überschrieben; ein anderes Heft ›Fugen‹; ein drittes ›Kanons‹. Dann kamen ›Quartette für Klavier, mit Begleitung von Violine, Viola und Cello‹. Auf allen Heften stand der Name Felix Mendelssohn-Bartholdy. Die Noten waren mit fester, zierlicher Hand geschrieben.« [3]

Während die Musiker an den Pulten Platz nahmen, berichtet Lobe, sei ein langer Mann hereingekommen, »den man seiner militärisch straffen Haltung nach wohl für einen ehemaligen Wachtmeister hätte halten können. Es war Zelter. ›Ich bin vorausgegangen, meine Herren, um vorläufig eine Bitte an Sie zu richten. Sie werden einen zwölfjährigen Knaben kennenlernen, meinen Schüler. Seine Fähigkeit als Klavierspieler, mehr wohl noch sein Kompositionstalent, werden Sie in Erstaunen setzen. Nun ist aber der Junge eine eigene Natur. Alles Dilettantengejauchze um ihn herum berührt ihn nicht; auf das Urteil der Musiker aber lauscht er begierig und nimmt jedes für blanke, echte Münze; denn der junge Kiekindiewelt ist natürlich zu unerfahren, um wohlwollende Aufmunterung von verdienter Anerkennung gehörig unterscheiden zu können. Darum, meine Herren, wenn Sie zu einem Lobgesang angeregt werden sollten, was ich immer zugleich wünsche und fürchte, so führen Sie ihn in mäßigem Tempo auf, nicht zu geräuschvoll instrumentiert, und in C-Dur, der ungefärbtesten Tonart. Bisher habe ich ihn vor Eitelkeit und Selbstüberschätzung bewahrt, diesen vermaledeiten Feinden alles künstlerischen Fortschreitens.‹«

Nach dieser sonderbaren Warnrede sei »Felix hereingesprungen, ein vollendet schöner, blühender Knabe, von entschieden südländischem Typus, schlank und gelenk; reiches schwarzes Lockenhaar floß ihm bis in den Nacken herab, Geist und Leben sprühten aus seinen Augen.« Gleich nach ihm sei Goethe gekommen, von allen ehrfurchtsvoll begrüßt, aber doch eher gemessen und nüchtern, augenscheinlich ebenfalls von Zelter, dem Mentor, vorbereitet. Sicherlich gespannt zu hören, aber die einzelnen Sätze doch nur mit einem »Gut!« oder »Bravo!« begleitend, während sein Gesicht sich dabei immer höher rötete.

»Als der letzte Satz zu Ende, sprang Felix von seinem Sitz auf und blickte alle der Reihe nach mit fragendem Blick an. Er mochte nun etwas über sein Werk hören wollen. Goethe aber, augenscheinlich noch immer im Banne der Zelterschen Warnung, begnügte sich zu sagen: ›Die Mienen dieser Herren sprechen deutlich genug aus, daß ihnen dein Produkt recht gut gefallen hat. Nun geh hinunter in den Garten, man erwartet dich, und erhole und kühle dich ab, denn du brennst ja lichterloh!‹« [4]

Kaum hatte Felix das Zimmer verlassen, als sich Tempo und Tiefe des Gesprächs völlig änderten. Zelter und Goethe machten beide aus ihrer Begeisterung kein Hehl mehr. Wunderkind sei ein lästiger Name — aber »Was dieser kleine Mann im Fantasieren und Primavista-Spielen vermag, das grenzt ans Wunderbare, und ich habe es bei so jungen Jahren nicht für möglich gehalten!« sagte Goethe.

»Und dabei hast du«, versetzte Zelter, der sich mit Altmeister Goethe duzte [5], »den kleinen Mozart damals in Frankfurt spielen hören. Das war doch wohl 1763.«

»Ja«, gab Goethe zu.

Das hörte Zelter natürlich gern. Es wurde noch einiges gesprochen über den Nachahmungstrieb der Kinder, welcher Produkte sehr junger Personen oft so unbedeutend mache. Man müsse zwischen Einfallsgnade und Geschicklichkeit scharf unterscheiden, meinte Zelter. Goethe schüttelte den Kopf und sagte, er *wisse* zu unterscheiden. Er blickte die Streichmusiker an, die bisher bescheiden geschwiegen hatten: Felix Mendelssohn, fielen sie jetzt in Goethes Tonart ein, »produziere selbständigere Gedanken als Mozart in demselben Alter, der damals noch nichts anderes als gewandte Nachahmungen des Vorhandenen geliefert habe. Hieraus sollte man schließen dürfen, daß die Welt mit diesem Knaben einen zweiten Mozart erhalten werde, und das um so sicherer, als er von blühender Gesundheit strotze und alle äußeren Umstände ihm so günstig wären...«

»Möchte es so sein!« sagte Goethe.

Diese Aufzeichnung Lobes bezeugt den von Goethe ausgehenden Vergleich Mendelssohns mit dem jungen Mozart — keinen ganz glücklichen Vergleich, denn Mendelssohn blieb sein ganzes Leben ein episch-lyrisches Genie, während, von allem andern zu schweigen, Mozart Musikdramatiker war. Das Zusammentreffen jedenfalls, von dem Lobe hier berichtet, war nicht das erste zwischen Goethe und dem Knaben Mendelssohn. Über die allererste Begegnung besitzen wir den Bericht eines Mannes, der mit minutiöser Genauigkeit alles festhielt: jene Anfangstakte der vierzehntägigen Jubelperiode, die der kleine Felix in Weimar erlebte, hat Ludwig Rellstab uns geschildert, ein ausgezeichneter Publizist, der ebenfalls eingeladen war; ein durchgebildeter Musiker und ziemlich gefürchteter Kritiker[6]. Er kannte Felix bereits aus Berlin, aus den Mendelssohnschen Sonntags-Konzerten, konnte also kaum überrascht sein, weil er ihn schon als Zehnjährigen Hummels sehr schweres h-Moll-Konzert[7] hatte vom Blatt spielen hören, dazu das »Wohltemperierte Klavier« Johann Sebastian Bachs auswendig.

Nach ihm ging es folgendermaßen zu: Während Rellstab bereits mit Zelter im Mansarden-Stockwerk des Goethehauses plauderte (Ottilie von Goethe war dabei), trat Felix Mendelssohn zaghaft ein. »Er vermutete wahrscheinlich Goethe selbst unter den Anwesenden, allein dieser war noch in seinem Zimmer und noch nicht zur Begrüßung gekommen... Der Knabe wurde nicht beachtet, weil man seine außerordentlichen Eigenschaften noch nicht kannte; ich war mutmaßlich außer Zelter der einzige, der damit vertraut war. In Zelters Grundsatz lag es, gar keine Notiz von ihm zu nehmen, und so mochte denn sein begabter Zögling sich in diesen ersten Minuten ziemlich unbehaglich fühlen. Indessen schwand die Blödigkeit allmählich, und er stellte sich bald auf einen muntern Fuß mit den jüngeren Damen. Bei seiner Lebhaftigkeit steigerten sich die heiteren Beziehungen schnell zu mutwilligen, und ohne von seinem tiefen musikalischen Talent irgend etwas gezeigt zu haben, war er schon der Liebling aller geworden.«

Goethe scheint nun auch weiterhin am Nachmittag nicht gekommen zu sein. Erst abends trat er in Erscheinung – er hatte eine größere Gesellschaft zur musikalischen Soirée geladen. Während alle sich schweigend erhoben, begrüßte Goethe den Duzfreund Zelter mit ganz besonderer Freundlichkeit. Zelter, der sich in Berlin sonst immer demokratisch salopp gab, hatte – weil Goethe Minister war und offizielle Persönlichkeiten wie Knebel, Froriep und Hoffräuleins der Herzogin Anna Amalia anwesend! – altfränkische Kurzhosen angelegt, Seidenstrümpfe, Lackschuhe, schwarz mit silbernen Spangen, wie man sie vor der Französischen Revolution trug. Wie sehr seine Sprechweise damit kontrastierte, machte Rellstab nicht geringen Spaß. Goethe warf jetzt einen Blick auf Felix und bewies seine

Menschenkenntnis: »Mein Freund Zelter hat mir da seinen kleinen Schüler mitgebracht. Von seinen musikalischen Anlagen soll er uns erst eine Probe geben; aber auch nach jeder andern Seite ist er, wie man mir erzählt hat, außerordentlich begabt. Man hat die Lehre von den Temperamenten; jeder Mensch trägt alle vier in sich, nur in verschiedenem Mischungsverhältnis. Bei diesem Knaben würde ich annehmen, daß er vom Phlegma das irgend möglichste Minimum, von dem Gegensatz das Maximum besitze.« [8] – Woher wußte Goethe das? War ihm von seinen Haus-Spionen bereits zugetragen worden, was Felix sich am Nachmittag einem Weimarischen Hoffräulein gegenüber erlaubt hatte? Er hatte hinter einem Kamin einen Blasebalg hervorgezogen und mit ihm die Lockenfrisur der Dame auseinandergefächelt... Der Spaß war seine zweite Natur!

Jetzt regierte die erste, der Ernst. Goethe öffnete den Streicherschen Flügel, den ihm Rochlitz besorgt hatte. Die Lichter wurden aufs Pult gestellt. Felix Mendelssohn sollte spielen. Er fragte Zelter: »Was soll ich spielen?«

»Nun, was du kannst!« antwortete dieser von oben her und wie zufällig. »Was dir jedenfalls nicht zu schwer ist!«

Rellstab fand diese Bemerkung unklug: »Da es keine Aufgabe gab, die Felix nicht spielend gekonnt hätte, erschien das wie eine unrichtig angebrachte Unterschätzung seiner Fähigkeiten.« Nach einem kleinen Hinundher wurde endlich festgesetzt, daß er frei fantasieren solle, und er bat seinen Lehrer um ein Thema, das er variieren könne. Jetzt beging Zelter den kaum glaublichen Lapsus, einen Rokoko-Gassenhauer »Ich träumte einst von Hannchen« zu nennen.

»Ich kenne das Lied nicht«, sagte Felix.

»So will ich es dir vorspielen.«

Zelter setzte sich an den Flügel und spielte mit seinen steifen Händen (er hatte mehrere gelähmte Finger) ein sehr einfaches sechzehntaktiges Lied in G-Dur, in dem Triolenbewegung herrschte. »Felix«, berichtet Rellstab weiter, »spielte es zunächst ganz nach und brachte, ohne zu überlegen – indem er die Triolenfigur unisono in beide Hände nahm –, gewissermaßen seine Finger in das Geleise der Hauptfigur... Aber schon brach er ohne Umstände in das wildeste Allegro aus. Aus der sanften Melodie wurde eine brausende Figur, die er bald im Baß, bald in der Oberstimme nahm, sie mit schönen Gegensätzen durchführte, genug, eine im feurigsten Fluß fortströmende Fantasie erschuf – wobei ihm Hummels Art und Weise, dergleichen Aufgaben zu behandeln, wohl am meisten vorschweben mochte. Alle gerieten in das höchste Staunen; die kleine Knabenhand arbeitete in den Tonmassen, beherrschte die schwierigsten Kombinationen, die Passagen rollten, perlten, flogen mit ätherischem Hauch vorüber, ein Strom von Harmonien ergoß sich, überraschende kontrapunktische Sätze bauten sich dazwischen auf – nur die banale Melodie blieb ziemlich unberücksichtigt und durfte wenig mitsprechen *in diesem glänzenden Reichstag der Töne.*«[9]

Rellstab und allen andern fiel auf, welch ein glückliches Gefühl Felix schon damals für »Kürze« hatte. Er spielte nicht eine Minute länger, als er hätte spielen dürfen! In das entzückte Schweigen hinein polterte Professor Zelter mit herablassendem Humor: »Na, du hast wohl von Kobolden oder Drachen geträumt! Das ging ja über Stock und Block!« In Wahrheit war Zelter unmäßig stolz über das Debut des Knaben. Doch zu Rellstabs Ärger – einem Ärger, den Felixens Klavierlehrer, der berühmte Ludwig Berger, teilte! – behandelte der alte Herr alles Vollkommene als selbstverständlich. Währenddessen stand Goethe auf und herzte den Kleinen, »in dessen kindlichen Zügen sich Glück, Stolz und Verlegenheit malten, indem er ihm den Kopf zwischen die Hände nahm und freundlich-derb streichelte: ›Aber damit kommst du nicht durch! Du mußt noch mehr spielen, bevor wir dich ganz anerkennen.‹«

Goethe, und das war bekannt, war ein großer Freund der Bachschen Fugen[10]. Felix wurde jetzt die Aufgabe gestellt, eine Fuge des Altmeisters zu spielen. Er spielte sie völlig unvorbereitet und mit vollendeter Sicherheit. Danach gab es einen Dialog. »Warum läßt du den Triller fort?« fragte Zelter stirnrunzelnd. »Weil man ihn nicht spielen kann!« »So, so!« summte Zelter leicht ironisch. »Weil *du* ihn nicht spielen kannst?« »Herr Professor!« versetzte Felix bescheiden und doch selbstbewußt: »Ich glaube, niemand kann ihn spielen. Vielleicht sollte er besser dort nicht stehn!«

Diese Mischung von Kunstverstand, Bescheidenheit und Selbstbewußtsein entzückte die Beifallklatschenden. Goethe verlangte ein Menuett – Felix, der ihn sofort verstand, sagte: »Es gibt nur ein einziges«, und spielte das aus dem »Don Giovanni«. Goethe wollte die Ouvertüre der Oper; das schlug der Spieler rundweg ab: Derlei sei keine Klavier-Aufgabe. Doch die Ouvertüre zum »Figaro«, das sei etwas ganz anderes. Und nun, berichtet Rellstab weiter, »begann er sie mit einer Leichtigkeit, mit einer Sicherheit, Rundung und Klarheit, wie ich sie nie wieder gehört. Dabei gab er die Orchestereffekte so vortrefflich, so durchsichtig, machte so viele kleine Züge in der Instrumentation bemerkbar, durch scheinbar mitgespielte Stimmen, daß die Wirkung eine hinreißende war und ich fast behaupten möchte, mehr Freude daran gehabt zu haben als jemals an einer Orchesteraufführung.«

Goethe wurde immer heiterer. Ja, er konnte sich nicht genugtun mit Scherzen und Necken gegen den Knaben. »Bis jetzt hast du nur Stücke gespielt, die du kanntest, jetzt wollen wir einmal hören, ob du auch etwas spielen kannst, was du nicht kennst. Ich werde etwas holen und dich auf die Probe stellen.«

Darauf sei er hinausgegangen. Um die Pause auszufüllen, fragte Rellstab den Kleinen nach einem Rondo von Cramer, das Ludwig Berger vorzüglich liebte[11] und seinen Schülern meist einstudierte. »Ja«, rief Felix Mendelssohn, »das spielt Herr Berger wunderschön.« Auf Rellstabs Bitte begann er damit, aber nur versuchsweise. Bei einer Stelle griff er fehl. Rellstab fragte ihn, als er innehielt: »Sollte an dieser Stelle nicht Cis stehn?« »Ja«, sagte Felix, den Kopf werfend, »C oder Cis, es kann beides sein!« Daß er fehlgegriffen habe, mochte er nicht einräumen – doch noch mehrere Jahre später sprach er zu Rellstab lachend davon[12].

Goethe kam wieder ins Zimmer zurück und trug geschriebene Noten im Arm: »Wirst du das hier spielen können?«

Klare, klein geschriebene Noten lagen plötzlich auf dem Pult. Mozarts Handschrift! Felix erglühte. »Ein unnennbares Gefühl der Begeisterung und Freude, der Bewunderung und Ahnung packte uns alle!« berichtet Rellstab. Goethe, der Greis, und Mozart, seit dreißig Jahren bestattet – ein Gruß von Mozart aus Goethes Hand an den Knaben Mendelssohn! Felix spielte mit vollster Sicherheit. Es war ein nicht schweres Adagio, allerdings mit viel Zweiunddreißigstel-Noten. Nun, Mozarts Manuskripte seien bekanntermaßen sauber geschrieben, lachte Goethe. »Doch was ist's mit dem hier? Nimm dich in acht!«

Mit diesem scherzenden Ton habe er ein anderes Blatt aufs Pult gelegt. »Das sah in der Tat sehr seltsam aus. Man wußte kaum, ob es Noten waren oder nur ein liniertes Blatt, das verwischt und mit

Tinte bespritzt war. Felix Mendelssohn lachte verwundert auf: ›Wie ist das geschrieben! Wie soll man das lesen?‹

›Rate, wer das geschrieben hat!‹

Zelter war ans Klavier getreten und sah Felix über die Schulter: ›Das hat ja Beethoven geschrieben! Das kann man auf eine Meile sehn! Der schreibt immer wie mit dem Besenstiel und als ob er seinen Ärmel über die frischen Noten wische...‹

Trotz der grotesken Redeweise wurde Felix plötzlich sehr ernsthaft. Ein heiliges Staunen trat in seine Züge. Er hielt das Auge unverwandt auf das Manuskript gerichtet, und ein Leuchten überflog sein Gesicht, wie aus dem Chaos verwischter Noten und dazwischengeschriebener Worte sich ein hoher Gedanke gebar. Doch das alles währte nur Sekunden. ›Siehst du!‹ rief Goethe provozierend. ›Ich sagte dir doch: Du wirst steckenbleiben! Jetzt versuche, jetzt zeige, was du kannst!‹«

Felix stürzte sich auf das Lied. Es gehörte allerlei dazu, aus den zehn, zwanzig ausgestrichenen Stellen die gültigen herauszufinden und den Zusammenhang herzustellen. Rellstab, der ebenfalls am Klavier stand, sah verwundert mit ins Blatt und versuchte einiges mitzusummen, was aber mißlang. Nur Mendelssohn, schien es, übersah alles zugleich. Beim zweitenmal gab er die Singstimme mit, unterbrach sich bei einer Stelle: »Das ist ganz Beethoven, daran hätte ich ihn erkannt!«

Damit ließ Goethe es genug sein — und von diesem Augenblick an war Felix Mendelssohn in Weimar als junger Klaviermeister anerkannt. Wie bescheiden er dabei blieb, zeigt, daß er mehrere Tage darauf bei einer Gesellschaft der Erbgroßherzogin weinte, als man ihn aufforderte, nach Johann Nepomuk Hummel zu spielen, dem Freunde Haydns und Beethovens.

Die Briefe, die er aus Weimar geschrieben, bildeten jahrzehntelang den Stolz des Hauses Mendelssohn. Briefe eines Zwölfjährigen! Sebastian Hensel hat sie in sein vielgelesenes deutsches Volksbuch aufgenommen [13]. Mit einer Frische ohnegleichen blicken sie uns noch heute an. Da lesen wir denn eine andere Fassung jener ersten Begegnung mit Goethe:

Weimar, den 6. November 1821

...Jetzt hört alle, alle zu! Heut ist Dienstag. Sonntag kam die Sonne von Weimar, Goethe, an. Am Morgen gingen wir in die

Kirche, wo der 100. Psalm von Händel halb gegeben wurde. Die Orgel ist groß und doch schwach, die Marien-Orgel ist, obwohl klein, doch viel mächtiger. Die hiesige hat 50 Register, 44 Stimmen und 1 mal 32 Fuß. Nachher schrieb ich Euch den kleinen Brief vom 4. und ging nach dem Elephanten, wo ich Lucas Cranachs Haus zeichnete. Nach 2 Stunden kam Professor Zelter: »Goethe ist da, der alte Herr ist da!« – Gleich waren wir die Treppe herunter in Goethes Haus. Er war im Garten und kam eben um eine Hecke herum. Ist das nicht sonderbar, lieber Vater? Er ist sehr freundlich, doch alle Bildnisse von ihm finde ich nicht ähnlich. Er sah sich dann seine interessante Sammlung von Versteinerungen an, welche der Sohn geordnet hat, und sagte immer: »Hm, hm, ich bin recht zufrieden«; nachher ging ich noch eine halbe Stunde im Garten mit ihm und Professor Zelter. Dann zu Tisch. Man hält ihn nicht für einen Dreiundsiebziger, sondern für einen Fünfziger. Nach Tische bat sich Fräulein Ulrike, die Schwester der Frau Ottilie, einen Kuß aus, und ich machte es ebenso. Jeden Morgen erhalte ich vom Autor des »Faust« und des »Werther« einen Kuß, und jeden Nachmittag vom Vater und Freund Goethe zwei Küsse. Bedenkt!! Nachmittags spielte ich Goethe über zwei Stunden vor, teils fantasierte ich ...

Und vier Tage später schreibt er fort:

Als ich zuletzt bei ihm war, spielte ich ihm die Sonate aus g-Moll vor, die ihm sehr wohl gefiel ... Ich spiele hier viel mehr als zu Hause, unter 4 Stunden selten, zuweilen 6, ja wohl gar 8 Stunden. Alle Nachmittage macht Goethe das Streichersche Instrument mit den Worten auf: »Ich habe dich heute noch gar nicht gehört, mache mir ein wenig Lärm vor«, und dann pflegt er sich neben mich zu setzen, und wenn ich fertig bin, so bitte ich mir einen Kuß aus oder nehme mir einen. Von seiner Güte und Freundlichkeit macht Ihr Euch gar keinen Begriff, ebensowenig als von dem Reichtum, den der Polarstern der Poeten an Mineralien, Büsten, Kupferstichen, kleinen Statuen, großen Handzeichnungen hat. Daß seine Figur imposant ist, kann ich nicht finden, er ist eben nicht viel größer als Vater. Doch seine Haltung, seine Sprache, sein Name, die sind imposant. Einen ungeheuren Klang der Stimme hat er, und schreien kann er wie zehntausend Streiter. Sein Haar ist noch nicht weiß, sein Gang ist fest, seine Rede sanft. Dienstag wollte Professor Zelter mit uns nach Jena und von da auch gleich nach Leipzig; Sonnabend abend war

Adele Schopenhauer bei uns, und wider Gewohnheit Goethe auch den ganzen Abend. Die Rede kam auf unsre Abreise, und Adele beschloß, daß wir alle hingehn und uns Professor Zelter zu Füßen werfen sollten und um ein paar Tage Zugabe flehen. Er wurde in die Stube geschleppt, und nun brach Goethe mit seiner Donnerstimme los, schalt Professor Zelter, daß er uns mit nach dem alten Nest nehmen wollte, befahl ihm stillzuschweigen, ohne Widerrede zu gehorchen, uns hier zu lassen, allein nach Jena zu gehen und wiederzukommen, und schloß ihn so von allen Seiten ein, daß er alles nach Goethes Willen tun wird. Nun wurde Goethe von allen Seiten bestürmt; man küßte ihm Mund und Hand, und wer da nicht ankommen konnte, der streichelte ihn und küßte ihm die Schultern, und wäre er nicht zu Hause gewesen, ich glaube, wir hätten ihn nach Hause begleitet, wie das römische Volk den Cicero nach der ersten catilinarischen Rede. Übrigens war auch Fräulein Ulrike ihm um den Hals gefallen, und da er ihr die Cour macht (sie ist sehr hübsch), so tat alles dies zusammen die gute Wirkung...

Beobachtungen eines Zwölfjährigen, die er, um nicht überwältigt zu werden, in einen jeanpaulisierenden und sehr feinen Humor kleidet. Beobachtungen bleiben es trotzdem. Diese Adele Schopenhauer! Ganz so wie ein Menschenalter später ihr »Leben einer Einsamen« sie zeigt[14]. Und die Stimme der zehntausend Streiter – wie alttestamentarisch, wie händelisch! Goethe »mit seiner sanften Rede« konnte mit Donnerstimme sprechen, wo er Respekt erzwingen wollte – wie damals im Weimarer Theater, als ein mißratenes Publikum ein Stück von Ludwig Tieck verlachte, und er »Man lache nicht!« ins Parkett rief[15].

Was aber die täglichen Küsse betraf, die Goethe dem »Judenknaben« gegeben, so hat der Antisemit Chamberlain, der bekannte englische Renegat und Schwiegersohn Richard Wagners, Goethe aufs bitterste getadelt, daß er sich befleckt habe[16]. Der Altmeister hätte es wahrscheinlich, wenn er es erlebt hätte, zu dem übrigen gelegt: in den Giftschrank menschlicher Narrheit.

Ein Wort über Zelter

Wer war der Mann, der jahrzehntelang das »musikalische Ministerium im Hause Goethe« verwaltete? Es war der Berliner Karl Friedrich Zelter, ein »sacksiedegrober Kerl aus dem Norden«, wie ihn der Münchener Riethmüller nicht ohne geheime Bewunderung nannte. (Wäre Zelter Bayer gewesen, hätten voll schimpfender Sympathie die Münchener ihn einen »Sauhund« genannt[1].)

Der aus kleinem Handwerkerstand aufgestiegene kräftige Mann war zum Baumeister bestimmt, ehe er als Nachfolger Faschs zum Direktor der Berliner Singakademie berufen wurde. Haydns Musik war ihm die höchste. Die Chöre der »Schöpfung«, der »Jahreszeiten« – an ihnen konnte er schwärmerisch, ja, zum Dichter werden: wie es jener Brief vom März 1804 bewies, den er dem uralten Haydn nach Wien schrieb, um ihn, der nicht mehr zu reisen vermochte, zur Reise nach Berlin zu bewegen[2].

Im übrigen gewann dieser Zelter die Herzen durch seine quadratische Grobheit. Es war eine gleichsam »kunstvolle Grobheit«, die er heimlich sogar kultivierte. Er genoß die Angst seiner Schüler und Schülerinnen (die bei letzteren oft bis zu Tränen ging) und stillte sie dann wieder bärbeißig. Seine Witzworte waren berüchtigt. Geistig und charakterlich war Zelter durchaus ein »Original«. Aber er war auch bemüht es zu *scheinen*. Man sollte es nicht für möglich halten: aber jene fünfhundert Briefe, welche Zelter an Goethe schrieb und deren Urwüchsigkeit diesen entzückte, waren nicht nur vorher ins Unreine konzipiert, sondern bei der Reinschrift so recht aufs Kraftvoll-Tüchtige abgeändert. Diese Briefe waren »Kunstprodukte«[3].

Goethe liebte ihn ungemein. Unter den vielen Korrespondenten, mit denen er Briefe wechselte, schätzte er Zelter nächst Schiller am höchsten. Ihr Gegensätzliches sprach da mit. Goethe war großbürgerlich erzogen und, ein Frankfurter Patriziersohn, dann vom Kaiser geadelt worden. Zelter war ein Kleinbürger von proletarischer Abstammung, der sich mit rührendem Bildungstrieb auf die Goethe-Welt zu bewegte und sehr bald Einlaß in sie erzwang. Wäre er wirklich »roh« gewesen, wäre ihm das nie gelungen. Der Rohe ist Zartem nicht zugänglich. Schon im Juni 1798, als seine Bekanntschaft mit Zelter noch jung war, schrieb Goethe an August Wilhelm

Schlegel: »Zelters Reden sind handfest wie Mauern, aber seine Gefühle zart und musikalisch.« Gerade Zelters Zartheit berückte Goethe. Als seine Frau gestorben war, schilderte Zelter ihre Gesangskunst: »Der Ton ging leicht und los' heraus, wie sie nur den Mund öffnete... Meiner Frauen Tonleiter war durch drittehalb Oktaven wie eine kostbare Reihe geschliffener Brillanten, ineinanderspielend und zugleich abgesondert; woraus eine Kantilene hervorging, die nicht überraschte, doch immer mehr entzückte, je mehr man sie hörte.«[4] So etwas kann nur ein Mensch schreiben, der sehr musikalisch ist und dessen zur Schau getragene Grobheit eigentlich nur schützende Hülle einer inneren Verletzbarkeit ist.

Das also war der Mann, der am Goethe-Hof das »musikalische Hausministerium« innehatte. Und der es gar mit Direktiven aus Berlin verwaltete, einer um so viele Posttage von Weimar entfernten Stadt, in welche Goethe zeit seines Lebens (es ist unfaßbar!) nur einmal kam. Reiste er, so zog er den Süden, Rom, Florenz, Neapel vor – und das war durchaus kein Zufall. Er mochte die Berliner nicht, ihre spöttisch-illusionslose Art verletzte ihn. Obwohl er gegen Friedrich Förster zugeben mußte, daß man – außer in seinem Weimar! – nur in Berlin gut Theater spiele, war ihm doch der Refugié-Witz der sandig-märkischen Stadt fatal. (Theodor Fontane hat später die Berliner viel besser verstanden.) Als man am Königlichen Theater sein national-sein-wollendes Stück »Des Epimenides Erwachen« aufführte, hatten die Berliner ihre Stirn in die Höhe gezogen und *»I, wie meenen Sie des?«* gefragt... Wirklich geschätzt war Goethe hauptsächlich beim Berliner Patriziat[5], bei den paar großbürgerlichen Familien, den Varnhagens, Partheys, Mendelssohns; Familien, von denen die Ebertys jüngst noch Ephraim geheißen hatten... Diese Kreise waren es, die den »Goethe-Kult« betrieben. Zelter, der hier aus- und einging (er schätzte den Verkehr mit den Reichen!) wäre schwerlich der Mann gewesen, Goethe in Berlin durchzusetzen.

Wohl aber übte Zelter in Weimar einen Einfluß aus, der verwunderlich war. Da Goethe doch zweifellos »Augenmensch« war und die Welt, die Dichtung, die Wissenschaften als ein »Gemälde« betrachtete, mochte jemand, der sein Ohr nur »in Sachen des Ohrs« besaß, ihm von Haus aus wenig zu sagen haben. Aber der Sing-Direktor Zelter hatte Goethe so wenig zu sagen, daß der Briefwechsel zwischen beiden mehr als tausend Seiten beträgt.

Um Optisches mußte Goethe nicht ringen:

> Wär nicht das Auge sonnenhaft,
> die Sonne könnt es nie erblicken; . . .

Aber der Ton, der konnte nicht mit den dunkelbraunen Sonnen des Goethe-Auges erblickt werden. Man mußte die Augen eher schließen, wenn man lauschte – und nichts ist so rührend wie der lauschend-verzückte Kopf, den Goethe Zeltern entgegenneigt, wenn dieser ihm Musik erklärt. Zelter wieder weiß genau, daß Mathematik und Naturwissenschaften häufig zu Hilfe geholt werden müssen, sobald der »Nebel der Musik« und das unkontrollierte Reich der Gefühle über Goethe zusammenzuschlagen drohen. Daß die ältere deutsche Musik sich nach Zahlengesetzen bewegte, kaum weniger streng als droben der Kosmos, das versöhnt einen Mann wie Goethe mit der Existenz der Musik.

Durch Schillersche Musenalmanache, für die Zelter ein paar Lieder Goethes komponiert hatte, waren sich die beiden Männer wohl zuerst nahe getreten[6]. Später, zwei Jahre nach Schillers Tod, also 1807, arrangierte Zelter aus der Berliner Ferne die berühmten Donnerstag-Konzerte in Goethes Haus. Viele Stunden wurde da wöchentlich musiziert! Für einen »Unmusikalischen« wäre das reichlich viel gewesen. Aber wollen wir nicht endlich mit dem Irrglauben aufräumen, daß Goethe unmusikalisch war? Daß er selbst im Vaterhaus Klavier und Cello gelernt hatte und Noten auch dann verstehen konnte, wenn kein Instrument in der Nähe war, das sollten wir zwar nicht überschätzen: es gehörte zur »Kavalierserziehung«, wie sie im achtzehnten Jahrhundert etwas Selbstverständliches war. Das Problem »Goethe und die Musik« liegt anderswo. Er *fürchtete* sich vor der Übergewalt der Musik. Er hatte einst Werthern sterben lassen durch die Übergewalt der Liebe: jetzt, im Alter, wollte er nicht ein »romantischer Narr der Töne« werden. Geführt von Zelters fester Hand, konnte ihm das auch niemals geschehen.

Das Interesse Goethes an der *Akustik* war nicht gelegentlich, sondern enorm. Noch vor seiner Bekanntschaft mit Zelter hatte er dem bedeutenden Musiker Johann Friedrich Reichardt geschrieben, es müsse – als Seitenstück zu seiner Farbenlehre! – jetzt eine moderne »Lehre vom Schall« gewagt werden. »Lassen Sie uns«, meint er, »die Akustik gemeinsam angreifen! Diese großen Gegenstände müssen von mehreren, aber zu gleicher Zeit, bearbeitet werden, wenn die Wissenschaft vorrücken soll.« Daß es dann dazu nicht kam, war nicht Goethes, sondern Reichardts Schuld, der – er war ja Komponist! – lieber Goethes Lieder vertonte und sie in drei Bänden herausgab, als daß er sich nach Goethes Wunsch auf die »Physik der Töne« geworfen hätte. Daß sich aber die Klangphänomene ebenfalls nach festen Gesetzen bewegten (daß es im Tonreich etwas gab, was dem *Regenbogen* entsprach), daran glaubte Goethe fest: Tonprisma war ihm gleich Farbenprisma. Hier hatte er einen fruchtbaren Streit mit Zelter, seinem Intimus, über das Wesen des Dreiklanges, über die Natur der Terz und den Unterschied zwischen Dur und Moll. War Zelter ein Feind des Mollgeschlechts? Das war Goethe, der Weichere, keineswegs. Die Moll-Tonart hat etwas Mütterliches; und vielleicht stand Goethes »Reich der Mütter« in einer Moll-Farbe[7].

Man hat es Zelter schwer vorgeworfen, daß er seine Macht über Goethe dazu mißbraucht habe, diesen Genius von anderen Genien zu trennen, die Zelters eigene Kompositionen in den Schatten gestellt haben würden. Nun, bei Mozart gelang das nicht. Als Direktor des Weimarer Theaters besaß Goethe die bemerkenswerte Kühnheit, von 1791 (das war Mozarts Todesjahr) bis 1798 sämtliche Hauptopern Mozarts zu spielen. Mit deutsch eingerichteten Texten. Selbst das rein Stoffliche der Opern interessierte ihn dermaßen, daß er an einer Fortsetzung der »Zauberflöte« zu arbeiten begann, bis Schiller ihn darauf aufmerksam machte, daß derlei nach Mozarts Tod unsinnig sei[8].

Zelters eigene Stellung zu Mozart, dessen Genie er nicht leugnete, war menschlich keine einwandfreie. Das Puritanisch-Zelotische, allzu Preußische seines Wesens nahm Anstoß an der »Leichtigkeit«, mit der Mozart komponiert hatte. Er übersah die Dämonie des »Leichten« und mißverstand Mozarts Erotik. Noch drei volle Jahrzehnte nach Mozarts Tod deutete er Goethe brieflich an, die »viele mit Weibern verbrachte Zeit« und die galanten Allotria hätten Mozart so früh dahingerafft! Peinlicher konnte man es nicht sagen[9].

Schlimmer war Zelters Mitschuld am Schweigen und Mißverständnis, das Goethe den beiden größten Tonschöpfern seiner Altersperiode entgegenbrachte: Franz Schubert und Ludwig van Beethoven. – Daß Goethe Schubert mißverstand, wäre allerdings auch geschehen, wenn ein anderer sein Mentor gewesen wäre. Auch die anderen

Musiker in Goethes Umgebung hätten Schuberts Lieder — wenn sie sie gekannt hätten! — als umstürzlerisch empfunden. Schuberts Kompositionen tasteten den »Primat der Dichtung« an. Goethes Lieder waren »Strophenlieder«. Schubert, teilweise auch Beethoven, beachteten diese Tatsache nicht. Sie faßten das Dichtwerk als »Handlung« auf und komponierten eine »dramatische, fortschreitende Musik« zu den Strophen. Das lehnte Goethe ab. Nicht ahnend, daß sein Gedicht dem Hörer sich durch diese Art einer kühnen Vertonung um so stärker einprägen würde, fürchtete er, daß seine Texte jetzt »in der Musik ertrinken würden«. Eine Melodie, verlangte er, habe strikt »neutral« zu sein, damit sie zu allen Strophen passe.

Und dieser Ansicht war freilich auch Zelter. Wenn auch aus anderen Gründen als Goethe. (War er doch selber Musiker und nicht Dichter.) Diese seine eigenen Gründe hat er einmal sehr gescheit in einem ausführlichen Brief an Loewe, den Balladenmeister, verteidigt. »Ich bin«, so schreibt er ungefähr 1824, »dem absoluten Durchkomponieren strophischer Gedichte nicht zugetan.« Eine Melodie müsse doch schließlich so sein, daß man sie mehrere Male mit Genuß vernehmen sollte. Beim Durchkomponieren aber »klebe« die Melodie geradezu am Text. Das Wort sei tot, die Zunge werfe es ab; »im Tone allein wohnt des Gesanges Leben«. Überaus merkwürdige Worte. Zelter meint gewissermaßen, daß, wer etwa den »Erlkönig« oder (wie Mozart es früh getan hat) das »Veilchen« als Dramolett auffasse — natürlich nennt er die Titel nicht! —, daß solch ein dramatischer »Durchkomponierer« die Musik selbst erniedrige, weil er sie gewissermaßen jeder Wendung des Textes *nachlaufen* machte. Eine strophische Melodie habe so souverän zu sein, daß sie sich anmutig und gebietend dem Text des Dichters anpassen könne. Aus diesem Grunde lehnte Zelter Loewes durchkomponierte Balladen ab[10].

Für uns ist heute das Gegenteil richtig. Die Musik dient dem Text nur dann, wenn jede ihrer Nebenstimmen, jede ihrer Begleitungsfiguren das Gedicht polyphon durchleuchtet. Wenn Zelter, von oben herab, Loewe schreibt: »Die Begleitung lasse ich gern so einhergehn, daß die Melodie allenfalls *ohne* sie bestehn könnte«, dann allerdings zeigt der brave Alte, daß er Schuberts Zeitgenosse nicht war.

Man stelle sich Schuberts »Erlkönig« ohne Schuberts Begleitung vor![11] Ohne die »Reiterfigur« im Baß:

— das vorwärtsstürmende g-Moll, das das ganze Gedicht mit »Aktion« erfüllt — könnte es etwa wegbleiben? Mit graphischer Treue sind hier Pferd und Reiter als Notenskizze hingeworfen, haben uns eben noch gestreift und sind gleichwohl schon Echo geworden. Nochmals: man stelle sich die Ballade mit ihren Schrecken und ihrem Halblicht, dem kranken Kind, den alten Erlen, dem Versucher-Flüstern, der Vaterangst ohne die musikalische Urfigur des Reitens vor: ist sie noch sie selbst? — Goethe aber hörte das nicht. Er öffnete nicht einmal das Paket, das ihm am 17. April 1816 Josef von Spaun aus Wien sandte, und das »ihm einen neunzehnjährigen Tonkünstler namens Franz Schubert« empfahl[12]. In rührenden Worten sprach Spauns Schreiben von dem Talent des jungen Mannes. In der Sendung befanden sich unter anderm »Gretchen am Spinnrad«, »Erlkönig«, »Heidenröslein«, »Erster Verlust«, »Wanderers Nachtlied«, »Rastlose Liebe«. — Armer Schubert? Ärmerer Goethe, der nun den wirklichen Wunderbau seiner eigenen Lyrik nie kennenlernte. Nicht Gretchens tragisches Mädchenlied, das den Tod im Munde hat. Denn wenn sie »Meine Ruh ist hin, mein Herz ist schwer« spinnt, so ist das keine Begleitfigur mehr, sondern *gespenstische Wirklichkeit.* Sie spinnt sich in Unentrinnbares ein, sie zerspinnt ihr Herz, sie erspinnt sich den Tod.

Und den »Erlkönig« hat er nie gehört? Doch. Er hörte ihn lange nach Schuberts Tod aus dem Mund der dramatischen Sängerin Wilhelmine Schröder-Devrient[13] (sie war Beethovens erster »Fidelio«) und war mehr von ihrer großen Gesangskunst als von dem fremdartigen Werk ergriffen. Da lobte er sich Corona Schröters ganz unbedeutende Vertonung des »Erlkönigs«, die niemanden ängstigte. Die reizende Weimaranerin, der alle Herzen zuflogen — Goethe hat sie schlafend gezeichnet —, vertonte zu einem geselligen Anlaß den »Erlkönig« und trug ihn nächtlich am Ufer der Ilm vor[14]. Weder die Nacht noch der Fluß gaben Schauer. Der gesellige Anlaß war die

Aufführung von Goethes Singspiel »Die Fischerin«; die Ballade vom »Erlkönig«, die gar nichts dabei zu suchen hatte, leitete das Singspiel ein, und der gesamte Hof hörte zu. — Geselligkeit! Das »Liedersingen« war für Goethe, den Menschen des achtzehnten Jahrhunderts (und sogar noch Mozart empfand so!), ein Akt der Geselligkeit. Wie sehr erst für Zelter! »Mich ergreift, ich weiß nicht wie, himmlisches Behagen.« Diese Männer liebten Rundgesänge, gleich Pfänderspielen und Neckereien, die man herzlich und voller Laune mit »schönen Kindern« veranstaltete. Von der grenzenlosen *Einsamkeit*, aus der Beethoven und Schubert ihre Lieder gestalteten, wußten sie einstweilen nichts...

Warum dann Felix Mendelssohn in den Chorliedern seines Meisterjahrzehnts das Schubertsche und das Zelterische, das Einsame *und* das Gesellige (»Wer hat dich, du schöner Wald«) miteinander vereinigte: das wird uns noch viel beschäftigen.

An Versuchen, Goethes Musikverständnis aus dem Zelterschen Bann zu erlösen, hat es übrigens nicht gefehlt. Johann Christian Lobe — der Mann, der den jungen Mendelssohn, wie wir wissen, beim Spielen begleitete — hat 1820 in Weimar gegen die »antiquierte« Form der Zelterschen Kompositionen gesprochen. In seinem meisterlichen Buch »Goethe und Beethoven« hat Romain Rolland diese Szene sehr ausführlich geschildert[15].

Die Melodie, sagte Lobe, sei bei Zelter zwar immer charakteristisch deklamiert, akzentuiert und rhythmisiert, doch seine Tonfiguren seien veraltet. Die Neueren hätten die Begleitung »zur Mitsprache des Gefühls erhoben«. Wenn Goethe den Versuch machen wolle, Baß und Mittelstimmen Zelterscher Lieder *ohne* die Melodie spielen zu lassen, so würde er kaum etwas von irgendeiner Regung vernehmen, die mit dem Gefühl sympathisiere. Zelters Begleitung sei stets rein mechanisch. Bei einem Mozartschen, Weberschen, Beethovenschen Liede aber fühle man oft schon Leben und Regung des betreffenden Gefühls sogar *ohne* die Melodie, auch wenn man nur die Begleitung spiele... Die Musik werde hoffentlich dahin gelangen, daß einmal jede Nebenstimme einen Beitrag, sei er auch noch so gering, zum Ausdruck des Gefühls liefere.

»Goethe«, schreibt Romain Rolland, »hört schweigend, aufmerksam, mit gesenktem Kopfe zu. Dann geht er zum Klavier, öffnet es und sagt: ›Machen Sie mir das vorgeschlagene Experiment gleich selbst. Was man deduziert, muß man, wenn's wahr und klar ist, auch durch Tatsachen erhärten können.‹«

Hierauf spielte Johann Christian Lobe ihm ein Zelterlied vor (Melodie und Begleitung getrennt) und darauf eines von Beethoven — eines der Klärchen-Lieder aus »Egmont«:

Die Trommel gerühret!
Das Pfeifchen gespielt!
Mein Liebster gewaffnet
Dem Haufen befiehlt,
Die Lanze hoch führet,
Die Leute regieret.

Aber sei es, daß Lobe nicht gut genug spielte oder daß Goethe in diesem Moment der innigen Gefühle gedachte, die er Zelter dem Treuen, dem Treuesten schulde: er schüttelte den Kopf und schwieg. Dann äußerte er mit Anstrengung: Theoretisch sei ja recht interessant, was die »Vertreter des Neuen« wollten. Die Forderung, daß jede Stimme etwas Eigenes sagen solle, klänge eigentlich ganz gut. Doch ob *jedes* musikalische Kunstwerk die strenge Durchführung dieser Regel vertragen könne, sei noch die Frage. Es gäbe »Schwächen und Unwirklichkeiten« in der Kunst, die man *beibehalten* müsse; sonst käme man *der Natur zu nahe*: und das gäbe dann einen Zusammenstoß, der alles in die Luft sprengen würde... In einem bedeutenden Gespräch »Über Wahrheit und Wahrscheinlichkeit der Kunst« hatte er schon 1797 den scharf vorstoßenden Satz geschrieben: »Das Kunstwahre und das Naturwahre sind untereinander völlig verschieden« — und noch 1820 schrieb er in einem Brief an Zelter: »Töne durch Töne zu malen, zu donnern, zu schmettern, zu plätschern, zu patschen, ist detestabel«.[16]

Und dieser Vertreter des Konservativen, der bei Goethe allmächtige Zelter, brachte ihm also ein Jahr später ein Genie ins Haus, Felix Mendelssohn. Geschult und brav handelt dieser Knabe zunächst als ein Schein-Konservativer, um dann wenige Jahre später mit der »Sommernachtstraum-Ouvertüre« die Romantik auf den Gipfel zu führen. Was Zelter an Schubert sündigte (dessen Namen er aber kaum kannte) oder an Beethoven, den er nicht verstand, das hat er zum Teil schließlich wettgemacht durch das Geschenk, das er 1821 Goethe mit Mendelssohn und Mendelssohn mit Goethe machte.

Noch ist der Zwölfjährige ein Kind; und Adele Schopenhauer faßt das Spaßig-Kindliche und Geniale in seiner Erscheinung zusammen, wenn sie ihm eine Tonleiter-Silhouette ausschneidet, über die ein geflügeltes Steckenpferd reitet. Darunter schrieb Goethe die Stammbuch-Verse:

Wenn über die ernste Partitur
quer Steckenpferdlein reiten,
nur zu! auf weiter Töne-Flur
wirst manche Lust bereiten,
wie du's getan mit Lieb und Glück;
wir wünschen dich allesamt zurück[17].

Aber dabei bleibt es nicht. Der Besuch des »kostbaren Knaben« wird wiederholt. Bald ist er kein Knabe mehr, sondern ein Jüngling und ein Meister. Immer aufs zärtlichste »Felix« genannt, geht er durch den Briefwechsel der beiden Alten – als sei er ihr Enkel. Immer wieder erkundigt sich Goethe, wie es ihm ginge, und wird nicht satt, von Zelter Neues zu erfahren. Längst sind Abraham, Leah und Fanny in Goethes Weimarer Haus gekommen – und es geschieht zu Mutter Leah, daß der bald Achtzigjährige das erschütternde Wort ausspricht: »Er ist mein David – und ich bin Saul...«

Rezensionen und Schulterklopfen

Als Felix' erste Arbeiten im Druck erschienen, sah die Kritik sich vor eine seltsame Aufgabe gestellt. Er war der Lieblingsschüler Zelters, und Zelter war eine gebietende Gestalt im Berliner Musikleben. So hätte man denn den Alten gekränkt, wenn man das ihm gewidmete f-Moll-Quartett (op. 2) ungünstig aufgenommen hätte. Immerhin fand man – nicht ganz mit Unrecht –, daß einer erstaunlichen Formbeherrschung hier eine gewisse Gedankenarmut (wie das bei Kindern nicht selten vorkommt) gegenüberstand. Doch »das sind Mängel, die bei einem Talente nach erlangter größerer Geistesfreiheit von selbst ausbleiben werden«. Diesem Klavierquartett war ein anderes in c-Moll (op. 1) vorausgegangen – dem Fürsten Radziwill zugeeignet –, das im Erfinden und Fortspinnen des thematischen

Materials selbständiger und energischer war. Ein Finalmotiv wie dieses:

hätte auch dem späteren Mendelssohn keine Schande gemacht[1].

Kinder haben gewöhnlich nichts erlebt außer ihrem eigenen Fleiß und dem Ehrgeiz, Erwachsenen zu gefallen. Das war nun ganz anders bei Opus 4, der f-Moll-Violinsonate, die Felix für seinen Herzensfreund, den jungen Geiger Eduard Rietz schrieb, der so bald an der Schwindsucht sterben sollte. Hier versagte die Kritik. Anstatt ein begeistertes Ja zu sagen, kam es zu einem wohlwollenden Schulterklopfen und jener Art Lob, das junge Menschen nicht leiden können. Ein gewisser Lukas van Leyden — der nicht so hieß, ein Pseudonym! —, ein Fachmann im Theoretischen, analysierte die Sonate. Mit nicht ganz echter Väterlichkeit beginnt er (man lasse uns etwas kürzen)[2]:

»Kommen da zwei junge Herren und wollen uns was vormusizieren, und ich Alter soll's rezensieren. Ei, ich geigte lieber mit! Aber hier ist es einmal nicht nötig; denn der Freund, der junge Herr Rietz, soll ja ein fürtrefflicher Geiger sein, — nach der guten alten Art, die einen vollen, großen Strich und einen festen, saftigen Ton liebt: ›Süßigkeit von dem Starken‹, wie es in der Heiligen Schrift heißt... Und der andere, der Mendelssohn, das ist auch ein respektabler Patron. Da hab ich neulich ein Stück Sinfonie von ihm gesehn, einen Fugensatz über ein gutes Subjekt — und die Blasinstrumente, die sich unsere jungen Herrn Kollegen nun einmal nicht nehmen lassen, imitierten dazu in einem anderen Thema.

...Die heutige Sonate aber hat mir besonders wohlgefallen, und ich hab' es loben wollen, daß der junge Herr Mendelssohn sie nicht ›grande Sonate‹ nennt oder ›grande Sonate Pathétique et Mélancholique‹, wie die andern es leider heut machen. Denn man will ja jetzt alles groß, groß...

Die Sonate ist in f-Moll gesetzt, wie denn der erste dunkle Andrang die jungen Tonsetzer leicht ins Moll führt — ich wollte wetten, der junge Herr Mendelssohn hätte schon manches in Moll geschrieben. Die Geige fängt allein an sich eins vorzufantasieren und hätte sich schier ins Blaue verstiegen, wie das denn so geht, wenn man keinen Grundbaß hat. Da greift dann eben zur rechten Zeit der Freund am Clavicembalo drein und meint, ohne festes Thema werde es doch wohl nicht abgehn. So denkt denn der Komponist des Geigers und spielt dem Freunde vom Klavier her ein rechtes Geigenthema zu, so recht fein und zart und schwunghaft:

Ich begreife, meine jungen Herrn: Wenn sich der eine auch einmal nach Ges-Dur verschmachtet, so führt ihn doch der andere bald nach dem Parallelton As-Dur. Aber bei der Ausweichung nach Ges muß ich doch den Kopf schütteln. Seid ihr Jungen einmal weich, dann gleich ausgeweicht und ausgewichen! Und warum macht ihr's denn so *dünn?* Schwillt einem das Herz, so daß man gleich zum Hause und zur Haut hinaus möchte, dann schleicht man nicht wie ein Dieb um die Ecke... Nun seht euch einmal euer Blatt an:

Die Geige trippelt auf einer Stelle, die rechte Hand am Flügel langt zu, als hätte sie sich die Finger verbrannt, und die linke traut sich gar nicht heran – und dazu noch *ritenuto!* ... Und dann, mein lieber Herr Mendelssohn, was ist das für eine Verbindung Ihres Haupt- und Seitensatzes! Im ersten Takte des fünften Systems schließt jener, und nun stolpert der Baß wie ein verschlafener Bedienter acht Takte hinter der Herrschaft drein. Da wär's wohl tunlicher gewesen, die Figur in größerem Schwung und hinunter fortzuführen. Besserer Verbesserungen nicht zu gedenken. So etwas straft sich: siehe da, in der Verarbeitung und Überleitung zur Reprise kommt der schöne Stolper-Baß denn auch noch zweimal angestiegen.«

Ab jetzt nimmt van Leyden auch kein Blatt mehr vor den Mund. Festsitzen auf einer Fermate in Es; neumodischer Empfindungsnebel. Manchmal ist's fast wie in Haydns Manier; aber was soll dieses Abschwimmen nach H-Dur? »Beim Finale, allerdings, revanchieren sich die jungen Herrn und machen etwas Gutes und Rechtes, eh' sie mit einem Händedruck scheiden.« — Mit demselben Händedruck und der bärbeißigen Versicherung »Wer Tadel nicht vertragen kann, ist Lob nicht wert« scheidet auch der falsche Lukas. Treuherzigkeit hin und Händedruck her. Das Ganze war ein Schulterklopfen, wie junge ehrgeizige Künstler es nicht vertragen. Mendelssohn hat in seinem späteren Leben — von seinem mißglückten Opernversuch »Die Hochzeit des Camacho« abgesehn — überhaupt keine schlechte Kritik mehr erfahren. Alles, was er schrieb, Orchester- oder Kammermusik, Lied oder Oratorium, hatte bei den Zeitgenossen unüberbietbaren Erfolg. Nie haben Haydn, Mozart, Beethoven sich zu ihren Lebzeiten eines so strahlenden Kritiker-Himmels erfreut. Sie waren denn auch gar nicht empfindlich, wenn sie nicht verstanden wurden. Mozart, im Gegenteil, reagierte sehr kräftig mit Gassen- und Gossen-Ausdrücken.

Felix Mendelssohn aber *war* empfindlich, wenn er es auch humoristisch verbarg. Zum 15. März 1826, dem Geburtstag seiner Mutter, richtete er ein paar Strophen an diese, die auch darum interessant sind, weil sie zeigen, wie gerne damals der »Komponiste« berlinerte[3] (das Lispeln und das Zungenanstoßen, sofern er es nicht vom Großvater hatte, hatte er sich ohnehin schon früh von den Bewohnern der Stadt angewöhnt!):

Schreibt der Komponiste ernst,
schläfert er uns ein;
schreibt der Komponiste froh,
ist er zu gemein.

Schreibt ein Komponiste lang,
ist er zum Erbarmen;
schreibt ein Komponiste kurz,
kann man nicht erwarmen.

Schreibt ein Komponiste klar,
ist's ein armer Tropf;

schreibt ein Komponiste tief,
rappelt's ihm im Kopf.

Schreibt er also wie er will,
keinem steht es an;
darum schreib ein Komponist
wie er will und kann.

Und das äußerte ein Komponist, der bald der verwöhnteste werden sollte. Was hätte erst Schubert sagen sollen, der damals, neunundzwanzigjährig, nur mehr zwei Jahre zu leben hatte! Er wurde nicht einmal verrissen: dazu war er zu unbekannt; er, der doch nur für seine Freunde, die Spaun, Schober, Mayrhofer, Schwind komponierte! Und in demselben Berliner Blatt, das die Mendelssohn-Rietzsche Sonate so überheblich begönnert hatte, schrieb ein erleuchteter Korrespondent aus Wien:

»Der junge Komponist Schubert fährt unermüdet fort, Lieder zu schreiben; seine Erstlinge, sonderlich der Erlenkönig (!), haben ein Publikum gefunden, das sich jedoch allmählich zu vermindern scheint (!) Auch eine Messe aus seiner Feder hat Diabelli verlegt. Seine Balladen gelingen besser. Die gesuchteste, gangbarste Ware in Wien bleiben immer noch die Favorit-Gesänge *aus den Possen der Vorstadtbühnen.*«[4]

Eine c-Moll-Sinfonie

Der »falsche Lukas« hatte das »Stirngekrause« und das unechte Beethovenisieren an Felixens Musik getadelt. Hatte er so ganz unrecht gehabt? ... Diese Liebe der Jugend zum Tragischen! Erklärbar nur durch den Gegensatz: ein vor jedem rauhen Wind Geschützter möchte am liebsten Beethoven sein und sein Leben im düstern c-Moll leben! Felix hat Beethoven nie gesehn, doch weiß er um seine Einsamkeit. Jeder Ton bei Beethoven ist Schicksal. Wie Prometheus den Menschen das Feuer, so hat Beethoven seiner Zeit eine neue Musik gebracht: seine Strafe ist die Taubheit. Der Schwede Atterbom hat erlebt, was der vierzehnjährige Mendelssohn nicht erlebte. Und hat es geschildert[1]:

Er hört sich selbst nicht mehr. »Eine Taktverwirrung setzte ein, die Spielenden kamen auseinander... Beethoven bemerkte nichts von allem. Er stand wie auf abgeschlossener Insel und dirigierte den Flug seiner dunklen, dämonischen Harmonien in die Menschenwelt hinein mit den seltsamsten Bewegungen. ›Pianissimo‹ kommandierte er damit, daß er leise niederkniete und die Arme gegen den Fußboden streckte; beim Fortissimo sprang er auf, schnellte wie ein losgelassener elastischer Bogen in die Höhe, schien über seine Länge hinauszuwachsen und schlug die Arme ekstatisch weit auseinander... Zwischen diesen beiden Extremen hielt sich Beethoven beständig in auf- und niederschwebender Stellung.«

Musik, die man nicht mehr hören kann, hat der Meister also mit den Fasern des Körpers empfunden. So kann man selbst zur Geige werden – und einen Feuerstoß von Geigen läßt der junge Mendelssohn jetzt im ersten Allegro los. Es ist seine c-Moll-Sinfonie, die noch nichts Mendelssohnisches und doch schon prachtvolle Züge hat.

Freund Marx, der wie gewohnt mit übereinandergeschlagenen Beinen auf dem Ecksitz der ersten Reihe im Mendelssohnschen Konzertsaal sitzt, hat die Noten, die er nicht kennt, die Noten dieses Anfangsthemas, voller Aufmerksamkeit mitgeschrieben. Es ist ja ein ungedrucktes Werk – und so hat er, nicht ohne Vorsicht, ein kleines Fragezeichen rechts über den dritten Takt gestellt (Notensatz: S. 63).

»Ein sengendes Feuer«, schreibt er dazu, »strömt aus diesem ersten Allegro – und im Seitensatz wallen diesem ungestümen Zürnen die Blasinstrumente wie eine Schar flehender Jungfrauen in fliegendem Schleier entgegen. Oboen, Klarinetten, Flöten...« Flehende Jungfrauen, fliegende Schleier? Ach, der ahnungsvolle Marx! Felix hat sich hier tatsächlich in Beethovens »Coriolan« verstrickt. Wie sich in Beethovens Ouvertüre der Zorn und die Sanftmut tragisch messen, das hat er zwar nicht selbst erlebt, doch in Beethovens Erlebnis erlebt – und wie gerne wäre er Beethoven!

Mendelssohn hat Richard Wagners Deutung der Coriolan-Ouvertüre nicht gekannt. Und er hätte auch Wagners Pro-domo-Bemerkung, daß *jedes* Tongemälde Beethovens das Ringen von Mann und Weib darstelle, von sich aus nur belächeln können. Aber wenn Wagner geschrieben hat, daß das »Sanfte das Wilde überwältigt«, daß der Held Coriolan »die ganze Kraft, die er bisher auf die Vernichtung des Vaterlandes gerichtet hat, sich nun mit furchtbar gewaltiger Hand schwertgleich ins eigene Herz hineinstößt«, damit

»Friede und Versöhnung« werde, so hätte ihm Felix recht geben müssen. Der Dichter Heinrich von Collin hatte sein Stück nicht so gedichtet. Aber – schließt Wagner seinen Essay – »so dichtete Beethoven in Tönen seinen Coriolan«[2].

Doch Felix bleibt gar nicht beim Coriolan. Auf einmal stürzt seine c-Moll-Sinfonie sich auf Beethovens Waldstein-Sonate, fährt an ihrer Fassade entlang, die – vor jetzt zwanzig Jahren geschrieben! – den Zeitgenossen so fremdartig ist. Der junge Mendelssohn aber versteht sie, die durchaus keine Zerreißung der alten Sonatenform bringen will, wohl aber eine Aufweitung aller Proportionen bedeutet[3]. Die dummen Zeitgenossen seufzen, daß diese Sonate »viel zu lang« ist. (*So* lang, daß Beethoven das Andante in F-Dur sogar herausnehmen muß!) Felix Mendelssohn weiß es besser. Er vergöttert das Figurenwerk und die üppigen Kadenzen. Er hat auch den seltsamen Anfang studiert. Freilich wagt er noch nicht für sich die notwendige Folgerung zu ziehn: anstatt des, wie üblich, breit und prächtig erglänzenden tonischen Akkords, »mit übermütigen Tonketten herumzuwerfen« — wie er's später tun sollte. »Die Kadenz erst wird es mir zeigen, in welcher Tonart ich eigentlich schreibe.«

Der notierende A. B. Marx findet den Schluß zu verschwenderisch, mit dem Tutti des Orchesters und dem mächtigen Paukendonner. Und was nun? Der folgende Zweite Satz, das Adagio, löst sich in der Mitte in »weiche, ja, fast süßliche Weisen auf«. (Wo ist denn Beethoven geblieben? Ist Mozart etwa zurückgekehrt, nicht der tragische, sondern der konziliante, der den Neuen, den Beethovenianern, unerträglich zu werden beginnt?) Diese Flöte ist viel zu schwächlich, hier gehört keine Kantilene her — und Marx atmet auf, als jetzt das Scherzo mit seiner »wilden Laune« dareinfährt, in einem »hinreißend schönen Trio zu sehnsüchtiger Wehmut gemildert«. Und plötzlich ist Beethoven wieder da: ein energisches Finale mit bergan steigenden Violinen beschließt im Presto die Sinfonie.

Sinfonie eines Fünfzehnjährigen, der »nicht Mendelssohn sein wollte, weil er nicht wußte, was das war«. Und der es *so* bald wissen sollte!

Das Oktett

»Nur der Ernste und Tiefe mag scherzen.« Dieses Nietzschewort paßt auch auf Mendelssohn. Das »Necken« war in der Tat für ihn eine notwendige Beschäftigung. Daß der Kopf eines jungen Menschen mit Musik so überfrachtet ist, hat es seit Mozart nicht gegeben. Diese Klaviersonate in g-Moll, die er bereits Goethe vorgespielt hat (und die dann später in seinem Nachlaß als Opus 105 figuriert), eine andere in D-Dur; eine andere für Klavier und Klarinette; die seinem Lehrer Ludwig Berger gewidmeten »Charakterstücke« (op. 7); das Klavierquartett h-Moll, dessen Widmung Goethe annahm und das als Opus 3 erschien, das fis-Moll-Capriccio als Opus 5. Das bemerkenswerte D-Dur-Sextett (Klavier, Violine, zwei Bratschen, Cello und Kontrabaß), das Felix selber nicht gefiel und das erst nach seinem Tode als Opus 110 erschienen ist. Dazu Kirchenkompositionen wie ein fünfstimmiges »Kyrie eleison« und ein »Magnificat« für Chor und Orchester. Das Streichquintett A-Dur (op. 18); Singspiele für den Familiengebrauch — die aber keineswegs lässig skizziert, sondern gleichsam für den »Ernstfall« einer Aufführung eingerichtet sind. — Das ist viel, und es ist *zu* viel. Vorläufig einmal reagiert Felix durch eine sehr gesunde Schlafsucht auf das ewige Komponieren. Er kann im Stehen und im Reden einschlafen. Sobald er das nicht mehr können wird — viel später! — wird er gefährdet sein.

Aber die Haupthygiene besteht im »Unsinntreiben«, im Sich-Verkleiden, im Schabernack, den er mit Geschwistern und Freunden treibt. Da bindet man sich Larven um und krawalliert und karnevaliert, mitten im Sommer, durch den Park, oder steigt waghalsig nachts aufs Dach, um miauend wie ein Kater einer Dame mit polnischem Namen Obst ins Fenster hineinzureichen[1]. Oder man läßt sich, ein wenig blasiert, von den kleinen Freundinnen der kleinen Schwester Rebekka anschwärmen, von Doris Zelter und der klugen Therese Schlesinger[2]. Manchmal kommt auch Bernhard Klein, der junge Kölner Musiker, den der alte Zelter nicht leiden kann. Klein ist mit Lili Parthey verlobt, die aus dem Hause des Lessingfreundes und Aufklärers Nicolai stammt — und die Berliner witzeln bereits: »Klein hat für Lili Partei ergriffen, und Lili hat klein beigegeben...«[3] Zelter aber: Wer kann den leiden? Nun, Marx bestimmt nicht, den Zelter immer in seinen Briefen »Herrn Markus« nennt. Marx hat neulich denn auch recht ätzend von Zelters Einfluß auf Felix gesagt: »Zelter hat den Fisch schwimmen gesehn — und nun bildet er sich wahrhaftig ein, ihn das Schwimmen gelehrt zu haben.«[4]

Mit Marx, den Brüdern Heydemann und seinem besten Freund Klingemann, der die Diplomatenkarriere erwählen wird, gründet Felix eine »Gartenzeitung«: ein alter Tisch, zehn Bogen Papier, Tinte und Feder sind Hilfsmittel. Jeder Vorüberkommende wirft eine Ansicht, eine Charade, ein Gedicht hinein, einen trocken-witzigen oder leicht pathetischen Seelenbeitrag. Das liest man hintereinander vor und schüttelt sich vor Lachen, wenn das Ganze keinen Sinn ergibt. (Man wird das monatelang fortsetzen und im Winter, wenn's keinen Garten gibt, eine »Schnee- und Teezeitung« daraus machen.) Und die Erwachsenen wissen davon. Auch der Geschichtsschreiber der Romantik[5], der Norweger Henrik Steffens, der immer so erregt ist, daß er leichte Fiebertemperatur hat, trägt sich in diese Zeitung ein. Stadtrat Mendelssohn tut es ebenfalls (von ihm wird das Witzwort kolportiert: »Früher war ich der Sohn meines Vaters, jetzt bin ich der Vater meines Sohnes!«); Meister Zelter in Person, der aufsteigende Historiker Droysen und — man staune! — Alexander von Humboldt liefern ebenfalls ihren Beitrag für die Späße dieser Jugend[6].

Dann aber geschieht es, daß diese Jugend, vom Windhauch eines Gefühls berührt, unversehens ernst werden kann. Die Jugend spricht dann von Jean Paul, dem Antipoden Goethes, und ketzert, daß er manchmal »jünger« ist und »absoluter« als der vorsichtige Weimaraner. Besonders Rebekka Mendelssohn, der man soviel Leidenschaft gar nicht zutraut (»eine dicke Person, ein liebes Kind, so hübsch, so gut, jedes Pfund ein Engel«, hat Heinrich Heine von ihr geschrieben), deklamiert aus den Schlußseiten der *Flegeljahre*: »Da sah ich draußen, nah oder fern, ich weiß es nicht, das *rechte Land* liegen, ausgedehnt und glänzend-dämmernd... Goldgrüne Wölkchen regneten heiß übers Land, und flüssiges Licht tropfte überquellend aus Rosen- und aus Lilienkelchen.«[7] Nein, das hat Goethe nicht geschrieben! »Und sagt nur nicht, daß er's gekonnt hätte!«

Dem Felix will das nicht recht gefallen. Ehe er etwas äußern kann, ist das Gespräch von der »Rollwenzelei«, dem Fichtelgebirge und von Jean Paul fort und bei Beethoven angelangt. Seltsam! Alles kniet doch vor ihm, doch irgend jemand hat gesagt (es war Horn, der Mediziner), das sei eigentlich kein schöner Gedanke, daß die Musik aufhören müsse, wenn Jupiter Beethoven sterben würde. Wie könne man nur so etwas schreiben? Die Musik werde *niemals* sterben — und gar im Falle Beethoven müsse man sich doch eigentlich fragen, ob seine »rechthaberischen Akzente«, seine scharfe Charaktermusik nicht eines Tages wieder von einer sanfteren abgelöst werden könnten... Jetzt brennt Marx auf: denn, daß Beethovens Tod den Tod der Musik bedeuten würde, das hat er neulich selbst geschrieben... Nun will man ihn beruhigen. Kennt man doch hier sein Steckenpferd, die »Malerei in der Musik«[8], die mit Beethoven kaum zu tun hat. »Muß Musik immer plastisch sein?« — das hat er nämlich *auch* geschrieben — »Muß es immer ›Motive‹ geben? Genügt nicht der Farbwandel der Töne? Was eben ein blauer Mäander war, den eine Flöte gezeichnet hat, wird durch ein sanftes Waldhorn grün, wird schwarzgrün. Könnt ihr das nicht hören?« Das ist ein Marxsches Lieblingsthema. Und wie er da sitzt, mit starken Brauen, klugen Augen und rundem Gesicht, muß man ihm glauben. Es ist schon richtig! Nur daß es jetzt »zersprochen« wird, das ist Felix Mendelssohn nicht recht. Er haßt das Sprechen über die Künste, weil es ihm irgendwie unkeusch vorkommt[9].

Komponieren, Tondichten ist ein verantwortungsvolles Geschäft. Es ist schwer. Das Wortdichten ist viel leichter. Wie Sprechen leichter ist als Singen. Dissonanzen im Wortgefüge eilen vorüber, bedeuten nichts. Bei den Worten gibt es kein Oben und Unten. Sie laufen in einer Fläche hin. Mit der Musik ist das ganz anders. Wenn etwas »falsch« ist, dann steckt es die Nachbargedanken an, dann macht es die ganze Welt taub und blind... Es ist nicht gut, daß Musiker über die Musik »reden«. Nur der Schriftsteller, nur der »homo litteratus«, gewinnt etwas für seine Kunst durch Argumente und Redegefechte.

So hört Felix unbehaglich zu. Plötzlich aber beginnt er zu lächeln. Er merkt, daß acht Menschen im Garten sind: sein Busenfreund Rietz, die Heydemanns[10], Horn, dann Fanny und Therese, Klingemann und jener Kielmann, Prokurist des Schicklerschen Bankhauses, ein begeisterter Cellist, der bei Mendelssohns immer fragt, ob er seine Frau mitbringen dürfe: die Frau ist aber dann das Cello...[11] Und als Felix in Kielmanns Gesicht sieht mit der gebogenen, hageren Nase und dem hervorstehenden Kinn: da weiß er, daß er seit einer Stunde eigentlich schon an seinem »Oktett« schreibt. Acht Leute, acht Stimmen. Und nichts von Flöten und Waldhörnern diesmal! Blaugrüne Mäander kann man wohl auch aus acht Streichinstrumenten zaubern. Es-Dur. Vier Violinen, zwei Violen, zwei Celli... Das ist durchaus kein Streichquartett, das man etwa verdoppelt hat, um den Ton deutlicher zu machen. Jedes Instrument spielt einzeln, in bedeutender Dialektik, die etwas wunderbar Schwebendes hat und hoch über allem »Gedanklichen« steht.

Diese herrliche, freie, kühne und luftig-weite Architektur, an der nichts »verwinkelt« ist, sondern alles Gleichgewicht. Dieses »Schloß« steht nicht mehr auf der Erde. Wir gehen durch Gänge aus köstlichem Stein, und dabei »treten wir auf Luft«. Das ist das Mendelssohnische und ist es vielleicht zum erstenmal. Und wird es noch lange, lange bleiben. Wir fliegen, schweben — und dennoch ist nichts hier unverpflichtender Klang, der auch anders klingen könnte. Aber nichts ist auch überverpflichtet, nichts eigensinnig, nichts festgerannt, wie (gestehen wir es doch!) in Sonate und Sinfonie die Klassiker sich oft festrannten, wenn sie Durchführungen durchführten und Variationen variierten. Klassisch? Ein Klassiker ist auch er. Aber subjektive Romantik paart sich mit Klassizität der Form, und das ist etwas ungemein Neues. Eine ganz neue Musik ist's, wenn über wogenden Mittelstimmen die Erste Geige »lerchengleich in die Himmelsluft klettert«, um ein Lenausches Wort zu gebrauchen:

Ein zweiter, eben fliegender Vogel, streicht das zweite Thema daher:

Sie paaren sich zwitschernd. Dann, unisono, fortissimo, brausen Sechzehntelgänge herbei: sämtliche acht Instrumente tragen das erste Thema davon. Der zweite Satz, liedhaft volkstümlich, ist ein nachdenkliches Andante. Scheinbar einfach. In diesem c-Moll-Satz waltet eine geheime Polyphonie vor, die Mendelssohn aber leicht verbirgt: es ist, als ob er seine Hörer nur »Farben hören lassen möchte«. Dieses Farbhören hat vor ihm nur Carl Maria von Weber gemeistert: in jenem Satz, der im 10. Takt der Freischütz-Ouvertüre beginnt. Dennoch ist Webers Motivik ganz anders – und Mendelssohns Scherzo zeigt, warum. Schwerlich könnte bei Weber ein Scherzo, ein »Allegro leggierissimo« der Mittelpunkt eines fantastischen Werks sein. Dem jungen Oktett-Komponisten gelang es. Er hat die leichtgeflüsterten Worte, die spukhaften, im Ohr gehabt, mit denen Goethe seine Walpurgisnacht im Ersten Teil des »Faust« beschließt:

Wolkenzug und Nebelflor
erhellen sich von oben.
Luft im Laub und Wind im Rohr –
und alles ist zerstoben.

Es ist wahrlich gelungen, jubelte Fanny[12], *mir allein sagte er, was ihm vorschwebte. Das ganze Stück wird staccato und pianissimo vorgetragen, die einzelnen Tremolando-Schauer, die leicht aufblitzenden Pralltriller: Alles ist neu, fremd und doch so vertraut, so befreundet, man fühlt sich so nahe der Geisterwelt, so leicht in die Luft gehoben, ja man möchte selbst einen Besenstiel in die Hand nehmen, um der lustigen Schar besser zu folgen. Am Schluß flattert die Erste Geige federleicht auf – und alles ist zerstoben.*

Genialer Liebesblick einer Schwester! Sie war selbst eine Komponistin von Rang – nur weil die Eltern »den Platz der Frau« im Hause erkannten, ist sie nie wirklich hervorgetreten. Doch so wie Marianne von Willemers Gedichte in Goethes »West-östlichem Divan« erschienen, hat auch Felix Mendelssohn die Kompositionen dieser Schwester in seine eigenen Werke gemischt.

Zerstoben alles! Aber ein Scherzo kann ja ein Werk nicht abschließen. Und so rast als Schlußsatz noch ein polyphones Presto daher. Mendelssohnisch geheimnisvoll (eine nachdenkliche Innigkeit, der man dann im »Sommernachtstraum«, in der »Hebriden-Ouvertüre« und in vielen Meisterwerken der äußersten Reife begegnen wird) kehrt noch einmal das Hauptthema des Scherzos wieder, ein luftiges Pianissimo, das dann aber durch die derben Finalmotive weggescheucht wird. Die Rüpel schleppen die Elfen fort – und aufs neue ist »alles zerstoben«.

Ein wahrhaft staunenswürdiges Werk! Das Scherzo, das Capriccio, der »prickelnde Husch« ist die Aussageform, die er sich geschaffen hat. Keiner konnte ihn da etwas lehren. Nicht Mozart, dessen Leichtigkeit nicht die der Luft ist. Auch nicht Weber, der herzlicher ist als Mendelssohn. Nicht Bach. Und erst recht nicht Beethoven, der zürnende Zeus, der Gewaltige, mit den »rechthaberischen Akzenten«... Das Oktett ist die Ouvertüre der »Ouvertüre zum Sommernachtstraum«, die der siebzehnjährige Felix ein Jahr später schreiben wird. »So sind beide Werke unsterblich geworden«, sagte 1900 Max Bruch, »aber für mich wird das Oktett immer das größere Wunder bleiben.«

Die Hochzeit des Camacho

Mit dem »Oktett« und der »Sommernachtstraum-Ouvertüre« war aus dem Adepten ein Meister geworden. Zu Zelters stillem Mißvergnügen war dieser, soweit er Lehrer war, aus dem Dienst entlassen worden. Daß er als Kontrapunktiker weiter den größten Einfluß auf Felix nahm, was dessen antiquarische Neigung zur altdeutschen Musik betraf, ist bekannt. Doch bei der romantischen Produktion, beim »Oktett« und beim »Sommernachtstraum«, hatte er nicht mitgeholfen — Männer wie Adolf Bernhard Marx, Bernhard Klein, Ludwig Berger wurden jetzt desto wichtiger [1].

Die Ouvertüre zum »Sommernachtstraum«, ursprünglich vierhändig komponiert und vom Dioskurenpaar Fanny und Felix vorgetragen, wurde dann vom Komponisten als Orchesterstück instrumentiert. Es feierte seine Uraufführung bei Karl Loewe in Stettin. Loewe, ein großer Musiker, Komponist herrlicher Gesänge (aus Freiligraths »Zelte, Posten, Wer-da-Rufer« hat er das bis heute unentthronte »Lied vom Prinzen Eugen« gemacht), brachte mit reichbesetztem Orchester von zwölf Ersten Violinen am 20. Februar 1827 unter seiner eignen Leitung das Werk heraus. Außerdem spielte Mendelssohn noch mit Loewe ein Doppelkonzert eigner Arbeit für zwei Klaviere und Webers großes f-Moll-Konzertstück. Bei Beethovens Sinfonie in d-Moll saß Felix dann mit der Violine im Orchester und geigte mit. So war er denn zum erstenmal aus dem Mendelssohnschen »Gartensaal« in die Öffentlichkeit getreten und hatte sich meisterlich bewährt. Das war aber für Mutter Leah, die Ehrgeizige, nicht genug. Felix hatte seit Jahr und Tag an einer komischen Oper geschrieben, deren Stoff dem Cervantes entnommen war: »Die Hochzeit des Camacho« hieß sie. Wahrscheinlich hatte sein Freund Klingemann, der damals noch in Berlin lebte, sich des Textes angenommen. Aber möglicherweise stammte der Unglücks-Text auch von jemand anderem, der es später nicht eilig hatte, sich als Verfasser zu bekennen.

Es hätte kein »Unglückstext« sein müssen. Seit Ludwig Tieck den »Don Quijote« des Cervantes übersetzt hatte — eine Tat, die die Zeitgenossen der Shakespeare-Übersetzung gleichstellten [2] —, war Cervantes »Salongespräch in Berlin«. Felix Mendelssohn kannte das

Buch wahrscheinlich durch seinen Privatlehrer Heyse[3]. Es ist kaum ein Zweifel, daß nicht nur Tiecks, sondern auch August Wilhelm Schlegels Stellung zum Don Quijote-Roman ihm ebenfalls bekannt war: Poesie und Parodie seien durchaus keine Gegensätze; es sei falsch, in Cervantes nur den »aufklärerischen Geist« zu sehn, der sich über die Unwahrheit der Ritterromane lustig mache. Der ganze Don Quijote vielmehr sei ein durchaus romantisches Buch[4]. »Im Kleinen und im Kleinsten zeigt sich der romantische Witz im Wortspiel, im Witz der Sprache, im Verknüpfen zweier Sprach- und Bedeutungssphären. Das Wortspiel ist... genau wie das bedeutungsvolle Spiel mit Motiven und Situationen ein Aufblitzen der Identität, eine Erinnerung an die Einheit alles Bestehenden im Weltraum, an seine ewige Konsonanz... Der Witz ist der Blitz, welcher jede Stelle in dem großen Ganzen erleuchtet, und sei es für einen Augenblick — und daher ist auch jeder Witz, indem er ans Höchste erinnert, erhaben.«[5] Später ging Eichendorff noch viel weiter: es sei gleichgültig, schrieb dieser große Dichter, daß Cervantes' Zeitgenossen Don Quijotes Charakter belachenswert fanden und sich beim Zusammenstoß des Wahnsinnigen mit der Realität auf die Seite der letzteren stellten. Don Quijote sei vielmehr der eigentlich romantische Mensch, der dem »Philistertum Kampf ansage.«[6] Es war also gar nicht so abwegig, daß der junge Mendelssohn mit seinen romantischen Neigungen an den spanischen Stoff geriet.

Es war sogar ein »recht kühner Versuch«. Daß Mendelssohn von dem Gesetz nichts wußte, das Episches und Dramatisches schied, hatte er mit andern gemein, die verkannten, daß ein epischer Stoff aus zahllosen Episoden besteht, die von der richtigen Bühnenhand stark zusammengepreßt werden müssen. Als um 1900 Richard Strauß seinen »Don Quijote« als »Fantastische Variationen über ein ritterliches Thema« schrieb[7], tat er es als Epiker, der Porträts von Quijote und Sancho Pansa sonatenhaft gegeneinander stellte. Das hatte keine Schwierigkeiten. Aber »Don Quijote ist noch niemals für die *Bühne* erobert worden«, äußerte ein um die Jahrhundertwende sehr beliebter Komponist — wir haben ihn noch gut gekannt; es war der »Evangelimann«-Kienzl — über seinen eigenen Versuch[8]. Es war das »Problem der Ironie«, und ob Opernmusik es bewältigen könne. Vielleicht ist es nur ein einziges Mal gelungen, in Mozarts »Figaro«, wo die Orchester-Instrumente entweder den Sänger verspotten, oder

Mimik und Ton des Sängers, umgekehrt, zum Orchester nein sagen. Beides findet in einer so vollkommenen Atmosphäre von Schönheit und Charakteristik statt, daß es nie wieder erreicht worden ist[9].

»Der Darsteller der Rolle kann nicht ernst und pathetisch genug sein«, schrieb Kienzl 1898 im Regiebuch seiner Oper. »Jede Bewegung, jede Gebärde muß voll Hoheit, Würde und Ritterlichkeit sein und aus der heiligen Überzeugung einer großen Mission entspringen... Da er alles, was ihn umgibt, ernst nimmt, so darf nichts den Eindruck hervorrufen, als ob er die tollen, ja unbarmherzigen Scherze, die die Welt mit seiner Person treibt, auch nur im geringsten durchschaut. Sein Wesen muß einerseits überspannt und andererseits völlig humorlos erscheinen.« Und nun zeigte es sich, daß das Publikum diesen Gegensatz nicht verstand. Entweder hatte die pathetische Posaunenmusik des idealistischen Ritters recht oder die heiseren Kaskaden einer gnadenlos spottenden Welt. Die Oper fiel durch. Denn das Publikum wollte »entweder nur lachen oder nur weinen«. Vor die gleiche Schwierigkeit war, ein Zweidritteljahrhundert vorher, der junge Mendelssohn gestellt, ohne daß er es zunächst merkte. Er hatte eine »romantische«, also moderne Musik geschaffen. Warum sollte sie nicht gefallen?

Eine Reihe anspruchsloser Operchen, eher Singspiele, war dieser Oper vorausgegangen; und alle waren im Gartensaal vor einem Privatkreis aufgeführt worden. Die »Hochzeit des Camacho« aber gehörte in die *Öffentlichkeit*. Vielleicht nicht gerade ins Opernhaus, dessen Maße für diese Buffo-Oper zu gewaltig waren. Man konnte sie aber im Schauspielhaus geben. Da damals alles, was in Berlin Namen, Rang und Einfluß besaß, im Hause der Mendelssohns verkehrte, konnte man mit dem Intendanten der Königlichen Schauspiele, dem Grafen Brühl, leicht einig werden.

Brühl war der rechte »Theatergraf«. Um dem Hofe zu gefallen, hatte er sein Hauptaugenmerk auf historisch treue Kostüme gerichtet. »Er hätte«, schreibt Marx, »es sich nie verziehen, ein schon vorhandenes Kostüm des dreizehnten Jahrhunderts noch einmal für das zwölfte oder vierzehnte zu verwenden.«[10] Besonders aus Schiller-Aufführungen wußte Graf Brühl Prunkstücke zu machen. Dafür fehlte das Ineinandergreifen aller Spielenden, das Goethe in Weimar bereits so emsig pflegte: also die »moderne Regie«... Was Brühl machte, blieb immer »Hoftheater« und befriedigte die den Berlinern vom Hof her anerzogene Schaulust: der Krönungszug in der »Jungfrau von Orléans« währte mit seinem Aufmarsch der Fürsten, Ritter, Würdenträger, Trabanten, Kinder, Jungfrauen, Bewaffneten eine volle halbe Stunde und wurde zum Mittelpunkt des Dramas. An der »Hochzeit des Camacho« hätte Brühl höchstens aussetzen können, daß sie nicht teuer genug werden würde. Diese spanischen Kostüme und das ständige Halbdunkel auf der Bühne waren den Augen nicht allzu verlockend.

Aber da war noch ein wichtiger Mann, der zu gewinnen war: Spontini! Jener Ritter Gasparo Spontini, den König Friedrich Wilhelm III., ein leidenschaftlicher Opernfreund, aus Paris nach Berlin berufen und zum Operndirektor gemacht hatte. Spontini war Brühl nicht unterstellt — und er hatte sich's ausbedungen, über die Annahme neuer Opern den obersten Entscheid zu fällen. Spontini war kein guter Direktor. Das konnte er schon deshalb nicht sein, weil er — unglaublich! — sehr schlecht Deutsch sprach. Sein Engagement war deshalb erfolgt, weil, wo sich Spontini befand, sich eine »Ära Spontini« begab. Spontini — sinnlos, das zu leugnen! — war nämlich in jenen Jahren einer der erfolgreichsten Opernkomponisten der Welt. Übertroffen ward er vielleicht nur von seinen berühmten Landsleuten Cherubini und Rossini.

Der artige Mann im moosgrünen Frack mit der hohen Lockenfrisur, übersät von Orden und frauenhaft eitel, das Lorgnon im Salon wie einen Taktstock handhabend (den er vortrefflich zu führen wußte!), hatte natürlich viele Feinde. Da war die nationale Partei, die dem guten Musiker nicht verzieh, daß er Französisch-Italienisch radebrechte, wenn er dem Orchester auf der Probe etwas klarmachen wollte: »*Meine Erren! Il faut remarquer, dass il forte doit être*...« Dann mußte der brave Konzertmeister Möser dieses Kauderwelsch übersetzen — wobei die Musiker allerdings fanden, daß Spontini meistens recht hatte! War er doch eminent musikalisch[11].

Spontini, wie gesagt, hatte Feinde. Abraham Mendelssohn, der Bankier, war bestimmt nicht unter ihnen. Sein Musikverständnis, wir erinnern uns, war in Paris erzogen worden, als er in den ersten Jahren des Kaiserreichs im Bankhaus Fould gearbeitet hatte. Wohl war er Laie; doch besaß er dabei sehr gute Ohren und Augen. Eigentlich war er überzeugt, daß es »nie wieder einen größeren Operisten geben werde als Gluck«. Andererseits fühlte er, daß Glucks Ära vorbei war – und er wußte warum. Der »Ruf zur Innerlichkeit« war verklungen. »Reform der Oper?« Ja, gewiß – dann aber eine Reform nach außen! Oper mußte Glanz sein. Empire! Effekte! Leuchtstrahlen aus dem Orchester und aus der heroischen Kulisse!

Abraham Mendelssohn hatte genau Spontinis Werdegang verfolgt. Zwanzig Jahre war es jetzt her, daß der italienische Maestro Musikdirektor der Kaiserin Joséphine geworden war. Damals, 1807, unterwarf er sich mit der »Vestalin« Paris. Sie schloß das Napoleonische Reich an römische Ideale an. Für unseren heutigen Geschmack war der Stoff der Oper merkwürdig starr: Licinius, ein junger Römer, hat die Liebe Julias, der Tochter eines Ädilen, gewonnen; doch da er vom Kriegszug siegreich heimkehrt, findet er die Braut als Vestalin, als Hüterin des Heiligen Feuers. Im Tempel erneuern sie ihre Liebe, doch das Heilige Feuer verlischt ob des Frevels. Licinius eilt hinweg, um mit Hilfe seiner Getreuen Julia aus dem Tempel zu holen: befreit er sie nicht, ist sie verloren. Noch ehe er kommt, wird die Untat entdeckt: der Bannfluch wird auf sie geschleudert, sie soll lebendig begraben werden. Als Licinius zurückkehrt, um die Geliebte an sich zu reißen, fährt in den allgemeinen Tumult ein Blitzstrahl nieder und entzündet den Schleier der Pflichtvergessenen, der zerrissen am Altar lag. Mit dem Schleier brennt das Feuer aufs neue. So sprechen die Götter Julia frei, und das römische Volk gibt sie dem Licinius als Gattin. – Was konnte Paris veranlassen, was Napoleon bewegen, dieser Oper Beifall zu klatschen?

Es war die Römertugend, die hier triumphierte. Zur Römertugend wollte Napoleon seine Franzosen aufrufen. So wurde Spontini der Mann des Tages. Aber schon zwei Jahre später zerfiel er mit Napoleon. Den Grund hat, mit bedeutender Einsicht, Oskar Fleischer in seinem Essay »Napoleon Bonapartes Musikpolitik« aufgezeigt[12]. Napoleon war der Ansicht, daß die Musik ein »Regierungsmittel« sei – eine Ansicht, die Chinesen und Griechen lange vor ihm gehabt hatten. Er verlangte von den Komponisten, die in der Oper aufgeführt wurden, strenge Befolgung seiner Wünsche. Es waren die Wünsche eines Diktators. Der Republikaner Cherubini hatte sich ihm widersetzt. Spontini tat das nun scheinbar nicht. Als Napoleon zum Feldzug gegen Spanien rüstete, gab er – um Paris für den Sieg zu entflammen – Spontini den Auftrag, ein »spanisches Sujet« zu behandeln. Er nannte als Thema: *Ferdinand Cortez.* Doch das Thema kehrte sich gegen ihn. Die Musik wurde nämlich so wunderbar, daß die kriegsmüden Pariser den Spaniern der Bühne zujubelten... Tagelange Kundgebungen! Nationaler Verrat in der Großen Oper! Spontini wurde abgesetzt und entging mit Mühe der Bestrafung[13].

Vier Jahre nach Napoleons Sturz bei Waterloo komponierte Spontini eine neue Oper »Olympia«, die an üppigen Effekten alles in den Schatten stellte, was er bis dahin geschaffen hatte. Der Orient Alexanders des Großen, eine Diadochen-Welt, die die heroischen Wirkungen Meyerbeers, ja, Wagners vorwegnahm, schlug die Zeitgenossen in Bann. Und alles war *echt*: selbst ein Elefant erschien leibhaftig auf der Szene. Die Berichte aus Paris über den märchenhaften Erfolg bewogen den Preußenkönig denn auch, den Chevalier nach Berlin zu berufen.

Wo er sich aber recht unwohl fühlte. Schon 1821, ein Jahr später, wurde Webers »Freischütz«-Sieg zu einem Anti-Spontini-Skandal[14]. Gereimte Flugblätter flatterten von den oberen Rängen herab, die auf Spontinis Vorliebe für Elefanten Bezug nahmen... Der König blieb zwar auf seiner Seite, doch die »Romantischen« setzten ihm zu. Eine »neue Innerlichkeit«, auch eine neue Bürgerlichkeit hatte mit Agathe und Ännchen und dem Jäger Max begonnen. Bühnenschauplatz war wieder das Herz; nicht mehr Welt-Intrige und Waffenprunk.

Die Romantischen also wollten von Spontini so wenig wissen wie dieser alte Pathetiker von der Romantik. Und Mendelssohn? Dieser junge Mendelssohn, von dem Eltern und Musikfreunde so verdächtig viel hermachten – war er nicht *auch* ein »Weberianer«? Spontini – das war seine Pflicht – ließ sich die Partitur kommen, las sie, lächelte ein wenig über ihr Verirrt-Verwirrtes und legte sie bald wieder fort. Während die Familie Mendelssohn vor Ungeduld zu sieden begann, erfuhr man aus der Intendantur, daß der große Mann Spontini einer Aufführung nicht entgegenstehen würde. Aber dafür tun würde er auch nichts. Über ein Jahr nun schleppte sich schon die Sache hin, bis endlich die Oper, fast unerwartet, einstudiert und der Tag der Premiere festgesetzt wurde.

Im letzten Moment hätte Felix beinahe seine Oper zurückgezogen, als Spontini ihn zu sich bestellt und in herablassender Weise die Partitur kritisiert hatte. Es geschah im Direktionsbüro des Schauspielhauses; der große Mann hatte mit der rechten Hand einen weiten Bogen beschrieben und hinter den Fenstern auf die Kuppel der Französischen Kirche gezeigt: »*Mon ami, il vous faut des idées grandes, grandes comme cette coupole-là*...« Wie lächerlich, wie undelikat, einen siebzehnjährigen Opern-Adepten auf diese Art zu »ermutigen«. Den Blicken Spontinis folgend, sah Felix den hohen, kupfergrünen Dom, den der Architekt Friedrichs des Großen in einer schlanken und edlen Form, die keinen Widerspruch duldete, über dem Gendarmenmarkt aufgeführt hatte. Felix wußte nicht, daß Karl von Gontard viel Widerspruch zu erdulden hatte und manchen Gegner erledigen mußte, ehe er diesen Bau erstellte – und als er die Kuppel geschaffen hatte, fiel sie unter dem Jubelgeschrei der Berliner Straßenjungen (»Pardauz, da liegt sie!«) noch herunter, so daß er ein zweites Mal bauen mußte, und dann weniger theaterhaft...[15] Der Vergleich zwischen Baukunst und Musik, den Spontini sich hier erlaubte, war Felix ganz gewiß nicht fremd. Denn schon Novalis und Friedrich Schlegel hatten von der Architektur als »gefrorener Musik« gesprochen. Doch das machte die Sache nicht richtiger. Bauen war ein verdammt schweres Handwerk, und Musik ein ganz anderes, aber wahrlich nicht weniger schweres!

Trotzdem war Felix in seltsamer Verzagtheit von Spontinis Worten beeindruckt und ahnte Böses für seine Oper – die eine komische Oper war und schon damit Spontinis Verständnis entrückt. Dabei war das Werkchen doch wirklich nicht schlecht! Dreihunderteinundsiebzig Blätter wies die Partitur auf, an der er lange und sorgsam geschrieben hatte. Eine Fülle von Musik und Formen. Arien und Ensemblesätze wechselten rasch. Da war keine Trägheit. Das Ganze, in Buffo-Farben getaucht, machte von fern an Mozart denken.

Der Stoff brachte auch – o Figaro! – eine »verhinderte Hochzeit« herbei. Dem Pächter Carrasco war es gelungen, den reichen Grundbesitzer Camacho zu seinem Schwiegersohn zu gewinnen. Aber Quiteria, Carrascos Tochter, liebt den armen Studenten Basilio. Um die Hochzeit aufzuhalten, begeht dieser einen fingierten Selbstmord: er stößt sich den Degen in die Seite und stürzt anscheinend bluttriefend zu Boden. Ein Priester wird geholt; jedoch Basilio weigert sich zu beichten, bevor ihm – der ja sterben muß! – Quiteria als Gattin angetraut wird. Der fahrende Ritter Don Quijote, der einer der Hochzeitsgäste ist, setzt sich für den Studenten ein und macht dem Grundbesitzer begreiflich, daß er ja schon am nächsten Tag

Quiteria als Witwe heiraten könne. Alle Beteiligten willigen ein. Der Priester gibt Quiteria und den Sterbenden zusammen – doch gleich darauf springt Basilio auf: das Blut war kein Blut, der Selbstmord kein Selbstmord, er selbst ist unversehrt geblieben. Und war nun glücklicher Ehemann.

Was hatte eigentlich Don Quijote in dieser vom Charakterstandpunkt so unbedeutenden Handlung zu suchen? Don Quijote ist eine Welt für sich. Vielleicht im Roman, aber nie im Drama darf er Episodenfigur sein! Nahm man jedoch diesen Fehler hin, so überraschte die Musik durch ihr glänzendes Situationstalent. Beseeltes wechselt mit Komischem. Eine Fülle anmutig durchfühlter Formen. Duette, Chöre und Terzette. Ein Monolog wie Basilios Allegro-Arie:

> Noch tröstet mich das Vorgefühl:
> durch Mut erring' ich sie!
> Denn auf mein Schwert und Saitenspiel
> baut' ich vergebens nie

– so etwas konnte, ritterlich, auch in Webers »Euryanthe« stehn. Und gar, ritenuto und pianissimo, die gedankenvoll-zarte Fortsetzung:

> Sie ist mir treu, liebt mich allein
> und zagen sollte ich?
> Quiteria will mein Eigen sein!
> Ihr Herz schlägt nur für mich.

Basilio ist arm und muß seine Zuflucht daher zu einem Betrug nehmen. An Figaros soziale Probleme darf man bei all dem freilich nicht denken. Eher schon an Eichendorff und seine schwerelose Welt. Träten hier Suppius und Klarinett auf, die vagabundierenden Musiker, diese »Landstreicher der Seele«, man würde sich erst recht nicht wundern:

> Studenten, Soldaten sind leichter Natur;
> Poeten, Soldaten sind Liebende nur;
> sie singen, sie wandern, sie fechten um Herzen,
> wenn alle die andern nur kaufen und scherzen.
> Und haben sie's Liebchen, wird Hochzeit bestellt.
> Sie finden im Stübchen die ganze Welt.

Das war lyrisch nicht nur recht hübsch gedichtet. Es hatte sogar schon den »grünen Ton« eines weit späteren Mendelssohn. Es konnte auch kaum von Klingemann stammen, wenigstens nicht von diesem allein; wahrscheinlich hatten Karl Wilhelm L. Heyse und der Hofrat Lichtenstein ebenfalls ihre Hand im Textbuch, sobald jemand den Don Quijote ansprach: »Irriger Herr Ritter von der Rechenschaft, ich wollte sagen: ehrlicher Herr Ritter von der Ritterschaft...« Oder wenn Sancho Pansa sang:

Fühlt ihr nicht ein Beingezitter
bei des Namens Allgewalt?
Hört, es kommt der Löwenritter
von der traurigen Gestalt!

Sancho Pansa ist Mendelssohn sogar besonders gut gelungen. Das Orchester trippelt zu seinem Parlando; Rossini hat es kaum besser gemacht. Zwischendurch bekämpfen Männerchöre einander. Was ein fester Chorsatz ist, hatte Felix ja bei Zelter gelernt (Beispiel S. 79).

Daß sich die Wirrnis dann steigerte, daß mit der fortschreitenden Handlung (die keiner mehr nacherzählen konnte!) schließlich nicht nur das Brautpaar den ungeliebten Camacho bekämpfte, sondern Camachos Anhänger mit denen Vater Carrascos stritten, mochte hingehn. Gefährlich wurde das Ganze erst, als in einem stockdunklen Wald-Akt alles durcheinanderlief und der Ritter Don Quijote einen echten Wahnsinns-Anfall erlitt: er hielt die Braut Quiteria für seine eigene Angebetete, die Magd Dulcinea von Toboso, und sah in dem Bräutigam Basilio den furchtbaren Riesen Montesinos... Es gelang Felix zunächst in der Tat ein Stück Sommernachtstraum-Musik, halb schrecklich und halb lächerlich, über diese Szene zu gießen. Aber das Ganze blieb doch befremdlich – weil die Zuschauer nicht wußten, ob sie »lachen« oder »sich fürchten« sollten! –, und man atmete auf, als gegen den Schluß zu die Hochzeit doch noch stattfinden konnte (die des Basilio, nicht des Camacho!). Ein Chor der Köche und Köchinnen preist das Gebraten-Gebackene, daß man's in Tönen brutzeln hört:

Frisch die Hände nur gerühret, lustig Feuer angeschüret,
daß sich mische Hochzeitsfeuer, Bratenfeuer, Liebesglut.
Frisch und munter, stets geschäftig, hier Gewürz und Zwiebeln kräftig.
Salz, Muskatnuß, Öl und Pfeffer sind des Bratens Liebesglut.

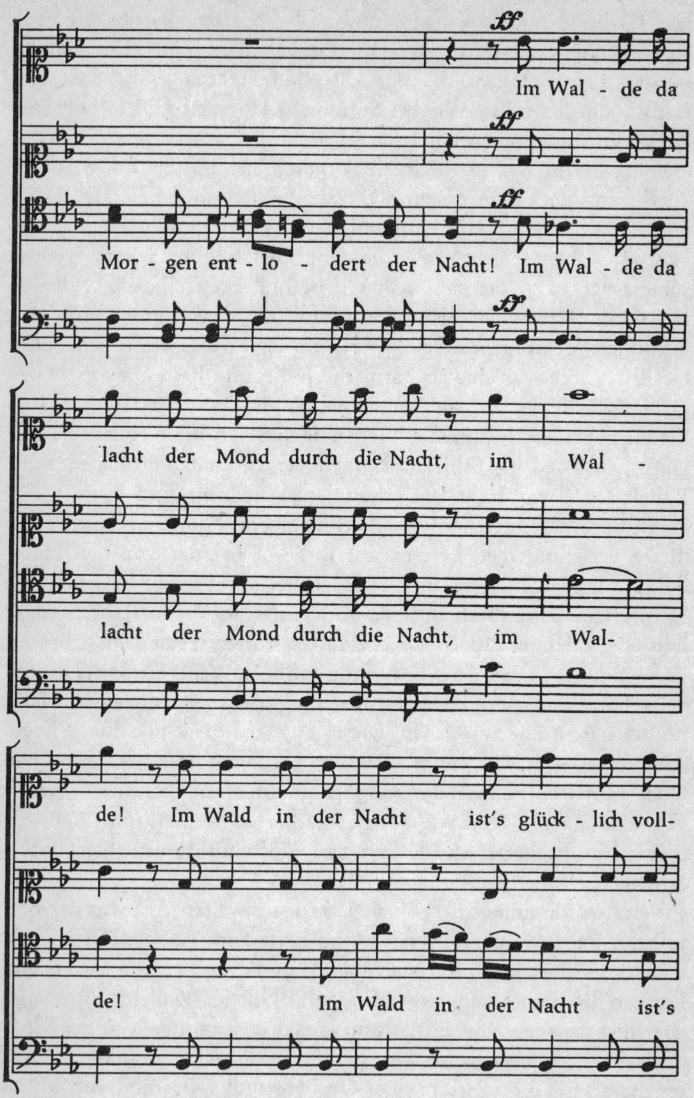

Partiturseite aus der »Hochzeit des Camacho«

Das Orchester spitzt seinen Mund zu Sancho empor, der alle Welt fröhlich tafeln und mittrinken läßt. Ein Festmarsch in C-Dur. Ballettmusik, die von allem das Beste ist und Figaros Volkskunst sehr selbständig fortführt. Wie bei Susannens Hochzeit gibt es hier Fandango und spanischen Bolero [16]. –

Ganz Berlin war in Kutschen vorgefahren, um das Ereignis mitzuerleben. Nach dem ersten Akt war der Beifall sehr stark. Familien-Beifall – wie Felix empfand. Durchs Vorhangloch sah er bekannte Gesichter. Sehr viele, die dem Spiel folgten, waren Freunde seines Hauses... Da saß in der dritten Parkettreihe die Hofrätin Henriette Herz, mehr als sechzig Jahre alt, aber immer noch eine Schönheit [17]. Graue Locken über dem erwartungsvoll gehobenen Gesicht... Sie war eine sephardische Jüdin und hatte, bevor sie den großen Herz, den Freund Immanuel Kants, heiratete, Henriette de Lemos geheißen. In ihrem schöngeistigen Salon hatte Felixens Tante Dorothea Friedrich Schlegel kennengelernt, und Varnhagen seine Rahel. Jetzt war Henriette schon lange verarmt und brachte sich durch Sprachstunden vorwärts. Wilhelm von Humboldt korrespondierte in hebräischen Lettern mit ihr. – Ob einer von den Humboldts hier war? Hoffentlich nicht! Doch mit Unruhe sah Felix an Henriettens Seite ihren Intimus Schleiermacher [18]. Vor Jahren schon hatte der Prediger die schöne, einsam gewordene Frau dazu gebracht, Protestantin zu werden. Sicherlich ging er nicht oft ins Theater. Felix hatte den merkwürdig stillen und etwas verwachsenen Mann oft bei seinen Eltern gesehen, wie er ernster Musik lauschte – heute schämte er sich ein wenig, daß der berühmte Kanzelredner diese Oper hören sollte, die der junge Komponist im geheimen bereits verwarf. Einem Mann wie Schleiermacher sollte man mit Oratorien und gottesgelehrter Musik kommen, doch nicht mit einer Buffo-Arbeit.

Felix wurde immer nervöser. Nach dem zweiten Akt war der Beifall nur flau. Abraham Mendelssohn hatte auch Feinde. Der »Schatten des Geldes« war im Theater. Flüsternd erhob sich in Logen und Rängen die höchst ungerechte Frage [19], ob dieses vielleicht überreife, aber nicht ausgegorene Stück nicht besser im Familienkreis der Mendelssohns geblieben wäre. Der unglückliche und schwankende Felix ergriff bereits die »Partei seiner Gegner« und war schon vor Schluß davongelaufen. Statt seiner verbeugten sich die Sänger, als nach dem Hochzeits- und Bankett-Akt der Beifall wieder merklich erstarkte.

Am nächsten Tag erkrankte Blume, der Sänger des Don Quijote, auf Wochen. Das vereitelte eine Wiederholung der Oper. So wurde sie nur ein einziges Mal gespielt und verschwand dann völlig vom Spielplan.

Zweites Buch

MUSIK VON GESTERN
MUSIK VON MORGEN

Die ewige Wohltat und Gnade des Tons und Klangs, seine wundertätige Übereinstimmung mit dem durstigen, zerlechzenden Ohr, — daß der dritte Ton zusammenstimmt mit dem ersten, und der fünfte desgleichen, und die *nota sensibilis* hinaufsteigt wie eine erfüllte Hoffnung, die Dissonanz herabgebeugt wird als wissentliche Bosheit oder vermessener Stolz, und die Wunder der Bindung und Umkehrung, wodurch auch die Sekunde zur Gnade gelangt in den Schoß des Wohlklangs ... Und die *fuga* und das *punctum contra punctum,* und der *canon a due, a tre,* und so fort, ein ganzes Himmelsgebäude, eines ins andere greifend, ohne Mörtel verbunden und gehalten von Gottes Hand.

Franz Grillparzer: Der arme Spielmann

Seine Reaktion auf diesen Mißerfolg war eine völlig andere als es etwa diejenige Mozarts oder Wagners gewesen wäre, die jetzt mit dem Kampf erst begonnen hätten. Mendelssohn wußte im tiefsten Herzen, daß er kein Dramatiker war, sondern ein episch-lyrischer Meister, und dramatisch nur im Spannungsfeld episch-lyrischer Komposition: im sinfonischen Gemälde.

In seinem »Handlexikon der Tonkunst« schrieb 1882 August Reißmann von einem Komponisten: »1837 ging er nach Paris, und hier kam 1851 seine Oper: *Le démon de la nuit* mit großem Erfolg zur Aufführung. Daß seine Laufbahn als Komponist für die Große Oper in Paris mit diesem Werke dann bereits abschloß, erklärt sich durch die Zurückhaltung und das Naturell des Künstlers, welche ihn unfähig machten, jene Kämpfe mit materiellen Schwierigkeiten, Rivalitäten, Eigenliebe der Darsteller usw. zu bestehen, welche den schaffenden Musiker durch sein ganzes Leben verfolgen, und selbst, nachdem er sich eine geachtete Stellung errungen, eher zunehmen als sich vermindern.« Der Mann hieß Jacob Rosenhain und war wahrscheinlich unbedeutend. Man hat nie wieder von ihm gehört. Felix Mendelssohn aber wurde, als Epiker und Lyriker, der erfolgreichste Komponist seiner Zeit. Allerdings verzichtete er darauf, ein »zweiter Meyerbeer« zu werden und für die Pariser Oper zu schreiben, was ihm auch nie gelungen wäre. Zur halben Enttäuschung seines Vaters, den die Pariser Erlebnisse, die Nachwirkung Glucks und der Aufgang Spontinis immer noch in den Knochen steckten. Warum auch sollte seinem Sohn nicht die große Erfolgs-Oper glücken?

Doch Felix Mendelssohn wußte es besser. Und mit der Camacho-Niederlage beginnt jenes seltsame Versteckspiel, das ihn bis zu seinem Tode, also volle zwanzig Jahre, nicht losläßt. Es ist kein »Suchen nach der Oper« (das läßt er nur seine Freunde glauben, die in ihm einen zweiten Mozart sehen, der ohne Opern nicht leben kann!) — es ist vielmehr, ganz im Gegenteil, eine massive »Angst vor der Oper«. Kaum zeigt sich am Horizont ein Textbuch, da versteckt sich Mendelssohn. Und trägt man ihm ein Textbuch ins Haus, da zögert und mäkelt er so lange, bis Autoren und Freunde verzweifeln und schließlich ein anderer den Text komponiert.

Einen allerdings täuschte er nicht. Er scheint seinem Vater gesagt zu haben, warum er sich (trotz aller Sehnsüchte) zur dramatischen Karriere im Innersten nicht berufen fühle. Im Innersten? Hier hakt der Vater ein und maßregelt ihn mit ernsten Worten. »Du hast«, schreibt Abraham Mendelssohn nach einem der üblichen Textbuch-Ärger, den Felix 1834 in Düsseldorf gehabt hatte, »Du hast, meiner Einsicht nach... in produktiver Hinsicht noch keine ausreichende Schule durchgemacht, um gewiß wissen zu können, daß Deine Abneigung dagegen eine *innere,* in Deinem Talent und Charakter begründet sei. Mir ist, außer Beethoven, kein dramatischer Komponist bekannt, der nicht eine ganze Menge total vergessener Opern gemacht hätte, ehe er den rechten Punkt zur rechten Zeit gefaßt und sich Platz geschaffen hätte. Du hast erst *einen einzigen öffentlichen Versuch* gemacht, der zum Teil am Texte gescheitert und eigentlich weder gelungen noch mißlungen ist. Später hast Du an den Texten zu viel gemäkelt, – den rechten Mann nicht gefunden, vielleicht aber auch nicht recht gesucht. Ich kann mich des Glaubens nicht erwehren, daß tätigere Nachforschungen und billigere Anforderungen Dich zum Ziel hätten führen müssen...« [1]

Felix floh also vor der Oper. Doch natürlich gab's eine andere Schicht in ihm, die dem Bühnen-Erfolg nachträumte und nachtrauerte. Nachdem er ein schlechtes Kotzebue-Stück gelesen hat – der Stoff war von Wieland und war von Goethe gelobt worden –, beschäftigte er sich 1834 monatelang mit einem Szenarium, und wie man's besser machen könnte. Es ist die *Geschichte des Pervonte,* die in einem echt wielandischen, grotesken Süd-Italien spielt. Unter Feen und shakespearischen Rüpeln. Dieser Bauernbursch Pervonte, den Wieland in seiner grob-zierlichen Kunst hinstellte – derselben Kunst, in der Goethe dann später Mephisto reden und reimen ließ –, dieser Pervonte wird von Wieland folgendermaßen eingeführt:

Da war auch keine Spur von Neugier und Verstand,
nichts ging in seinen Kopf, nichts ging ihm von der Hand;
sein Werk war, Tage lang mit halb geschlossnen Augen
am Ofen, auf die Streu der Länge nach gestreckt,
an seinen kurzen Fingern saugen
und, wenn die Mutter ihn zur Arbeit scheltend weckt,
sich über Rückenweh beklagen.

Drei Späne Holz zur Küche stöhnend tragen,
auch dann und wann, wenn's Mutter ihm gebot,
die Gänse aus dem Garten jagen,
war alles, was das Faultier sich mit Not
bereden ließ, zum Haushalt beizutragen;
im übrigen ein gutes Vieh,
den nie der Kitzel stach, nach Wann, Warum und Wie
bei irgendeinem Ding zu fragen[2].

Was hatte Felix mit diesem Ungeschliffenen zu tun? Es gefiel ihm, daß Feengunst diesen Pervonte in einen geschleckten jungen Ritter verwandelte, in den sich die Königstochter verliebt. Am Schluß ist aber der verwandelte Pervonte des eleganten Wunschlebens müde. Sein letzter Wunsch an die Feen ist, daß alles so werden möge wie früher: die Königstochter hat das Nachsehn, und er selbst kriecht wieder befriedigt in die Hütte der Mutter zurück.

Das erscheint uns grotesk, doch Felix selbst war ein »Märchenmensch«. In einem Teile seines Ichs war dieser oft nüchtern-intelligente, um das Leben Wissende doch ein auf Feengunst Hoffender und ein spielerisch Gläubiger.

»Das Märchen«, hat Otto Gruppe gesagt, »das Märchen lullt den Willen ein. Es enthebt den Menschen der Anstrengung. Es versichert das Individuum durch Gnadenwahl der Hilfe des Alls.«[3] – Vergessen wir's nicht: obwohl in der Folklore Märchen und Sage zusammenstoßen, sind sie doch voneinander geschieden, was den Begriff des aktiven und des passiven Helden betrifft. Ein Sagenheld zum Beispiel mag Märchen-Situationen erleben (wie Siegfried, der mit der Gabe, Vogelstimmen zu verstehen, beschenkt wird). Deshalb ist er dennoch kein Märchenheld. Siegfried ist ein Willensmensch, wie ja Wagner selbst einer war. Felix Mendelssohn aber, der adlige Träumer, findet sein Glück nicht in der Willens-Entfaltung. Er erwartet, daß die »Geschenke des Lebens« (um ihm einen Hofmannsthalschen Titel zuzuordnen) in sein Arbeitszimmer gebracht werden.

Wie die meisten Romantiker empfand Felix Märchen als uraltes Volksgut. Mit Recht; nur daß wir seit Benfey[4] wissen, daß es soviel »nationale Märchen«, wie man damals glaubte, nicht gibt. Die Geschichte vom »Gestiefelten Kater« ist weder deutsches noch französisches Gut (obwohl ein Franzose sie herrlich erzählt hat). Mit den von den Brüdern Grimm gesammelten »Irischen Elfenmärchen« steht es nicht anders. Märchen sind Gemeingut der Völker. Nur sind sie national »gefärbt«, seit die Urstoffe vor Jahrtausenden aus Indien eingewandert sind. Aus dem »Pantschatantra« wogte der »Ozean der Märchenströme« westwärts und nordwärts. Es war von einer tiefen Bedeutung, daß eine so willensfeindliche Kultur wie die indische Glück und Unglück, Wichtelmannschätze und Hexenflüche unter die lauschenden Völker gebracht hat: und immer wurde Glück oder Unglück den Passiv-Duldenden zuteil. Selbst ein so durch und durch deutscher Mensch wie Robert Schumann wird zum »Araber«, wenn er, lange vor der Verlobung, scherzend an seine Clara schreibt: »Ich war während Ihrer Abwesenheit in Arabien, um alle Märchen zu erzählen, die Ihnen gefallen könnten – sechs neue Doppelgängergeschichten, 101 Charaden, acht spaßhafte Rätsel und dann die entsetzlich schönen Räubergeschichten und die vom Weißen Geist – hu, wie's mich schüttelt!...« Wollte man also Märchen erzählen, sprach man besser wie ein »Moslem«. Schließlich hatte das ja auch Rückert getan[5].

Pervonte oder *Das Glück des Faulen.* – Man fühlt im Lesen bereits, wie die Einfälle in ihm summen, die Instrumente gestimmt werden und »die trippelnden Pizzicati der Geigen über die Bühne laufen«. Mausleichte Effekte und Ironien huschen herum; dazwischen komische Pauken-Pathetik. Als er das Szenarium fertig hat, sendet er es zur Aufweitung und Ausarbeitung an Klingemann; der sich auch stark an die Arbeit begibt, und dem ein reizender erster Akt glückt. Mit schelmischen Dialogen und Späßen, die in freundschaftlich-hinterhältiger Weise das Vergnügen des Pervonte am Schlaf mit gewissen Eigenschaften von Felix in Rapport setzen... Eine Humperdinck-Welt nimmt uns auf[6]. Monolog im Walde:

»Hier gibt's Bäume genug. Aber Holz schlagen? Das ist langweilig, das macht müde. ›Setz dich nicht hin‹, hat die Mutter gesagt. Aber einschlafen darf ich hier nicht, sonst krieg ich zu Hause nichts zu essen. Ich muß mich muntersingen. (Er gähnt.)

Wenn alle Steine Dukaten wären,
und voller Fische die See,
da wollte ich mich um nichts mehr scheren,
da täte mir nichts mehr weh.

Und wenn die Tauben gebraten wären,
da wäre ich gar nicht faul,
ich wollte mich um nichts mehr grämen,
und täte auf das Maul.

Faul? Wenn einer ruhig ist und tugendhaft im Hause bleibt, so nennen sie einen faul, sie verstehen's nur nicht. Ach, wenn ich so ausgestreckt liege und die Augen zumache, da geht das rechte Paradies an, da sehe ich die schönsten Dinge und denke an alle alten Märchen von verwünschten Schlössern und verzauberten Prinzessinnen und vom Tischchen-Deckedich. So eines möchte ich wohl haben, voller Essen und Trinken. Jawohl – trinken? Hier muß ja ein Brunnen sein. – O Wunder, da liegen doch eine, zwei, drei – drei Frauen am Brunnen eingeschlafen! Frauen mit gelben, funkelnden Kronen... Die brauchen kein Holz zu lesen! Und *so* schön! Ich will sie wecken – nein, das tut weh, wenn man geweckt wird! Ich will sie *nicht* wecken...«

So spaßt sich Klingemann an den berühmten Freund heran. Und zwischen Düsseldorf und London fliegen die Briefe hin und her. Dann aber gerät die Arbeit ins Stocken. Eine Weile wird noch korrespondiert. Aber dann hört man nichts mehr davon. Der Plan verschwindet so radikal, wie er plötzlich gekommen ist. Und das ist gut so: Mendelssohns Szenarium ist nicht nur geschickt, es ist auch dichterisch; aber aus dem »Pervonte« wäre nie eine Oper geworden, sondern nur eine Konzert-Ouvertüre. Vielleicht eine komische Ouvertüre wie die zum »Ruy Blas« (das klingt, als habe Mendelssohn eine neue Art von Fagott erfunden). Dann allerdings ein Meisterwerk – um das wir nun also ärmer sind.

Das Märchenmotiv vom »Glück des Faulen« hatte sich Wieland nicht ausgedacht. Er hatte es der berühmten Sammlung des Gianbattista Basile *Il Pentamerone* entnommen [7]. Wie Menschen aus Faulheit wunderlich und sogar verrückt werden können, das geistert noch bei den Brüdern Grimm in dem Märchen »Die faule Trine«, die am Schluß nicht mehr weiß, ob sie noch sie selbst ist. Und beim Märchen von der Teilung des Reiches: »Nur der Faulste soll unser König sein!« [8] Wie sein riesiger Werk-Katalog beweist, war Felix Mendelssohn nicht »faul« – doch etwas von der Überzeugung, »den Seinen gibt's der Herr im Schlaf«, steckte ihm erlebnishaft in den

Knochen: Lachend erzählten seine Freunde, »man habe ihn auf den Kopf stellen müssen, ehe er endlich aufgewacht sei.« –

Das »Versteckspielen mit der Oper« wurde für Felix allerdings schwerer, sobald er sich einem wirklichen Partner des Wortes gegenübersah, wie etwa Eduard Devrient. Klingemann war ein Dilettant; zumindest schlug der Dilettantismus ihm meistens überm Kopfe zusammen, sobald er ein paar Liedanfänge ehrlich schön zusammengebracht hatte. (»Der Frühling kommt mit Brausen« – ja, aber was kam dann hinterher?) Devrient aber, Schauspieler und Sänger, war eine künstlerische Erscheinung von durchaus eigenen Gnaden und Graden[9]. Er ließ sich nicht aufs Eis legen durch ein lächelnd geäußertes: »Das ist dir nicht gelungen, Lieber!« oder »Das ist nun einmal nichts für mich!« An seinen Jugendfreund Devrient, der ihm unter seinen Freunden nächst Klingemann der liebste war, schrieb Felix mit der scheinbar echten (und wenn es um Opernstoffe ging, nie ganz echten!) Ungeduld am 13. Juli 1831 aus Mailand – einer Opernstadt also, die später Verdis Stadt werden sollte: »Gib mir eine rechte Oper in die Hand, und in ein paar Monaten ist sie komponiert...« Und nun der vorsichtige Nachsatz: »Und einen Text, der mich nicht ganz in Feuer versetzt, komponiere ich nun einmal nicht.« Aber *wollte* er denn einen Text finden? Er mochte die Welt seiner Freunde täuschen und seine ehrgeizigen Schwestern dazu. Karl von Holtei, mit dem er verhandelte, meinte: »Mendelssohn wird niemals einen Opernstoff finden, der ihm genügt; er ist viel zu gescheit dazu.«[10] Stimmte das? An Devrient, noch zweieinhalb Jahre vor seinem Tode, am 26. April 1845, hatte Felix geschrieben und ihn gebeten, ihm wenigstens »den Stoff und das allerroheste Szenarium einer Oper zu verschaffen«. Nun, Devrient *hatte* es getan! Nachdem der große Komponist eine frühere Arbeit des Freundes, »Olint und Sophronia«, zurückgewiesen, lehnte Felix nun gar noch den Text von Devrients Oper »Hans Heiling« ab – was wohl der klarste Beweis dafür war, daß Mendelssohn kein Opernmann war. Denn hier hätte er zugeben müssen, daß ein wirklich bedeutender Stoff in packenden Szenen gestaltet war.

Die böhmische Sage von »Hans Heiling« hatte Eduard Devrient in einer Erzählung Theodor Körners »Die Eichen von Karlsbad« aufgefunden. Hans Heiling ist Sohn einer Geisterfürstin, der (Wagnerscher »Erlösungstrieb«!) zur Menschen- und zur Christenwelt ehrlich hinüberwechseln möchte. Er verliebt sich in Anna, die in mancher Beziehung eine nahe Seelenverwandte der Weberschen Agathe ist. Er ist ihr unheimlich. Ihr zuliebe verbrennt Hans Heiling ein Zauberbuch, das er aus dem Reich seiner Mutter mitgebracht hat. Er will Mensch sein: eine Dorfmusik und eine Jahrmarktslustbarkeit nimmt das Paar auf. Sie wollen tanzen. Aber unter den Tänzern, die sich um Anna bemühen, ist auch einer namens Konrad. Und zu ihm, der ein wirklicher Mensch ist, fühlt sich Anna hingezogen. Furchtbares Erwachen für Heiling: er sieht seine Menschenbraut verloren, aber zugleich auch sein Heimatrecht in der Geisterwelt. Sein Herz ist zerrissen zwischen den Reichen seiner Herkunft und seiner Sehnsucht. Die Geister wollen von ihm nichts mehr wissen, weil er sie verraten hat. Auf der Erdenwelt formt sich ein Hochzeitszug, der Anna und Konrad zur Kirche geleitet. Nach der Rückkehr soll Anna nach altem Brauch mit verbundenen Augen den Gatten suchen. Sie stößt dabei zufällig auf Heiling, an dem ihr Herz wohl zum Teil noch hängt. Jetzt stürzt sich Konrad auf den Fremden, seine Klinge zerspringt aber, Erdgeister mit Feuerbränden erscheinen, um alle zu verderben. Da, während schon ein Krieg aller gegen alle droht, tut sich im Hintergrund ein Berg auf; die Königin der Geister erscheint und ruft ihren Sohn zu sich zurück. Menschen sollen bei Menschen bleiben und Geister bei Geistern. Hans Heiling gehorcht. Er verschwindet im Bergesschoß, und die Stimmen der Geister verklingen.

Dieses Textbuch lehnte Mendelssohn unter der haltlosen Vorgabe ab, es erinnere ihn zu sehr an den »Freischütz«. Nun sandte es Devrient anonym dem Komponisten Heinrich Marschner, der vor kurzem mit der Vertonung zweier Opernbücher Erfolg gehabt hatte. Es waren »Der Vampyr« (nach einer bei Byron gefundenen neugriechischen Sage) – herrliche Gespenstermusik, eine Wagnerstimmung vor Wagner, die die dämonische Verzweiflung des »Fliegenden Holländers« vorwegnahm und sogar Sentas »Spinnstuben-Ballade« – und »Templer und Jüdin«, nach Scotts »Ivanhoe«. Charakteristischerweise hat Mendelssohn 1829 im Hause Walter Scotts gewohnt[11], ohne durch die gewaltige Umwelt zu einem Operndrama bewogen zu werden – *sein* »Aufbruch ins Elementare« gab ihm epische Werke ein wie die »Hebriden-Ouvertüre« und die »Schottische Sinfonie«! Der Sachse Heinrich Marschner aber, der in seinem Leben kaum einen Schritt aus Mitteldeutschland heraustat, schuf im »Templer« eine Oper, der Wagner, dem es nicht leicht wurde, zeitgenössisches Verdienst zu erkennen, eine »vulkanische Leidenschaft« und »größte Eigentümlichkeit der Empfindung« nachrühmte. Hatte Wagner im »Holländer« Marschners »Vampyr« mit Nutzen studiert, so in seinem »Lohengrin« mit noch größerem Nutzen »Templer und Jüdin«[12]. Denn daß ein unbekannter Ritter eine verfolgte Mädchen-Unschuld gegen einen Verleumder in Schutz nimmt, kommt bereits bei Marschner vor – wenn auch unbeholfener als in Wagners mächtigen und großartig reinen Bläserfarben.

Marschners dritte Erfolgsoper wurde nun also der »Hans Heiling«, den Mendelssohn verschmäht hatte. Hans Pfitzner, der dieses Werk neu herausgab und es, zugleich mit den beiden andern, dem modernen Spielplan eroberte, schrieb 1924 von der »Echtheit dieser Volksopern«, daß »das Grauen, die Schwermut, die Lustigkeit hier nicht bloß artistisch ›gekonnt‹ sind, sondern daß der Mann, der dies schrieb, selbst mit seinen Trinkern mitlacht und sich vor seinen Geistern grault«[13].

Und in diesem richtigen Wort erkennen wir auch den wirklichen Grund, weshalb Felix Mendelssohn (der im Haushalt seiner Gaben ganz vortrefflich Bescheid wußte) die »Heiling«-Sage ablehnte. Selbstverständlich war er ein »Weberianer«, und kaum weniger als Marschner und Wagner. Aber was bedeutete ihm die von Pfitzner gepriesene »Gespensterfurcht«? Er konnte Weber nicht fortsetzen, nicht eine zweite Wolfsschluchtszene mit Schauern ersinnen und instrumentieren, die uns das Rückgrat entlang harfen. Er war ein Enkel der Aufklärung, nicht nur von Moses Mendelssohn, sondern auch von Immanuel Kant, der den »Anspruch des Übernatürlichen« scharf zurückgewiesen hatte. Kant und Moses hatten wohl beide des berühmten holländischen Predigers Balthasar Bekker Kampfbuch studiert: *De betoverde wereld,* Die bezauberte Welt – das den Menschen des achtzehnten Jahrhunderts die »Schädlichkeit des Geisterglaubens« und seiner Folgen bewiesen hatte[14]. Und mochte es ihm gar nicht bewußt sein: für den Enkel der Aufklärung war diese Stellungnahme verpflichtend. Gewiß war Felix ein Märchenmensch und ein Gefühlsgenosse Brentanos, der – wenn es heiter geschehen konnte und vielleicht gar in »ironischer Tonart« – große Freude am Märchenerzählen hatte[15]. Ein Sagenmensch aber war er nicht. An eine Sage muß man *glauben!*

Und das zweite, was Pfitzner rühmte: nach der Geistergläubigkeit die Trinkfestigkeit von Marschners Musik. Auch hier hätte Felix nicht mitgekonnt. Zwar trank er gerne seinen Rheinwein und hätte zum Beispiel in Düsseldorf, wo er so lange tätig war, überhaupt nicht als Mann gegolten, wenn er's anders gehalten hätte. Aber das wirkliche »Leben im Trunk« war ihm, dem Aristokraten, ein Greuel. »Der Trunk – ein Leben!« sagte er einmal höchst abschätzig über den Dramatiker Christian Dietrich Grabbe und persiflierte damit Grillparzers Titel »Der Traum ein Leben«. Er mochte Betrunkene nicht leiden, und ein Genie, das durch Punsch entflammt wird, war seinem Maßgefühl widerwärtig. Den Onkel Eduard Devrients, den hochberühmten Schauspieler Ludwig Devrient, den unerreichten Shakespeare-Darsteller, hatte er oft auf der Szene bewundert. Als aber eines Tages Freunde ihn in den rauchigen Weinkeller von Lutter und Wegner mitnahmen, wo Meister Ludwig Devrient – eine schmächtige Gestalt, die aber im Rausch Riesenkräfte bekam – mit einem fast fraulich kleinen Mund, schwarzen Locken, versengenden Augen und einer großen, hageren Nase, »einen brüllenden Kontrapunkt aus Falstaff, Shylock und Lear aufführte, als er zunächst ein Faß umarmte und dann über den Tisch gestreckt totenähnlich liegenblieb«, war es Mendelssohn zuviel. Er überwand eine Übelkeit, verließ die Gesellschaft und lief ins Freie[16].

Als dann Marschners »Hans Heiling« erschien, äußerte sich Mendelssohn nicht etwa nur kavalierhaft darüber – wie es seinem Charakter entsprach –, sondern in Worten echtester Anerkennung. Nun stelle man sich Mozart vor oder, noch weit schlimmer: Wagner, die dämonischen Eifersüchtigen, die maniakalischen Genies, die sich selbst nie verziehen hätten, einen Stoff wie den ›Heiling‹ ausgelassen zu haben. (Sie *hätten* ihn auch nicht ausgelassen!) Sie konnten ohne die Bühne nicht atmen – mochte, was auf ihr geschah, der eine immerhin Oper nennen und der zweite Musikdrama![17] Hemmungslos hätten sie ihre Enttäuschung auf den Nebenbuhler geladen!

Mendelssohn aber: ihm fiel es leicht, dem andern den Erfolg zu gönnen. Vielleicht, weil er selbst kein Dramatiker war? Doch nur: kein *Bühnen*dramatiker. Denn Leidenschaft, Hingabe, ja, Wildheit waren diesem »Sanften« nicht fremd, sobald er sie in der Formenwelt des *Oratoriums* erleben konnte. In der Welt des Biblischen.

Gelbe Wüstenstürme, sanftgrüne Oasen: aus solchem Zorn und solcher Demut und ihrem oft unbegreiflichen Wechsel hat er »Paulus« und »Elias« erschaffen. Schöpfungen aus dem Erbe Bachs und mehr noch aus dem Geiste Händels.

Bach und die Romantischen

Am 25. Dezember 1815 notierte Rahel Varnhagen: »Diese Nacht träumte mir, ich höre ein so schönes Präludium, aus der Höhe, oder wo es sonst herkam – genug, ich sah nichts –, welches eine so große Harmonie entwickelte, daß ich auf die Knie sinken mußte, weinte, betete, und immer ausrief: hab' ich es nicht gesagt, die Musik ist Gott, die *wahre* Musik – damit meinte ich Harmonien und keine Melodien – ist Gott! Immer schöner wurde die Musik; ich betete, weinte und rief immer mehr. Wie durch einen Schein, und ohne Gedankenformen, wurde mir alles, das ganze Sein in meiner Brust, hell und deutlicher. Das Herz ging mir von glücklichem Weinen entzwei: und ich erwachte.« [1]

Rahel war keine musikalisch gebildete oder erzogene Frau. Daß ihr das absolut Göttliche trotzdem in Gestalt *absoluter Musik* erscheinen konnte (einer Musik, die nicht Melodie, sondern Harmonie war), bedeutete etwas Neues. Diese akustische Vision von Gott »wie durch einen Schein, und ohne Gedankenformen«, über die sich die deutsche Klassik zwischen Lessing und Schiller entsetzt hätte, entsprach dem romantischen Ideal.

Daß sie nun obendrein auch *Traum* war (also »nächtliche Sendung des Wirklichen« [2], wie Gotthilf Heinrich von Schubert den Traum genannt hatte), erhöhte ihren Erscheinungswert. Rahel sprach von einem Präludium; und damit sprach sie schon von Bach – allerdings von einem *romantischen* Bach, welcher der älteren Generation, selbst Zelter, suspekt gewesen wäre. Wir wissen nicht, wie Rahels Zeilen, als sie einundzwanzig Jahre später erschienen, etwa auf Felix Mendelssohn wirkten – und gegen Rahels Emanationen hatte er manches einzuwenden –, doch gerade diese Art Bach-Erlebnis hätte er sehr bejahen müssen.

Für Zelter war – gewiß nicht ausschließlich, aber doch in hohem Maß – Bachs Kunst »Grammatik«. Damit nichts Kleines. Wenn am

3. Juni 1821 der zwölfjährige Felix schreibt: »*Ich schwitze jetzt über einer Orgelfuge, die nächster Tage zur Welt kommen wird*«, so tönt der gerechte Stolz eines fleißigen Knaben darin, der bestimmt keine »Fehler« machen wird[3]. Er schwitzt? Daß man derlei dürfe und solle, hätten Generationsgenossen wie Schumann und Chopin abgeleugnet. Aber (und hier hatte Zelter recht!) die Wissenschaft von der Fuge *war* nun einmal die Grammatik: das Thema in der Grundtonart, das man den »Dux«, den Führer nannte, und die Zweitstimme im Quintenabstand, der »Comes«, der Gefährte – wie sie einander antworteten, neckten, jagten, bedrohten, durch Engpässe trieben, das war der »inhaltslose Inhalt« einer Fuge. Fuge war eigentlich nur Technik[4]; wer aber diese Technik beherrschte, dem konnte, auch wo er nicht fugal schrieb, eigentlich nichts Böses mehr widerfahren. Von Bach gab es nun die großartigsten Fugen. Konzertante und Permutationsfugen, Spiegel- und Krebsfugen, in denen das Thema sich umkehrte oder rückwärtslief; Doppelfugen, Tripelfugen, Quadrupelfugen. Nur durch Rechnung zu fassende Projektionen der Mathematik[5]. Fugen, die wahre Türme waren, Stockwerke bis zu den Wolken gebaut, und Fugen, mit dem Kopf nach unten... Haydn hatte sie gehaßt und Mozart sie wohl nur auf dem Umweg, daß man alles können *müsse*, geliebt. Den gelehrten Stil solle man beherrschen und dabei so kantabel wie möglich gestalten, hatte Christoph Michelmann 1755 in seinem Danziger Buch »Die Melodie nach ihrem Wesen« gefordert[6]. Aber nicht dieser »kantable Ausgleich« war es, den die Romantiker suchten. Sie suchten, und dies war sehr seltsam, den ganz ungalanten, den *strengen* Bach. – Nur suchten sie ihn aus romantischen Gründen.

Der historische Bach war selbstverständlich völlig unromantisch gewesen. Er begann sein Wirken in einer Zeit, in der die Leibnizsche »Monadenlehre« die deutsche Barockphilosophie beherrschte. Wilibald Gurlitt hat darauf hingewiesen, daß eigentlich das ganze Werk Bachs im Leibnizschen Sinne »Theodizee« war[7], ein »Beweis für das Dasein Gottes«. In der Monadenlehre erscheint die gesamte greifbare Welt als aus unzähligen kleinen Molekeln, unteilbaren Substanzen, zusammengesetzt. Die Welt ist jeweils ein Aggregat flutender Monadengruppen. Es gibt nur eine einzige Kraft, die diese zahllosen Monaden in elastischem Gleichgewicht erhält: und das ist die *Gnade Gottes.* Sie ist die Quelle für das von Gott im voraus bestimmte Aufbaugesetz, die »prästabilierte Harmonie.«. Nach Bachs Glauben war auch die Musik »prästabilierte Gottesordnung«. Und wo sie von der Theologie wich, war sie ihm »teuflisches Geplärr«.

Was hatten die Romantiker mit einem solchen Bach zu tun? Der romantische Charakter, so wie Ricarda Huch ihn beschrieben hat[8], schwankte wie ein Rohr im Wind. Er war das Geschöpf zweier geschichtlicher Welten, die einander eigentlich widersprachen. Einerseits wurde die Romantik nur durch die Französische Revolution und die Befreiung des Individuums möglich. Andererseits optierte die Romantik im Jahre 1815 eindeutig für den vorrevolutionären Zustand, für Feudalismus und Fürstengewalt. Was für die ältere Romantik die Einberufung der Drei Stände, die Pariser Nationalversammlung von 1789 war, das war für die jüngere Romantik, also auch für Weber und die Seinen, das Jahr der Schlacht bei Waterloo. Das Schwanken im Herzen bekämpfte man damit, daß man sich ins Mittelalter zurückdachte und zurücklebte als in die »unschwankendste aller Zeiten«. Wenn Uhland die Minnesänger entdeckte, Friedrich Heinrich von der Hagen das Nibelungenlied im Urtext und als Dünndruckband herausgibt, wenn Lachmann[9] und ein Dutzend andere die deutsche Altertumswissenschaft aus dem Boden stampfen, Arnim-Brentano durch den Ton ihres »Wunderhorns« das Volkslied aus langem Dornröschenschlaf wecken, dann geschieht das unter anderem auch, weil man dem »schwankenden Ich« mißtraut und es an ein Festes anlehnen will.

Aber was hatte Bach damit zu tun, den Jahren nach doch noch gar nicht »alt«, sondern leider nur »vorgestrig«; die philiströse Barockperücke aus Sachsen? Warum sprachen die Romantiker auf einmal von Bach im gleichen Tone wie Boisserée vom Kölner Dom und den mittelalterlichen Malern?[10] Das war doch vollkommen unhistorisch! Aber seltsamerweise zeigte sich, daß es *doch* historisch war, daß romantische Meister wie Mendelssohn, indem sie Bachs Perücke nicht mitsahen, Bach historisch richtiger einschätzten, als wenn sie zur Kenntnis genommen hätten, er sei 1750 gestorben. Sie erkannten ihn als zeitlos. Wollte man aber dennoch irgendeine Zeit mit ihm verknüpfen, dann war es das *Mittelalter*. Nach einem genialhellsichtigen Wort von Albert Schweitzer *war* nämlich Bach das Mittelalter, seine Krönung, seine Zusammenfassung: »Bach ist ein Ende. Es geht nichts von ihm aus; alles führt nur auf ihn hin.«[11]

FELIX MENDELSSOHN.
Aquarell von James Warren Childe, London 1829

Lea und Abraham Mendelssohn, die Eltern Felix Mendelssohns

Oben Moses Mendelssohn
unten Felix Mendelssohn, zwölfjährig

Das Gartenhaus, Berlin, Leipziger Straße 3
Zeichnung von Felix Mendelssohn

Die Romantiker waren Avantgardisten. Sie marschierten »im ersten Glied«. Das hieß nun aber keineswegs, daß sie in Richtung des »Fortschritts« marschierten. Die kämpferischste Komposition der dreißiger Jahre war Robert Schumanns »Davidsbündlermarsch gegen die Philister«. Und ein Lustspiel von Eichendorff nannte sich »Krieg den Philistern«. Eines der Feldzeichen dieser Schar hieß »Bach«. Niemand hätte Schumann tadeln dürfen, wenn er hinter Bachs Riesenperücke und philiströser Gelehrtentracht den Meister gar nicht erkannt hätte. Er erkannte ihn aber; vielleicht geführt durch Mendelssohns Beispiel, vielleicht durch eigene Intuition.

Aber es ist und bleibt sonderbar! Denn Romantik ist Subjektivismus, Entfesselung der Persönlichkeit. Bach aber ist der objektivste, sogar der »objektloseste« aller Künstler. Er strebt nach Anonymität, gleich den Menschen, von denen er abstammte: einem Geschlecht von Orgelspielern, Stadtpfeifern, Lehrern und Kantoren. Ichlose Knechte der Musik – wie die Mitglieder der »Bauhütte« im Mittelalter namenlose und dienende Brüder geblieben waren. Die Romantiker schüttelten den Kopf über Haydn, den Sohn des Wagenbauers, und die Handwerkerzüge in seiner Musik, die ihnen philiströs deuchten[12]. Warum schüttelten sie nicht den Kopf über Bach und *dessen* Handwerk?

Weil da etwas Riesenhaftes war, was nur, wenn sie es anerkannten, ihren eigenen Ichbegriff nicht beschämte. Es war nicht nur die Werktreue, mit der er seinen Dienst erfüllte. Die hatten andere Meister auch. Es war, weit darüber hinaus, noch der Wille zum Sich's-schwer-sein-Lassen. Trachtet nicht jeder Künstler nach »Wirkung«? Bach lag an Wirkung überhaupt nichts. Ihm war es gleich, ob man ihn »verstand«. Hans Joachim Moser hat Händelsche und Bachsche Partiturseiten miteinander verglichen. Bei Bach »wimmelt einem das Notenbild meist schwarz entgegen, während es bei Händel in der Regel weiß und durchsichtig ausschaut«[13]. Wenn Bach Händel gewesen wäre, hätte er das Präludium seiner ersten Solo-Violinsonate ungefähr folgendermaßen geschrieben. Also »klar, übersichtlich und einfach, durch die öfteren Taktstriche sehr deutlich rationalisiert«, wie Moser meint:

Bach aber schrieb ein schwer lesbares Stück:

zu dessen Wiedergabe ein »Riesenatem von Taktstrich zu Taktstrich und eine irrationale Freiheit des Vortrags gehörte«[14]. Bei Händel war es eine Renaissance- und Klassizismus-Schreibweise. Bei Bach ein gotisch-barockes Stück Graphik. Nicht Holbein und Rubens: nein, Dürer und Rembrandt. Hieronymus im Gehäus. Ein stiller Heiliger, dem ein Löwe zusieht. Einer, der nie vor die Tür tritt und den die Menschen gar nicht kennen. Bach hatte nur sich selbst – und Gott.

Weil es so war, weil seine Zeitgenossen in ihm gar keinen Komponisten, sondern nur einen unerreichten Orgelspieler gesehen hatten – gerade darum war der Bachkult der Romantik eine »Ehrenrettung«. Die Romantik trat »für Bach in die Schranken wie ein fahrender Ritter für eine Frau«, wie es Charles Gounod in einem nicht sehr glücklichen Bild gesagt hat. In Wirklichkeit verhielt es sich anders. Bach lohnte und schenkte tausendfältig jede Stunde zurück, welche ihm die verehrende Jugend von 1830 schenkte.

Es war die *Gottessicherheit,* die er gab – also etwas, was jene hin und her konvertierende Jugend gern besessen hätte und nicht besaß: das Leben in Gott, Gottes Leben in uns, Gottes Auftrag an die Seele, Unsterblichkeit und Sündenvergebung — dies alles durchströmte ihre Seele, das bedeutete ihnen der Name Bachs, der, wie Neefe zu Beethoven meinte, eigentlich »hätte Meer heißen sollen«[15]. Und Bachs Gottessicherheit war völlig streitlos und dogmenlos, von allen Frommen klar zu erfühlen. (Daß das historisch unrichtig war, steht auf einem anderen Blatt: Bach war ein protestantischer *Kämpfer*[16], eine lutherische Gestalt; und seine Choral- und Kantatenkunst in die religiöse Fehde verwickelt, welche die lutherische Musik aufs schärfste nicht nur von den Katholiken, sondern auch von den Reformierten und den Pietisten trennte.) Und doch hatten die Romantiker recht, wenn sie Bach »unhistorisch« sahen. Sie empfanden ihn überkonfessionell. Sie sahen in ihm das Christentum selbst und seine Musik als »Sendboten Gottes«.

Bachs Choräle ähnelten Kathedralen. Bei aller architektonischen Strenge waren sie doch auch Fantasien mit freier Durchführung der Motive. »Komm, Gott Schöpfer, Heiliger Geist!«, »Wenn wir in höchsten Nöten sein«: Ein Unbegreifliches war da entstanden, zu dem die Menschen wallfahrteten, und das, wie Albert Schweitzer gesagt hat, die »Umrisse der alten Formen nur noch wie durch einen feinen Nebel durchschimmern ließ«[17]. Vom Bilderreichtum des Chorals »Schmücke dich, o liebe Seele!« war Felix Mendelssohn so ergriffen, daß er zu Schumann äußerte: »*Wenn das Leben mir Hoffnung und Glauben genommen, würde mir dieser einzige Chor alles wieder zurückbringen!*«[18]

Bach war den Romantikern die »vollkommene Religion« und darum auch die vollkommene Kunst. Eine Gleichsetzung, die seitdem nie mehr völlig aufgehört hat. Wenn der belgische Komponist E. Tinel diesen Urprotestanten Bach der singenden Katholischen Kirche als Reformator empfehlen durfte, so tat er es mit der Entschuldigung, daß »Bach überhaupt kein Musiker, sondern die Musik selber sei«. Der große Lyriker Oskar Loerke hat 1925 in einer schönen Bach-Studie geschrieben: »Für Bach war der Himmel ein Kontinent wie Amerika für Kolumbus.«[19] Klingt das nicht wie ein Aphorismus, der von Friedrich Schlegel sein könnte?[20] Und die stete Gegenwart des Religiösen bei Bach — auch dort, wo er weltlich komponierte — hat Hans von Bülow sehr gut verspürt, wenn er einmal äußerte: für ihn sei Bachs »Wohltemperiertes Klavier« etwa das »Alte Testament«, neben dem »Neuen Testament« der Beethovenschen Klaviersonaten. Das hätte er schwerlich tun können, wenn ihm nicht in dieser Gleichniswahl die Romantiker vorgearbeitet hätten.

Daß sie es taten, bleibt ihr Verdienst. Bach hatte in seiner eigenen Zeit als erratischer Block gelegen. Das »Elegante Gesellschaftsleben«, zu dem die Musik des Spätbarocks tendierte, kurz, der »Dresdener Hofstil«, fühlte sich von Bach nicht verstanden und zahlte es ihm mit Verachtung heim. Musik sollte etwas »Weltliches« sein. »Es ist der Endzweck der Musik, daß sie das Gehör vergnügen soll«, sagte Bachs Gegner Johann Adolf Scheibe[21]. Und bald darauf forderten Johann Mattheson und Friedrich Wilhelm Marpurg »Affekt und Ratio« von einem modernen Komponisten. Johann Sebastian Bachs großer Sohn, der Hamburger Karl Philipp Emanuel Bach, lieferte beides viel einschlägiger als sein schnell vergessener Vater, der noch mit Luther geglaubt hatte: »Ich gebe nach der Theologie der Musica den nächsten Locum und höchste Ehre.«[22]

Auch Goethe, der doch manches Jahrzehnt in sympathischer Anlehnung an das Rationale verbracht hatte, bekehrte sich nicht so ganz leicht zu Bach. Als er es dann getan hatte, blieb er dem Neugefundenen treu. Wie er Zelter am 9. Juni 1827 schrieb, sei Bach ein Dichter der höchsten Art. »Alles erwogen, was gegen ihn zeugen könnte, ist dieser Leipziger Kantor eine Erscheinung Gottes: klar, doch unerklärbar.« Goethes eigentlicher Hauskomponist, Zelters Rivale Kapellmeister Reichardt, war da freilich ganz anderer Ansicht: »Hätte Bach den hohen Wahrheitssinn und das tiefe Gefühl für Ausdruck gehabt, die Händel beseelten, er wär' weit größer als Händel; so aber ist er nur kunstgelehrter und fleißiger.«[23] Und später sollte noch Nietzsche sagen: »In Bach ist noch zu viel crude Christlichkeit, crudes Deutschtum, crude Scholastik.«[24]

Die auferstandene Matthäuspassion

Den absoluten Musiker Bach verehrte der alte Zelter aufs höchste – und zugleich mißtraute er der Aufführbarkeit seiner Kantaten und Passionen. Als Direktor der Singakademie hatte er seine Erfahrungen. Man konnte den aufgeklärten Berlinern schwerlich mit solchen Texten kommen wie »O Ewigkeit, du Donnerwort!« oder

»Ihr werdet weinen und heulen!« Das mochte in kleinem Kreise hingehn — doch nicht in der großen Öffentlichkeit.

Felix Mendelssohn war dieser Ansicht nicht. Er hatte als »romantischer Mensch« ein anderes Verhältnis zu Bachs Texten, die er vielleicht ungelenk-pathetisch, doch gerade deshalb auch »rührend« empfand. Schon die Art, mit welcher der Meister (der doch so gänzlich opernfremd war) in seinen Motetten, Kantaten, Passionen nach »kleinem Realismus« strebte, war ergreifend. Nicht unähnlich der Technik mittelalterlicher Bildschnitzer ging er vor — und Felix Mendelssohn verstand es. Wie rührend Bachs Verdeutlichen-Wollen von Gemütserregungen! War in seinen barocken Texten irgendwo bildlich vom »Meer« die Rede — und war es zum Beispiel das »Meer des Leidens« —, begannen die Geigen schon »Wellen zu schlagen«. Kein Zweifel, daß der aufgeklärte Zelter es naiv und einfältig empfand, daß bei der Dornenkrönung Christi die Töne spitz wie Dornen wurden und daß die Geißelung im Orchester mit zackig-platschenden Schlägen erfolgte. Die Generation Felix Mendelssohns kannte das Mittelalter zu gut, als daß sie an dieser »unmodernen« und bildschnitzerischen Art der Musik Anstoß genommen hätte.

Hinzu kam noch etwas ganz anderes. In den großen Gesangwerken Bachs saß eine seltsame Farbenfreude. Bach war eine Malernatur nach Art des Matthias Grünewald — also bestimmt nicht von der Art, wie die Menschen des achtzehnten Jahrhunderts, also Goethe und Zelter, sie liebten. Ungeheure Klimawechsel, sonore Gewitterballungen und wiederum überirdisches Leuchten, die mit irdischen Landschaften eigentlich nichts mehr zu tun haben, erschienen in der Bachschen Musik. Das wußte Felix Mendelssohn, der ja durch Ludwig Berger und Bernhard Klein zum »Farbenhören« erzogen war [1].

Auch der seltsame Doppelcharakter der Tonarten mußte Mendelssohn auffallen. C-Dur konnte strahlend und jubelnd sein, aber auch »frech und abstoßend«, wenn ein Selbstgerechter sich darin erging; c-Moll nun wieder war für Bach nicht so heroisch und düster-verzweifelt, wie Mendelssohn die Tonart von Beethoven kannte, sondern eher »einschläfernd«. Die Grabgesänge der Passion »So schlafen unsre Sünden ein«, »Wer weiß, wie nahe mir mein Ende«, und »Ewigkeit« stehen alle in c-Moll [2]. Diese Chöre und ihre Dramatik, die eine seltsame Vereinigung des Diesseits mit dem Jenseits war! Sie waren niemals bloße »Chöre«, sondern Darstellungen einer

»Turba«, einer von Angst, Liebe, Hochmut, Haß bis zum Rand geschüttelten Menschenmenge. Wenn sie richtig gesungen wurden, mußten sie (Zelter bezweifelte es) die Hörerschaft auf die Knie zwingen.

Die Partitur der Matthäuspassion bewahrte der eifersüchtige Zelter in einem Schrank, der für andere Menschen unzugänglich war. Der Legende nach erschmeichelte Mendelssohn sich die Erlaubnis, darin zu blättern. Der Wunsch, das Wunderwerk aufzuführen, fuhr ihm wie ein Blitz in die Seele. Als Sohn des neunzehnten Jahrhunderts hatte er Sinn für Jubiläen. 1729 war die Matthäuspassion geschrieben? Nun, man näherte sich dem Jahr 1829! Und dann lag etwas Geheim-Familiäres (wie bei so vielen Taten Mendelssohns!) in diesem Datum. Vor genau hundert Jahren, im Jahre der Matthäuspassion, war sein großer Ahnherr Moses Mendelssohn geboren worden.

Doch der Jüngling Mendelssohn war nicht der Mann, Zelters Gegenwillen zu brechen. Da mußte eine andre, rücksichtslosere Natur her. Und sie fand sich in Eduard Devrient, der den Christus singen würde. In seinem wertvollen Erinnerungsbuch hat er den Vorgang bezaubernd geschildert[3]: Wie wochenlang bei Mendelssohns, zunächst noch ohne Zelters Wissen, Musik und Gesänge geprobt wurden. Wo aber sollten der Doppelchor und das Doppelorchester her? Zelter würde nie einwilligen und seine Singakademie einem solchen Experiment niemals zur Verfügung stellen. Galt doch Bach als »unmelodisch, berechnend, trocken und unverständlich«. So etwas öffentlich aufzuführen, sah nach unverschämter Zumutung aus!

»Doch ließ mir die Sache keine Ruh. Als wir im Januar 1829 im kleinen Kreis eines Abends den ganzen ersten Teil des Werkes gesungen hatten, kam mir in ruheloser Nacht der Gedanke, auf welchem Wege eine Aufführung durchzusetzen sei. Felix, der Lieblingsschüler des Alten, mußte den Widerstand Zelters brechen. Mit Ungeduld erwartete ich den späten Wintertag, und dann machte ich mich zu Felix auf. Er schlief noch. Ich wollte wieder gehn, aber sein jüngster Bruder Paul fand, es sei Zeit, ihn jetzt zu wecken, und begann die Operation. Felix lag in seinem bekannten todähnlichen Schlaf. Paul faßte ihn unter den Armen, dann um den Leib, richtete ihn auf: ›Felix, wach auf, es ist acht Uhr!‹ Er schüttelte ihm den Oberkörper, doch es dauerte lange, bevor Felix, der anscheinend von einer Musik träumte, murmelte: ›Ach, laß doch, ich hab's immer gesagt, es ist lauter Dudelei!‹ Sein Bruder aber ließ nicht nach mit Rütteln und mit Anrufen, bis er den endlich Ermunterten wieder aufs Kissen legen konnte. Nun schlug Felix die Augen hell auf, und mich an seinem Bett erblickend, rief er auf berlinerisch: ›I, Edeward, wo kommst du her?‹ Ich sagte ihm nun, daß ich etwas mit ihm zu reden habe, Paul führte mich in das niedere Arbeitszimmer, wo auf dem großen weißen Schreibtisch Felix' Morgenbrot und auf dem Ofen sein Kaffee wartete.«[4]

Während Mendelssohn eifrig frühstückte, sagte Devrient, die Matthäuspassion müsse in den nächsten Monaten in der Singakademie aufgeführt werden. Mendelssohn lachte: »Wer dirigiert sie denn?« »Natürlich du!« sagte Devrient. Zelter könne ihm das Haus nicht verweigern. Schließlich sei doch er, Devrient, selbst Sänger von Rang, und für seine fast zehnjährige Mitwirkung bei den Konzerten der Akademie wäre man ihm einen Gegendienst schuldig. Wenn Mendelssohn dirigieren würde, und wenn vor allem der Geldgewinn einem wohltätigen Zweck, etwa der Stiftung einer Nähschule für arme Mädchen, zugeführt würde, müsse Zelter nachgeben. Wenn nicht, werde er, Devrient, sich beim Kuratorium über Zelter beschweren. Überhaupt verlange er jetzt, sofort zu Zelter geführt zu werden. Felix willigte zögernd ein. »Du, wenn er aber grob wird, geh' ich fort; ich darf mich mit dem Alten nicht kabbeln.« — »Grob wird er ganz gewiß«, meinte Devrient, »doch das Kabbeln übernehme ich.«[5]

Im Erdgeschoß der Singakademie klopften sie an. »Eine rauhe Stimme rief laut ›Herein!‹ Wir trafen den alten Riesen im dichten Tabaksqualm mit der langen Pfeife im Mund an seinem Doppelflügel sitzen. Die Schwanenfeder, mit der er schrieb, hatte er in der Hand und ein Notenblatt vor sich. Er trug die sandfarbene kurze Pikesche und Unterbeinkleider, welche noch auf kurze Hosen berechnet waren, derb-wollene Strümpfe, gestickte Schuhe... Als er uns durch seine Brille erkannte, rief er freundlich in seiner breiten Weise: ›I, sieh da! Schon so früh zwei so schöne junge Leute! Was verschafft mir denn die Ehre?‹«

Devrient begann zu reden. Über Bach im allgemeinen, die Matthäuspassion im besonderen. Zelters Gesicht wurde immer länger. Wenn das so zu machen wäre! Derlei könne man heute nicht wagen.

Dazu müßte Bach selbst noch leben. Die Violinspieler von heute verstünden ja diese Musik gar nicht mehr, und man brauche für solche Chöre eine Leipziger Thomasschule.

Galant erwiderte Devrient, daß Zelter den Berliner Chor doch selbst genug geschult habe, um einen solchen Versuch zu wagen. Da wurde Zelter sehr ärgerlich: »Das soll man geduldig anhören! *Ihr Rotznasen!* Was denkt ihr euch?«

Devrient sah sich nach Mendelssohn um. »Der stand an der Tür, den Griff in der Hand, und winkte mir mit etwas blassem und verletztem Gesicht, daß wir gehen sollten. Ich bedeutete ihm, daß wir bleiben müßten, und fing getrost an zu argumentieren: wir wären zwar jung, doch nicht so ganz unreif. Schließlich stünde wohl auch der Jugend ein gewisser Unternehmungsmut zu: und es müsse dem Lehrer doch wohltun, wenn gerade zwei seiner Schüler sich an etwas so Hohem versuchen wollten...«

Damit war die Krisis überstanden. Er brummte nur noch: »Und die Vorsteherschaft, die da konsentieren muß? Das sind gar viele Köpfe und Sinne – und Weiberköpfe sind auch dabei, man bringt sie nicht leicht unter einen Hut!«

»Aber diese Vorsteherinnen sind doch längst Mitsingende bei den Übungen im Mendelssohn-Haus!«

»Ach, die Weiber!« schimpfte Zelter. »Heut kommen ihrer zehn zur Probe, und morgen bleiben ihrer zwanzig weg!« Über diesen Witz lachten die Besucher, und schließlich lachte Zelter selbst. »Na, ich will euch nicht entgegen sein – auch zum Guten sprechen, wo es not tut. Geht denn in Gottes Namen daran, wir werden ja sehen, was daraus wird!«[6]

Laut jubelnd und schreiend stürzten die beiden in das Mendelssohnsche Haus und meldeten die Siegeskunde. Und nun begannen die fieberhaften, vielwöchigen Vorbereitungen. Das Orchester mußte einstudiert, und die Sänger und Sängerinnen – Stürmer, Busolt, Bader, Weppler, die Damen Schätzel und Milder-Hauptmann – persönlich eingeladen werden. Bei dieser Einladung erschienen die Freunde seltsam geckenhaft angezogen: blauer Rock, weiße Weste, schwarzes Halstuch, schwarze Pantalons, und dazu hellgelbe Wildlederhandschuhe. Da Mendelssohn knappgehalten wurde – das Taschengeld war ihm ausgegangen! – schoß ihm Devrient das Geld für die Wildlederhandschuhe vor. Was Mutter Leah, die Sparsame, als sinnlose

Ausgabe tadelte. Sie meinte, es wäre auch so gegangen... Nicht aber ging es ohne Mendelssohns Genialität und wilden Fleiß. Nicht nur, daß er zusammenstrich und vieles fortließ, was sich nicht direkt auf die Passion bezog, er half dem dramatischen Atem des Werkes. Er »modernisierte« Bach außerdem, er stützte die Instrumentation und wagte — was bis zum heutigen Tag die Puristen ihm nicht verziehn haben! — manche Wirkung hineinzubringen, an die Bach selbst gar nicht gedacht hatte. So instrumentierte er die Sprechworte: »Und der Vorhang im Tempel zerriß.« Ein Tonblitz lief von oben nach unten mit den beiden r's und dem i, daß es die Zuhörer schauerte.

Die Aufführung fand am 11. März statt. Im Chor sangen vierhundert Menschen mit: das Riesenorchester wurde vom Philharmonischen Verein gebildet; viele Streicher und Bläser waren der Königlichen Kapelle entnommen. Vor dieser Armee von Mitwirkenden stand Mendelssohn und lenkte, taktierte das Ganze mit einer Selbstverständlichkeit, als habe er schon zehn Bachfeste geleitet. — Die Menschen, schrieb Fanny Mendelssohn in ihr Tagebuch, saßen andächtig wie in einer Kirche. Teils aber rasten sie vor Erregung und hätten am liebsten »Zugaben« und »Wiederholungen« verlangt. Noch nie war Gottesdienst so sehr Konzert, nie aber noch zugleich ein Konzert so sehr Gottesdienst gewesen! Wie ein Lauffeuer durcheilte die Kunde davon die Stadt Berlin. Jeder wollte dabeigewesen sein. Und so kam es zehn Tage später, an Bachs Geburtstag, zur Wiederholung: »Dasselbe Gedränge, noch größere Fülle, der Vorsaal sogar war eingerichtet und alle Plätze ausverkauft, ebenso der kleine Probesaal hinter dem Orchester.«[7] Für die bevorzugte Gesellschaft gab es nachher ein Souper bei Zelter, der, einen Brief an Goethe erwägend, gleichsam im Siebenten Himmel schwebte und sich schwelgerisch das Hauptverdienst zumaß. Therese Schlesinger, seit ein paar Jahren schon Devrients Gattin, hat sehr launig den Hergang dieses Essens geschildert, bei dem alle Größen anwesend waren. Mendelssohn saß ihr zur Rechten; zur Linken saß ein übereifriger Herr, der ihr fortwährend Wein einschenken wollte, was sie verweigerte, bis die Gesundheit der Künstler ausgebracht wurde. Dann erst trank sie. »Meinen weiten Spitzenärmel hielt er krampfhaft fest, — um ihn zu schützen! wie er sagte, indem er sich angelegentlich zu mir bog; kurz, er belästigte mich dermaßen mit seiner Galanterie, daß ich mich zu Felix neigte und fragte: ›Sagen Sie mir doch, wer ist der dumme Kerl hier neben mir.‹ Felix hielt einen Augenblick sein Taschentuch vor den Mund – dann flüsterte er: ›Der dumme Kerl da neben Ihnen ist der berühmte Philosoph Hegel!‹« [8]

Ein humoristischer Zwischenfall. Doch das Interesse der Welt an der Aufführbarkeit einer Bachschen Passion hatte für Mendelssohn ganz andere Folgen. Sehr ernste: Er war über Nacht so etwas wie das Haupt einer »historisch-wissenschaftlichen Richtung«, nein, »Schule« in der Musik geworden. Etwas, was seinem eigenen Werk nicht nur nützte, sondern auch schadete. Hatte er doch das »Oktett« und die »Sommernachtstraum-Ouvertüre« geschrieben: man erwartete andres von ihm. Musik ist nicht allein überzeitlich, sie ist auch zeitlich – und hier setzte der Widerspruch der Jung-Europäer, der Wagner, Berlioz und Liszt ein.

Er liebt die Toten ein wenig zu sehr

Das musikalische Interesse an der Vergangenheit war damals noch sehr gering. Die großen Komponisten des siebzehnten Jahrhunderts, Dietrich Buxtehude und Heinrich Schütz, kannte der Konzertbetrieb nicht [1]. Wie hätte man Meister kennen sollen, von denen man keine Noten besaß? Wohl hatte Ignaz Sonnleithner (ein aus dem Schubertkreis bekannter Name) zusammen mit Forkel, dem Bach-Biographen, eine »Musikgeschichte in Denkmälern« anzulegen begonnen und einen Band »Messen des sechzehnten Jahrhunderts« herausgegeben; aber dieser erste Versuch wurde von einem symbolischen Schicksal ereilt: die in Wien einrückenden Franzosen beschlagnahmten die bereits gestochenen Platten als Rohmaterial für Munitionszwecke. So entschieden Napoleon und der Krieg sich gegen die Musikgeschichte [2].

Die Bemühungen des alten Zelter und des blutjungen Mendelssohn um die »Musik der Vorzeit« wurden schon darum exemplarisch. Von den eigentlichen Tonschöpfern wurden sie dennoch nicht widerspruchslos hingenommen. Es galt zwar als durchaus selbstverständlich, daß ein Maler, bevor er selbst malte, sich mit Albrecht Dürer oder Raffael beschäftigte. Aber bei einem Komponisten waren antiquarische Interessen verdächtig. Uhland schrieb Dramen und Balladen aus der deutschen Vergangenheit – und niemand sprach ihm dazu das Talent ab, obwohl er auch wissenschaftlich über diese Periode arbeitete. Wie aber konnte ein Komponist sich freiwillig alte Formen aussuchen, um zu den Zeitgenossen zu sprechen?

Mozart? Man wußte doch genau, daß er's *nicht* freiwillig getan hatte. Ein Sonderling, der Baron van Swieten, hatte ihn für seine Hauskonzerte gezwungen, Händel und Bach zu bearbeiten, und den von Geldnöten bedrängten Meister damit in seinen Dienst gestellt. Daß Mozarts Arbeiten dann herrlich wurden und den alles Versuchenden auch wieder als Alleskönner zeigten, stand auf einem anderen Blatt. Aber seit es »moderne Musik« gab – eine Musik, wie Chopin sie schrieb, der ja ein Jahr nach Felix Mendelssohn geboren wurde –, konnte ein zeitgenössischer Meister sich nicht mit »antiquarischer Musik« abgeben, ohne als *physisch* alt zu gelten. Musik war weder Bild noch Buch. In ihr hatte »Jugend« zu wehn. Sie war absolute Gegenwart.

Nun war Felix Mendelssohn ein völlig altersloser Mensch. Er war nie wirklich jung gewesen, in selig-törichtem Sinne jung, und konnte deshalb auch nicht vergreisen. In der Beschäftigung mit alten Meistern eine Gefahr für sich zu sehn, konnte ihm nicht beifallen. Was war das überhaupt: Gegenwart? Und was waren gestern und morgen? Richard Wagner, der Fortinbras, der schon vor der Pforte stand, um die klassisch-romantische Musik zu zertrümmern, hätte es ihm erklären können. Wie es ein »Kunstwerk der Zukunft« gab (1850), so würde es auch, welch häßliches Schlagwort, eine »Zukunftsmusik« geben. Mendelssohn hätte das nicht verstanden.

Was er über den Wandel der Zeit und über die Wesenlosigkeit dieses Wandels in Wahrheit dachte, zeigt ein Gespräch, das er auf seiner letzten Englandreise mit Sir Julius Benedict hatte, dem geadelten Stuttgarter Bankiersohn, dem einstigen Lieblingsschüler Webers. Sie hatten über Mendelssohns geistliche Kompositionen gesprochen, und Benedict hatte ihn gefragt, welche Stelle des Alten Testaments Mendelssohn am höchsten schätze. Darauf habe Mendelssohn aus der auf dem Tisch liegenden Bibel die Stelle des »Predigers« vorgelesen: »Es ist alles ganz eitel; es ist alles ganz eitel. Was hat der Mensch für Gewinn von all seiner Mühe, die er hat unter der Sonne? Ein Geschlecht vergeht, das andere kommt; die Erde bleibt aber ewiglich. – Was ist's, das geschehen ist? Eben das hernach geschehen wird. Was ist's, das man getan hat? Eben das man hernach wieder tun wird; und geschieht nichts Neues unter der Sonne. Geschieht auch etwas, davon man sagen möchte: siehe, das ist neu! Es ist zuvor auch geschehen in den langen Zeiten, die vor uns gewesen sind.« – Dann habe er dazu geseufzt: »Wer könnte so etwas komponieren?« – und habe, ganz gegen seine Gewohnheit – er, ein Mann in den besten Jahren, sportlich gestählt und körpergewandt! – plötzlich uralt ausgesehn[3].

Keiner von den »Wagnerdeutschen« kannte diese Anekdote. Sonst hätte auch sie zum Beweis gegolten, daß ein Mann, der daran glaubte, »es gäbe nichts Neues unter der Sonne«, bestimmt nicht dazu geeignet sei, ein »Führer der neuen Musik« zu sein. Zur Zeit seiner letzten Englandreise hatte Mendelssohn aber bereits ein umfangreiches Erneuerungswerk der kirchenmusikalischen Formen geleistet. Eine Sache, die jene Leute nichts anging.

Nicht alle, doch zum großen Teil sind Felix Mendelssohns Kirchenwerke außerordentliche Kompositionen. Er war Protestant; doch merkwürdigerweise schrieb er auch katholisch Erfühltes. Er lehnte als Musiker eine Kampfstellung gegen die katholische Kirche ab. Mitten in den drei Kirchenmusiken seines Opus 23, komponiert im Herbst 1830 – zwischen dem Tenorsolo des »Aus tiefer Not schrei ich zu Dir« und dem achtstimmigen Chorsatz »Mitten wir im Leben sind mit dem Tod umfangen« – begegnen wir einem »Ave Maria«, aufblühend aus einer anderen Welt! Mendelssohn war damals in Rom – und wie hätte man, in der Tat, dort *nur* Protestant sein können? »Die Musik«, schrieb damals Heinrich Dorn in der »Neuen Zeitschrift für Musik«, »... singt so klar von Marias Heiligkeit, daß sie einen Nichtkatholiken zu ihr führen könnte. Das heilig frohe A-Dur scheint gleichsam die Goldplatte, auf welcher der Meister sein reines Kirchenlied niederlegte. Hier finden wir die zartesten Tonfarben der Erhebung, der Andacht, der Religion; himmelwärts gerichtete Gedanken, die sich im Auge abspiegeln.« Ein anderer Bewunderer[4] hat dieses leuchtende »Ave Maria« mit einer der altdeutschen Madonnen aus Stephan Lochners Werkstatt verglichen. Es spricht nun ungemein für Mendelssohns feinen Sinn für Gleichgewicht, daß er um dieselbe Zeit (also in Rom!) sich mit männlichem Entzücken der Vertonung Lutherscher Texte hingab. Denn damals entstanden seine Musiken zu »Vom Himmel hoch, da komm ich her«, »Ach Gott vom Himmel, sieh darein«, »Wir glauben all an einen

Gott« und »Verleih uns Frieden«. Während er den ersten drei Liedern die Form der Choralkantate gab, schien ihm der Inhalt des »Friedensgebets« (op. 94) zu wichtig, um ihn an eine überlieferte Form zu binden. Er gestaltete diesen Text ganz frei. Mit Kraft, doch in seltsamer Lieblichkeit – so als ob der »Friede für alle« schon sichtbar sei oder doch als Gottesgabe nicht mehr lang auf sich warten lassen wolle. Aus den Bässen steigt das Lied in den Alt und von da in den ganzen Chor. Flöten, Klarinetten, Fagott, Streichquartett und Orgel leuchten in dunkel quellenden, weichen Farben. Robert Schumann, der Freund und Bewunderer, hat von diesem Stück gesagt: »Eine einzig schöne Komposition, von deren Wirkung man sich nach dem bloßen Anblick der Partitur wohl kaum eine Vorstellung machen kann. Das kleine Stück verdient eine Weltberühmtheit und wird sie in Zukunft erlangen; Madonnen von Raffael und Murillo können nicht lange verborgen bleiben…«[5]

In der Tat, diese kleinen geistlichen Stücke verdienten ihren Ruhm. Sie durchklangen das ganze neunzehnte Jahrhundert, und keiner von Mendelssohns späteren Feinden hat sie aus den Kirchen vertreiben können. Wenn irgendein Bedenkliches an Mendelssohns Kirchenmusiken war, so betraf das die seltsame Gesellschaft, in die er sich mit ihnen begab. Im Gegensatz zum Katholizismus der früheren Jahrhunderte und seiner großartigen Meister, war der Musik-Protestantismus des neunzehnten Jahrhunderts dürr; und Mendelssohns Gemeindelieder wurden an den Sonntagen von zwar durchaus frommen, aber unmusikalischen Leuten angestimmt.

Hierzu kam noch die Nüchternmachung und »Ausfegung« der Kirchenmusik von allen weltlichen Schönheitsresten. Was etwa der »Cäcilienverein« des sonst ganz trefflichen Frankfurters Schelble hier gegen die herrlichen Messen Haydns und Mozarts geistliche Himmelsmusik trieb[6], hätte Mendelssohn abstoßen müssen. Und es war ihm bestimmt nicht sympathisch. Nur sein innerer Gerechtigkeitssinn trieb ihn dazu, nachzuforschen, was diese Leute eigentlich wollten.

Aus diesem Grunde hatte er auch – und das bereits *anderthalb Jahre vor der Aufführung der »Matthäuspassion«!* – den berühmten Eiferer Anton Friedrich Justus Thibaut in Heidelberg besucht, jenen Rechtsgelehrten, der 1825 ein seltsames, vieldiskutiertes Buch über die »Reinheit der Tonkunst« veröffentlicht hatte. Das Buch hat, wie wir heute wissen, maßloses Unheil angestiftet; und vielleicht konnte überhaupt nur ein Nichtmusiker ein so gnadenloses Buch schreiben[7].

Daß Thibaut die Musik glühend liebte, daran war allerdings kein Zweifel. Er war viel gereist, war in Rom gewesen, vor allem in Wien, und hatte überall kostbare alte Handschriften zum Geschenk erhalten. Von ihnen sprach er mit Schwärmerei. Palestrina, der ganz Vergessene – daß er je gelebt hatte, erfuhren die Deutschen eigentlich erst 1917 durch die Oper von Hans Pfitzner –, war sein Gott. Und vor allem Orlando di Lasso (1520–1594), jener alte Holländer, der, ehe er nach Italien zog, Roland Lass geheißen hatte. König Karl IX. von Frankreich ließ sich, um nach der Bartholomäusnacht seine Seelenruhe zurückzuerhalten (was er wahrhaftig nötig hatte!), von Orlando di Lasso die Bußpsalmen in Musik bringen. »Dieses riesenhafte Werk«, schrieb Thibaut bewundernd-bedauernd, »liegt noch mit Gold, Edelsteinen und den Bildnissen der damaligen Tonsetzer geziert, in der Münchener Bibliothek. Aber welcher junge Tonkünstler ist wohl nach München gereist, um dies Werk und andere dort befindliche Werke des unvergleichlichen Meisters zu studieren? Ebenso«, fährt Thibauts Schrift über die Reinheit der Tonkunst fort, »können die Vorsteher des St. Marco in Venedig die Namen der deutschen Virtuosen, welche in den letzten dreißig Jahren dort nach Werken von Lotti gefragt haben, mit leichter Mühe auf den Nagel ihres kleinen Fingers schreiben.«

Das mußte Mendelssohn gefallen. Denn er liebte die Alten und glaubte, daß ihnen vom Neuen her Unrecht geschähe. Und was sollte er erst sagen, wenn er auf der nächsten Seite von Thibauts Buch die Bemerkung – nein, den Aufschrei! – las: warum man Händel vernachlässige? Händel (also nicht Palestrina!) sei groß wie die Bibel, wie Homer, und der »Shakespeare der Musik« gewesen. Sein »Simson«, sein »Alexanderfest« und sein »Judas Maccabäus«! Der »Messias«, das »Dettinger Tedeum«, das »Jubilate« des 100. Psalms: überhaupt der ganze Händel ist für diesen Schwärmer Thibaut ein »wahres Weltmeer des Herrlichen«. Die Oratorien »Esther« und das machtvolle »Israel in Ägypten« und sein letztes, der »Jephta«, »mit einer Frische und Lebendigkeit, als ob dem begeisterten Greise noch einmal die volle Kraft des Jünglings und Mannes zuteil geworden wäre«[8].

Greis. Alt. Alter. Es war ersichtlich, daß Thibaut nur den Verstorbenen, den Alten soviel Meisterschaft zutraute. Und noch etwas anderes zeigte das Buch. Der Name Johann Sebastian Bach kam in ihm kaum zweimal vor. Das war seltsam, und es bewies, daß der Autor nicht ein Mann nach Zelters Sinn war. Und der Jüngling, der die »Matthäuspassion« aus dem Sarge erwecken sollte, Felix Mendelssohn, was sagte er, er, dem schon aus Textgründen die Händelschen Oratorien im geheimen näher standen als Bach; den der alttestamentarische Zornmut des Londoner Nationalkomponisten bei seinen eigenen Großwerken, dem »Paulus« und dem »Elias«, stärker befruchten sollte als die Mystik des Thomaskantors? Er war von Thibauts Schrift stärker beeindruckt, als er zeigen wollte und durfte.

Aber dann kam das Schreckliche. Gerade ausgehend von Händel, das Anathema gegen die »moderne Musik«. Gewiß, Mozart war begabt gewesen. Aber warum hatte er, in van Swietens Dienst, den Händelschen »Messias« verschandelt mit seiner bedenklichen Instrumentierung durch galante Flöten, Klarinetten und Fagotte? Thibaut ist vollkommen ahnungslos, was sich seit dem Spätbarock im Orchester begeben hat. Das »Selbstbewußtsein« der Instrumente, der »Alltrieb« jedes einzelnen ist diesem Erzphilister ein Greuel. »Heute will jedes Instrument alles umfassen, und jedes läßt sich am liebsten eben da hören, wo es seine Natur überschreitet oder seine schwächsten Seiten hat. Die Maultrommel und das Waldhorn wollen rieselnde Läufe, wie die Violinen machen; die Violine ahmt die mageren Notbehelfe des Klaviers nach; die Trompete will zärtlich sein wie die Flöte; und der ehrwürdige, gepanzerte Kontrabaß hat neuerlich nun auch versucht, die Grazien aller graziösen Instrumente nachzuahmen.«[9]

Was sagte der romantische Instrumentalist dazu, der in der Ouvertüre zum »Sommernachtstraum«, in der Vermischung der Möglichkeiten fast noch weitergegangen war als die Beethoven, Weber und Schubert? Beethoven: Knurrend ließ Thibaut ihn gelten. »Allein welcher gespannte, theatralische, oft ganz gemeine Text ist die Grundlage seines Oratoriums: Christus am Ölberg!« Muß denn »durch die neuere Mode es fast als ein Naturgesetz scheinen, daß das Oratorium mit der Oper in Gütergemeinschaft lebt«? Das war eine schwere ästhetische Frage — und sie beunruhigte nicht nur Thibaut —, wie man bei der kirchlichen Kunst das weltliche Arienmaterial von der geistlichen Form trennen könne. Immerhin übersah der Heidelberger Eiferer, daß auch der vergötterte Händel in seinen Oratorien der Opernmeister geblieben war, der »Julius Caesar«, »Rodelinda« und »Alexander« zu schaffen vermochte[10].

Die Verständnislosigkeit des Autors aller modernen Musik gegenüber sprang aber Mendelssohn entgegen, als er lesen mußte, wie sich Thibaut die Entstehung einer zeitgenössischen Tonschöpfung dachte: »Erst ein geheimnisvoller Anfang; dann ein Schreckschuß; plötzlich Stille; unerwartet etwas Walzerhaftes; aber wie dadurch ein gewisses Feuer entstehn will, mit gleicher Genialität ein rascher Übergang in das Tiefsinnige und Weinerliche; von da unmittelbar in einen wilden Sturm; aus der Mitte des Sturms, nach einer kleinen spannenden Pause, zu etwas Tändelndem, und am Ende so eine Art von Juchhe, wobei mit schreiender Liebe sich alle kräftig umfassen.« Auf diese Art waren denn etwa – Thibaut erwähnt sie nicht – die Ouvertüren Carl Maria von Webers entstanden. Nervös, zerfahren, nur auf den Effekt hin. Der Tempo- und jähe Akzentwechsel. Das Verbrechen, bei einem Largo-Satz nicht solange bleiben zu wollen, bis er völlig ausmusiziert war, und ein Allegro plötzlich zu stoppen. Woher aber kam das? Der Kenner Thibaut hat die verblüffende Antwort bereit: »Bekommt ein gemischtes Publikum ein buntes Allerlei vorgesetzt, so kann jeder etwas finden, was ihm behagt.« Behagt es ihm nicht, so behagt es eben dem Nachbarn – und dadurch ist der Erfolg verbürgt![11]

Und mit einem solchen Mann führte ein Führer der Moderne tiefsinnige Gespräche, die keine Streitgespräche waren? »Der Mann weiß wenig von Musik«, schrieb Mendelssohn damals an seine Mutter, »selbst seine historischen Kenntnisse darin sind ziemlich beschränkt; er handelt meist aus bloßem Instinkt, ich verstehe mehr davon als er. *Und doch habe ich unendlich von ihm gelernt.*«[12]

Worüber sollen wir uns hier mehr verwundern? Über Mendelssohns Bescheidenheit oder seinen Sinn für Gerechtigkeit, der es durchaus nicht wahrhaben wollte, daß jemand, der es gut meinte, »gänzlich im Irrtum wandeln könne«?

Mendelssohn war kein Klassiker. Das konnte er als einer der Führer romantischer Musik nicht sein. Aber er war ein »Klassizist«, und das war etwas ganz anderes. Charakteristisch-seelische Anlage machte einen großen Teil seiner Musik retrospektiv. Das läßt uns an einen Baukünstler der damaligen Epoche, an Karl Friedrich Schinkel, denken, den Felix aus den Sonntagsmusiken seines Elternhauses kannte.

Auch Schinkel war retrospektiv, aber er war keineswegs einer einzigen Periode verhaftet[13]. Als sein klassizistischer Bau, das Berliner Schauspielhaus, eröffnet wurde, rühmte Goethe in einem Prolog, hier sei

> das Ebenmaß bedächtig abgezollt,
> daß Ihr Euch selbst geregelt fühlen sollt.

Geregelt, Zoll, bedächtig, Ebenmaß: das konnte auch gelegentlich auf eine Musik Mendelssohns passen. Doch nicht auf die Mehrzahl seiner Musiken. Schon gar nicht auf den Neuerer, wenn er Goethes Welt in Klang umformte: »Meerestille und glückliche Fahrt« oder die »Erste Walpurgisnacht«. Schinkel hat es in einem Gespräch als sein größtes Glück bezeichnet, daß er »aus der schwankenden Gegenwart in die Vergangenheit blicken könne – aber daß er sich das Jahrhundert, in das er blicke, auch *wählen* dürfe«. August Grisebach schrieb von Schinkel, seine Größe habe in der »Vermählung des Heidnischen und Christlichen, des Hellenischen und Vaterländischen, des Klassischen und Romantischen bestanden«[14].

Es bedeutet die stärkste Flankenstellung des Historismus, daß er auch *Eklektizismus* sein darf. Nicht anders geschieht es bei Mendelssohn, wenn er sich seine Väter *wählt.* »Die Wiederbelebung und Fortführung des geschichtlich gewordenen Formenguts in der Klassik wurde zum erstenmal von ihm zu einem *Stilprinzip* erhoben, das bemerkenswert lange weiterwirkte«, schreibt Karl H. Wörner von Mendelssohn[15]. Die kompositorische Haltung von Brahms, der ja ebenfalls ein Nutznießer des Klassischen *und* des Romantischen war, ist ohne Mendelssohns Vorgang nicht denkbar. Und wenig konnte Max Reger so ärgern wie eine Verspottung von Mendelssohns »Historismus und Eklektizismus« – saß er doch in demselben Boot!

Der einundzwanzigjährige Felix sah diesen Teil seiner Sendung klar: »*Niemand kann mir verbieten, mich dessen zu erfreuen und an dem weiterzuarbeiten, was mir die großen Meister hinterlassen haben, denn von vorne soll wohl nicht jeder wieder anfangen; aber es soll auch ein Weiterarbeiten nach Kräften sein, nicht ein totes Wiederholen des schon Vorhandenen.*« Noch konservativer klang drei Jahre später das Wort des Gereiften: »*Die Menschen müssen kommen, die den Weg weitergehen – die werden die anderen weiterführen oder zum Alten und Rechten zurück (was man eigentlich vorwärts nennen sollte).«* Zugleich war er sich der Gefahren bewußt, in die er sich als Führer einer »konservativen Liga« begab. Denn wieder drei Jahre später schreibt er, nicht ohne deutliche Selbstironie[16]: *»Drei Orgelfugen sollen im nächsten Monat gedruckt werden – me voilà perruque. Gott lasse mir bald eine recht lustige Klavierpassage einfallen, damit ich den üblen Eindruck verwischen kann.«*

Denn natürlich lugte schon der Spott der Neudeutschen um die Ecke: Wie konnte man sich auf gesundes Haar die Perücke des Bach-Jahrhunderts stülpen! – Und wie war es umgekehrt? Den Riesen-Virtuosen, der Liszt war, ließ Mendelssohn bewundernd gelten (»Ich habe keinen Musiker gesehn, dem so wie ihm die musikalische Empfindung bis in die Fingerspitzen liefe und da unmittelbar ausströmte!«), und das um so mehr, als Liszt in Paris Mendelssohns g-Moll-Konzert (op. 25) mit hinreißendem Elan spielte. Doch der Komponist Liszt blieb Mendelssohn verschlossen. Was Berlioz betraf, so stießen den Bescheidenen, Immer-Maßvollen, die Geniemanieren des abrupten Franzosen ab. Rein äußerlich kam zwischen beiden ein leidlicher Verkehr zustande. Berlioz bewunderte die »Walpurgisnacht«, aus der ihm Mendelssohn in Rom am Klavier vorspielte. Und der Franzose staunte, wie der Liebenswürdige bei einem Gespräch über alte Musik sich in ein »Stachelschwein« verwandeln konnte. »Man wußte nicht, wo ihn anfassen, ohne daß man sich in die Hand stach. Im übrigen war Mendelssohn von vortrefflichem Charakter und der sanftesten Gemütsart, der leicht jeden Widerspruch vertrug; und ich meinerseits mißbrauchte dann seine Duldsamkeit in den philosophischen und religiösen Diskussionen, die nicht selten zwischen uns entstanden.«[17]

Keine Diskussion aber, sondern vorbehaltlose Bewunderung atmet der ungedruckte Brief, den Hector Berlioz aus Prag anderthalb Jahre vor Mendelssohns Tod schrieb. Am 14. April 1846 jagt er die Zeilen aufs Papier: *»Permettez-moi de vous dire que j'ai entendu à Breslau votre ›Songe d'une nuit d'été‹ et que je n'ai jamais rien entendu d'aussi profondément Shakespearien que votre musique.«* Und mit einem Aufschrei der Liebe – einer Liebe, die niemals »schmeicheln« konnte – fährt der Brief fort: »Als ich das Theater verließ, hätte ich sehr gern drei Jahre meines Lebens darum gegeben, um Sie zu umarmen. Adieu! Adieu! Glauben Sie mir, daß ich Sie ebenso liebe wie ich Sie bewundere – und das ist viel. Ich gehöre Ihnen mit Herz und Seele. – Berlioz.«

Was Berlioz freilich nie erfuhr, war die ungewohnte Härte, mit der sich der große Mendelssohn über seine Kompositionen ausließ: »Berlioz' Instrumentierung ist so entsetzlich schmutzig und durcheinandergeschmiert, daß man sich die Finger waschen muß, wenn man mal eine Partitur in der Hand gehabt hat. Zudem ist es doch auch schändlich, seine Musik aus lauter Mord und Not und Jammer zusammenzusetzen: denn selbst, wenn's gut wäre, käme nichts anderes darin vor als dergleichen atrocités. Er hat mich eigentlich zu allererst recht melancholisch gemacht, weil er so klug und kalt umfassend über alle anderen urteilt, so gänzlich vernünftig ist und so grenzenlos unvernünftiges Zeug bei sich gar nicht bemerkt.« Und bei anderer Gelegenheit fragt er sich und andere: ob Berlioz nicht eigentlich langweilig sei? Denn seine ewig wechselnde und unstete Erregung schläfre den Hörer schließlich ein[18].

Das war eine jener Äußerungen aus der Zelter- und Goetheschule, die »Aufregung in der Kunst« abhorrierte. Und sie war recht wenig würdig gegenüber einem Berlioz. Von welcher Sinfonie war die Rede? Wohl gar von der »Fantastischen«, diesem Stück »Selbstbiographie«, die doch ebenfalls shakespearisch war? Mit ihrer Zärtlichkeitsträumerei, ihrer Liebes-Eifersucht und der Wut über Harriet Smithson. Mit ihrer »Szene auf dem Lande«, dem »Ball«, dem wildtrügerischen »Gang zum Schafott« und dem »Traum einer Hexennacht«. Mit diesem Stück Musik war in Frankreich die Romantik selbst geboren. »Eine gewaltige Sinfonie! Ich habe soeben die letzte Note davon geschrieben«, berichtete Berlioz 1830 seinem Freund Humbert Ferrand[19].

Warum verstand Mendelssohn solche Musik nicht? *»Er liebt die Toten ein wenig zu sehr«*, hat Berlioz einmal von ihm gesagt. – Immerhin, die Verwerfung des Komponisten war in einem Privatbrief geschehn und hat diesem nie Schaden gebracht. Niemals hätte Mendelssohn öffentlich gegen einen andern eine solche Stellung bezogen. Wie anders ist es ihm selbst geschehen, als 1850 der erste Schlag in der Öffentlichkeit gegen ihn geführt wurde. Und dann nicht um seiner Kunst, sondern um seiner Abstammung willen.

Die Freundschaft Schumanns

Wäre Mendelssohn nichts anderes gewesen als ein »eklektisches Talent« und ein »geschmackvoller Historisierer« (und wo sonst noch die Käfigbegriffe seiner späteren Gegner ihn hinordnen möchten), so wäre ihm nicht das Kostbarste zuteil geworden: die Freundschaft Schumanns. Die Bewunderung dieses großen Meisters, dessen Kampfruf zeitlebens »Mendelssohn und Chopin« hieß, und der im Innersten zu bescheiden blieb, sich neben oder über diese Generationsgenossen zu stellen.

Schumanns Briefe[1] nennen Mendelssohn den »ersten Musiker der Gegenwart«, der »ein wahrer Gott ist«, und zu dem er hinanblickt »wie zu einem hohen Gebirge«. Solche kunstreligiöse Verehrung treffen wir nur bei denjenigen Meistern, die untereinander verschieden sind. Bei zu ähnlichen Begabungen fehlt die profilierende Schärfe des Urteils auch im Positiven. Nur weil Goethe im tiefsten Grunde völlig verschieden von Schiller war, konnte er ihn derartig bewundern. Und die Kunstfreundschaft Haydns und Mozarts beruhte zu einem großen Teil auf der starken Verschiedenheit beider. Bei Schumann und Mendelssohn war es ähnlich. Josef Wilhelm von Wasielewski, ein früher Schumannbiograph, hält in seinen »Lebenserinnerungen« den körperlichen Eindruck fest, den beide grundverschiedene Meister auf die Zeitgenossen machten[2]:

»Mendelssohn hatte eine feingebaute, schmächtige Figur. Seine gewandten behenden Körperbewegungen waren außerordentlich lebhaft. Dem entsprach der öfters plötzlich wechselnde Gesichtsausdruck. Das dunkle Auge zeigte ein blitzendes Feuer. Es konnte ebenso schnell einen freundlich wohlwollenden und heitern, wie einen scharf durchdringenden oder auch ernst sinnenden Ausdruck annehmen... Die hohe, schön gewölbte Stirn war von schwarzem Haupthaar umrahmt, welches zur Seite und nach hinten in gelockter Form herabfiel. Das nach dem Kinn schmal zulaufende Antlitz begrenzte ein kräftiger Backenbart. Die mäßig gebogene Nase erinnerte an den römischen Schnitt und verriet orientalische Abkunft. Der äußerst fein geformte Mund war von sprechendem Ausdruck... Alles vereinigte sich in Mendelssohns Wesen, um seine gesamte Erscheinung zu einer anziehenden und einnehmenden zu machen. So ist es denn begreiflich, daß er eine höchst beliebte, verehrte Persönlichkeit war, und dies um so mehr, als seine geistigen Eigenschaften unwiderstehlich fesselten.«

Schumann aber wirkte ganz anders. Nämlich, wie Wasielewski berichtet:

»Er lebte in einer merklichen Zurückhaltung von der Öffentlichkeit und zur Hauptsache emsig seinem Schaffen. Seiner ganzen Naturanlage nach war er nicht zum freien, hingebenden, mitteilsamen Verkehr disponiert. Nahm er auch innerlich regsten Anteil an allen irgendwie bemerkenswerten Tageserscheinungen und Vorgängen im Gebiete der Kunst, wofür seine gesammelten Schriften über Musik und Musiker eine Fülle überzeugender Belege liefern, so verhielt er sich doch in Gesellschaft anderer meist schweigsam und scheinbar in sich versunken. Nur im vertraulichen Verkehr ging er etwas mehr aus sich heraus. Dann enthüllte sich bis zu einem gewissen Grade sein reiches Seelen- und Gemütsleben, welches sich so schön und bedeutend in seiner Musik offenbart...«

Diese Schilderung scheint uns ungerecht. Sie unterschlägt das Wesentliche von Schumanns körperlichem Ausdruck. Nicht die träumerisch geschlossenen blaugrauen Augen des Hörenden und die schräge Kopfhaltung fielen bei Schumann am meisten auf, sondern die mächtigen Backenknochen. Sie gaben seinem Gesicht etwas Kraftvoll-Osteuropäisches, ja Slawisches. Dieser in Zwickau in Sachsen Geborene hatte eine Ähnlichkeit mit den russischen Revolutionären, den Dekabristen, die 1825 die fehlgegangene Erhebung gegen Zar Nikolaus I. unternahmen. Schumann war ein sehr männlicher Mensch. Sein linkisches Wesen in Gesellschaft (an dem unerfülltes Liebesleben ebenfalls sein Teil hatte) hinderte ihn nicht daran, die männlichste Musik zu erfinden. Dann schoß aus der Mitte seines Wesens ein so herrliches Bekenntnis hervor wie jener »Davidsbündlermarsch gegen die Philister« (op. 6), der nicht nur große Musik, sondern auch Selbstdarstellung ist. Der Kopf ist nicht mehr träumend geneigt. Über den Backenknochen flammende Augen. Von links nach rechts, von rechts nach links wendet sich der spähende Trotz. Wie mit einer Hellebarde schreitet der langsame Marschtakt voran, der die Philister aufspießen will (Notensatz: Seite 118).

Wer aber sind die Davidsbündler? Schon früh hatten sich dem sinnenden Schumann drei verschiedene »Ichs« offenbart, drei Personen,

die er Eusebius, Florestan und Raro nannte. Dahinter stand die erlebte Erkenntnis: »Ich bin mir nicht immer selber gleich. Etwas unterhält sich in mir. Wem aber werde ich recht geben?« Nicht schnell genug kann man darauf hinweisen, daß diese wunderliche Teilung durchaus nicht von »Schizophrenie« spricht. Sie war nicht zwanghaft gemütsbedingt, sondern verhielt sich geistig-kritisch: Eusebius, Raro und Florestan kritisierten ja einander. Ihre Geburt war »Literatur«. Schumann war ein Buchhändlersohn, und all dies war ein jeanpaulischer Einfall.

Der Jean Paul der »Flegeljahre«, in denen es einen »Walt« und »Vult« gibt, einen Waltenden und einen Wollenden, war ja überhaupt Schumanns Vorbild. Der üppig-phantastische Jean Paul, der als »Blumenspieler mit Wort und Ton« ein Gegenspieler Goethes war. Diese beiden schlossen einander fast aus. Und es ist charakteristisch genug, daß Mendelssohn sein ganzes Leben auf der Goethe-Seite verblieb. Mochte er den Jean Paul auch lesen und sich sogar von ihm »angesteckt« fühlen – bei seinen »Capricen« (op. 33) hat er sich ausdrücklich auf ihn und seine »kuriösen Einschachtelungen« berufen – als Führer zu Musik und Leben wäre ihm Jean Paul aber wahrscheinlich zu »unordentlich« erschienen.

Doch für Schumann war dieser Urwald sich selbst fortzeugender Vergleiche, in dem unablässig die »Ewigkeit aus der Puppe der Zeit schlüpfte«, ein wollüstig gern besuchtes Dickicht. War Jean Paul wirklich musikalisch? Oder »redete« er nur von Musik? Eine so hochverräterische Frage hätte Schumann nie gestellt. Vielleicht fühlte er in der nie abreißenden Rede des Dichters jene »Unendliche Melodie«, die Wagner später fordern sollte – und die ja romantisches Urgut war. Der tagesklare Mendelssohn, der niemals »musikphilosophisch« wurde (und wie sehr hätte er es gekonnt!), hätte diese

Lehre bekämpft und hätte Karl Scheffler Recht gezollt, wenn dieser sagt: »Jede Melodie ist endlich.«[3] Denn es liegt in ihrem Wesen, ein Beginnen und Aufhören zu haben. Anders hat sie kein Profil.

Einem so stark profilierenden Künstler wie Schumann aber fielen der Mangel an Profil und eine gewisse Akzentlosigkeit in der Prosa Jean Pauls nicht auf. Im Gegenteil: hier war ein »Fließen«, dem man sich anvertrauen konnte, um dem Alltag zu entgehen. (»Der Alltag — unsere Todesfalle!« hatte Brentano einmal geseufzt.) Farben, Düfte und Schwärmerei, meinte Schumann, würden ihm zu einem »musikalisch empfänglichen Zustand« verhelfen[4]. Das stimmte auch. Aber wirklich: gefahrlos? Zunächst war alles Literatur; und ein »Doppelgängerproblem«, wie es den exzentrischen E. Th. A. Hoffmann beschäftigte, blieb Schumanns gesundem Lyrismus fern. Doch als ihn dann später der Wahnsinn umkrallte, 1854, als er tagelang »Stimmen hörte, die nicht seine eigenen waren«, und er verzweiflungsvoll in den Rhein sprang, da fragte es sich, ob seine Liebe zu dem »unendlichen« Jean Paul, zum Romantisch-Unendlichen nicht schon etwas wie Vorbereitung auf den Wahnsinn gewesen sei[5].

Als Schumann zum erstenmal Mendelssohn sah, 1835, war der Fünfundzwanzigjährige in der gesunden Vollkraft seines Genies. Eusebius, Raro und Florestan waren lächelnd gemeisterte innere Stimmen. Dieses Musikervölkchen der Drei war für Schumanns Kunstzwecke übrigens noch nicht zahlreich genug. In den »Davidsbund« mußten vor allem noch lebende Freunde gewählt werden, die sich über Musik aussprachen. Nur solche — das war selbstverständlich! — die ihm als echte Meister erschienen und die er nun gewissermaßen mit eigenen Logen-Namen belegte[6]. Seine Clara hieß Chiarina; Ernestine von Fricken, die einstige Muse seiner »Sinfonischen Etüden« (op. 13), verbarg sich hinter dem Namen Estrella; und den großen Mendelssohn nannte er, mit einem Wortspiel aus der holländischen Musikgeschichte, *Felix Meritis,* »den Glücklichen mit den großen Verdiensten«. Hätten diese Vermummungen vor der Welt wirklich geheim bleiben sollen? Unmöglich konnte das geschehen — und man ist recht amüsiert, wenn man in Schumanns »Gesammelten Schriften über Musik und Musiker« (1854) liest: »Gestern dirigierte Meritis ein Konzert von Mendelssohn.«

Schumann, der große Propagandist — einen größeren hat es nie gegeben: denn der große Richard Wagner propagierte doch nur sich selbst –, machte unablässig und immer wieder von seiner Freundespflicht Gebrauch, die Mitwelt davon zu überzeugen, welch ein Meister Mendelssohn sei. In den drei Bänden seiner Schriften bespricht er, teilweise sehr ausführlich, die Mendelssohnschen »Konzerte für Pianoforte«, die »Orchesterserenade«, die »Präludien und Fugen« (op. 35), die »Sonate für Klavier und Cello« (op. 45). »Dieser innere Wohlstand, dieser Frieden, die Seelengrazie überall! Die Sonate«, schrieb Schumann nach Mendelssohns Tod, »ist eine seiner letzten Arbeiten... Es scheint mir alles *noch mehr Musik* werden zu wollen, alles noch verfeinerter, verklärter – wenn man es nicht falsch deuten wollte, würde ich sagen: Mozartischer... Diese Sonate ist allerreinste, durch sich selbst gültigste Musik, eine Sonate, so schön und klar, wie sie irgend je aus großen Künstlerhänden hervorgegangen... am besten im Familienzirkel etwa nach einigen Goetheschen oder Byron-Gedichten zu genießen.«

Und das schrieb Schumann über jemanden, der bei Gott kein Sonatenmeister war. Dem nur eben »alles gelang«. Hierin hatte der Freund freilich recht. Kann man sich vorstellen, was er dann noch über Mendelssohns Hauptwerke sagte, über die »Lieder ohne Worte«, die Musik zum »Sommernachtstraum«, die Melusinen-Ouvertüre, über das berühmte Gebet »Verleih uns Frieden gnädiglich« und den 114. Psalm »Da Israel aus Ägypten zog«? Bei der Besprechung dieses Psalms erzählt Schumann, es habe sich im Publikum ein Streit (!) erhoben, ob nicht ein älterer Psalm Mendelssohns »Wie der Hirsch schreiet nach frischem Wasser« der würzig-köstlichere sei. Nun halte man den kleinlichen Neid der meisten anderen Künstler dagegen, sobald einem Nachbarn »etwas gelang«! Wahrlich, die Freundesgröße Schumanns ist unerreicht unter allen Meistern!

Und immer wieder muß man sich klar sein, wie verschieden sein Talent und sein Wollen von demjenigen Mendelssohns war. Die Urzelle aller Schumann-Musik ist die »Skizze«. Solange er jung ist, sogar der »skurrile Übermut«[7]. Schon als Knabe konnte er »das verschiedene Wesen um ihn herumstehender Spielkameraden durch gewisse Figuren und Gänge auf dem Piano so präzis und komisch bezeichnen, daß jene in lautes Lachen über die Ähnlichkeit ihrer Porträts ausbrachen«. Das zeigte den Generationsunterschied an, der Schumann von den Klassikern, von Haydn, Mozart und Beethoven trennte. Denn wie hätte, trotz gelegentlicher impressionistischer Federzüge, einer dieser Klassiker solch eine »Zeichnung« anfertigen wollen? Um solche Musik zu konzipieren, mußte man ein nach-schubertscher Mensch sein. Und das war Schumann in der Tat. Ohne Schuberts »Tagebuchstücke«, ohne die geniale Kurzschrift des von Schubert erfundenen »Moment Musical«, wäre Schumann nicht Schumann geworden. Er entwickelt nicht mehr, er »skizziert«. Mit rascher und kühner Zeichnerhand wirft er seine Themen hin. Auch Mendelssohn weiß um diese Technik. Aber eigentlich nur theoretisch. Ihm fiel auf, daß der große Schubert die »Klaviersonate erst dann zerschlug, als er selbst die schönsten geschaffen hatte« — eine zweifellos wichtige und höchst seltsame Bemerkung, die zeigt, daß der Romantiker Schubert nicht nur der letzte Klassiker war[8], sondern auch, wie gern Mendelssohn in sich die Romantik überwand und sich einer »neuen Klassik« zukehrte — einer Haltung, die später in Brahms triumphierte.

In Schumanns »Carneval«, in den »Papillons« aber gibt es keine Klassik: in romantischen Verkleidungen taumeln Leben und Liebe daher. Obwohl beide die »Luftmusik« ihres Lieblingsmeisters Weber lieben, schreibt Schumann doch nie wie Mendelssohn, und dieser nie wie Schumann. Der Ansatz ihrer Einfälle ist schon im Rhythmus zu verschieden. Trotz aller »Träumereien« bevorzugt Schumann einen jambisch-anapästischen Rhythmus. Er entspricht dem Wesen der deutschen Sprache, ja der »Deutschheit« überhaupt, wie Wilhelm Wundt, der Völkerpsychologe, nachwies[9]. Der Wortakzent der Mittelmeervölker, besonders der Spanier, ist anders. Er ist trochäisch — und das Schlimme beim Trochäus ist, daß er sich »schließlich von selber schreibt«. (Grillparzers »Der Traum ein Leben«, Heines Epos »Atta Troll« und Gerhart Hauptmanns »Weißer Heiland« sind leider durchaus keine Gegenbeweise.) Goethe und Eichendorff jedenfalls kannten instinktiv die Gefahren jenes spanisch-maurischen Rhythmus und bauten in ihre Trochäen-Gedichte Wehre und Unregelmäßigkeiten ein. Schumann meidet Trochäen so sehr, daß er — wenn er einmal einen echten, ganz trochäischen Einfall hat wie den sänftlich aufsteigenden und in herrlicher Kadenz niedersinkenden Anfang der »Kreisleriana«:

erwartet, daß der Klavierspieler, um den Fluß zu unterbrechen, ein Zögern anbringt, eine Fermate, ein leichtes Stocken der Nachdenklichkeit. (Eugen d'Albert wählte das D im zweiten Takt, Rolf Walter Hirschberg synkopierte das F dahinter.) Mendelssohn kannte diese Scheu vor dem trochäischen Tonfall nicht. Seine Einfälle hatten, je nachdem, den germanisch-jambischen, den homerisch-daktylischen oder spanisch-maurischen Rhythmus.

Schumann und Mendelssohn waren Brüder. Große Liedmeister beide – vielleicht die größten seit Schubert. Aber im Aufsuchen von Texten und demgemäß in der Komposition, welche Unterschiede gab es da doch. Bei Schumann wurde fast jedes Lied balladesk:

heißt es in Eichendorffs Romanze. Der Wald rauscht e-Moll durch das Gitter: aber es ist kein echtes e-Moll. Es ist eine phrygische Kirchentonart, in welcher der eingeschlafene, waldumsauste Ritter keine Beziehung mehr hat zu der Hochzeit, die unten auf dem Flusse dahinfährt – und ein Kreuzgewirr verlangsamt das Rudern:

Die Größe, die Weite der rheinischen Landschaft: das konnte nur ein Balladenmensch schaffen. Und gar erst Eichendorffs »Waldesgespräch«, die zähneklappernde Eile des Anfangs: »Es ist schon spät, es ist schon kalt«... Dies Gespräch mit der »Hexe Loreley«, die überhaupt gar keine Hexe, sondern eine betrogene Frau ist:

Groß ist der Männer Trug und List,
vor Schmerz mein Herz gebrochen ist –

mit welcher Kühnheit prallen hier der Begehrende und die Abwehrende aneinander. Jede Ballade, die auf Robert Schumann zukommt, wird zehnmal mehr Ballade, wenn sie ihm in sein männliches Gesicht sieht:

Nach Frankreich zogen zwei Grenadier,
die waren in Rußland gefangen,
und als sie kamen ins deutsche Quartier
sie ließen die Köpfe hangen.

Wie selbstverständlich es heute scheint, daß da kleine Trommelwirbel unter den Worten aufspritzen, daß (woran Heine doch nie gedacht hat) sich am Schluß die Marseillaise wie ein riesiges Tonnengewölbe unter seine Worte schiebt: das war, als es komponiert wurde, einer der größten Lied-Einfälle... Und die Eichendorffsche »Mondnacht« – keine Handlung, keine Romanze, sondern raumgelöstes schwingendes »Sein« – bekommt, sobald Schumann das Lied ergreift, plötzlich ein ritterliches Profil. Er geheimnißt in die ersten zwei Strophen viermal einen »Willen« hinein. Dieser Wille hebt beide Arme hoch und trägt gleichsam das Firmament:

Der Kern, die innerste Nuß dieses Willens besteht in einer Kleinigkeit: dem Mordent auf dem Gis bei dem Worte »still«... Als ob es Kleinigkeiten gäbe! Richard Wagner ist immerhin bei der Aufforderung seines Heerrufers im zweiten Akt des »Lohengrin« dieser Schumann-Phrase gefolgt. Weit gefolgt: etwas Ritterlicheres konnte selbst Wagner nicht einfallen.

Noch von einer anderen Sicht her ist die Eichendorff-Schumannsche »Mondnacht« eines der größten Liedwunder aller Zeiten. Es ist ein Klavierlied, wie eigentlich fast alle Lieder Schumanns es sind. Aber die Klavierstimme ist hier keine »Begleitstimme« mehr. Sie genießt höchste Selbständigkeit, schwingt, fliegt und jauchzt durch den silbernen Himmel, daß man ebensogut sagen könnte: Dem *Sänger* fiel die Begleitstimme zu. Das ist von einer derartigen Kühnheit, wie sie niemand vor Schumann gewagt hat.

Wie anders vertonte Mendelssohn! Er, der selbst ein so großer Pianist war (während Schumann, wie man weiß, sich seine Pianistenlaufbahn tragisch ruiniert hatte, als er den dritten Finger festband, um den vierten gelenkig zu machen[10]), hätte sich schwerlich bei einem Lied auf einen Zweikampf, einen Zwiegesang mit der Klavierstimme eingelassen. Ein Lied war für Mendelssohn wirklich ein Lied – die Begleitung höchstens ein »Wegweiser« für eine oder mehrere Singstimmen. Hierin war und blieb er »Berliner« – allerdings ohne jede Beimischung der Zelterschen Philistrosität. Was ihn sonst noch von Schumann schied, war, daß er im Aussuchen seiner Texte instinktiv an der Ballade vorbeisah. Auch ein altdeutscher Text wie das »Maienlied« des Jakob von der Warte verliert, wenn er es komponiert, das allzu Hart-Antiquarische:

Romanzen glücken zwar auch ihm, obzwar er sie selten aufsuchte. »Es fiel ein Reif in der Frühlingsnacht«, der herrlich klagende Alt-Gesang, ist fast eine Ausnahme. Mendelssohns Größe als Liedmeister — sie wird uns noch viel beschäftigen — ruht nicht im Romanzenhaft-Balladesken, sondern weit davon entfernt im Volkslied und im Hymnischen.

Schumann hätte das nicht bewundert, was ihm allzu nahe war. Daran hinderte ihn jene träumerische und übergroße Bescheidenheit, die ihn beim Anblick seiner Freunde in Staunen und in Flüstern hüllte. Man weiß es eigentlich erst heute, daß dieser große Komponist ein »Tagebuch« hinterlassen hat, in welchem er nach Mendelssohns Tod die Begegnungen mit dem Vergötterten stichwortartig aufzeichnete. Dieses Tagebuch, von Clara Schumann als kostbares Geheimnis behütet, ist 1949 vom Zwickauer Schumann-Museum als Faksimile gedruckt und von Georg Eismann und Gertrud Rudloff-Hille erstmalig herausgegeben worden[11].

Im allgemeinen war Schumann zu wortreich — das war er schon als Jean-Paul-Schüler —, um so voller wirkt hier jedes Wort. Da ist kein Schwelgen in Gleichnissen mehr, keine Blütenlese in Synonymen. Was Schumann an Mendelssohn erinnert, ist ihm heiliges Erlebnis und konnte nicht anders gesagt werden:

Sein Urteil in musikalischen Dingen, namentlich über Kompositionen — das Treffendste und im innersten Kern Erfassende, was man sich denken kann. — Den Fehler und seine Ursache erkannte er im Nu und überall. —

Er hat sich nie Tagebücher und ähnliches gehalten, wie er mir sagte. —

Sein Lob galt mir immer als das höchste — die höchste, letzte Instanz war er. —

Hatte er jemanden ungerechterweise beleidigt — gegen einen dritten sich mißbilligend ausgesprochen —, so ließ es ihm keine Ruhe, sein Unrecht wieder gutzumachen. Sein Benehmen gegen andere lebende Komponisten... Wo er nichts zu loben hatte, verhielt er sich ruhig; wo er aber unfehlbar Talent fand, war er der erste, es auszusprechen (so bei Bennett, Gade und Rietz). —

Als wir 1836 über älter gewordene Komponisten sprachen, »wie traurig der Gedanke sei, daß das Schaffen versiegt«, sagte er, er könne sich in diesen Gedanken gar nicht finden. —

Frei von allen Schwächen der Eitelkeit war er. –

Das Erhebende seines Umganges. Höchste sittliche und künstlerische Maxime; daher unerbittlich, scheinbar manchmal schroff und inhuman. –

Er blieb nichts schuldig. Sagte man ihm etwas Gutes, Bedeutendes, so konnte man versichert sein, daß man es doppelt, dreifach zurückerhielt. –

Über sein Verhältnis zu Meyerbeer sagte er, sie hätten nie zueinander getaugt; hätte der eine ›Guten Tag!‹ zum andern gesagt, der andere hätte gewiß etwas herausgewittert. –

Selbstkritik, die strengste, gewissenhafteste, die mir je an einem Künstler vorgekommen. Er änderte an einzelnen Stellen 5–6 mal. (Namentlich auch den Elias; sein schönes Wort darüber, »er glaube, er könne eben manches noch besser machen«.) –

Wenn alle seine näheren Freunde Schriftsteller wären, es würde jeder etwas anderes Außerordentliches, würde jeder von ihm ganze Bände zu berichten haben. –

Er war jeden Tag wie neu geboren. –

Fühlte er, daß seine Sendung erfüllt war? Ich glaube es. Der Zug von Melancholie, der sich in den nach dem »Lobgesang« erschienenen Kompositionen oft findet. –

Sein Todesantlitz. Wie ein Hierophant sah er aus, wie ein Gottesstreiter, der überwunden. – den 6ten November 1847. –

Diese Aufzeichnung ist die letzte. Unter den Männern, die in Leipzig Mendelssohns Bahrtuch getragen haben, war auch Schumann, der seinen Freund um fast neun Jahre überlebte. Doch manchen erschien es nachträglich, »sein Sterben habe damals begonnen«.

Abschied von Goethe

Siebzehn Jahre vor diesem Abschied war ein anderer Abschied genommen worden. Mendelssohn sagte Goethe Lebewohl – ohne daß beide darum wußten.

Es war das Jahr der Italienreise: im Frühjahr 1830 kam Felix durch Weimar. Er dachte nicht, sich dort länger aufzuhalten. Doch Goethe freute sich wie toll und ließ den jungen Mann nicht fort, zu dem er als Knaben gesagt hatte: »Du bist mein David. Spiele mir vor, wenn ich traurig bin. Ich will auch nicht den Speer nach dir werfen.« Listig erfand er allerlei, um Mendelssohn zurückzuhalten, was ihm gewiß nicht schwer wurde. Bald war es ein Maler, damit beauftragt, Felixens Porträt zu machen, weil Goethe es »zu einer Sammlung von Zeichnungen brauche, die er seit einiger Zeit angelegt habe«; bald war es das »Du«, das sich Felix erbat anstatt des neuen, zu steifen »Sie« — jenes großväterliche Du, an das sich Goethe wieder erst gewöhnen zu müssen behauptete und das er dann wieder abwechselnd mit einem »Sie« oder »Man« kreuzte. Mit altfränkischer Galanterie wurde der Gast von ihm bedacht: Einerseits wurde er mit den Damen des Hauses, mit Ulrike und Ottilie, auf einen Ausflug nach Tiefurt geschickt; andrerseits prägte Goethe ihm ein: »Nach Berka aber sollst du nicht fahren, weil dort ein schönes Mädchen wohnt, das dich ins Unglück stürzen könnte!« — als ob Felix Mendelssohn der Mensch war, von Mädchen ins Unglück gestürzt zu werden. Zum Werther fehlte ihm jedes Talent. Im übrigen: der uralte Mann, der ihm täglich gegenübersaß, stach jedes weibliche Wesen aus. Sogar die Schwiegertochter Ottilie, die bald melancholisch, bald heiter ihnen den Tee bereitete und Felix sogar als Mitarbeiter für eine Zeitschrift »Chaos« gewann. — Chaos! Was war das für ein Titel, welch unziemlicher, im Goethehaus. Goethe hat ihn denn auch ironisiert und ihn zu verändern vorgeschlagen[1].

Der alte Herr hatte sich beklagt, daß er in der letzten Zeit wenig Hausmusik gehört habe. So, um ihn zu entschädigen, spielte Felix ihm gründlich vor. An den Vormittagen für ihn allein; abends in größerer Gesellschaft. Wie immer interessierte den Alten das Biologisch-Historische an der Musik. Wüßten wir's nicht aus seinem Briefwechsel mit Zelter, wüßten wir's aus Felix' Berichten: Die Musik war ihm etwas »Entwickelbares«, war ihm ein Stück Naturgeschichte, das ihn ähnlich fesselte wie das Werden der Kristalle. Warum sollte man, in der Tat, die Musik nicht in »Schichten« erleben? Eben damals versuchte ja Ludwig Spohr eine »Historische Sinfonie«, in der er die Stilarten verschiedener Epochen hintereinander nachahmen wollte. Das Experiment mißglückte natürlich, doch es war ein Versuch im Sinne Goethes[2].

»Vormittags«, berichtet Mendelssohn, »muß ich ihm ein Stündchen vorspielen, von allen verschiedenen großen Komponisten, nach der Zeitfolge, und muß ihm erzählen, wie sie die Sache weitergebracht hätten; und dazu sitzt er in einer dunklen Ecke, wie ein Jupiter tonans, und blitzt mit den alten Augen. An den Beethoven wollte er gar nicht heran.«[3] Natürlich nicht! Denn er wußte zu gut, daß das historische Interesse, mit dem man der Barockmusik, Bach, Haydn, selbst Mozart, begegnen konnte, bei Beethoven unmöglich war. Hier mußte man »Nein« oder »Ja« sagen. Und, unvergeßlich, berichtet Felix nach Hause, was sich weiter begab: »Ich sagte ihm aber, ich könne ihm nicht helfen, und spielte ihm nun das erste Stück der c-Moll-Sinfonie vor. Das berührte ihn ganz seltsam. Er sagte erst: ›*Das bewegt aber gar nichts*‹« – weil es ihn nämlich chaotisch dünkte, und ein Mann wie Goethe im Innersten nur von Gesetz und Ordnung bewegt wurde. »Dann fuhr er unbehaglich fort: ›*Das macht nur staunen; das ist grandios*‹, und dann brummte er so weiter und fing nach langer Zeit wieder an: ›*Das ist sehr groß, ganz toll, man möchte sich fürchten, das Haus fiele ein; und wenn das nun alle die Menschen zusammen spielen!*‹ Und bei Tische, mitten in einem anderen Gespräch, fing er wieder damit an.«

Dieser uralte Mann war sehr seltsam. Die Salons, in denen er verkehrte, ängstigten sich vor seinen »Launen«. Man könne seiner nie sicher sein, erzählte ein junger Literat, Stephan Schütze, der den Dichter im Salon der Johanna Schopenhauer in Weimar kennengelernt hatte[4]. »Man hatte bald einen sanft-ruhigen, bald einen verdrießlich-abschreckenden (auch Kummer drückte sich bei ihm gewöhnlich durch Verdrießlichkeit aus), einen sich absondernden, schweigsamen, dann wieder beredten, redseligen, bald einen episch-ruhigen, bald einen feurig-aufgeregten, auch wohl ironisch-scherzenden, einen schalkhaft-neckenden, sogar übermütigen Goethe vor sich...«[5] Was für diesen Unruhigen, der binnen einer einzigen Stunde viermal die »Temperatur« wechselte, das Saitenspiel bedeutete, braucht kaum ausgeführt zu werden. Noch immer war Felix der »Harfner David«, der seinen Saul zu verzaubern wußte. Aber glückte die Verzauberung immer? Die Baronin Jenny von Gustedt, die manchmal bei Felixens Spiel dabei war, berichtet von einem Zwischenfall, »bei dem Goethe – ganz Saul! – seinem Liebling zornig den Rücken gekehrt hatte, weil dieser etwas nicht verstand«. Dieses Etwas sei jenseits von Kunst gewesen; zu naturhistorisch vielleicht, um einen Musiker, der am Klavier saß, zum Mitschwingen zu bewegen. »Aufs höchste erschrocken, saß Mendelssohn wie versteinert vor dem Flügel, bis er, fast unbewußt, mit den Fingern die Tasten berührte und, wie zu eigenem Trost, zu spielen begann. Plötzlich stand Goethe wieder neben ihm und sagte mit seiner weichsten Stimme: ›*Du hast genug, halt's fest!*‹« — Worte, über welche Felix immer wieder nachdachte[6]. Dabei war die Auflösung so einfach: Goethe hatte abgedankt und würde ihm in Zukunft erlauben, am Klavier rein musikalisch zu denken. Während Riemer, Eckermann und die anderen Herren seines Gefolges ihm auf den Bergtouren seines Denkens, dem gefährlichen Grat- und Gipfelwechsel, stets widerspruchslos zu folgen hatten. Übrigens tat das auch Felix — wenn er nicht gerade am Klavier saß. Die Musik war doch eine ganz große Herrin!

Was Goethe an Felix Mendelssohn wohltat, war gewiß nicht nur das Nützliche seines Klavierspiels (das hätte er, wenn er sich umsah, wohl auch bei andern genießen können), sondern das *Aristokratische*. Die genau bemessene Mischung von Bescheidenheit und Selbstbewußtsein. Zu seiner Schwiegertochter Ottilie tat er den merkwürdigen Ausspruch, »Felix sei sich über seine Sache so klar, daß man viel von ihm lernen könne«. Diese Sache war gewiß die Musik — aber hätte Felix ihn seine Überlegenheit darin allzusehr fühlen lassen, hätte er ihn zutiefst verstimmt und, wer weiß, sogar Goethes Liebe verloren. Das tat nun Felix aber nicht — und keineswegs nur aus äußerer Klugheit, sondern aus jener »inneren Wohlgeratenheit«, die alle Freunde an ihm bezeugten.

Was fesselte ihn nun an Goethe? Nicht etwa nur an Goethes Werke — sondern gerade an seine Person? Das Polypragmatische seines Wesens. Die sich jeden Augenblick ins Gespräch schiebende Interessen-Vielfalt. Seherisch schreibt Mendelssohn, die Nachwelt würde einst behaupten, Goethe sei gar nicht *eine* Person gewesen, sondern habe aus mehreren kleinen *Goethiden* bestanden: Himmelskörpern gewissermaßen, die um ein Zentrum rotierten. Was aber war dieses Zentrum nun wirklich? Wieder einmal ist Felix starr über Goethes Wißbegier. Daß über Schottland und Spontini gesprochen wurde, das war klar. Denn das waren zwei Themen, über die der Gast Bescheid wußte. Aber schon nach kurzer Zeit war Goethe bei der Theologie. Was man denn nun in Berlin von Gevatter Tholuck hielte und dem eben ausgebrochenen Streit zwischen der orthodoxen Partei der evangelischen Kirchenzeitung des Geheimrats Hengstenberg mit den Anti-Pietisten Wegscheider und Gesenius. Ob das eine ernsthafte Sezession bedeuten würde[7]. Kaum hatte Felix geantwortet – er selbst war kein Freund des Pietismus, sondern glaubte mit Schleiermacher zuweilen an gewisse griechisch-pantheistische Wurzeln des Christentums –, da war der Alte schon bei Hegel, bei dem der Gast ja studiert hatte, und wollte wissen, was man denn im skeptischen Berlin von einem Mann dächte, der sich selbst für messianisch-absolut hielt: Nach ihm würde kein Philosoph mehr kommen[8]. Diese Frage war schwer zu beantworten, und nur von einem Diplomaten. Denn wer hätte nicht gewußt, daß Goethe, in voller Naivität, sich *auch* für den »letzten Dichter« hielt? So konnte ihm die Hegelsche Hybris doch eigentlich nur imponieren...

Aber noch mehr erstaunt der Besucher, sobald Goethe selbst ins Erzählen kommt: Da gerät er von der »Stummen von Portici« – dem Meisterwerk des Franzosen Auber, der Oper, die noch im gleichen Jahr in Brüssel Revolution machen sollte – auf Walter Scott, in dessen Haus Felix in Schottland einmal gewohnt hat; von Scott auf die hübschen Mädchen in Weimar, von den Mädchen auf die Studenten, auf die »Räuber« und so auf Schiller. »Und nun sprach er wohl über eine Stunde ununterbrochen heiter fort, über Schillers Leben, seine Schriften, seine Stellung in Weimar; so geriet er auf den seligen Großherzog und auf das Jahr 1775, das er einen geistigen Frühling in Deutschland nannte, und von dem er meinte, kein Mensch würde es so schön beschreiben können wie er selbst; dazu sei auch der zweite Band seiner Lebensbeschreibung bestimmt; aber man käme ja nicht dazu vor Botanik und Wetterkunde und all dem andern dummen Zeug, das einem kein Mensch danken wolle. Dann erzählte er Geschichten aus der Zeit seiner Theaterdirektion, und als ich ihm danken wollte, meinte er: ›Ist ja nur zufällig, das kommt alles so beiläufig zum Vorschein, hervorgerufen durch Ihre liebe Gegenwart.‹ Die Worte klangen mir wundersüß: es war eins von den Gesprächen, die man im Leben nicht vergißt. Den andern Tag schenkte er mir einen Bogen seines Manuskripts von ›Faust‹ und hatte darunter geschrieben: *›Dem lieben jungen Freunde Felix Mendelssohn-Bartholdy, kräftig zarten Beherrscher des Pianos, zur freundlichen Erinnerung froher Maitage 1830. J. W. von Goethe.‹«* [9]

Unvergeßlich ganz gewiß. Beim Abschied, am andern Morgen, zeigte ihm Goethe noch in einer Mappe das Gemälde einer »betenden Bauernfamilie« des Malers Adriaen van Ostade, das vor neun Jahren Felix als Knaben ungemein beeindruckt hatte. Dazu sagte er sehr ernst: »Ja ja, da geht man nun fort; wollen sehen, daß wir uns aufrecht erhalten bis zur Rückkunft; aber ohne Frömmigkeit wollen wir hier nicht auseinander gehen, und da müssen wir uns denn das ›Gebet‹ noch einige Male zusammen ansehn.« — Dann tippte er mit dem Zeigefinger zärtlich gegen Felix' Wange, küßte ihn und schob ihn hinaus. Das war das letztemal, daß Felix Goethe lebend sehen sollte. Die »kaiserliche Gnadensonne meines Lebens«, wie er später sehr schön zu Sir Julius Benedict sagte. Gnade ist immer »unverdient«. Es ist ihr Wesen, »gespendet« zu werden. Wenigstens sagt dies Porzia in Shakespeares »Kaufmann von Venedig«:

Die Art der Gnade weiß von keinem Zwang.
Sie träufelt wie des Himmels milder Regen...

Der von der Gnade Betroffene kann nur dankbar sein. Das war Mendelssohn, indem er, gleich so vielen andern, einen Teil der Goethe-Welt vertonte. Freilich anders als andere Komponisten. Nachdem er mit dem »Sommernachtstraum« eine neue Kunstform geschaffen — irrig noch »Ouvertüre« genannt, was nicht einmal für Weber recht paßte; »Sinfonische Dichtung« hatte man nach dem Vorschlag Hans von Bülows solche Gebilde künftig zu nennen —, gestaltete er aus Goethes Gedichten »Meeres Stille« und »Glückliche Fahrt« denn also eine Sinfonische Dichtung. Sie werde noch leben, meinte Bülow, wenn andere Sinfonische Dichtungen nicht mehr gespielt werden würden. Und das sagte ein Schwiegersohn von Franz Liszt!

Meeresstille und Glückliche Fahrt

Daß er daran arbeitete, erfahren wir das erstemal am 18. Juni 1828 aus einem Brief Fanny Mendelssohns an Freund Klingemann in London: »Felix schreibt ein großes Instrumentalstück ›Meeresstille und Glückliche Fahrt‹ nach Goethe. Es wird sehr seiner würdig. Er hat eine *Ouvertüre* mit *Introduktion* vermeiden wollen und das Ganze in zwei nebeneinanderstehenden Bildern gehalten.« Sie sah hier also das Neue recht gut. Daß beide Gedichte, nebeneinander, einen

Komponisten reizen mußten, wußte allerdings schon Schubert, der am 21. Juni 1815 in gebrochenen Akkorden und wundersam sinfonischer Breite die »Meeres Stille« (dies war Goethes Titel!) vertont hatte[1].

Schuberts Musikinstinkt war unerbittlich. Obwohl weit weniger gebildet als Schumann oder Mendelssohn, gab er Texte zurück, die »ihm nicht lagen«. Was er nicht schon beim ersten Blick als »sich zugehörig« empfand, ließ er beiseite[2]. Achtzig Jahre vor Hugo Wolf war ihm mit diesem Goethe-Gedicht etwas geglückt, was man das früheste »impressionistische Lied« nennen könnte. Mit Wirkungen, mit »Andeutungen«, die Wolf dann später in Mörikes »Du bist Orplid« übernommen und fortgesetzt hat[3]. Die »Ängstlichkeit der Schiffer« liegt in der kaum bewegten Gesangslinie und den modulierten Arpeggio-Akkorden... Goethe allerdings – und er kannte ja Schuberts Komposition überhaupt nicht! – hätte J. F. Reichardts Vertonung beider Gedichte vorgezogen. Sie war für Singstimme und Klavier; schlicht und in langsamem F-Dur und dynamisch wachsendem C-Dur angelegt und durchgeführt. Reichardt war ein vorbeethovenscher Meister, der an Goethes Hauptprinzip, dem konzessionslosen »Strophenlied«, unbedingt festhielt. Kein Gedicht hatte »durchkomponiert« zu werden!

Beethoven? Beethoven wiederum, »zu dessen Formprinzipien gehörte, schwerer als die Luft zu sein«[4], konnte an der »horrenden Plastik« jener beiden Goethe-Gedichte nicht tatenlos vorübergehen. Unbedankt wie immer von seiten des Autors, hatte der Bewundernde eine Kantate für Chor und Orchester »Meeresstille und Glückliche Fahrt«, Opus 112, verfaßt und »dem Verfasser der Gedichte, dem unsterblichen Goethe, hochachtungsvoll gewidmet«. 1824 kam das Werk heraus, vor dem ein schrankenloser Beethovenianer wie Adolf Bernhard Marx immerhin zum Ketzer wurde. In seiner »Berliner Allgemeinen Musikalischen Zeitung« gab er zwar zu, daß »ein Unsterblicher hier die Hand dem Unsterblichen reiche«[5], aber in dieser Kantate seien Beethoven und Goethe doch nicht ganz zusammengekommen.

Tiefe Stille herrscht im Wasser,
Ohne Regung ruht das Meer,
Und bekümmert sieht der Schiffer
Glatte Fläche ringsumher.

Keine Luft von keiner Seite!
Todesstille fürchterlich!
In der ungeheuern Weite
Reget keine Welle sich.

Marx findet das Aufgebot des Orchesters – Saiteninstrumente, Flöten, Oboen, Klarinetten, Fagotte, vier Hörner, Trompeten und Pauken – gewaltig; und nicht weniger gewaltig den vollen Chor, der die »glatte, tückische Ruhe malt. Regungslos liegen die Saiteninstrumente weit auseinandergezogen, lauernd auseinandergescheucht die Ober- und die Unterstimme«:

Das Wort »fürchterlich« kommt im dunklen Akkord; bei »Weite« setzt ein erschreckendes Fortissimo ein, das Bässe und Soprane nach äußerster Tiefe und Höhe auseinanderjagt. Die »Glückliche Fahrt« nun beginnt in einem leise schaukelnden Allegro, einem Sechs-Achtel-Takt, der leise stärker und voller wird:

Die Nebel zerreißen,
Der Himmel ist helle,
Und Äolus löset
Das ängstliche Band.
Es säuseln die Winde,
Es rührt sich der Schiffer.

Geschwinde! Geschwinde!
Es teilt sich die Welle,
Es naht sich die Ferne;
Schon seh ich das Land!

Doch diese jubelnde Erregtheit, deren freudezitternde Rhythmen bereits den bacchantischen Schlußsätzen Beethovenscher Sinfonien ähneln[6], bringt A. B. Marx nicht darüber hinweg, daß zwei solche Gedichte wie diese vielleicht nicht nach einer »Kantate« verlangten. Denn das Schweigen könne nicht sprechen. Und noch weniger singen. Sobald die Pulse in der Todesstille stocken und in der ungeheuren Weite keine Flucht sei, habe Goethe kaum gewünscht, »die Todesangst des Einsamen, Aufgegebenen, Halb-schon-Vernichteten zu einer Malerei zu benutzen«. Das schrieb (oder meinte zumindest) der Mann, der sich nicht genugtun konnte, nach »Malerei in der Tonkunst« zu rufen! Felix Mendelssohn kannte diese Kritik. Sie wird ihn mitbestimmt haben, die Gedichte *nicht* zu vertonen – sie nicht als Lyrik zu komponieren! –, sondern ihren Stimmungsgehalt in eine epische Dichtung umzuschmelzen, die dann allerdings großartig wurde. Neben der Mendelssohnschen Arbeit erscheint Beethovens Komposition, wie Hans Joachim Moser findet, »zwar wirksam, aber kaum bedeutend«[7].

Musik ist allerdings Bewegung. Was nun die Vokalmusik nicht kann (»ein Unbewegtes vortäuschen«, woran Beethoven scheitern mußte), das kann die Instrumentalmusik. Lange Ganznoten über viele Takte, gestrichene oder geblasene Noten, können statuarische Ruhe ausatmen. Das wußte Mendelssohn durchaus, auch ohne Wagners »Tristan« zu kennen (während nun wieder der Schöpfer des »Tristan« Mendelssohns Konzert-Ouvertüren sehr genau kannte und lebhaft schätzte). Also nur gerade die menschliche Stimme ist ungeeignet, »Todesstille« wiederzugeben, es sei denn durch Pausen. Aber Pausen sind ihrerseits spannend. An Goethes Bildnis der Meeresstille ist nun nichts »spannend« und darf es nicht sein: diese Stille ist *»numb«*, wie die Engländer sagen, taub, empfindungslos, dumpfes Metall.

So fand Mendelssohns Kunstverstand denn sogleich den rechten Beginn. Ein Adagio in D, aus regungslosen Ganznoten wachsend:

Dann jene Stelle, wie Niels W. Gade gesagt hat, wo »die Stille von der Bewegung träumt, ohne sich aber selbst zu bewegen«. Und wieder verliert sich der Traum in Stummheit... Da aber (die Seele will's kaum glauben) ein unterdrückter Flötenschrei:

Die Atmosphäre schmeckt nach Wind. Ist er schon da? Ein langgezogener Septimenakkord auf Gis und sein Crescendo bejahen es. Die Holzbläser bäumen sich sprunghaft auf, ein Molto Allegro Vivace greift in die sich füllenden Segel ein: die Baßfiguren beginnen zu rollen, immer wieder regt sich die Freude, eine gewaltige Steigerung, die aber noch immer nicht Forte wird, sondern im Gegenteil Piano: das Thema der Holzbläser ist da[8].

Vier Takte, beginnend mit hohem Fis. Bald erscheint es Fortissimo. Dann fährt ihm ein anderes Thema entgegen (man ist auf dem Meer, und alles »fährt«, wie später in der bewunderten »Hebriden-Ouvertüre« die Themen fahrend ankommen werden), ebenfalls zweimal viertaktig, das mit hohem Cis beginnt[9]. Siebenunddreißig Takte lang spricht jetzt das Cello: das neue Thema wurde später zum Begrüßungssignal im Freundeskreise Mendelssohns:

Nur stark profilierte Themen eignen sich zu Begrüßungssignalen. Siegfrieds »Hornruf« ist eines geworden. Aber in den Zeiten des Vormärz wählte man eher ein halblautes Thema, um nicht allzusehr zu erschrecken. Sonst hätten Mendelssohns Freunde wahrscheinlich das Schluß-Allegro maestoso gewählt – die Trompetenrufe der Ankommenden! Mit den kräftigen Stößen der Akkorde und dem Abwerfen des Ankers in den kettenrasselnden Triolen. Salutschüsse durch Paukendonner! Und in diesem triumphalen Schluß wird uns auf einmal staunend klar, daß hier schon seit geraumer Zeit ein Beethovensches Thema vorwaltet. Es ist der Marsch aus dem »Fidelio«:

Wie kommt ein selbständiger Meister dazu, einen andern zu zitieren? Und ist zitieren nicht schon — plagiieren? Über »Reminiszenzenjäger« hat der Komponist Wilhelm Kienzl einiges Wesentliche gesagt. Es hilft aber nichts. In der Musik treffen wir auf Schritt und Tritt ein Phänomen an, das einer »Übernahme fremden Melodienguts« ganz verzweifelt ähnlich sieht. In der Dichtung kann es das schwerlich geben. Wer, inmitten eigener Verse oder gehoben tönender Prosa, einen anderen Dichter zitiert, kann nicht wagen, das etwa verhüllt zu tun. Im Gegenteil: er zieht die Klingel, damit jeder weiß, daß er jetzt zitiert. Sei es pathetisch, sei es ironisch. Schiller und Heine eignen sich besonders zum Zitiertwerden. Wenn ein späterer Autor äußert: »Der Knabe Karl fängt an mir fürchterlich zu werden« oder »Grüß mich nicht unter den Linden!«, weiß der Leser genau, woran er ist.

In der Musik ist das völlig anders. Die bekannte Theorie von den »Wandernden Melodien«, die 1868 Wilhelm Tappert begründete, erklärt die Erscheinung nur zum Teil. Er fragte, ob nicht Darwins Grundsatz, daß »alle Tier- und Pflanzenformen von wenigen Organismen abstammen und sich im Laufe der Zeit auf natürlichem Wege entwickelt haben«, auch auf das Reich der Musik zutreffe, in dem man so viele »Plagiate« finde, die gar keine Plagiate seien, sondern weit eher »Transmutationen im entwicklungsgeschichtlichen Sinne«[10]. Nach Tappert hat jede »noch so ausgeführte und ausgebildete Melodie eine einfache Grundlage«. Sie ist es, die zum Volke spricht. Diese einfache Grundlage tönt aus dem Konzert in die Werkstätten, auf die Landstraße, aller Grenzen spottend. Hier hört das Ohr eines anderen Künstlers die herrenlose Melodie, schluckt sie auf und verändert sie – oder vielmehr: sie selbst wird verändert, ohne daß ihr Knochengerüst aber mitverändert wird[11].

Das mochte sich oft genug so verhalten. Aber im Falle des Schlußthemas von »Meeresstille und Glückliche Fahrt« begab sich etwas anderes. Hier waltete ein bewußtes Zitat vor, ähnlich wie das Weber-Zitat am Schluß der Sommernachtstraum-Ouvertüre. Ganz wie dort ist das Zitat »legitim«. Und ein legitimes Zitat, das ein Meister einem andern entnimmt, muß immer zugleich auch die *Variation eines eigenen Gedankens* sein. Mendelssohn wäre auf sein Thema auch ohne Beethoven gekommen, weil er hier einen eigenen Gedanken variierte. Wenn nun am Ende der Schlußjubel trotzdem völlig beethovenesk klang, so darum, weil es sich um die gleiche »seelische Situation« handelte: Pizarros Gefangene waren befreit, und die Meeresstille hatte Schiff und Matrosen freigegeben. Die »Angina pectorum«, die Herzens-Enge, die Herzens-Angst war zu beiden Malen gesprengt. Darum diese kräftig pulsierenden Takte!

Dies ist wahrscheinlich die Genese des beethovenesken Schluß-Zitats in Mendelssohns Sinfonischer Dichtung. Und im übrigen war dieses Werk natürlich ein Stück »Programm-Musik« – obwohl gerade Mendelssohn das schwerlich zugegeben hätte. Der Versuch, ein »Programm« zu vertonen: sobald er offiziell wurde und den Hörer durch »außermusikalische Vorstellungen« von der Musik selbst ablenkte, dieser Versuch erschien ihm barbarisch. Liszts »Mazeppa«, die Schilderung eines auf ein rasendes Pferd festgebundenen Kosaken-Hetmans, hat Mendelssohn nicht mehr erlebt. Die geniale Rhythmik des Reitens hätte ihm in der Musik gefallen, doch das »Programm«, das Detail der Handlung: »Hier schreit jemand, blutet und wird geschunden«, hätte er wahrscheinlich verabscheut. Nicht, weil es zu naturalistisch war, sondern aus einem ganz anderen Grunde, den Wagner in seiner wichtigen Schrift »Über die Ouvertüre« behandelt[12]. Die Ausarbeitung der Themen, schrieb Wagner, sollte immer nur ihrer rein *musikalischen Bedeutung* entsprechen. Nie aber dürfte die Ausarbeitung sich auf »Einzelheiten« einlassen; nie sich auf den Gang der Ereignisse beziehen, »weil ein solches Verfahren... alsbald den einzig wirksamen Charakter eines Tonstückes aufheben würde«. Musik sollte zu Musikalischen reden und nicht zu bloßen »Neugierigen«, die sich danach erkundigen wollten, was der Komponist sich bei dieser und jener Phrase »gedacht« habe!

Dieses Sprechen zu Musikalischen, diese »Geburt eines Tönenden« nicht aus dem detaillierten »Stoff«, sondern aus der seelischen Situation war ihm bei seiner »Meeresstille« in einem hohen Maße geglückt. Im Sommer 1828 begonnen, wurde das doch nicht umfangreiche Werk erst manchen Monat später beendet, oder vielmehr auch nicht beendet. Öffentlich aufgeführt wurde es nicht früher als 1832, *»after it had received those innumerable corrections and alterations and afterthoughts which Mendelssohn always gave his works«*, wie Sir George Grove staunend bemerkt[13]. Mendelssohn war eben kein Mozart; und Verbesserungen, Veränderungen und ewige Unzufriedenheit, wie man's noch anders machen könnte, beschäftigten den scheinbar so Sorgenlos-Ausgeglichenen in Wirklichkeit sein Leben lang.

Walpurgisnacht

»Das ist Italien!« schrieb Felix jubelnd am 10. Oktober 1830 beim Betreten des südlichen Bodens. »Und was ich mir als höchste Lebensfreude, seit ich denken kann, gedacht habe, das ist nun angefangen, und ich genieße es. Der heutige Tag war zu reich, als daß ich mich nicht jetzt des Abends ein wenig sammeln müßte, und da schreibe ich denn an Euch und will Euch danken, liebe Eltern, die Ihr mir das ganze Glück schenkt, und ich will an Euch sehr denken, Ihr lieben Schwestern, und ich will Dich mir herwünschen, Paul, um mich an Deiner Freude wieder zu freuen...«[1] Der Einundzwanzigjährige ist in Venedig; ein tolles Treiben zu Wasser, zu Lande stürmt auf ihn ein, der Markusplatz, Tizians »Petrus«, die »Assunta«, Bilder, Kirchenkuppeln, die Menge... Hat ihm das Goethe nicht geweissagt, als sie in den Weimarer Tagen die Italienreise besprachen?

Goethe hat ihm vieles geweissagt. Aber nicht das Merkwürdigste, was ihm auf dieser Reise begegnete. Es war nicht der »italienische« Goethe, der Felix aus der Ferne regierte. Nicht der Goethe der »Römischen Elegien«, der »Venezianischen Epigramme«, der Entzückungen von Florenz, noch der Goethe der Mignon-Lieder, der Wanderer zwischen Säulentrümmern. Jene Feinwaage in seinem Gemüt, die so oft seine Produktion bestimmte, ließ ihn in Italien an einen ganz nordischen Goethe denken, einen Goethe aus dem nebligen Harz, um den ein heidnischer Mantel wallte. Er komponiert die »Walpurgisnacht«!

Dieses seltsame Gedicht, das – um es von den beiden andern »Walpurgisnächten« des »Faust« zu scheiden – die »Erste Walpurgisnacht« genannt wird, war von Goethe nicht ganz mit Recht zu seinen »Balladen« gezählt worden. Entstanden wahrscheinlich am 30. Juli 1799, stand es in zeitlicher Nachbarschaft der weit berühmteren »Braut von Korinth«, welche mit den Versen schließt:

> Wenn der Funke sprüht,
> Wenn die Asche glüht,
> Eilen wir den alten Göttern zu.

Den alten Göttern zu. Beide Gedichte entstanden also, wie der Goetheforscher Erich Trunz bemerkt[2], zur Zeit der schärfsten Abwendung ihres Autors vom Christentum. Machen doch die Christus-Priester in der »Ersten Walpurgisnacht« die allerschlechteste Figur. Ihr Gehaben ist so vertrackt und verrückt, daß es sogar leicht »komisch« wirkt – aber dieses Komische entspringt wahrscheinlich auch der Folklore. Die »Walpurgisnacht« gehört nämlich zu Goethes »folkloristischen Gedichten«, wie zum Beispiel der serbische »Klaggesang von der edlen Frauen des Asan Aga«[3] mit seinem gurrend-klagenden:

> Och orro orro ollalu,
> des Herren einzger Sohn ist tot!

Verse, die mit Fremdartigem so angefüllt sind, daß sie bereits Travestie scheinen – natürlich ohne es zu sein. Goethe liebte solche Dinge durch Herder. Um sie dann später wieder zu hassen! 1828 hat er sich zu Eckermann aufs schärfste gegen die Wiederbelebung alter Volkspoesien geäußert, weil sie nichts Weltverbindendes, sondern Völkertrennendes hätten: »Es ist in der altdeutschen düstern Zeit ebensowenig für uns zu holen, als wir aus den serbischen Liedern und ähnlichen barbarischen Volkspoesien gewonnen haben. Man lobt es und interessiert sich wohl eine Zeitlang dafür, aber bloß um es abzutun und sodann hinter sich liegen zu lassen. Der Mensch wird überhaupt genug durch seine Leidenschaften und Schicksale verdüstert, als daß er nötig hätte, dieses noch *durch die Dunkelheiten einer barbarischen Vorzeit zu tun.*«[4]

Goethes Stellung zu seiner »Walpurgisnacht« war also eine schwankende: sie veränderte sich mit den Jahrzehnten. Zuerst einmal wurde das Gedicht am 26. August 1799 an Zelter geschickt: »Ich lege eine Produktion bei, die ein etwas seltsames Ansehen hat. Sie ist durch den Gedanken entstanden: ob man nicht die dramatischen Balladen so ausbilden könnte, daß sie zu einem größern Singstück dem Komponisten Stoff gäben. Leider hat die gegenwärtige *nicht Würde genug,* um einen so großen Aufwand zu verdienen.« Nicht Würde genug? Zelters zögernde Antwort ist vier Wochen später geschrieben: »Die Verse sind musikalisch und singbar ... Allein ich kann *die Luft nicht finden,* die durch das Ganze weht, und es soll lieber noch liegenbleiben.« Die Antwort eines ehrlichen Mannes. Denn diese Luft war die »Ironie« — und wie hätte eine einfache Seele Ironisches komponieren sollen?

Der Text blieb dreizehn Jahre liegen. Am 21. November 1812 erinnert sich Zelter wieder daran, gesteht Goethe, daß er nun doch begann, das Gedicht in Musik zu setzen, doch möchte er — um aus der Unklarheit über den Sinn herauszukommen! — etwas Speziell-Historisches über die Anekdote wissen, die zu dem Gedicht Veranlassung gab. Historisch? Goethe beginnt zu lächeln: Muß denn in jeder Märchenfülle ein »faktischer Kern zu finden sein«? Nun ja — räumt er ein (schreibt man doch 1812, und die neue Wissenschaft der Brüder Grimm floriert!), vielleicht stäke hinter seinem Gedicht wirklich ein Stück Realität. »Einer der deutschen Altertumsforscher hat die Hexen- und Teufelsfahrt des Brockengebirgs, seit undenklichen Zeiten in Deutschland bekannt, durch einen historischen Ursprung retten und begründen wollen.« Die deutschen Heidenpriester hätten, als man ihren Volksgenossen das Christentum mit Gewalt aufgedrungen, sich mit ihren treuen Anhängern auf die Berge zurückgezogen, um nach alter Weise dort im Frühlingsanfang Gebet und Flamme zu ihrem gestaltlosen Gott zu richten. »Um nun gegen die ausspürenden bewaffneten Bekehrer sicher zu sein, hätten sie für gut befunden, eine Anzahl der Ihrigen zu *vermummen* und hiedurch ihre abergläubischen Widersacher entfernt zu halten und, beschützt von Teufelsfratzen, den reinsten Gottesdienst zu vollenden ...«[5] Mummerei? Als Zelter das las, daß es sich hier um »Spott gegen Spott«, etwas im Grunde Unernstes handelte, verlor er aufs neue den musikalischen Boden unter seinen Füßen – und diesmal für immer. Da wieder, fast neunzehn Jahre später, am 5. März 1831, meldet Felix Mendelssohn, er habe »Die Erste Walpurgisnacht« zu komponieren angefangen; am 28. August schreibt er Goethe, das Werk sei fertig, und er hoffe es bald aufzuführen.

Das sonderbare Irrlichtelieren und der Übermut der Fabel hatten ihn also nicht abgeschreckt. Entschiedener als Goethe selbst (wenigstens zeigt das seine Musik!) sah er in der »Walpurgisnacht« ein offenes Bekenntnis zum altgermanischen Heidentum. Felix Mendelssohn kannte Klopstock; aber die Riten der »Hermannsschlacht« hatten nie Eindruck auf ihn gemacht, und er hätte sich nie, gleich Gluck, an ihre Komposition gesetzt. Mit dem Goethegedicht ging es ihm anders. Vielleicht, weil er über die Worte hinaus das Dialektische ihres Schöpfers spürte. In der Tat, wie konnte man den katholischen Himmel mit Raffaels Madonnen feiern und gleich daneben den Wotanskult preisen? Der Dichter Goethe konnte es, weil er sich »der Gewalt und Wahrheit keiner Epoche gänzlich verschloß« [6].

Wovon handelt Goethes Ballade? Druiden feiern den 1. Mai mit der Entzündung des Holzstoßes auf einem hohen Berggipfel. Diese Feier ist aber verboten. Wer daran teilnimmt, verfällt der Todesstrafe:

Kennet Ihr nicht die Gesetze
unsrer harten Überwinder?
Rings gestellt sind ihre Netze
auf die Heiden, auf die Sünder.
Ach, sie schlachten auf dem Walle
unsre Weiber, unsre Kinder.
Und wir alle
nahen uns gewissem Falle.

Wie das Volk nun die Angst überwindet und wieder »dem alten Gotte dient«, mehr: wie sich diese Angst grotesk auf die christlichen Wächter schlägt, so daß sie heulend davonlaufen: davon handelt Goethes Ballade.

Daß nun gerade dieses Stück altgermanischen Heidentums in Italien komponiert werden konnte! Man muß an Richard Wagner denken, der seinen »innigsten Traum von Deutschland«, seine Meistersinger-Dichtung, in Paris zu schreiben begann – er, den die Nürnbergische Wirklichkeit, das mitteldeutsche Kleinbürgertum, beim täglichen Zusammenstoß vielleicht zur Verzweiflung getrieben hätte. Die »Walpurgisnacht-Kantate« hat im Leben Mendelssohns bestimmt nicht dieselbe Rolle gespielt wie die »Meistersinger« im Leben Wagners – doch das Phänomen ist ein ähnliches. Unter dem einförmig blauen Himmel des Südens, der sich nicht regt und nicht rührt, beginnt Felix ein sinfonisches Tonstück mit der »Schilderung des schlechten Wetters«, dem »Der Übergang zum Frühling« folgt. Bescheidener konnte er es nicht sagen. In Wirklichkeit ist diese Ouvertüre bereits kaum weniger »Ausdrucksmusik« als die Wagnerschen Frühlingsstürme in der »Walküre«. Und sie ist ein allerfrühester »Durchbruch zum Elementaren«. Zum ersten Male zeigt sich in ihr »der ältere Bruder Richard Wagners«[7].

Niemand analysierte sie besser als Ernst Wolff 1909, zu Mendelssohns hundertstem Geburtstag. Wie da das erste Allegro con fuoco mit drei schneidenden Bläser-Akkorden einsetzt und gleich darauf ein Streicher-Einfall in sausenden Sechzehntelfiguren das Heulen des Sturmwinds zu malen beginnt. Dies geschieht in a-Moll. Dann lösen sich Geigen und Hörner mit dem charakteristischen Hauptthema

aus der Tonmasse heraus. Motivische Arbeit in e-Moll; zweiter Hauptgedanke des Allegros in Oboen und Fagotten:

Die entferntesten Tonarten werden berührt. Die Figur eines Geigenblitzes in Fis-Dur entfesselt einen rasenden Elementardonner, der sich sogar zu einem Fortissimo assai steigert, etwas ungemein Seltenem bei Mendelssohn. Ein mächtiger F-Dur-Tutti-Dreiklang beschließt scheinbar den Donnersatz, und man hört als Vorboten des Frühlings in den Hörnern und Fagotten das Mai-Motiv des ersten

Chors[8]. Doch der Sturm gibt sich noch nicht zufrieden, er hebt aufs neue den eisgrauen Kopf: dann erst kann ein A-Dur-Satz, majestätisch und lieblich zugleich, in verschlungenen Achtelfiguren das ruckhafte Erwarmen der Welt unter der Frühlingssonne schildern. Und nun mögen die Stimmen einsetzen:

Übrigens war diese Ouvertüre das letzte Stück, das Felix erst schrieb, als alles andere schon fertig war. Sie hatte ihm Kopfschmerzen gemacht — aber aus rein formalen Gründen! —, während er über das Formproblem der »Kantate« schon anfangs klar war. Sollte diese Ouvertüre eine »große Sinfonie« oder nur eine »kurze Einleitung« werden?[9] Er entschied sich dann für ein Mittleres. Aber nicht, ohne zunächst Goethe selbst über den Plan aufgeklärt zu haben: »*Was mich seit einigen Wochen fast ausschließlich beschäftigt, ist die Musik zu dem Gedicht von Euerer Excellenz, welches die »Erste Walpurgisnacht« heißt. Ich will es mit Orchesterbegleitung als eine Art großer Kantate komponieren, und der heitere Frühlingsanfang, dann die Hexerei und der Teufelsspuk und die feierlichen Opferchöre mittendurch könnten zur schönsten Musik Gelegenheit geben. Ich weiß nicht, ob mir's gelingen wird, aber ich fühle, wie groß die Aufgabe ist, und mit welcher Sammlung und Ehrfurcht ich sie angreifen muß...*«

Die Botschaft, die Goethe darauf aus Weimar am 9. September 1831 erließ, war wohl eine der merkwürdigsten, die Felix je von ihm erhielt. Und darüber hinaus ein Dokument, das zeigte, bis zu welchem Grade Goethe damals in seinen »Erd-Studien« steckte. Waren es doch die Jahre, in denen sein Interesse an der Naturwissenschaft, am Neptunismus und Vulkanismus, sogar in den »Faust« hineinflutete. 1830 waren, in ungeheuer erregter Sitzung der Pariser Akademie, die beiden großen Naturforscher Cuvier und Saint-Hilaire über die Frage zusammengestoßen, ob die Welt mechanistisch-isoliert oder nach einem einheitlichen Organisationsplan zu erklären sei[10]. (Goethe glaubte das letztere.) So ist auch die Wortwahl im Brief an Felix sonderbar naturwissenschaftlich: Die Weltgeschichte ist Welt-Geschichte im Sinne von einer »Weltenschichtung«. Von »alt, begründet, geprüft« ist die Rede, von »auftauchenden Neuerungen«, die etwas »drängen, schieben, verrücken« — als ob es sich um ein Erdbeben handle. Und dennoch: in der »Walpurgisnacht« handelt sich's um Menschengeschichte, um eine politisch-historische Welt, die er, wenn *überhaupt* komponiert, nur von einem darum »Wissenden« vertont haben möchte. Zelter war dieser Wissende nicht. Wort und Bild erschienen ihm zu bizarr. Mendelssohn aber *verstand* das Gedicht: daß es sich hier nicht um Privates, sondern um etwas Allgemeines und »im Verlaufe der Geschichte Immer-Wiederkehrendes« handelte.

Goethes Botschaft aber lautete: »*Dies Gedicht ist im eigentlichen Sinn hochsymbolisch intentioniert. Denn es muß sich in der Weltgeschichte immerfort wiederholen, daß ein Altes, Gegründetes, Geprüftes, Beruhigendes durch auftauchende Neuerungen gedrängt, geschoben, verrückt, und wo nicht vertilgt, doch in den engsten Raum eingepfercht werde. Die Mittelzeit, wo der Haß noch gegenwirken kann und mag, ist hier prägnant genug dargestellt, und ein freudiger, unzerstörbarer Enthusiasmus lodert noch einmal in Glanz und Klarheit hinauf.*«

Glanz und Klarheit! Sie waren auch diesmal da, und unzerstörbarer Enthusiasmus. Obwohl Felix den Brief zu spät bekam. Denn die Komposition war bereits abgeschlossen. Mit Ausnahme der Ouvertüre, die erst 1832 in Paris komponiert wurde. Wäre Goethe zufrieden gewesen, wenn er das Ganze gehört hätte? Er war kein Freund »moderner Musik« und hätte wohl kaum verstanden, wie sehr seine »hochsymbolische Intention« hier Wirklichkeit geworden war. Zehn Jahre nach Goethes Tod setzte Felix die fordernden Worte des Goethebriefs als *Motto* über die Partitur, die er umgearbeitet 1843 als Opus 60 erscheinen ließ.

Außerordentliche Musik. Hier spricht ein anderer Mendelssohn als der romantische Inventor des »Oktetts«, des »Sommernachtstraums«, der »Meeresstille«, der »Fingalshöhle«, der schottischen a-Moll-Sinfonie, obwohl diese letzteren schon »Ausdrucksmusik« sind; und erst recht ein anderer Mendelssohn als der historisierende Protestant und Wiederhersteller Bachs. Es spricht ein dritter Mendelssohn als älterer Bruder Richard Wagners. Striche man den Namen aus, man würde kaum erraten, daß die »Walpurgisnacht« von Mendelssohn ist. »Goethe«, schrieb Hermann Kretzschmar[11], »hat die Schilderung eines ganzen langen Zeitlaufs in einem einzigen Vorgang zusammengedrängt... und hat sich bei der Ausführung dieser Schilderung zum Anwalt der untergehenden Welt gemacht. Alles Licht im Werke fällt auf die Druiden und das Heidenvolk, auf seine frische, ungekünstelte Naturreligion, auf seine Begeisterung, auf seine List, seinen Mut und seine Not. Sie feiern einen halb großartigen, halb lustigen Triumph über die Christen. Diese zeigen sich nur aus der Ferne: grausam, feig und memmenhaft.« So weit Kretzschmar. Mendelssohn muß hier stärkere Akzente als je einsetzen. Das einzige, was noch dämmt und dämpft, ist sein weise verteilter Humor. Er war ja (wenige wissen es heute!) doch kaum weniger Humorist als der die Eigenschaften der Menschen komisch charakterisierende Wagner, der allerdings viel gröber war.

Vom Tenor-Solisten begeistert geführt, begrüßt die Menge der heidnischen Frauen den jungen Lenz »in einem der herrlichsten Frühlingsgesänge, die wir besitzen«[12]. Formal ein Muster von Arbeitsteilung zwischen Menschen- und Instrumentalstimmen. Der zweite und längere Teil des Satzes wendet sich zum Religiösen: der Solist ermahnt das frohe Volk, zum Gipfel des Berges emporzuklimmen und die Opferflammen zum Dank für den Allvater zu entzünden. Hat doch Odin (der nicht genannt wird) seinen Getreuen den Frühling gegeben:

heißt es im ritterlichen A-Dur, der Tonart des Sieges und des Mutes. Hinauf! Zu Berg! Empor! Wie kurz und gedrungen sind alle Akzente. Jedes Motiv ist ein flammender Keil, der in den »Ring des Nibelungen« abwandern könnte... Allerdings: nicht das ganze Volk ist so mutig. In den Frauen dieser Heiden lebt die Angst vor dem Christengott. Eine alte Frau warnt und bebt:

Könnt ihr so verwegen handeln?
Wollt ihr denn zum Tode wandeln?

Ein Frauenchor nimmt die Warnung auf; ein Dreivierteltakt in d-Moll, Streichorchester und Oboen in seltsam schaukelnder Chromatik, malen die Angst vor den »Überwindern«. Aber der Druidenpriester – diese Partie hatte Mendelssohn, wie er schrieb, seinem Sängerfreund Eduard Devrient »in die Kehle geschrieben« – verweist den Frauen ihren Kleinmut. Sie mögen die Handlung der Männer nicht stören. Sind wir da nicht mitten in einem »weltlichen Oratorium«, einer Kunstform, wie sie seit Haydn und dessen »Jahreszeiten« nicht da war? Doch nur für wenige Augenblicke vermögen wir an Haydn zu denken. Denn das, was jetzt kommt, geht bei weitem über das achtzehnte Jahrhundert hinaus. Posaunen treiben die Säumigen an. Die rezitativische Aufforderung: »Verteilt euch, wackre Männer, hier!« wird von den Wächtern der Druiden in einem vierstimmig gemischten Chor beantwortet, einem Stück, das durch seinen Farbenreichtum, durch das prickelnde Staccato der Geigen, die Signalmotive der Bläser und den huschenden Parlandogesang die im Zwielicht des Waldes dahinlaufenden Gestalten deutlich sichtbar macht. Nachdem der Gesang langgezogen verebbte, fordert ein Wächter die Volksgenossen in einem kurzen Rezitativ auf (das die Metternichsche Zensur in Wien dann verändert haben wollte!):

Diese dumpfen Pfaffenchristen,
laßt uns keck sie überlisten!
Mit dem Teufel, den sie fabeln,
wollen wir sie selbst erschrecken.

Als Antwort ertönt jener Höllenlärm, über dessen Notwendigkeit sich Felix schon in Neapel klar war, als er an die Seinen über die mögliche Instrumentierung schrieb. Die »gran cassa«, die große Trommel, Piccoloflöten, Becken und Pauken vollführen diesen Höllenlärm einer riesigen Groteske, zu den Worten eines Männerchors in g-Moll:

Kommt! Mit Zacken und mit Gabeln
und mit Glut und Klapperstöcken
lärmen wir bei nächtger Weile
durch die engen Felsenstrecken.

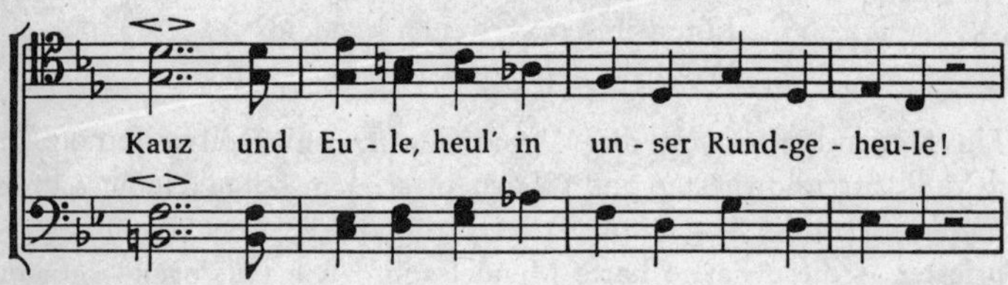

Die Hexenküche aus Faust' Erstem Teil läßt Goethe hier nochmals überkochen. Was für Spritzer, was für chromatische Läufe, wenn sich die geflohenen Christen vor dem Teufelsspuk ängstigen: »Hilf, ach hilf mir, Kriegsgeselle! Ach, es kommt die ganze Hölle! Sieh, wie die verhexten Leiber durch und durch von Flammen glühn!« (Siehe Notenbeispiel auf der gegenüberliegenden Seite.)

Diese Triolen der Wut und der Angst: Wagner, Berlioz und Liszt hätten sie nicht grotesker geschrieben. Doch dann ist der Hexensabbat vorbei. Aus dem Nebel phantastischen Spuks hebt es uns in die Licht-Atmosphäre gottesdienstlicher Verklärung. Es ist ein heidnischer Gottesdienst. Eben noch klagte der Druide in a-Moll und beklagte das Los des Volkes: durch das Christentum habe man es

so weit gebracht, daß wir bei Nacht
Allvater heimlich singen!

Doch aus dem a-Moll wird der C-Dur-Hymnus:

Doch ist es Tag, sobald man mag
ein reines Herz dir bringen.

Und in herrlicher Achtstimmigkeit schließt der Chor:

Die Flamme reinigt sich vom Rauch:
so reinge unsern Glauben!
Und raubt man uns den alten Brauch,
Dein Licht, wer kann es rauben?

pp Tenor
Schreck - li - che, ver - hex - te Lei - ber,
pp Baß
sf
Menschen Wölf' und Dra - chen Wei - ber laßt uns
sf
cresc.
fliehn, laßt uns fliehn,
cresc.

»Es ist tragisch«, schrieb Hans Joachim Moser[13], »daß Goethe selbst diese prächtige Erfüllung nicht mehr im Klang genossen hat! Es ist ein Chorgebilde, wie es heute kaum erhebender von Deutschen zu Goethe-Feiern gesungen werden kann – ein Tonkunstwerk, in dem sich romantische Farbigkeit und klassische Durchformung auf das glücklichste begegnen.« – Nun, wohlan, man wage es! Man nehme dies »nationale Werk« aus den Konzertsälen fort, wo es, heute ohnehin vergessen, ja doch ein bloßes Scheindasein fristet, stelle eine Szene her und ziehe diesen Druidengesängen teutoburgisch-heidnische, Wagnerische Kostüme an... Das ginge nicht? Euch ist unheimlich, daß Mendelssohn altgermanisches Lebensgefühl so vollendet ausdrücken konnte, obwohl seine Vorfahren doch nicht im Teutoburger Wald geboren und bestattet worden sind? Doch das mit der »Abstammung des Fleisches« ist nicht mehr ganz so einfach, seit das Johannes-Evangelium von der Geburt *aus dem Geiste* sprach: »Was vom Fleisch geboren wird, das ist Fleisch; und was vom Geist geboren wird, das ist Geist. Der Wind bläst, wo er will, und du hörst sein Sausen wohl; aber du weißt nicht, von wannen er kommt und wohin er fährt. Also ist ein jeglicher, der aus dem Geist geboren ist.« Der Geist, der da »wehet, von wo er will«, er ist nicht an Fleisch und Gebeine gebunden. Er trifft seine freie Liebeswahl. Beethoven und Wagner waren nicht darum große deutsche Künstler, weil ihre Ahnen bei den Vlamen oder Sachsen zur Welt gekommen waren. Sie hätten in freier Liebeswahl sich auch ein anderes Volk wählen können. Mendelssohn wählte als Heimat das deutsche. Als er ein paar Jahre lang Europas Länder befahren hatte, meldete er seinem Vater: »An das denkend, was du mir vor meiner Abreise hingestellt und festzuhalten befohlen hast: ich solle mir nämlich die verschiedenen Länder genau betrachten, *um mir das auszusuchen, wo ich wohnen und wirken wollte...*, so ist's mir ein freudiges Gefühl, dir nun sagen zu können, das sei geschehen. *Das Land ist Deutschland;* darüber bin ich jetzt in mir ganz sicher geworden...«[14] Das war eine freie Liebeswahl. Und der Geist, »der da wehet von wo er will«, gab ihm ein, dem deutschen Volk eine Maifeier-Kantate zu schenken, wie es sie vorher nicht besaß.

Drittes Buch

GRENZEN UND INNIGKEIT EINES ZEITALTERS

Hier sind wir denn vorerst ganz still zu Haus,
Von Tür zu Türe sieht es lieblich aus;
— — — — — — — — — —
Wir wenden uns, wie auch die Welt entzücke,
Der Enge zu, die uns allein beglücke.

Johann Wolfgang von Goethe

Daß man doch aus seiner Zeit,
seiner Familie, seinem eigenen Selbst
so schwer sich erhebt.

Fanny Mendelssohn-Hensel

Forderten nun die Zeitgenossen diese Art von »Ausdrucksmusik«, von avantgardistischer Musik? Nein – denn es war ein Zeitalter, das überhaupt nicht nach vorn verlangte. Das Zeitalter war sich selbst genug, und es hatte durchaus kein »schlechtes Selbst«. Es wollte zunächst keine Revolution, nicht im Feld des Politischen und schon gar nicht auf dem Gebiet der Kunst.

Das Biedermeier ist oft genug als das »zweite Rokoko« bezeichnet worden. Dafür und dagegen ist vieles zu sagen. Beiden Zeitaltern eignete zunächst das gleiche Ruheverlangen. Die Gesellschaft und ihre Kultur müssen sich zu beiden Malen von einem furchtbaren Blutverlust erholen. Das Zeitalter der Ludwige, der Religions- und Eroberungskriege, wird erst durch das Rokoko überwunden; und ganz ähnlich liquidiert die Biedermeierzeit das Gemetzel der Napoleonischen Kriege. Man spricht, man malt, man singt nicht laut im Zeitalter des Rokoko, zwischen 1720 und 1789; und ebenso hält man's in jener Spanne zwischen 1815 und 1848, dem Biedermeier-Zeitalter. Das Intime ist an der Tagesordnung[1].

Leben und Kunst wollen leise Akzente. Keinen Schlachtendonner mehr, keine Kanonen. Nur Beethoven ist so einmalig, daß er es wagen darf, in den Salons napoleonisch aufzutreten. Er ist ein Genie, doch zu groß für die Zeit. Goethes naive Furcht vor ihm wird von den Zeitgenossen geteilt. Wenn statt seiner Mozart ein Liebling der Biedermeier-Menschen wird, dann nur auf dem Umweg einer äußersten Verharmlosung, die bereits einer Denkmalsfälschung gleichkommt[2]. Der wirkliche Mozart des »Don Giovanni«, der dämonische Erkenner der Zwietracht zwischen Mann und Frau, wurde den Menschen damals verschwiegen. Im Biedermeier durfte nicht vom »Vulkan der Geschlechtsliebe« gesprochen werden.

In diesem Punkt nämlich schied sich die Zeit völlig von jener des Rokoko[3]. Unter Ludwig XV. hatte sich der französische Geist von den Ausschweifungen des Krieges im Boudoir des Galanten erholt. Hier regierten die Waffen der Frau: Schminkstift, Puder, Reifrock, Tournure und der halbentblößte Busen. Sie erschienen im Wortgedicht und noch mehr im begehrenden Chanson. Von der Wand, sich vervielfältigend im Spiegel, blickten die Aktbilder des Boucher[4] und seines Schülers Fragonard: die Seitensprünge der Diana, der Aurora, der Göttin Thetis. Rosige und weiße Nacktheit: »Das geraubte Hemd«, »Die Geburt der Venus«, »Badende Frauen«, »Belauschte Toilette«, ein Aroma noch nicht voll erblühter aber schon wissender Frauenkörper. Sah man aber genauer hin, erkannte man eine Schauspielerin, die man schon oft auf der Bühne gesehen hatte, oder die Geliebte des Königs[5].

Von dort aus betrachtet gibt es nichts Gegensätzlicheres als das Lebensgefühl des Biedermeiers. Hier regiert die altdeutsche Heiligung der Frau. Nicht Jahr um Jahr, nein, von Monat zu Monat werden die Schätze des Mittelalters für die Deutschen zutage gefördert. Minnedienst und Rittertum triumphieren oder scheinen es doch zu tun. Allerdings, man ist bedeutend empfindlicher, wenn die Ausgräber des Mittelalters auf irgendeine Historie stoßen, die unchristlich oder gar schlüpfrig ist. Wir lesen mit wachsendem Erstaunen, was man damals über die Geschichte von »Tristan und Isolde« dachte:

Der Stoff des Gedichts ist durchaus gemein: die Verführungsgeschichte einer verheirateten Frau, die ihre Ehre und ihre Seele einer ehebrecherischen Liebesbrunst opfert; ein artiger, sich vor den Damen niedlich machender Fant, wie wir ihm wohl allzeit unter den Pariser Pflastertretern begegnen, sind die Helden. Endlich ein schwacher Ehemann, der nicht bloß gefoppt, sondern aufs schändlichste verraten wird, und welcher am Ende noch alle Schuld allein tragen soll, weil er sich unterstanden hat, sein tolles Weib zu hüten... Da wird verräterische List als Kardinaltugend belobt, das gewissenlose Beharren bei der Sünde als Treue, und die Treue der Hofleute, die es mit dem betrogenen Ehemann gut und ehrlich meinen, wird als Untreue gebrandmarkt...

Was? Und der Liebestrank, der die Helden unschuldig-schuldig oder schuldig-unschuldig macht? Von ihm hat dieser Kritiker des »Tristan« anscheinend nichts gehört:

Eine gleißende und funkelnde Kette von Abscheulichkeiten... Dogma von der unbedingten Geschlechtsliebe, der alles andere weichen muß... Betäubender Duft von Giftblumen... Mit der Heiligkeit des Eides, des Gebets, des Gottesgerichts wird frevelhaftes Spiel getrieben...

Kurz: »Tristan und Isolde« ist ein Bordell! — Und der Autor dieser Worte: der große Dichter Eichendorff[6]. Seine Verwerfung gilt nicht Wagner, dessen »Tristan« er nicht kennen konnte, wohl aber dem großen Gottfried von Straßburg und seinem »zuchtlosen« Gedicht. Das starre Anstands-Ideal der Jahrzehnte nach Waterloo, das Ideal des »christlichen Hauses«, war eine Macht, welcher sich die Kunst widerspruchslos zu beugen hatte. Keineswegs nur die Malerei, die sich gerne unterwarf — die Bilder der späten »Nazarener«, auch die, welche Felix Mendelssohns Vetter Philipp Veit malte, kannten kein erotisches Thema[7] —, sondern vor allem auch die Musik. Und ein großer Teil des Kampfes, den die Zeit gegen Wagner führte, beruhte auf der Ablehnung seiner erotischen Thematik.

In einem schönen Buch hat Ernst Heilborn das Frauenideal jener Zeit geschildert[8]. Es war nach dem mädchenhaft-keuschen Wunschbild einer Königin geformt, die eben noch gelebt hatte: der Königin Luise von Preußen. Nichts war an ihr »Geist« und nichts »Erotik«. Als Hausfrau und Familienmutter, dabei von überirdischer Schönheit, hatte sie in schwerer Zeit ihrem Gatten und dem Lande gedient. Als 1813 das Heer der preußischen Freiwilligen gegen Napoleon ins Feld zog, hatten Hunderttausende ihren Namen auf den Lippen, als bete das protestantische Volk zu einer katholischen Heiligen. Das war jene Luise von Preußen, die in mädchenhafter Naivität Napoleon um die Rückgabe von Magdeburg gebeten hatte — die der Imperator verweigerte: mit noch so anmutigen Frauen sprach man nicht über Festungen! »Da schwieg sie, doch sie wandte den nassen Blick hinauf«, hatte Rückert von ihr gedichtet — denn vom Himmel, nicht von den Franzosen, würde Magdeburg zurückgeführt werden: Magdeburg, die »Burg der Magd«. Das war Luise, die Leidende, die auf der Flucht vor Napoleon mit dem Diamant ihres Ringes in die Fensterscheibe des Tilsiter Gasthofs die Goetheschen Verse geschrieben hatte:

> Wer nie sein Brot mit Tränen aß,
> wer nie die kummervollen Nächte
> auf seinem Bette weinend saß,
> der kennt euch nicht, ihr himmlischen Mächte.

Als sie hinabgeschritten war, bevor Volk und Land befreit waren, da war es wie ein Opfertod. Und vor der unermeßlichen Ruhe, mit der

Christian Daniel Rauch ihr Antlitz in Marmor meißelte, fielen den unruhigsten Dichtern die allerstillsten Verse ein:

> Du schläfst so sanft! Die stillen Züge hauchen
> nur deines Lebens schönere Träume wider.

Schon 1798, also elf Jahre vor ihrem Tod, hatte Novalis für diese vorbildlich Lebende eine Art Kanonisierung gefordert. »Nur als ein großer Haushalt erschien ihm der Staat: als Hausfrau waltete die Königin. Darum, und gleichsam als Urbild der Pflichterfüllung, sollte jede Hausfrau und jede sorgfältige Mutter das Bild der Königin in ihrer oder ihrer Töchter Wohnzimmer haben.« [9] Weibliche Lehrjahre forderte Novalis nach Art von Nataliens Lehrjahren im »Wilhelm Meister«. Glaubte er doch in Goethes Roman, in den Zügen der Natalie »das zufällige Porträt« der Königin entdeckt zu haben[10]. Und mehr als fünfzig Jahre später hat Liszt, der Südostdeutsch-Ungarische, der von dem Luisenbild erlebnismäßig gar nichts wußte, in seine »Legende von der heiligen Elisabeth« Luisenzüge eingewoben — wie das Andante-Thema des Anfangs:

Um das Jahr 1800 war noch eine Frau wie Karoline Schlegel das Idol der Frühromantik gewesen! Sie, die geborene Michaelis, verwitwete Boehme und nicht verheiratete Forster, läßt sich von August Wilhelm Schlegel scheiden. Als sie dann mit dreißig Jahren Schelling als ihren vierten Mann hat, schreibt sie seufzend an eine Freundin: »Ach, ich war zur Treue geboren!« [11] Im Biedermeier aber wird Scheidung und Zurschaustellen freier Liebe, selbst unglückliches Familienleben, etwas völlig Unmögliches. Leidenschaft gilt schon als Zuchtlosigkeit.

Es ist eine Zeit tiefer Anständigkeit. König Friedrich Wilhelm III., der einsam Gewordene, liebt die Oper. Er schwärmt für Henriette Sontag, die begnadete Sängerin, und weist ihr eine Gage an, daß der Intendant Graf Brühl darüber erstaunt: doch es ist nie bekannt geworden, daß der König mit Henriette Sontag ein Wort allein gewechselt hätte. Allerdings: der helle Gnadenschein, den der König, wie Börne es ausdrückt, »auf den siebenten Wochentag« warf, machte die Berliner zu Opernfanatikern, was sie sonst nicht gewesen waren. Jetzt stürmten sie, als seien sie Wiener oder Neapolitaner, die Pforten ihres Opernhauses [12]. Aber das Privatleben ihrer Lieblinge mußte rein sein. Liebesskandale goutierte man nicht bei Sängerinnen und Schauspielerinnen. Und die Schauspielerin Clara Stich (o des ominösen Namens!) boykottierte man, weil ihr Liebhaber ihren Gatten niedergestochen hatte [13].

Der König liebte auch das Ballett. Er beschenkte seine Tänzerinnen fürstlich mit kostbaren Schals und mit eingelegten Kämmen; aber auch hier hat man nie gehört, daß er mit einer Tänzerin den Abend allein verbracht hätte. Mit General von Witzleben väterlich auf dem Souffleurkasten sitzend, besprach er die Sorgen der Balletteusen und wie es ihren Eltern ginge. Dann war da noch ein Kämmerer, Timm, der kleine intime Soupers geben durfte, mit Leckerbissen und guten Weinen: ganz zufällig kam Friedrich Wilhelm herein und scherzte als Gönner mit den Mädchen – doch um zwölf Uhr nachts ging er fort. Er hatte ja eine Familie und war Witwer nach seiner »besten Luise«. Wer hätte ihm etwas nachsagen sollen!

Und dann kam freilich jener Tag, an dem die Familie – erwachsene Söhne von dreißig Jahren und Töchter, die nicht viel jünger waren – in Tränen des Nichtverstehens ausbrach. Nicht etwa, daß ihr Vater starb. Er wurde nur »zum gewöhnlichen Menschen«, als er ihnen eröffnete: wenn sie nichts dagegen hätten, würde er, ein alter Mann, jetzt das Fräulein Soundso zur morganatischen Gemahlin nehmen und sie zur Fürstin von Liegnitz erheben. Die Dame warte im Nebenzimmer. Er bäte, sie freundlich aufzunehmen.

Der nachmalige Kaiser Wilhelm I. hat diese Geschichte später erzählt, und wie fassungslos alles weinte. Die Kinder fuhren am selben Tag noch zum Grab ihrer Mutter hinaus, knieten an Rauchs »Schlafender Luise« nieder und konsultierten den Geist der Frau, die nun vierzehn Jahre tot war [14]. Sie liebten ihren Vater sehr. Doch es war als habe, nach vierzehn Jahren, er jetzt der Mutter die Treue gebrochen. Das preußische Volk und darüber hinaus ganz Deutschland nahm die Fürstin von Liegnitz gar nicht zur Kenntnis. So monogam war damals die Zeit.

Wieder bestaunt man die Entfernung zwischen Deutschen und

Franzosen. Beide Völker scheinen nicht mehr auf demselben Globus zu leben. Denn in Frankreich führt jetzt George Sand, die Liebesfrau Chopins und Alfred de Mussets. Die Erregerin größter Leidenschaft und wildester Verzweiflungen. »Wie unsympathisch ist diese George Sand!« hatte der ängstliche Chopin geseufzt, als er sie das erstemal sah. »Ist sie wirklich eine Frau? Ach, ich möchte es bezweifeln!« Dann aber nahm sie ihn im Sturm [15], schüttelte ihn mit ihrer Wildheit und brachte sein Seelen- und Körperleben für acht Jahre in Unordnung [16]. Nicht minder groß war die Katastrophe, die sie in Mussets Dasein brachte. Sie entführte ihn nach Venedig und betrog dort den Kranken mit seinem Arzt. 1836 hat Musset in seiner »Confession d'un enfant du siècle« jenen Wirren ein Denkmal gesetzt.

Zugleich war diese Nymphomanin, diese zigarrenrauchende und in Männerkleidung daherfegende Frau die erste Frauenrechtlerin, nicht nur Frankreichs, sondern Europas [17]. Emanzipation der Frau! Wie konnte es das in Deutschland geben? Daß es zur Biedermeierzeit derlei wirklich nicht geben konnte, bewies Karl Gutzkows schlechter Roman von 1835, »Wally, die Zweiflerin«, in dem sich eine Dame nackt auszieht, um einem Manne den Anblick ihres vorurteilslosen Selbst zu gewähren [18]. Bei der Gräfin Ida Hahn-Hahn beginnen sich leise zum erstenmal im deutschen Zeitroman Sehnsüchte nach Emanzipation zu regen — das Verlangen, Männerkleidung zu tragen, weht nun doch aus Frankreich herüber! — da konvertiert die Autorin 1850 zum Katholizismus. Das Ideal häuslichen Dienens und die klösterliche Erwartung von Tod und Jenseits beschäftigen sie nunmehr ausschließlich [19]. Fanny Lewald-Stahr aber, die erste deutsche Frauenrechtlerin, die diesen Namen wirklich verdient, ragt bereits mit Kopf und Schultern über das Biedermeier hinaus [20].

Frauenrechte? Das Recht der Frau war, als Königin und als Idol, vom Volke angebetet zu werden. Sobald sie aber nicht Königin war, war sie für dieselben Männer, diese »ritterlichen Männer« mit Sehnsüchten nach dem Mittelalter — eine dienende Frau in Haus und Leben. Zum Luisen-Ideal des Biedermeiers trat nämlich noch das Bild des »Käthchens von Heilbronn«. Die Gründe, aus denen Heinrich von Kleist die Kaisertochter Magddienste beim Grafen Strahl verrichten ließ, mochten geheime und zwiespältige sein (wie ja alles bei diesem Dichter dialektische Ursachen hatte). Die Überheblichkeit des

Mannes wurde hier übrigens dadurch gemildert, daß das ganze Stück Traumzüge aufwies[21]. Am Schluß steigt das Käthchen von Heilbronn wie ein Aschenbrödel vom Herde auf und obsiegt sämtlichen Zaubermächten. Doch im allgemeinen sah damals der Mann das Angenehme solchen Zustands – im Gegensatz zu Wilhelm von Humboldt, der es gelegentlich lächerlich fand, daß die Frau Magd des Mannes und seiner Überlegenheit und Gnade grenzenlos ausgeliefert sein sollte[22].

Wenn sich die Frauen selbst einmal gegen ihre Unmündigkeit, das Gehorsamslos des Weibes, empörten, so taten sie's an falscher Stelle. Als Wagners »Lohengrin« erschien – gegen dessen blausilberne Musik man doch wahrlich nichts einwenden konnte! –, kreidete man es dem Textdichter an, wie »überheblich« sich sein Held gegen die arme Elsa benahm. Eine Frau deshalb zu verlassen, weil sie ihn in der Brautnacht nach seiner Herkunft und seiner Familie fragte! Als sei es nicht ihr Gattinnenrecht und nicht *seine* bürgerliche Verpflichtung, ihr darauf Rede und Antwort zu stehn!... Wagner ward es daraufhin leicht, seine Gegnerinnen abzutrumpfen. Lohengrin, schrieb er[23], sei kein »Mensch«, sondern ein antiker Halbgott, der sich, wie Zeus mit Semele, mit einer Sterblichen eingelassen habe. Und Wagner hatte damit nicht unrecht: Sein christianisierter Heros – aus dem Gedicht des Mittelalters, dem »Loherangarein« genommen[24] – hatte ja völlig mythische Züge und stand wie alle Gralsritter unter engelhaft-mystischen Gesetzen, die er nicht selbst geschaffen hatte.

Aber jenes Frageverbot und die Erhabenheit des Mannes über dem dienenden Wesen der Frau: die Dichter des Vormärz empfanden das bürgerlich ganz in der Ordnung. Chamisso umfuhr die halbe Welt, er kannte Länder, Meere und Menschen[25]. Soweit er aber Dichter war, ein aus Frankreich eingewanderter und deshalb doppelt deutscher Dichter, kannte er die Frauen so wenig (oder kannte er sie so gut?), daß er Zyklen dichtete wie »Frauenliebe und Leben«, worin »Er, der Herrlichste von allen« von seinem Weib angesprochen wird:

So wie dort in blauer Tiefe,
hell und herrlich, jener Stern,
also er an meinem Himmel,
hell und herrlich, hoch und fern.

Wandle, wandle deine Bahnen;
nur betrachten deinen Schein,
nur in Demut ihn betrachten,
selig nur und traurig sein!

Höre nicht mein stilles Beten,
deinem Glücke nur geweiht;
darfst mich niedre Magd nicht kennen,
hoher Stern der Herrlichkeit.

Nur die Würdigste von allen
soll beglücken deine Wahl,
und ich will die Hohe segnen,
segnen viele tausend Mal.

Will mich freuen dann und weinen,
selig, selig bin ich dann,
sollte mir das Herz auch brechen,
brich, o Herz, was liegt daran.

Diese für Ethik und Wertgefühl heutiger Menschen unfaßbaren Verse[26] hat Robert Schumann komponiert. Und hat sie herrlich komponiert, in seinen wahrhaftigsten Liedklängen; und, seiner Zeitsitte verhaftet, fand er nichts Unwahres an ihnen. Dabei sollte man meinen, daß gerade er eine »emanzipierte Frau« besaß. Er hatte Clara Wieck geheiratet, die berühmteste Pianistin Europas. Wenn sie's damals vielleicht noch nicht war, so sollte sie es doch bald werden: bei einem ihrer Konzerte in Wien fragte ein ahnungsloser Hörer den dabeistehenden Schumann: »Sind Sie *auch* musikalisch?« Jedenfalls war es diese Clara, deren beispiellose Kunst den Klavierschöpfer Schumann berühmt machte. Sie war die »Verdienerin« im Hause... So konnte das denn keine Chamisso-Ehe mit Magdgefühlen sein. Oder doch? Unsagbar rührend, zu Tränen ergreifend klingt in unsere Zeiten herüber die Stimme einer glücklichen Frau, die selbst eine große Künstlerin ist und sich dennoch dem Gatten unterordnet: »*Oft befällt mich eine heiße Angst, wenn ich daran denke, welch glückliches Weib ich bin vor Millionen andern, und dann frage ich oft den Himmel, ob es auch nicht zu viel des Glückes ist. Was sind alle Schattenseiten, die das materielle Leben mit sich bringt, gegen die*

Freuden und die Wonnestunden, die ich durch die Liebe und die Werke meines Robert genieße...« Und an diesen Werken hatte sie teil!

Robert Schumann war ein Genie. Einem Genie mochte man wohl »dienen«. Jener Dichter Heinrich Stieglitz war keins. Es wollte ihm nichts glücken. Er sah nach einem »Erlebnis« aus, das ihn aus der Leere heraus zu einem Kunstwerk begeistern sollte. Seine Frau, die edle Charlotte, schickte ihn abends aus der Wohnung, schrieb ihm einen Abschiedsbrief (»Jetzt, Heinrich, hast du das Erlebnis!«), stieß sich den Dolch ins Herz und gab sich selbst begeistert den Tod...[27] Solche Ehen gab es damals. Ehen der Stille und dienenden Liebe. Nur die Leidenschaft war verpönt. Gerade die besten Ehen der Zeit wie die von Schumann und Mendelssohn ermangeln nach außen ganz der Erotik.

Cécile – die Frau ohne Vorgängerinnen

Ein Muster an Leidenschaftslosigkeit war auch Felix Mendelssohns Heirat. Es war ein so vorbildlicher Bund, daß man es kaum glauben mag, wie nüchtern er zustandekam. Schwer faßbar, daß die Werther-Zeit, die Wildheit der Rousseau-Jahrzehnte, nur um ein halbes Jahrhundert zurücklag. Man glaubt sich von dem jungen Goethe um gute tausend Jahre getrennt, hört man den jungen Mendelssohn sagen: »Und jetzt werde ich heiraten.«

Die Erwählte war nämlich noch gar nicht da. Er ging so sachlich auf die Brautschau, wie das ein Künstler sonst gar nicht tut. Und doch ist dies wieder besonders rührend. Denn hinter dem »plötzlichen Ruck« der Entschließung steht ein Wunsch seines eben verstorbenen Vaters. Abraham Mendelssohn hatte oft die Sorge geäußert, »daß Felix die rechte Zeit zum Heiraten versäumen werde und mit ihr die Gewinnung eines Schwerpunkts für sein Leben«, was doch die einzige Beruhigung für seine überreizte Natur sei. »Ich erinnere mich«, erzählt Devrient, »daß der Vater bei einem Gespräch über Felix' heikle Forderungen an ein Operngedicht mir sagte: ›Ich fürchte, Felix wird bei seiner Mäkelei ebensowenig einen Operntext bekommen als eine Frau...‹« Als nun der Vater plötzlich starb, am 19. November 1835, empfand Felix mit Wucht die Tatsache, daß jetzt die ältere Generation ausgelöscht war, und daß er selbst Vater werden müsse. Es war, meint Devrient, »ein Vorsatz, wie ihn jeder gutgeartete Mensch vom Grabe eines Toten mitnimmt«. Im Falle von Felix war's der Entschluß, eine Frau zu suchen — das sagte er seiner Schwester Fanny beim Abschied[1].

Weder in Berlin noch in Leipzig fand sich »etwas Passendes«. Aber in Frankfurt geriet Felix in das Haus der Madame Jeanrenaud, der jugendlichen und schönen Witwe des verstorbenen Predigers der französischen reformierten Gemeinde. Es war eine Hugenotten-Familie — und schon darum den Mendelssohns sympathisch, die ja ebenfalls einer kleinen, sehr tätigen Minderheit entstammten. (Auch Rebekka Mendelssohn hat später einen Hugenotten geheiratet.) Madame Jeanrenaud war die Mutter Céciles, eines schönen, sanften, blauäugigen Mädchens von so reinem Gesichtsausdruck, daß man sie, wenn man ins Zimmer trat, »von einem Düsseldorfer Maler gemalt glaubte«[2]. Hatte sie's Felix angetan? Zunächst mochte man das gar nicht glauben. Und noch später benahm Felix sich so, als ob er »während der ganzen Bräutigamszeit sich nie die Handschuhe ausziehn würde... Seine Besuche«, berichtet Hiller[3], »bei der noch jugendlichen Mutter wurden immer häufiger, aber in so zurückhaltender Weise benahm er sich gegen die Erwählte, daß diese während mehrerer Wochen überhaupt nicht daran dachte, das Erscheinen Mendelssohns auf sich zu beziehn, sondern glaubte, er komme nur um ihrer Mutter willen, die freilich lebendig, gescheit, gebildet und in hohem Grade anziehend war.«

Sprach er in diesen ersten Zeiten überhaupt wenig mit Cécile, um so mehr von ihr, wenn sie ferne war. Nach seiner Gewohnheit auf dem Sofa liegend, die Hände unter den Kopf verschränkt, schwärmte er von ihr, aber nie (was Hiller auffiel) in brennend leidenschaftlicher Weise. »Die Frankfurter Gesellschaft verfolgte mit neugierigem Interesse Mendelssohns halb verhüllte Werbung, und manche Äußerung, die ich hörte, zeigte mir, daß in manchen Kreisen es noch immer nicht ausreichte, Genie, Bildung, Ruhm, Liebenswürdigkeit und Vermögen zu besitzen und einer bedeutenden, ja, berühmten Familie anzugehören, um seine Blicke zu einer jungen Patrizierin erheben zu dürfen — doch glaube ich nicht, daß dergleichen je zu Mendelssohns Ohren gelangte.«[4]

»Ich bin so entsetzlich verliebt, wie noch niemals in meinem Le-

ben, und ich weiß nicht, was ich anfangen soll«, schreibt Felix am 24. Juli 1836 an Rebekka nach Berlin. »*Übermorgen soll ich von Frankfurt abreisen, mir ist aber, als kostete das den Hals. Ich will in jedem Fall, bevor ich nach Leipzig gehe, wieder hier sein, um dies gar zu nette Mädchen noch einmal zu sehen; aber ob sie sich etwas aus mir macht, das weiß ich eben gar nicht, und was ich anfangen soll, wie gesagt, auch nicht...*« Und nun tut er etwas fast Kindliches. Um seine Neigung »auf die Probe zu stellen« (man denke sich, was Byron, Stendhal oder Wagner getan hätten!), macht er eine Reise nach Holland, an den Strand von Scheveningen, um aus der Ferne »an sie zu denken«. Schadow ist bei ihm, der Direktor der Düsseldorfer Akademie[5]. Das Meer, das er immer so sehr geliebt hat – mit seiner grünen geraden Linie und den Muscheln und den Fischen, die es freundlicherweise an den Strand spült –, scheint ihm auf einmal prosaisch und traurig. Daß ein Holländer ihn festhält, der ihn als Komponisten kennt, und ihm mit komischer Energie sagt: »Hier solle se nu majestuosische Idee sammele!«, macht ihn auch nicht glücklicher. So tut er einen eiligen Sprung aus dem Haag nach Frankfurt zurück und, plötzlich ganz energiegeladen, fragt er Cécile Jeanrenaud, ob sie ihn denn nun heiraten will.

Als sie ihm dann ihr Jawort »flüstert«, ist Felix in einer Weise glücklich, die seinem unbeschädigten, guten und kindlichen Herzen entspricht. Unbeschädigt: dies ist das Wort. Ungleich so vielen anderen Meistern hat er niemals »Schaden« durch Frauen erlitten. Bildhübsch, reich, ohne Schüchternheit, ist er stets von den Frauen verwöhnt worden, aber es hat ihm nichts ausgemacht. Er ist jetzt achtundzwanzig Jahre. Aber über das Gesellschaftliche ist keine Beziehung hinausgelangt; eher hat er sich gefürchtet, daß eine ernsthafte Liaison ihn in der Arbeit stören könnte. Dabei ist er nicht etwa kalt. Durchaus nicht. Dem Zeitalter entsprechend, ist er eher ganz »Gefühl«. Man kann nicht eine Musik schreiben, die den Frauen so sehr gefällt, Musik so weicher Schwingungen und so lächelnder Akzente, ohne mancherlei von den Frauen zu wissen. Aber er »braucht« die Frauen nicht; er ist nicht abhängig von ihrer Gunst. Er hat mit Unbehagen gesehen, daß ein herrliches Talent wie Chopin (er schrieb es einmal an seine Mutter) sich »der Pariser Verzweiflungssucht und Leidenschaftssucherei verschrieb«.

Hatten ihm viele Frauen gefallen, bevor er Cécile Jeanrenaud kennenlernte? Ihr Atmosphärisches, ihr Geist; besonders wenn sie »Hintergrund« hatten. Da war Delphine von Schauroth in München, »*die nun hier angebetet wird*«. Bei einer großen Soirée »*liefen Minister und Grafen um sie herum wie die Haustiere auf dem Hühnerhof, auch Künstler und andere Gebildete.*« Das schreibt er an Fanny nach Berlin, am 11. Juni 1830. Welch wohliges Dehnen in seinen Sätzen! Bei einem anderen wär's Snobismus; bei Felix wird es sogleich Musik: denn Delphine ist eine Pianistin. »*Ihre Mutter ist eine Freifrau, sie ist Künstlerin und sehr wohlgebildet; kurz, ich lämmerte sehr. Nämlich so, daß wir die vierhändige Sonate von Hummel zu allgemeinem Jubel schön vortrugen, daß ich nachgab und lächelte und zuschlug und das As im Anfang des letzten Stückes für sie aushielt, ›weil ja die kleine Hand nicht zureichte ...‹*« Und bei den Vormittagsbesuchen, die er der Delphine macht, fallen ihm die Grundrisse seines g-Moll-Klavier-Konzerts ein (op. 25), das Liszt später betäubend schön spielen wird. Das in der Skizze vorhandene Werk widmet er jetzt Delphine von Schauroth. Es ist ganz Mendelssohn; lieblicher Ernst, und bei aller Lyrik doch episch: denn im Gegensatz zu den Klassikern, die solche Neuerung noch nicht wagten, sind die drei Sätze dieses Konzerts nicht durch Pausen voneinander getrennt. Wie ein Erzähler ja auch nicht ankündigt: »Und jetzt kommt etwas anderes.« (In die Formen der Groß-Epik hat Mendelssohn diese Neuerung mit der »Schottischen Sinfonie« eingeführt.) Dies Klavierwerk hat er nie übertroffen: den ersten Satz mit dem stolzen Oktaven-Staccato, der Weber an Ritterlichkeit erreicht; der zweite ein liedhaftes Andante; der dritte ein brausendes Presto-Finale in G-Dur. Wieviel Jugend und Jubel! Doch verliebt ist er nicht in seine Delphine. Das beteuert er Fanny nach Berlin, damit schwesterliche Eifersucht nicht etwa aufweht. Warum sollte er auch verliebt sein? Gibt es in München doch auch noch eine Josefine Lang, ein großes Kompositionstalent. Täglich widmet er ihr eine Stunde im Kontrapunkt und bleibt ihr ein Leben in Freundschaft verbunden. Als sie Frau Professor Köstlin wird, die Frau eines rechtskundigen Schwaben, der in Tübingen domiziliert, wird Felix Mendelssohn der Pate ihres erstgeborenen Sohns [6].

Nirgendwo eine »femme fatale«. Alle seine Beziehungen sind *scherzando*, bleiben »Capriccio der Seele«. Er ist durchaus kein Cherubin, der *jede* Frau anbetend begehrt, und somit erst recht kein

Don Giovanni. Er ist nicht dumpf, nicht leidenschaftlich, nicht dem Fluch des Körperlichen versklavt. Und das Soziale! Man hat das Gefühl: er schwärmt nur für Frauen, die er seinen Schwestern ins Haus präsentieren könnte, der Musikerin Fanny und der sprach- und lebensgescheiten Rebekka. Wenn er verliebt ist, liebt er zugleich immer die Hintergründe mit: Konzertsaal, Gesellschaft, Gartenbäume, Nacht, Männergespräche. Ihm liegt nicht bloß am Alleinsein mit Frauen. Und wieder schreibt er damals aus München:

»*Gestern war nämlich der Universitätsball, von dem Ihr wißt. Ich wollte, Ihr hättet mich mit der Frau Rektorin walzen sehen! Schön war's! Ein Gartenplatz war gedielt und mit Zeug und Blumenguirlanden bedeckt, da wurde getanzt; die Bäume waren mit chinesischen bunten Lampen behängt; als es ganz dunkel war, kam Feuerwerk, dann ein Transparent, die Universitas vorstellend, dazu große Illumination; der päpstliche Nuntius war auch da, ferner der Erzieher des Herzogs von Bordeaux, Mr. Martin, der sich sehr nach Tante Henriette Mendelssohn erkundigte und ihr tausend Sachen sagen läßt ... Aus einer dunklen Allee tauchte Johann Nepomuk von Ringseis auf*« – der große Diagnostiker mit der alten Ritterphysiognomie und dem Gesicht wie aus Erz gegossen und den Augen, welche die Krankheit ansprühten[7]. »*Ich ließ mich Ringseis vorstellen ... Rechts von mir sprachen sie Russisch, die schönsten Bürgermädchen im Ringelhäubchen gingen unter den großen Bäumen, weiter oben im Kreis saß der österreichische Gesandte und die Frau von Soundso und Baronin Soundso und Moritz Saphir ohne Halsbinde, auch eine Menge Professoren und süße Offiziere; Posaunen und Trompeten für die Studentenlieder zur Begleitung – kurz, das Fest war gelungen und bunt. Ich ging allein nach Hause, kannte den Weg nicht, ging keck quer ins Korn hinein, nach der Richtung, wo ich mir die Stadt dachte, hörte noch von weitem die Tanzmusik. So, auf dem Fußweg, unter dem hellsten Sternenhimmel zwischen dem Korn und fremden Lande zu wandern, war doch gar zu hübsch. Der Weg führte mich auch ganz recht, ich kam an einen hohen Damm am Ufer der Isar ... Der Fluß rauschte tüchtig, und vor mir lagen die Lichter von München ausgebreitet; hinter mir glänzten noch immer die Lampen und Lichter des Balles; es ist da viel an Euch gedacht worden.*« Nachtwind, Lichter und leichte Gedanken, wie ein Einundzwanzigjähriger sie hegt. Ein wenig ist bei dem allem auch noch von einer Schottin die Rede, mit der Felix auf dem Ball englisch spricht. Eine Frau mehr – sie wird eingeführt, um zu zeigen, wie unwichtig alle sind, sie und die andern. Nur sein Herz nicht verlieren! Aus diesen bezaubernden Briefen spricht die Sprache eines Glücklichen. Und Adolf Bernhard Marx, der damals dabei war – der nach einer armen Jugend jetzt als wohlbestallter Professor der Musikgeschichte zum erstenmal aus dem Vollen lebte –, schreibt selbst glückstrunken nach Berlin und an Fanny: »Wer kann all das Detail schreiben, die tausend Blätter aufzählen am Baum der Freude und der Liebe.«

Nein, Cécile Jeanrenaud, die Frankfurter Patriziertochter, hat keine Vorgängerin gehabt. Und die Frau, die er heiratet, ist seine erste und letzte Liebe. Dabei ist Felix ein Virtuose im Trösten einsam gewordener Damen. Da ist Ottilie von Goethe, die soviel älter ist als er. Zeugin einer wehmütig-süßen und nachdenklich-stolzen Vergangenheit. Ihr schreibt Felix aus Düsseldorf, wo er ein Opern-Engagement hat, am 27. Juni 1834, als Antwort auf einen Brief von ihr:

»Die Tage, in denen ich mit Ihnen war, gehören zu den allerliebsten, besten Tagen, die ich erlebt habe; und wenn das auch alles lange vergangen ist, so bleibt es mir doch, und kann mir nicht genommen werden, und so möchte ich auch gern, daß Sie das von mir glaubten... Könnte sich's nur machen, daß ich Sie in diesem Sommer wiedersehe! Sie sagen mir ja, daß auch Sie es wünschten, und so lassen Sie einmal sehen, ob Sie mir eine Zeile Antwort auf folgende Frage geben werden: Wo treffe ich Sie Ende August, oder Ende September?« Und nun überlegt der Brief hin und her: Berlin, Kassel, Düsseldorf? *»Doch denke ich über Frankfurt zu gehn, und wenn wir uns wieder einmal vielleicht in demselben Gasthofe verfehlten, so wäre es doch gar zu fatal... Sollten Sie vor der Zeit einmal nach Bonn kommen, so machte ich mich natürlich gleich auf die Reise und ließe Notenpapier und Arbeit im Stich, nur weiter und auf lange kann ich von Düsseldorf jetzt nicht weg, drum bitte ich noch einmal, schreiben Sie wirklich, damit ich meinen Reiseplan darnach richte. Sie werden es gewiß nicht tun, und wir werden uns um ein paar Meilen aus dem Wege gehn, dann will aber ich nicht schuld daran sein... Von Ulrike schreiben Sie kein Wort, wie geht es ihr und wie lebt sie nun? Und viele Grüße den Kindern und mein Lebewohl. Und nun quäle ich Sie um Antwort: wo treffe ich Sie im Sommer?«* [8]

Das ist an eine Hinterbliebene des Goetheschen Hofstaats gerichtet – aber ebenso gewiß auch an eine vornehme alternde Dame, der man mit scheinbarem Drängen zuspricht. Ist er in Ottilie »verliebt«? Gott bewahre. Doch er genießt die Vorteile, die aus solch einem Tonfall fließen: Frauen lieben es, daß man sie »verehrt«. Leidenschaft in ihr Leben zu bringen, würde nur wenigen behagen. In den Jahrzehnten des Biedermeiers ist Leidenschaft beinahe suspekt.

Unter den vielen Glücksfällen des Mendelssohnschen Lebens ist dieser vielleicht der glücklichste: daß er keinen Tag im Leben »unglücklich verliebt« war. Daß er nicht die schrecklichen Erniedrigungen durch die Frau erfuhr, die das Los Schuberts und Mozarts waren. Vergessen wir doch nicht, daß Schubert nur der Minstrel seiner Freunde bei den Wiener Bürgermädchen war: Wenn er »Leise flehen meine Lieder« sang, so sang er es nicht für sich selbst – den Lohn und die Küsse erhielten andere. Das Kapitel »Die Frauen und Schubert« ist wohl eins der erbärmlichsten in der Kunstgeschichte aller Zeiten. Was haben diesem Schüchternen gegenüber die Frauen verbrochen! Und wenn er einmal ein Mädchen von Adel zu lieben wagte, wie in Ungarn die Gräfin Esterhazy, dann geruhte sie es nicht zu bemerken – er legte sich mit der Zofe zu Bett, erkrankte rätselhaft an etwas, was uns heut nicht mehr ganz rätselhaft ist, lebte noch wenige Jahre und starb.

Bei Mendelssohn reimten sich Schmeicheln und Streicheln. Es war keine Liebesnot dahinter. Daß keine Frau ihm Gefahr bringen konnte, ist ein bedeutendes Zeugnis für seine Kunst- und Lebensklugheit. Dabei war er als Dirigent, Pianist und Gesangskenner selbstverständlich der Verführung singender Frauen ausgesetzt. Es bedeutete etwas für ihn, in London als Begleiter der göttlichen Malibran aufzutreten, der Frau, die gleichzeitig auf der Bühne »weinen und singen konnte«[9]. Diese Spanierin brachte den Engländern einen südeuropäischen Frühling: die Frauenwesen des Rossini, vor allem aber Bellinis »Norma« und »Nachtwandlerin«, stiegen mit ihr aus dem Musikerhimmel auf London nieder und brachten die Menschen zur Raserei. Die Salons und die Leierkästen tönten von ihren Wunderweisen. Felix Mendelssohn spielte mit ihr gemeinsam auf einer Soirée, über die sein Vater (der damals bei ihm war) am 7. Juli 1833 nach Hause berichtete: »Die Malibran sang ein spanisches Lied, dann auf Felix' Bitten noch zwei andere, dann ein englisches Ruderlied und ein französisches Troubadour-Lied... Welch ein Strömen, Spru-

deln und Brausen von Kraft und Geist, Laune und Übermut...,
welche Keckheit und Sicherheit der Mittel diese Frau in den kleinen Gesängen entfaltet!« Sie riß auch Felix hin – aber doch nur seinen Kunstverstand, nicht sein Herz[10].

Auch noch andere Sängerinnen erfüllten ihn mit Glück und Sehnsucht. Doch ist es unbekannt geblieben, daß er um einer Leidenschaft willen einen Seufzerbrief geschrieben oder einen Arbeitstag seines Lebens versäumt hätte. Und andrerseits war er ein Mensch, der von Haus aus zu Tagträumen neigte, dem in seiner Knabenzeit die Mutter zugerufen hatte: »Felix, hast du keine Arbeit?«, weil es so verdächtig still bei ihm im Nebenzimmer zuging. Jawohl, er träumte von vielerlei – nur das Wahnbild der großen Liebe *(»Diese Frau muß es sein und keine andre«)* bewegte sich nicht durch seinen Traum. Welch ein Geschenk des Daseins, daß sein Leben nicht halb zerschmettert wurde wie dasjenige Mussets oder Chopins. Und wenn Goethe gesagt hat: »Die Leidenschaft bringt Leiden!«, so galt das nicht für Mendelssohn.

Gefühl, nicht Leidenschaft. Das war das Signum jener Jahrzehnte. Jener Kreise, welche die hochgepeitschte Sinnlichkeit Wagners ablehnten. Grillparzer war Musiker genug, Beethoven und Schubert zu verstehn. (Er war ihr Grabredner und hat Herrliches über beide geschrieben.) Doch vor dem »Tannhäuser« packte ihn Grauen. Er konnte die erotische Luft – die ihn erstickender Dampf deuchte! – in dieser Schöpfung nicht ertragen. Seine verständnislose Kritik richtet sich nur scheinbar gegen das Programm-Musikalische: *»Der eine meinte, die Musik drücke den russisch-türkischen Krieg aus, wo die Posaunen und Trompeten des christlichen Chorals den Todesmut der Russen, und das Zittern der Violinen die Furcht der Türken versinnbildlichten, obwohl in Wahrheit die Türken sich nicht sehr zu fürchten schienen. Ein zweiter meinte, es stelle wahrscheinlich den Eisstoß auf der Donau dar. Zwei andere meinten die Erschaffung, ein dritter den Untergang der Welt. Endlich gab uns ein freundlicher Mann, leider erst am Schlusse der Ouvertüre, das Programm des Verfassers. Nun erst waren wir im klaren und beschlossen, diese ›herrliche Ouvertüre‹ bei keiner späteren Aufführung zu versäumen.«* [11]

Dieser Spott war ein Ausweichen, war, wie man heute sagt, eine Verdrängung. Das Phallische des Bacchanals, der sich emporreckende Sexus:

war dem Seelenmenschen ein Greuel, wie auch Schumann ihn nicht ertrug. Und Mendelssohn, der den »Holländer« liebte, ging beim »Tannhäuser« nicht mit. Venus und Elisabeth? Ihm, dem glücklichen Exponenten der Zeit, ihm, dem »Bürgerkünstler«, mußte dieser Gegensatz zwischen »verrucht« und »heilig« als Krampf erscheinen. Eine unangenehme Fabel war doch diese Tannhäuserei. Es gab keine »Venus« im Biedermeier – darum brauchte es erst recht nicht eine Elisabeth zu geben und die Unnatur des Keuschheitsproblems.

Keine Ekstase – aber auch keine Kasteiung! Für ihn selbst war Cécile Jeanrenaud nicht Erfüllung leidenschaftlicher Träume, sondern »Beruhigung«, Heim und Kinder. Es war um sie eine tönende Stille. Man merkte kaum, daß sie im Zimmer war. Eduard Devrient rühmt an ihr den zauberischen Glanz der Augen und daß sie niemals lebhaft sprach. Shakespeares Wort: »Mein lieblich Schweigen« wäre ihr so gerecht gewesen wie dem Weib des Coriolanus... Von solcher Frau Kinder zu erhalten, das war etwas Ersehnenswertes. Und nach der Geburt seines ersten Kindes schreibt der Überglückliche (seine Frau war vier Tage und Nächte in einer schweren Gefahr gewesen):

Jetzt, wo alle Furcht vorüber ist, und Frau und Kind wohl, da ist's solch ein heiteres Gefühl und doch gar nicht philisterhaft... Ich kann mir nicht helfen, es ist gar zu wohlig und lieb, solch einen winzig kleinen Kerl anzusehn, der seiner Mutter blaue Augen und Stumpfnase mit auf die Welt gebracht hat und sie so gut kennt, daß er sie anlacht, wenn sie ins Zimmer tritt, und wenn er dann an dieser Brust liegt und rasend säuft, und beide haben ein solches Vergnügen daran – ich kann mir nicht helfen, es ist überglücklich... Carl Wolfgang Paul heißt der kleine Mensch...[12]

Die Kleinmeister der Kinder und Blumen

Zur Ehe von 1830 gehört das Kinderglück der Gatten. Eine Hecke voller Kinder, die zum Himmel emporjubelt... Das klingt humoristisch-selbstverständlich, ist es aber keineswegs. Die Ehen der älteren Romantik, auch wenn sie legalisiert waren, schienen Liebesverhältnisse, denen Kinder fast nur aus Versehen entsprossen. Dorothea Mendelssohn hatte Kinder vom Bankier Veit, aber keine von Friedrich Schlegel, dem Manne, den sie wirklich liebte. Karoline Schlegel keine von Schelling. Trotz all seiner Liebeleien blieb Clemens Brentano kinderlos – und hatte doch schönste Kinderverse in sein »Wunderhorn« aufgenommen.

Das Biedermeier aber will Kinder. Jene tastende Vorläufigkeit der Bündnisse, die die Romantiker schlossen, erschien ihm unanständig. Um das Jahr 1800 wollte man das Ich und die Freiheit; 1830 und 1840 will man dauernde Bindung und das Kind.

Wenn die Frauen um 1750 ebenfalls viele Kinder gebaren, so geschah es, weil der größte Teil die Säuglingsmonate nicht überlebte, und weil man sich doch wenigstens mit zwei Kindern fortpflanzen wollte. Hundert Jahre später aber, zur Zeit der verbesserten Hygiene, haben Biedermeierfamilien vier, sechs, ja oft auch acht Kinder, die großwerden und heranwachsen. Alle Freunde Mendelssohns leben in kinderreichen Ehen. Einem Junggesellen und Kinderlosen vertraut man nicht leicht; auch der Künstler ist Bürger. Daß Grillparzer und Nikolaus Lenau unvermählt blieben, machte sie dem Zeitalter wunderlich-verdächtig.

Robert Schumann hatte zu komponieren, war einsam, oft psychopathisch verquält und eigentlich kein Vatertypus. Und Clara, die große Virtuosin, mußte vor allem dazuverdienen. Und dennoch hatten sie sechs Kinder. Kinder, die durch ihr Dasein das Haus in die Farben des Glücks tauchten. Mendelssohn war ein Kindernarr. Cécile gebar ihm fünf Sprößlinge: Carl, Maria, Paul, Felix und Lili. Sein Harren ist angstvoll jedesmal, desto maßloser sein Glück. Aber er liebt auch fremde Kinder – und die Gattin Max Regers hat erzählt, daß ihre Großmutter, eine Sängerin, einmal Felix Mendelssohn überraschte, wie er, ihre zweijährige Tochter auf den Knien, am Klavier saß und trällerte. »Ja, wenn doch Ihre Gustel einen Bärentanz hören will!« entschuldigte sich der Kinderfreund[1].

Maler und Zeichner des Biedermeiers, sie vor allem, bekommen jetzt ein verändertes Verhältnis zum Kind. Das klingt seltsam, weil doch die christliche Kunst nun seit mehr als tausend Jahren das Kind zur Gottesschaft erhob. Aber die italienische Schule hatte mehr die *Idee* des Kindes, einen weißen, rundfleischigen Schönheitstypus gemalt; und nur zögernd hatte der Norden, der es besser wußte, mit einem putzig-rührenden, realistisch-häßlichen Kind aufgewartet. Die Kleinmeister des Biedermeiers sahen nun vollends die Kinder mutwillig, schalkhaft, phantastisch, trotzig, ergeben — nur niemals »schön«. Das wußten Speckter und Ludwig Richter. Und niemand wußte es besser als Schumann, der ein herrliches Skizzenbuch für seine Kinder anlegte, jenes »Album für die Jugend«. Freilich in Tönen und am Klavier.

Geliebt hat man diese Stücke immer, aber als Kunstwerke oft unterschätzt. Besonders die späteren »Kinderszenen«. Man wollte in der Betitelung »Gefälligkeitsüberschriften« sehen: so, als habe der Meister zuerst komponiert und dann »mit der noch nassen Feder einen poetisierenden Hinweis geschrieben, der an sich überflüssig war und den man auch hätte vertauschen können«. Wie falsch das war, wissen wir erst, seit wir durch William Stern und Karl Groos eine Kinderpsychologie besitzen[2]. Robert Schumanns Kinderstücke sind das unübertroffene Beispiel realistischer Kleinmalerei von absoluten Seelenzuständen.

Es sind also keine »Kinderlieder«, die Schumann schreibt. Wie Franz M. Böhme festgestellt hat, ist das Kinderlied die beständige Wiederholung zweier Takte; bald in der Quinte, bald auf dem Grundton geht das Stück eintönig fort, berührt auch den Obernachbarton, um manchmal auf der Terz zu schließen[3]. Schumanns Kinderszenen aber sind hochkomplizierte Seelenporträts. Das Kind, das noch nicht die »Mischgefühle« und Störungen des Erwachsenseins kennt, erlebt hier alles zum erstenmal. Sören Kierkegaards »Jugendgeschichte« berichtet vom Aufwachen des Menschen im Kindsein (er ist in die Existenz geschleudert, ohne zu wissen, woher und wozu). Es sind Angstgefühle dabei, aber doch weit mehr Freudiges. Was Bernhard Groethuysen dazu schreibt[4], das kann man ebensogut zur Deutung der »Kinderszenen« Schumanns benutzen. Diese Ausdrucksmusik verwertet nicht etwa das Tonmalerische, das später Robert Lach sammelte, um die Stimmhöhe und Reaktionsfähigkeit der Kinder tonphysiologisch zu messen[5]. Was Schumann erstrebte, war etwas anderes. Zu zeigen wie, ungestört von Erinnerungen (das ist es!), das Kind ein absolutes Verhältnis zu jedem seiner Erlebnisse hat.

Der »Kleine Morgenwanderer« zum Beispiel bewegt sich im ungeheuren Rausch aus der Gartenpforte weg auf die Landstraße zu. Was will er? Er will die Welt entdecken. Nie wieder in seinem

Erwachsenenleben wird er derart unbeschwert sein. Und wiederum jenes Dahinjagen in »Nach dem Theater«: Kein Erwachsener wird den Wolkenzug der aufgestörten Phantasie als etwas so *Absolutes* empfinden.

Umgekehrt: Wenn »Kuriose Geschichte« und »Wichtige Begebenheit« komisch sind, so ist es doch nicht jene Komik, die ein Erwachsener in ein Kind hineinsieht. Es sind »Urstationen« des Komischen, die vom Kinde selbst erlebt sind. Ach, diese »Kuriose Geschichte«, bei der die Kehle von Lachen schwillt:

Oder »Wichtige Begebenheit«, die das unbegreifliche Tun der »Erwachsenen« stampfend nachahmt:

Auch »Wilder Reiter« und »Fröhlicher Landmann« sind nicht, was Reiter und Landmann fühlen, sondern wie das Kind sie erfühlt. Mit Schauer den ersten, mit Glück den zweiten.

Mendelssohn malte ein Aquarell, das ihn selbst und Cécile und zwei Kinder darstellt. Sie stehen in einer großen Stube, und der Maler Bendemann tadelte die Kinder als zu steif. »Das mag richtig sein«, sagte Felix, *»aber vielleicht fürchten sie sich!«* [6] – Und nun, bei Schumann, das »Fürchtenmachen«:

– wie realistisch ist es doch! Was Furcht in der Kinderstube ist, davon hat Eugenie Schumann erzählt, die langlebige Tochter des

Paares: »Eines Abends spielten wir jüngeren Kinder zusammen im Eßzimmer. Da fiel uns ein: wir wollen zur Mama hinübergehen; die gibt uns Schokolade. Dazu mußten wir aber durch eine, nach unsern kindlichen Begriffen, riesengroße Stube hindurch, wo an einem Ständer in der Ecke ein großer gelber Pelzmantel hing, den unser Vater auf der Reise nach Rußland getragen hatte. Vor diesem Pelz fürchteten wir uns wie vor einem wilden Tiere, und es bedurfte allen Mutes, uns daran vorbei zu wagen. Wir faßten uns an den Händen, rannten zusammen durch den dunklen Raum und stürmten in das Zimmer der Mama. Da saß sie bei heller Lampe an ihrem Schreibtisch – noch sehe ich die schlanke Gestalt in schwarzer Samttaille und seidenem Rock. Wie geborgen fühlten wir uns nach überstandener Gefahr! Sie behielt uns ein Weilchen bei sich, nahm aus einer Schreibtischschublade die ersehnte Süßigkeit und entließ uns wieder.«[7]

So war es die Wirklichkeit des Kindes, die Robert Schumann abkonterfeite. Davon gibt Ludwig Richter Zeugnis, der 1848 das Titelblatt der Erstausgabe der »Vierzig Klavierstücke für die Jugend« schuf, und der sich die zu erläuternden Stücke von Clara Schumann vorspielen ließ: »Während des Klaviervortrages saß der Komponist mit gesenktem Haupt und halbgeschlossenen Augenlidern an der Seite seiner Frau und flüsterte vor jedem Stück dessen Überschrift und einige erklärende Bemerkungen. Schumanns Erklärung von ›Winterszeit‹ lautete etwa folgendermaßen: Ringsum verschneit liegt Wald und Flur, dichter Schnee bedeckt die Straße. Abenddämmerung. Es beginnt in leichten Flocken zu schneien. Im traulichen Zimmer sitzen die Alten und schauen dem fröhlichen Kinder- und Puppenreigen zu...«[8]

Solch Mitgenießen der Eltern gab es wohl erst im Biedermeier. Klassiker und Romantiker hatten sich wenig um das Kind gekümmert. Vollends im Barockzeitalter war der Vater eine Respektsperson, die die Kinderstube gar nicht betrat. In der Kinderstube herrschte die Mutter. Ein Brief wie derjenige Marthin Luthers »An seinen Sohn Hänschen« über die Spielzeugfreuden des Paradieses war eine große Seltenheit. Den Perückenmann des Bach-Zeitalters konnte man sich nicht »mitspielend« denken. Das gab es erst im Biedermeier, wo Felix Mendelssohn auf den Knien lag, um »*trotz wohlgeschonter Anzüge als Pferdchen durch das Zimmer zu wiehern oder ein kleines Schiffchen am Tau zu ziehn«* [9]. Auch er hat Kinderstücke geschaffen. Vielleicht um einiges glatter als Schumann, doch kaum weniger herzlich erfühlt. Noch in seinem Todesjahr, 1847, hat er spielende Kinder gezeichnet; aus seinem Opus 72, den »Sechs Kinderliedern«, weht ihr erregter Atem uns an:

Als Schwester Beckchen noch ganz klein war, hatte Felix – als hieße er Haydn! – eine »Kindersinfonie« geschrieben, die mit nicht geringem Gelächter im Gartensaal aufgeführt worden war. Eine zweite Kindersinfonie ging verloren [10].

Aber ebensowenig wie Mozart das schönste Kinderlied seiner Zeit schuf: »Schlafe, mein Prinzchen, es ruhn« (denn dieses Lied ist von Bernhard Flies [11] – nur wollen's die Menschen nicht wahrhaben!), ebensowenig schrieb Mendelssohn das schönste Schlummerlied seiner Epoche. Denn es stammt von Wilhelm Taubert, einem seiner Berliner Freunde: [12]

Schlaf in guter Ruh,
tu die Äuglein zu,
höre wie der Regen fällt,
Hör' wie Nachbars Hündchen bellt:
Hündchen hat den Mann gebissen,
hat des Bettlers Kleid zerrissen,
Bettler läuft der Pforte zu:
schlaf in guter Ruh!

Das Geheimnis dieses Liedes ist, daß es eigentlich nicht die Kinder, sondern die Erwachsenen in den Schlaf lullt. Im Vormärz geschah allerlei: Nachbarshunde bissen Bettler, die man bald schon »Proletarier« nannte, während es draußen regnete. Drinnen aber schliefen die Bürger, und sie schliefen in süßer Ruh.

Grenzen und Innigkeit einer Zeit! Hinter der Kinder-Unschuld der Bürger kam gleich die Unschuld der Blumen daher. In hunderttausend Stammbuchversen und schlechtgetuschten Zeichnungen sah man die Rose, die Tulpe, die Nelke, die irgend etwas bedeuten wollten[13]. Nun bedeuteten sie allerdings etwas: solange man Frauen Blumen schenkt, symbolisieren sie das Fragile, Kurzlebig-Gefährdete der Schönheit. Es war ein Echtes und Rührendes an den acht Zeilen Heinrich Heines:

Du bist wie eine Blume
so hold und schön und rein;
ich schau dich an, und Wehmut
schleicht mir ins Herz hinein.

Mir ist als ob ich die Hände
aufs Haupt dir legen sollt,
betend, daß Gott dich erhalte
so rein, so schön und hold.

Weniger schön war dann der Liedtext, der »eine Rose grüßen läßt« und den Felix Mendelssohn komponierte (op. 19, 5):

— liebliches Geläute. Die wiegend-pendelnde Glockenterz des Anfangs sei gern anerkannt[14] —, aber diese Fortsetzung! Der Dichter spricht sein eigenes Lied an? Und bittet es, in die Weite zu ziehn und vor einem ländlichen Haus seine Grüße zu bestellen? Vielleicht sind wir heute ungerecht einem viel zuviel gesungenen und somit zersungenen Lied gegenüber. Heines »gekünstelte Einfachheit« hat dann tausend Nachahmer gefunden[15].

Doch noch aus anderen, edleren Gründen liebte die Menschheit von 1830 die Blumen. Es begann damals die »Herrschaft der Stadt«. Der Rauch der Fabriken und Lokomotiven wölbte und wölkte sich über der Zeit. Am ungeheuerlichsten in England. London und Manchester lagen umbrandet von den Nebeln der Industrie. Erstickend ging es im Häusermeer der City und bei den Banken zu. Da wurde der »englische Garten« die Rettung[16]. Hier war die Blume kein »Symbol« mehr, sondern eine entzückt erlebte, außerordentliche

Realität. Was sie bei schlechten Dichtern nicht war, wurde sie in der Wirklichkeit. Und sie ist es bis heute geblieben: der Engländer aller Stände ist bestimmt kein Biedermeiermensch, aber er badet in Blumentau. Einfache Frauenwesen heißen »Florence«, »Marguerite«, »Rose«, »Violet« – und es klingt für den Feinhörigen noch etwas anders, als diese Namen im Französischen oder Deutschen klingen.

Für die Menschen des europäischen Vormärz hatten Blumen eine andre Bedeutung als für uns. Wir mögen lächeln, doch Peter Cornelius, der Komponist des »Barbier von Bagdad«, meinte es ernst, wenn er dem vergötterten Liszt (der freilich gar nicht blumig war!) Schneeglöckchen pflückte und dazu schrieb:

An die große Glocke hängen
will ich meine Liebe nicht,
daß man auf des Marktes Gängen
nicht von meiner Liebe spricht.
Doch von Blumenglocken sage
schweigsam, duftiges Geläut,
daß ich dich im Herzen trage
immer, ewig so wie heut.

Wirklich, diese Klapphornverse waren nicht an eine Frau gerichtet. Damit nur ja kein Irrtum aufkomme, stand darunter: »An Liszt, zum 2. April 1855« [17].

Nun, das war krasser Dilettantismus. Aber daß Geläut duften könne, wußte und liebte man seit Jean Paul. Von der »Orchestermusik der Blumen« sprach schon Adolf Bernhard Marx 1828 in seinem »Maigruß an die Kunstphilosophen«, der vom Morgentraum eines Tondichters handelt:

»Seit die Welt steht«, sagt die Rose zu ihm, »machen wir Blumen schon Musik. Eure tauben Ohren hören's nur nicht. Wir haben die zartesten Mittel der Welt... obwohl uns der Wind oft ein wenig stört. Trompeten sind bei uns die Sonnenblumen; Pauken die Tuberosen; Hörner spielen die Hortensien, Hyazinthen die Klarinetten; die Tulpen blasen die Oboe und die Maiblümchen die Flöten; Veilchen sind die Fagotte. Alles Gras, alles Baumlaub spielt Geige, das Kastanienlaub macht die Bratsche, Tannen mit Nadeln und Stamm sind die Bässe.« [18]

Das war jeanpaulisch, und es war hübsch. Und warum sollen wir daran zweifeln, daß Mendelssohn es erlebt hatte, wenn er über die Entstehung seiner »Drei Fantasien oder Capricen« (op. 16) höchst englisch aus London nach Hause berichtet: *»Mein Aufenthalt bei den drei Taylor-Mädchen wird mir stets im Gedächtnis bleiben... Die Wiesen, Waldkräuter, Bachkiesel mit dem Rauschen vergess' ich nicht.«* Für die Älteste komponiert er das Nelkenrosa und Rosenrot als *Andante con moto*:

Für die Jüngste die gelben Trompetenkelche, die sie sich ins Haar gesteckt hat. Der Mittleren aber *»gab ich den Bach, der uns während eines Spazierrittes so gefiel, daß wir abstiegen und uns dran hinsetzten. Dies letzte Stück, glaube ich, ist das beste; es ist so langsam laufend und ruhig und ein bißchen langweilig einfach, daß ich es mir alle die Tage vorgespielt habe und sentimental dabei geworden bin.«*[19]

Sobald jemand merkt, daß er »sentimental« ist, fühlt er auch bereits das sanft Lächerliche der Situation. Und der Musiker Mendelssohn, der sich selten, ja, nie betrog, nennt sein Stück »langweilig einfach«. Mit den Blumen ist's nämlich ein merkwürdig Ding. Damit uns ihre Schönheit ergreife, brauchen sie einen Gegen-Akzent. Und dieser Gegenakzent heißt: *Tod!* Große Dichtung hat das auch immer gewußt. Wie stirbt denn Ophelia im »Hamlet«?

> Es neigt ein Weidenbaum sich übern Bach
> und zeigt im klaren Strom sein graues Laub,
> mit welchem sie phantastisch Kränze wand
> von Hahnfuß, Nesseln, Maßlieb, Kuckucksblumen.
> Dort, als sie aufklomm, um ihr Laubgewinde
> an den gesenkten Ästen aufzuhängen,
> zerbrach ein falscher Zweig, und nieder fielen
> die rankenden Trophäen und sie selbst
> ins weinende Gewässer.

Vollends im Nibelungenlied gibt es einen einzigen Vers, der zeigt, was Blumen dramatisch wert sind. Wenn Siegfried plötzlich durch Hagens Speer von hinten niedergestreckt wird, dann heißt es:

Do viel in die bluomen der Chriemhiltes man

— und es ist, als hätte es bis dahin nie und nirgendwo Blumen gegeben. Denn die Blumen, in die Siegfried stürzt, sind der *Gegenakzent seines Todes.* Hier kann nur eines »wirklich« sein: die schuldlosen Blumen oder die Meintat. Daß trotzdem beide wirklich sind, lieblichstes Leben und schuldhaftester Tod — das erst erschafft den Kontrapunkt.

Die Kleinmeister des Biedermeiers, die Dichter, Maler, Musiker, wußten nicht immer um dieses Gesetz. Sie liebten — und nicht völlig mit Unrecht — das Schwache, das Akzentlose in der mäßigen Bewegung der Blumen, wenn leichter Wind hineinfingerte. Also das, woran die heroischeren Epochen vorbeifühlten... Dabei hätten diese Kleinmeister aus »Des Knaben Wunderhorn« die Antithese von Blumen und Tod, und was sie bedeutet, lernen können. In jenem gewaltigen Moll-Gedicht, das Mendelssohn denn auch vertont hat:

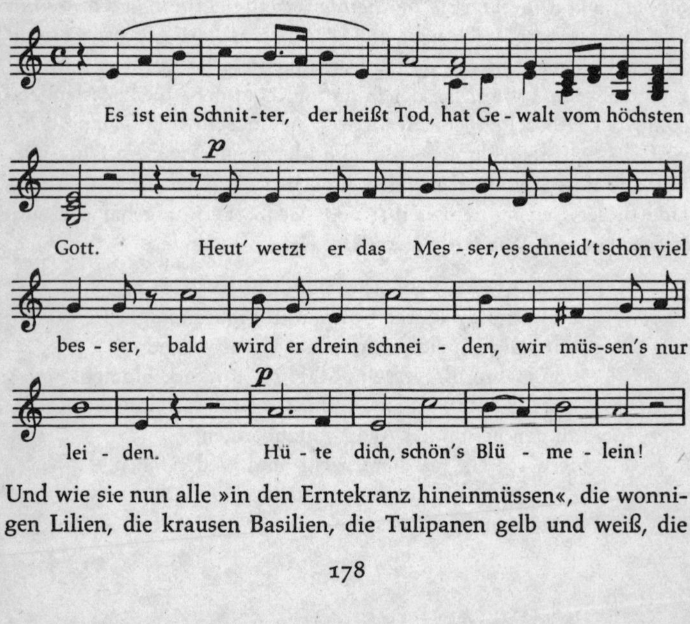

Und wie sie nun alle »in den Erntekranz hineinmüssen«, die wonnigen Lilien, die krausen Basilien, die Tulipanen gelb und weiß, die himmelfarbenen Ehrenpreis, die holden Melissen, die edlen Narzissen: dieser »Totentanz der Blumen« ist groß! Und größer noch, wenn es weiter heißt: »Trotz! Tod, ich fürcht dich nicht, ... Werd ich nur verletzet, so werd ich versetzet in den himmlischen Garten, auf den alle wir warten – *Freu dich, du schöns Blümelein!*«

Welchem vor-wagnerischen Meister – welchem Wagner *vor* den »Meistersingern!« – ist solch eine Komposition geglückt? Und Mendelssohn schrieb sie mit achtzehn Jahren, 1827, zwei Jahre vor der »Matthäuspassion«! Er kannte den Wortwert altdeutscher Gedichte, ihr Kantiges, Unsentimentales und so Sparsam-Liebliches; er kannte auch, wie wir heute wissen, die germanistischen Forschungen von Uhland, Lachmann und Grimm recht gut. Seine Kenntnis von diesen Dingen war nicht geringer als die von Brahms; und beträchtlich größer als Schumanns, der doch als »Balladenmensch« für »lyrische Härte« prädestiniert schien. Er war es aber nur im Lied, bei großgespannten Formen wurde Schumann oft unerträglich weich. Mendelssohn, der darum wußte, und auf den Schumann zu hören pflegte, hätte ihn deshalb auch gewarnt, jenes weltliche Oratorium »Der Rose Pilgerfahrt« zu vertonen, wenn er den Plan gekannt hätte. Doch 1853 war Mendelssohn schon sechs Jahre tot.

Das unbegreiflich alberne Textbuch eines Dichterlings Moritz Horn bestach Schumann durch seine glatten Verse. Eine Rose möchte Mensch werden. Die Elfenkönigin erfüllt ihr den Wunsch. Müllersleute nehmen darauf die Menschgewordene an Tochter Statt an; sie liebt und heiratet den Förstersohn; aber nach der Geburt ihres Kindchens scheidet sie freiwillig von der Erde. Sie hat das höchste Glück erlebt und kann keine Steigerung mehr erwarten. – Eine Rose, als Mädchen verkleidet! Eine Rose, die eine Pilgerfahrt macht! Gewiß, da gab es Genre-Szenen, wie das Biedermeier sie liebte, die etwas gemüthaft Deutsch-Dörfliches hatten. Anstatt davor zurückzuschrecken – zum Beispiel auch vor »einer Mühle, die zwischen grünen Bäumen steht« –, komponierte Schumann mit viel Kunst ein »Ei Mühle, liebe Mühle!«, was nach Schuberts Müllerliedern doch wie neckische Nachahmung wirken mußte. Auch ein hörnerumrahmter Männerchor »Bist du im Wald gewandelt« – was sollte er nach der »schwarz-grünen Frage« von Mendelssohns: »Wer hat dich, du schöner Wald«? Solche Dinge müssen einmalig bleiben. Sie lassen sich nicht wiederholen.

Wagner, der Feind des Biedermeiers — und insonderheit Schumanns Feind! — hat über »Der Rose Pilgerfahrt« an seinen Schüler Theodor Uhlig überaus harte Worte geschrieben[20]. Und Nietzsche hat den alternden Schumann einmal »altjüngferlich« genannt. Ewig diese Blumen und Kinder! Die Kinderstubenluft also war's, die dem Zeitalter Feinde erschuf. »Warum flüstern denn unsere Poeten immer«, schrieb der Jungdeutsche Theodor Mundt, »als wollten sie uns nicht aufwecken?«[21] Und hier setzte denn auch Hebbel ein, der andre Feind des Biedermeiers, der Verächter des Zärtlich-Kleinen, als er der Schule der »Blumendichter« die großartig-ungerechten Verse seiner Distichen ins Gesicht warf:

Wißt ihr, warum euch die Käfer, die Butterblumen so glücken?
Weil ihr die Menschen nicht kennt, weil ihr die Sterne nicht seht!
Schautet ihr tief in die Herzen, wie könntet ihr schwärmen für Käfer?
Säht ihr das Sonnensystem, sagt doch, was wär' euch ein Strauß?
Aber das mußte so sein; damit ihr das Kleine vortrefflich
liefertet, hat die Natur klug euch das Große entrückt.

Das war nicht nur gegen Leopold Kompert gerichtet, den »sanften Charakteristiker«[22], sondern gegen den weit größeren Stifter. Adalbert Stifter war es denn auch, der gegen Hebbel und gegen Wagner die *Kunst des Kleinen* verteidigte, die »Kunst der absoluten Stille, weil die Ruhe das *Monumentale* sei«. In der Bewegung dagegen zerflösse das Leben. Jede Bewegung sei bereits *Fälschung*[23].

Wenn das eine »Lehre« sein sollte — und mit diesem Anspruch trat Stifter auf! —, dann war sie ein Ungeheuerliches. Und für die Tonkunst nicht zu gebrauchen. »Musik ist Bewegung«, schrieb Eduard Hanslick 1854[24], und »Melodie ist Bewegung« noch jüngst Ernst Kurth[25]. Der Fall Stifter hatte mit Schumann und Mendelssohn nichts zu tun. Beide hätten die Forderung nach einer »bewegungslosen Welt« als Komponisten abgelehnt —, und dennoch war Stifter, wie sie, dem Biedermeier verpflichtet. Sein erschrockenes, tiefernstes, backenbärtiges Gesicht sieht aus den gleichen Vatermördern wie die Meister der Leipziger Musik- und der Düsseldorfer Malerschule.

Dies Meiden menschlicher Konflikte! Dieses Malen von Morgen- und Abendröte, von Hochwald, seltsamen Gesteinen, der Puszta, jener Natur-Idylle, in welcher der Mensch nur ein Eindringling ist. Diese Goethe-Welt ohne Goethe, also ohne »Dämonie«, weil das

Dämonische »Fälschung« ist: es war eine großartige Resignation, in die ein meisterlicher Stil — niemals Handeln! immer Betrachten! — Adalbert Stifter geführt hatte. Das Nicht-Spannende, Unbewegte war ihm das einzig »Wirkliche«. — Und dann handelte er *doch*! Von höllenhaften Schmerzen durchpfeilt, griff er zum Rasiermesser und schnitt sich die Kehle entzwei. Verließ das geordnete Welt-Idyll, in dem er bedächtig gewaltet hatte als ein Betrachter der Farben und Steine. Von Dämonen davongetragen, gleich Nikolaus Lenau und Robert Schumann, floh er ins Unbekannte hinaus.

Hauspolitik — oder Fanny und Wilhelm

Als Felix Cécile heiratete, war Fanny, seine ältere Schwester, schon sechs Jahre verheiratet. Es war, im Sinne der Familie, eine ungewöhnliche Wahl gewesen.

Richard Wagner, Mendelssohns Antipode, hat einmal darüber gejubelt, daß er keiner »Familie« entstamme, daß er gleichsam sich selbst erzeugt und niemandem dankbar zu sein habe. »In voller Anarchie... hat das Leben mich selbst zu meinem einzigen Erzieher gemacht.«[1] Worte gleichsam, in denen der Stolz eines genialen Emporkömmlings mitschwingt. Undenkbar nicht nur bei Adligen — sondern ebenso undenkbar bei den Juden, dem »Volk des Erbes«.

Denn die Mendelssohnschen Kinder sind Erben. Auch Felix denkt zunächst einmal nichts, was seine Eltern nicht billigen würden. Vollends was er komponiert, muß das Plazet der Familie haben; und wenn er »etwas werden will«, so auch darum, weil der fordernde Geist seines Großvaters in ihm spukt.

Brahms hat einmal darüber gescherzt, daß einer seiner jüdischen Freunde, der ein vortrefflicher Komponist war, auf einer Partiturseite eine Änderung habe anbringen wollen: dann aber sei, berichtet Brahms, »die ganze Familie dagegen gewesen«, und so sei diese Kühnheit unterblieben[2]. Hinter dieser Komik, daß ein Familien-Areopag über Ja und Nein in der Kunst entschied, stand aber etwas Ernsteres, das der Einzelgänger Brahms nicht verstand: Die Juden hatten vor zweitausend Jahren ihren Staat verloren. Deshalb waren sie mehr als andere Menschen auf das Leben in der *Familie* gestellt.

Allerdings, das Familienleben mit seinem Gefühlsüberschwang

zeitigte manchmal seltsame Blüten. Als der zwanzigjährige Mendelssohn 1829 das erstemal in England war, fiel ihm ein, er müsse zur Silberhochzeit seiner Eltern nach Hause reisen. Das hätte ein anderer auch getan. Doch er hatte einen Unfall gehabt (über den wir auch aus dem Briefwechsel zwischen Goethe und Zelter wissen), sein Wagen war umgeworfen worden, er hatte sich böse das Knie verletzt[3]. Trotzdem hinkte er am Stock auf die Reise – ängstlich, mit dem Festgeschenk, das er brachte, zu spät zu kommen. Dieses Festgeschenk war ein Singspiel; von seinem Freund Klingemann gedichtet. Mehr schlecht als recht: der reizlose Text, mit Verkleidungen operierend, hatte eine gewisse Verwandtschaft mit Dittersdorfs »Doktor und Apotheker« von 1786, und dem Schenkschen »Dorfbarbier«, war also völlig unmodern. Aber dieses Dorfschulzenpaar, das da unter der Linde sitzt, auf die »Heimkehr des Sohns aus der Fremde« wartend, strich doch eine verwandte Saite der Mendelssohnschen Seele an. Seine scherzend-gefühlvolle Musik ging bei weitem über eine bloße »Gelegenheitsarbeit« hinaus.

Mendelssohn, der »fremde Heimkehrer«, war in den ersten Dezembertagen nach Hause gekommen. Zwei Wochen später sollte die Silberhochzeit stattfinden. Sein Singspiel »Die Heimkehr aus der Fremde«, das Überraschungsgeschenk, wurde heimlich von den Schwestern geprobt, die ja hübsche Gesangstalente waren[4]; vor allem aber fiel Devrient, dem Familienfreund, die Hauptrolle zu. Da wurde dieser bedeutende Sänger vom König zum Hofkonzert befohlen – der Festabend drohte ins Wasser zu fallen. In diesem Augenblick erlitt Felix, der bleich und nervös herumhinkte, einen Wahnsinnsanfall. Er stürzte zu Boden, fing an mit stockender Zunge zu reden, verstand plötzlich kein deutsches Wort mehr und stotterte englische Weisungen. Diese beängstigenden Symptome gestörten seelischen Gleichgewichts brachte ein Machtspruch des Vaters zum Stehen: er schickte seinen Sohn zu Bett, und ein zwölfstündiger tiefer Schlaf befreite ihn von seinem Paroxysmus. Devrient konnte in letzter Stunde doch noch am Feste teilnehmen. Die Musik gefiel derartig, daß Felix bestürmt wurde, das Singspiel für die Öffentlichkeit freizugeben. Das schien ihm nun wieder ganz unmöglich. War es doch ein »Stück Familiengeschichte«... Erst vier Jahre nach seinem Tod, 1851, wurde es in Leipzig gegeben und um die gleiche Zeit in London am Haymarket-Theater aufgeführt, wo es sich als

»Son and Stranger« lange auf dem Spielplan erhielt. Noch 1884 rühmte Richard Strauß seinen eigenen Eltern die Ouvertüre als Meisterstück[5]. In Deutschland ist das Werk vergessen. Aber der italienische Rundfunk sendet es noch heut seinen Hörern.

Ein familiäres »Hochzeitsgeschenk« also wurde entwertet, sobald das Licht der Öffentlichkeit darauf fiel? Das war mendelssohnisch-aristokratisch und bewies, nicht zum erstenmal, die seltsame »Inzucht« in der Familie. Etwas, was Fanny durchbrochen hatte, als sie wenige Monate vor der Silberhochzeit der Eltern den Maler Hensel geheiratet hatte. Nach einem langen, geheimen Verlöbnis, das von Leah Mendelssohn nicht gebilligt worden war. Bei den Partheys und den Ebertys hatte man schon leise gewitzelt, ob Fanny nicht Felix heiraten würde. Die Geschwister seien doch bereits in künstlerischen Dingen »ein Paar«. Und das stimmte allerdings; noch bis in seine mittleren Jahre schrieb Felix kaum eine Note auf, die Fanny nicht gebilligt hätte.

Das geheime Verlöbnis mit Wilhelm Hensel hatte mehr als sechs Jahre gedauert[6]. Diese Liebesgeschichte gehörte so recht zu den rührenden des Vormärz. Wie es im »Ännchen von Tharau« heißt, dem altdeutschen Liede von Robert Robertin:

> Recht als ein Palmenbaum über sich steigt,
> hat ihn erst Regen und Sturmwind gebeugt,
> so wird die Lieb' in uns mächtig und groß.

Nun war Leah Mendelssohn bestimmt kein Sturmwind und teuflischer Zerstörer. Solch ein Verlöbnis gab's damals *auch:* das zwischen dem unberühmten Schumann und der jungen Clara Wieck, das der Klaviermeister Friedrich Wieck als mörderischer Intrigant bedrohte[7]. So nun war's bei den Mendelssohns nicht. Doch die »romantische Wartezeit«, die von dem Paar verlangt wurde (in der geheimen Hoffnung natürlich, daß sie einander untreu würden), war keine geringe Zumutung.

Wilhelm Hensel, der Sohn eines armen protestantischen Landgeistlichen aus Fehrbellin im Havelland, war fast mittellos nach Berlin gekommen, um Maler zu werden. Er hatte als Kriegsfreiwilliger von 1813 bis 15 gegen Napoleon gekämpft und war zweimal in Paris eingezogen. Im Geschmack der damaligen Zeit hatte er ein Gemälde verfertigt, das den Kaiser Alexander I. von Rußland als

Erzengel Michael darstellte und Napoleon als Luzifer. Im Sinne der »Heiligen Allianz« hatte er damit ein Beispiel vortrefflicher Gesinnung gegeben – und es sollte denn auch die Politik sein, die ihm dann wirklich weiterhalf [8]. Im Januar 1821 gab es ein großes Fest in Berlin, von dem man noch jahrzehntelang sprach. Der russische Thronfolger Nikolaus und seine Gemahlin besuchten den Hof; auch aus Österreich kamen Agnaten der Kaiserfamilie; vor allem aber besuchte der Herzog von Cumberland aus London die preußische Metropole. So war die ganze »Heilige Allianz« in Berlin versammelt und wurde denn auch vom Preußenkönig gebührend gefeiert. Es gab pantomimische Darstellungen, bei denen die Fürstlichkeiten mitwirkten. Vor dem gaffenden Volk produzierten sich das russische Thronfolgerpaar, der preußische Kronprinz Friedrich Wilhelm IV. und sein Bruder, der spätere Reichsgründer Wilhelm I., der Herzog von Cumberland und der gesamte Hochadel. Der Höhepunkt des wochenlangen Festes waren »lebende Bilder«, die nach dem berühmten englischen Epos »Lalla Rookh« gestellt waren [9].

Jenes Gedicht war von Thomas Moore, einem Manne »aus der schmalen Horde von Byrons Freunden«. Nicht ganz so teuer ihm wie sein Shelley, und freilich auch kein so großer Dichter. Aber Moore war ihm dennoch wert genug: Eines Krämers Sohn aus Dublin, war dieser Ire ein weinfroher Mensch, der gern die Verse der Heimat sang, und der mit einem gewinnenden Lächeln zuweilen auch die Großen der Welt zu Irland zu bekehren wußte. Aus Venedig hatte ihn Byron noch vor kurzem apostrophiert:

> Doch jetzt ist Karneval, o Thomas Moore!
> Summender Maskenball, Trommeln und Pfeifenschall,
> Gitarrenklang überall, o Thomas Moore!
> Sag mir, was treibst du, o Thomas Moore!
> Sag mir, wo bleibst du,
> Seufzt oder freist du, o Thomas Moore?

Aber Thomas Moore schrieb nicht nur girrende Verse zur Laute, er schrieb auch Epen. Und »Lalla Rookh« war eines der berühmtesten: die Geschichte, wie der Herrscher von Delhi, Aurengzeb, seine Tochter dem Fürsten der Bucharen vermählt und sie zur Trauung nach Kaschmir sendet. Auf der Reise erscheint ein Sänger, Feramors, der durch Märchenerzählungen sich ins Herz der Prinzessin einschleicht und das Verlöbnis fast gefährdet. Da, im Moment des Eintreffens, erkennt sie mit überraschtem Entzücken, daß Feramors sich verkleidet hat: er selbst ist der ihr bestimmte Gatte. Wie wichtig war dem Zeitalter dieser günstige Ausgang der Fabel! Denn anders hätte es sich ja um Tristan und Isolde gehandelt, jenen »höchst unsittlichen« Stoff, an dessen Darstellung sich das preußische, englische, russische Fürstenhaus niemals würden beteiligt haben!

Caroline de la Motte-Fouqué, die Gattin des Dichters, hat damals die märchenhaften Kostüme, die Stoffe, Perlen, Diamanten, Schals, Dolche, Turbane aufgezählt[10]. Es war alles so eingerichtet, daß der Herzog von Cumberland es nach London berichten konnte. Denn – ohne daß etwa Moore darum wußte – war das schwülstig-orientalische Epos mit seinen blitzenden Wort-Agraffen hauptsächlich dazu benützt worden, die englischen Orient-Interessen gegenüber Rußland zu betonen – und das so manches Jahrzehnt bevor (phantastischer Einfall Disraelis!) die Königin Viktoria wirklich Kaiserin von Indien wurde[11].

Die Kostüme mußten »historisch echt« sein. Dazu bedurfte man eines Hilfsregisseurs, der zeichnen konnte. Dieser Mann war der Maler Wilhelm Hensel. Als die Vorstellung dann vorbei war, rief die Darstellerin der Lalla Rookh – es war die russische Großfürstin selbst – bedauernd aus: »Sollen spätere Zeiten keine Erinnerung an unser Glück haben?« Friedrich Wilhelm III. hörte das und war galant genug, mit dem Kopf zu nicken. Sagte, der Wortkarge, der meist nur in Infinitiven sprach: »Sollen haben!«[12] Wie man sonst nach Gemälden lebende Bilder stellt, so beschloß er, die gelebten Bilder jetzt umgekehrt als Tafeln malen zu lassen. Würde Hensel das können? Er konnte es. Alle die hohen Herrschaften saßen ihm zu Einzelporträts. Ehe das vollendete Werk nach St. Petersburg abging, stellte er es für einige Tage in seinem Atelier aus. Dabei lernte er Fanny und Felix kennen, die mit ihren Eltern kamen, um die schönen Zeichnungen zu bewundern.

Jetzt geschah zweierlei. Bei Wilhelm und Fanny gab es Liebe auf den ersten Blick. Und zweitens gab's für den Autodidakten ein staatliches Stipendium für einen mehrjährigen Aufenthalt in Rom: er sollte jetzt an der Antike lernen. Am liebsten hätte der Glückliche sich gleich offiziell verlobt. Aber da begegnete er im Hause Mendelssohn kühlen Mienen. Ein einmaliger Erfolg, meinte Leah, berechtige einen Künstler noch nicht zu so ausschweifenden Erwartungen. Erfolg könne auch wieder untreu werden. Wovon wolle er dann seine Frau ernähren? Er möge ein paar Jahre in Rom sein und von dort aus »Deutschland wirklich erobern«. Während der Zwischenzeit aber verböte sie jeden Briefverkehr mit Fanny. Das war ein Schlag für die Liebenden. Was stand in Wirklichkeit dahinter?

Auch Felix mußte Proben ablegen, ehe die Eltern ihm erlaubten, im »Hauptberuf« Komponist zu sein. Es war nur natürlich, daß man von Hensel etwas Ähnliches verlangte. Daß er Christ war, sprach keineswegs gegen ihn. Christliche Schwiegerkinder zu haben, hätte die Hauspolitik der Familie Mendelssohn nicht gestört. Aber wollte er nicht vielleicht »eine reiche Heirat machen«? Immer wieder weist Leah darauf hin, wie unsicher die Zeiten seien. Auch Bankhäuser könnten zusammenbrechen, wie in Leipzig die Reichenbachs und in London die Firma Goldschmidt[13]. Aber Geldgier war es wirklich nicht, die man Hensel nachsagen konnte. Es war etwas anderes, was ihn bei Leah in ein mißgünstiges Licht rückte. Etwas schlechthin Unglaubliches, das mit dem Mendelssohnschen Begriff der »Loyalität« zusammenhing. Man war protestantisch getauft: nun wollte man niemanden in der Familie, dem so etwas wie ein Verdacht des Krypto-Katholizismus anhing.

Wie war Wilhelm in dieses Gerücht geraten? Er hatte eine bedeutende Schwester, die Dichterin Luise Hensel, die tatsächlich Konvertitin war. 1818 war diese Tochter der protestantischen Predigerfamilie zum Katholizismus übergetreten. Das war in Berlin geschehn, einer scheinbar nüchternen Stadt, die aber in Wahrheit von vielen Süchten, literarischen, philosophischen, künstlerischen, besessen war. (In Berlin hätte man damals auch Buddhist oder tibetanischer Lama werden können!) Man gab Clemens Brentano schuld, daß er Luisens Übertritt zum Katholizismus veranlaßt habe. Aber das Gegenteil war richtig: Luise wurde Katholikin, um »Clemens fromm und menschlich zu machen«[14]. Bald fielen die beiden auseinander. Er trat ihrer Keuschheitsidee zu nahe — und sie war, wie ihre Gedichte, ein in tiefster Seele jungfräulicher Mensch. Trotz ihres Übertritts übrigens wurde sie keine Eifernde. Das Kinderschlaflied von uns allen:

Müde bin ich, geh zur Ruh,
schließe beide Äuglein zu:...

mit seiner himmlischen Schluß-Bitte:

Laß den Mond am Himmel stehn
und die stille Welt besehn!

enthielt alle Konfessionen in sich. Und keine. Denn es war die Religion selbst[15].

Mit dieser Schwester verknüpfte Wilhelm ein so inniges Verhältnis, wie es zwischen Felix und Fanny bestand. Doch gewisse Beurteiler wollten aus Wilhelms Zeichnungen sehen – gar nicht so sehr aus ihrem Inhalt wie aus ihrer Technik, die sie Heiligenbildern ähnlich machte! –, daß er drauf und dran sei, seinen lutherischen Glauben abzuschwören. Und dazu kam jetzt noch die Romreise! Mit wem würde er dort unten verkehren?

Vater Abraham Mendelssohn lagen solche Befürchtungen fern. Seine eigenen Schwestern waren katholisch: Henriette in Paris, Dorothea Schlegel in Wien – und sein Neffe Philipp Veit, der katholische Kirchenmaler in Rom, war eigentlich ein Stolz der Familie[16]. Aber für Mutter Leah blieb der Verdacht gegen Hensel ein Stachel. Sie wollte auf keinen Fall, daß Fanny einen Katholiken ehelichte. Der Berliner Zweig der Familie mußte protestantisch bleiben. Das hing wahrscheinlich mit ihrem Bruder, dem Diplomaten Jakob Bartholdy, zusammen.

Bartholdy, dessen wirklicher Name, wie derjenige Leahs, Salomon war, war 1805 zum Protestantismus übergetreten. 1813 wurde er Diplomatenlehrling beim preußischen Staatskanzler Hardenberg und stieg rasch auf: schon zwei Jahre später war er Generalkonsul in Rom und nach dem Aachener Kongreß im Jahre 1818 preußischer Geschäftsträger in Florenz. Er war antipäpstlich eingestellt und bekämpfte Barthold Georg Niebuhr[17], der den Ansprüchen der Kurie gegenüber zu nachgiebig schien. Bartholdys Geheimberichte wurden in der Berliner Kanzlei sehr geschätzt. Im übrigen war er reich und konnte sich's leisten: Ohne Unterschied der Konfession half er armen deutschen Künstlern, indem er in Rom die »Casa Bartholdy« mit schönen Fresken schmücken ließ[18]. Bald war auch Hensel unter ihnen. Neben den erfolgreicheren Cornelius, Overbeck und Veit machte er keine schlechte Figur.

Ob Bartholdy auch Geheimberichte an Schwester Leah nach Berlin über Wilhelm Hensels Verkehr sandte, wissen wir nicht. Da Wilhelm an Fanny nicht schreiben durfte (er hatte sich ehrenwörtlich verpflichtet!), tat er etwas Rührendes: er zeichnete, aus der Erinnerung, die ganze Familie Mendelssohn, Porträt an Porträt, jeden einzelnen, die Eltern, sogar Rebekka und Paulchen, und schickte es an Fannys Mutter. Raffaelisch reine Bildchen! Die in ihnen so heimlich-deutlich aufgespeicherte Liebe zu Fanny erweichte nun wieder Leahs Herz. Sie schrieb ihm herzlich und dankte ihm[19]. So wurde das Verbot ausgehöhlt: Sie las Fanny seine Briefe vor, und schließlich verstand sie die Liebe der beiden!

Fünf lange Jahre blieb Hensel in Rom, ohne daß die Außenwelt das geringste von dem Verlöbnis wußte. Währenddessen starb Jakob Bartholdy, dessen Vermögen nun Leah zufiel. (Schon vorher hatten die Mendelssohns den Namen des Erbonkels angenommen und sich Mendelssohn-Bartholdy genannt.) Wieder einmal war die Familie, die nicht gerade arme, reicher geworden. Wilhelm, der sich bei der Ordnung des künstlerischen Nachlasses von Bartholdy verdient gemacht hatte, kam jetzt endlich nach Hause zurück. Er erkannte seine Fanny kaum wieder. Sie war jetzt dreiundzwanzig Jahre: nach der Sitte der Zeit also nicht mehr ganz jung. Klug, hochbegabt — von der Schärfe ihrer Repliken, die im Umkreis gefürchtet war, hatte sie manches, nicht alles, verloren. Sie war eine Komponistin von Rang: ihre Goethelieder schenkte sie Felix. Er hat sie in Opus 8 und 10 als »Heimweh«, »Italien«, »Suleika und Hatem«, »Sehnsucht«, »Verlust« und »Nonne« veröffentlicht.

Vor allem aber lebt Fanny Hensel als eine der besten und originellsten Briefschreiberinnen jener Zeit fort. Wo die meisten anderen Frauen wie Heinrich Heine oder Jean Paul schrieben — was gleichermaßen lästig war! —, blieb sie im eigenen festen Stil. Wie die überzeugte Berlinerin den damaligen Besuch des jungen Frankfurters Börne schildert, das schrieb ihr nicht so leicht einer nach:

Wir haben ihn lange hier gehabt, und allein, mit anderen Leuten, mittags, abends, und in allen Beleuchtungen kennengelernt, und nie hat er sich verleugnet als ein kleiner, schwerhörender und schwerer begreifender Mann, dem die einfachsten Dinge fremd und neu sind, der sich wie der gemeine Haufen der Frankfurter wundert, daß die Berliner auf den Hinterfüßen stehn und mit den Vorderpfoten essen — und daß die Bäume wirklich auch hier grün werden, nachdem der Schnee wirklich auch weiß war; ein Mann, der mir eines Tages ein

Buch vorlegte und mich die Zahl 10430 aussprechen ließ; und als ich nun, irgendeine Rechenaufgabe erwartend, ängstlich schwieg, erklärte er die Prüfung beendet und zeigte sich verwundert darüber, daß ich eine fünfstellige Zahl wirklich aussprechen könne. Nie haben wir irgendein bemerkenswertes Wort von ihm gehört, nie auch nur einen Funken, einen Blitz oder Blick bemerkt, der ihn als bedeutenden Mann bezeichnet hätte, wofür ihn ja all die anderen halten...
Das ist höchst unfreundlich geurteilt, aber nicht boshaft. Sondern nur ernst. Das Urteil stammt von einer Frau, die ihre Liebe nur wenigen schenkte, die entgegen dem Zeitalter mit ihrer Anerkennung karg war.

Am 22. Januar 1829 wurde die Verlobung gefeiert, und am 7. Oktober gehörten sich Wilhelm und Fanny für immer. Fanny hatte noch manches Jahr zwischen der Eifersucht des Bruders und des Gatten zu vermitteln – und Wilhelm fühlte sich noch oft fremd. Wie sein Sohn Sebastian später erzählt hat, war dem von draußen Hereingeschneiten die »Coterie-Sprache« der Familie unverständlich[20]. Aber im Berlinerischen fand man sich dann schließlich und lachte. Man freute sich am »ick« und am »det« und ging mit besonderer Begeisterung zu Angelys »Fest der Handwerker«, der reizenden Lokalposse:

> Ei, was braucht man, um glücklich zu sein,
> das wird ja den Hals noch nich kosten;
> wir mieten uns in een Stübeken ein,
> da setzen wir een paar Stühleken rein.
> Een Stübeken, een Stuhl;
> mehr braucht man nich, um glücklich zu sein,
> und das wird den Hals ja nich kosten[21].

Was aktuell und auch nicht aktuell war: denn zweifellos hatten Fanny und Wilhelm in der Leipziger Straße 3 viel mehr als »een paar Stühleken, drei Häubken, zwee Hütken, een Umschlagetuch« – worüber man denn auch herzlich lachte. – Am meisten aber lachte man doch über das Epos »Lalla Rookh«, und wie es die beiden zusammengebracht hatte. Was englische Poesie doch vermochte!

Doch nein, über England ließ sich nicht lachen. Begann es doch für Felixens Ruhm eine Bedeutung anzunehmen, die man sich nicht erträumt hatte.

England oder Frankreich?

Nach der Schlacht bei Waterloo tritt an jeden geistigen Europäer eine Art von Entscheidung heran. Optiert er für Frankreich oder für England? Eins scheint das andere auszuschließen. Dabei bleibt er natürlich, was er ist. Jedermann hat *ein* Vaterland, sein eignes, wo er geboren ist, Deutschland, Schweden, Polen, Italien. Doch dazu hat er jetzt noch ein *Wahl*vaterland, zu dem er geistig und menschlich aufblickt. Tut er es nicht, bleibt er ein Provinzler. Europäisch wird man erst, indem man die Niederlage Frankreichs 1815 durch eine bewußte Handlung quittiert. Entweder man wird Engländer, weil man den Sieg bei Waterloo als ein Gottesurteil betrachtet, oder man fühlt sich als Wahlfranzose, weil »damals das Bessere unterlag«, und weil man einer gedemütigten Weltanschauung jetzt zu Hilfe kommen muß.

Aber bewußt? Geschieht es bewußt? Vielleicht folgen viele derjenigen, die für England oder Frankreich stimmen, ganz unbewußt einer »politischen Mode«. Gut — aber was ist denn eigentlich: Mode? Man kann beobachten, daß nach jedem Krieg die Menschen veränderte Kleider tragen. Nach dem Pariser Bastillesturm trägt das befreite Bürgertum mit Überzeugung die langen Hosen, die bisher die Galeerensklaven trugen, und die republikanische Freiheit versieht die Frau mit antiken Gewändern. Später beschenkt die Polnische Revolution von 1830 die französische Damenmode mit Pelzbesatz auf Halskragen und mit kleinen Mazurka-Hüten (»Chopin hat hier neulich einen Hut komponiert«, schreibt damals ein Spötter); und die Niederwerfung des populärsten der Aufstände, des ungarischen Freiheitskampfes von 1848, bringt der ganzen westlichen Welt die verschnürte Magyarenjacke, die noch viel populärer wird als Berlioz' toller Rákóczy-Marsch... Was heißt da bewußt oder unbewußt? Mit der gleichen Selbstverständlichkeit, mit der man »politische« Kleider trägt, fragt sich im Vormärz der geistige Mensch: Was geht in Paris vor? Was in London? Und wie habe ich mich einzustellen? Er kann nur für eines Partei nehmen. Die Gerechtigkeit, die er dem einen Volke gewährt, scheint er wunderlicherweise dem andern Volke verweigern zu müssen.

Da ist zum Beispiel der »Fall Heine«. Geht Heinrich Heine in

London spazieren, wird sein Urteil sogleich schief-mißgünstig. Walter Scott hat neulich ein Buch über Napoleon geschrieben[1], ein ausgesprochen pro-englisches, anti-kaiserliches Buch: nun ärgert sich Heine dermaßen darüber, daß die Apotheose Wellingtons ihm noch auf die Straßenbilder abfärbt. So scharf sein Blick Einzelheiten sieht, die reitenden Lords, die Cabriolets mit den rosig-weißen Damen darin, die Börse, die Themse, das Parlament mit den fechtenden Politikern: es ist ihm alles gleich unsympathisch, die Armut und die Scham vor der Armut, die »schwärzlich-olivgrünen Schornsteine, die wie ausgerissene Zähne in den freudlosen Himmel starren« — er vergißt, daß es nicht nur eine »liberté«, sondern auch eine »liberty« gibt, die durchaus keine Heuchelei ist, die historisch erwiesenermaßen der Welt Unendliches geschenkt hat. Das alles schweigt Heine bewußt nieder. Derselbe Heine, der über Frankreich das Klügste und Innerlichste gesagt hat, was ein Deutscher jemals zu Deutschen sprach. Und der ebenso den Franzosen über die Geistesgeschichte der Deutschen Wahrheiten zu sagen wagte, die sie bei keinem sonst lernen konnten. Heine, der Vielbeschimpfte, hat für die Annäherung der Deutschen und der Franzosen mehr getan als hundert Schriftsteller vor ihm und nach ihm. Aber den Engländern bleibt er taub. Oder hat es ihn etwa beeindruckt, daß — er starb 1856 — Dickens, Thackeray, Emily Brontë, Thomas Carlyle oder Macaulay seine Zeitgenossen waren?[2]

Umgekehrt: der deutsche Zeitgenosse, der für England optiert, interessiert sich nicht für Paris. Er hat, im Gegenteil, ein ausgesprochenes Nichtverständnis, ja, scharfe Abneigung gegen die Franzosen. Sie sind ihm ein »liederliches Volk«. Von Lessing an — er war ja der erste, der die Franzosen von der Bühne herabwarf — war die deutsche Literatur nicht bloß anglophil, sondern angloman. Längst vor der Französischen Revolution standen auf dem Arbeitstisch Jung-Goethes nur englische Bücher. Daß andrerseits Schiller ohne den Einfluß Racines und Corneilles unmöglich war[3], wurde der Nation verschwiegen. Und viel schärfer noch als die klassischen Dichter bewegten sich die deutschen Tonmeister ins Lager der Engländer hinein. Haydn, Mozart, Beethoven und Weber haben in Orchesterstücken und mehr oder weniger guten Kantaten englische Ganz- oder Halbsiege gefeiert. »Neptuns-Kantate«[4] hießen sie, »Die Schlacht bei Vittoria«, »Kampf und Sieg«. Politische und persönliche

Würde, Freiheit und wahres Menschentum schien *diesen* Deutschen jedenfalls nur bei den Engländern verwirklicht.

Und wie ertrug nun der Engländer selbst die Bürde dieser Bewunderung? Eric Blom, scharfer Kritiker des englischen Musiklebens, stellte unlängst mit halbem Lächeln fest, daß die Victorianische Zeit diese Bewunderung gar nicht verdiente[5]. Auf dem Gebiete der Musik habe kein wirklicher Schöpfergeist damals in England gelebt. Kein Purcell und erst recht kein Händel, welch letzterer, in Halle geboren, ja später ein wirklicher Engländer wurde. Das Verdienst des Victorianischen Englands der europäischen Musik gegenüber war höchstens, daß es eigentlich das musikhungrigste Land der Welt war. Schon seit Jahrzehnten hatte London die wunderbarsten Konzertsäle, die reichsten Liebhabervereinigungen, Klavierfabriken, Ausstellungen und die üppigsten Opernhäuser. Von den letzteren hörte man besonders, wenn sie niederbrannten, was oft geschah: am 19. September 1808 brannte Covent Garden aus und schon am 24. Februar 1809 das Theater in Drury Lane – Grund, alles noch schöner aufzubauen. Das Musikleben in London – fast ganz von Ausländern bestritten! – wurde nun immer tropischer. Italienische, schottische, deutsche Musik erklang an allen Enden der Stadt. Als am 28. Juni 1837 Victoria gekrönt wurde, gehörte die große Tanzmusik Strauß' Vaters, des Walzerdirigenten, nicht weniger zum akustischen Bild der Feier als die Kanonenschüsse, welche die Eidesformel einrahmten[6].

Man hat Mendelssohn im Scherz den ersten Früh-Victorianer genannt, weil er bereits *vor* Victoria da war. Und das ist vollkommen richtig. Als er am 21. April 1829 das erstemal in London einfährt, in die »Sinfonie von Rauch und Stein«, da hat er dasselbe Erlebnis wie Heine – aber, welch ein Unterschied, *mit positivem Vorzeichen!* Entsetzlich, toll und doch wundervoll nennt er's: »*Ich bin konfus und verdreht! London ist das grandioseste Ungeheuer, das die Welt trägt... Im letzten halben Jahr in Berlin hab' ich nicht so viel Kontraste und so viel Verschiedenes gesehn.*« Natürlich nicht! Im letzten Halbjahr hat er die »Matthäuspassion« wiedererweckt – doch was ist das Antiquarische, was ist die Vergangenheit gegenüber dieser Gegenwart London! Es wirft ihn herum wie in einem Strudel; wie ein Schwimmer teilt er die Regent Street, die mit Säulenhallen geschmückte. Er sieht Läden mit mannshohen Inschriften,

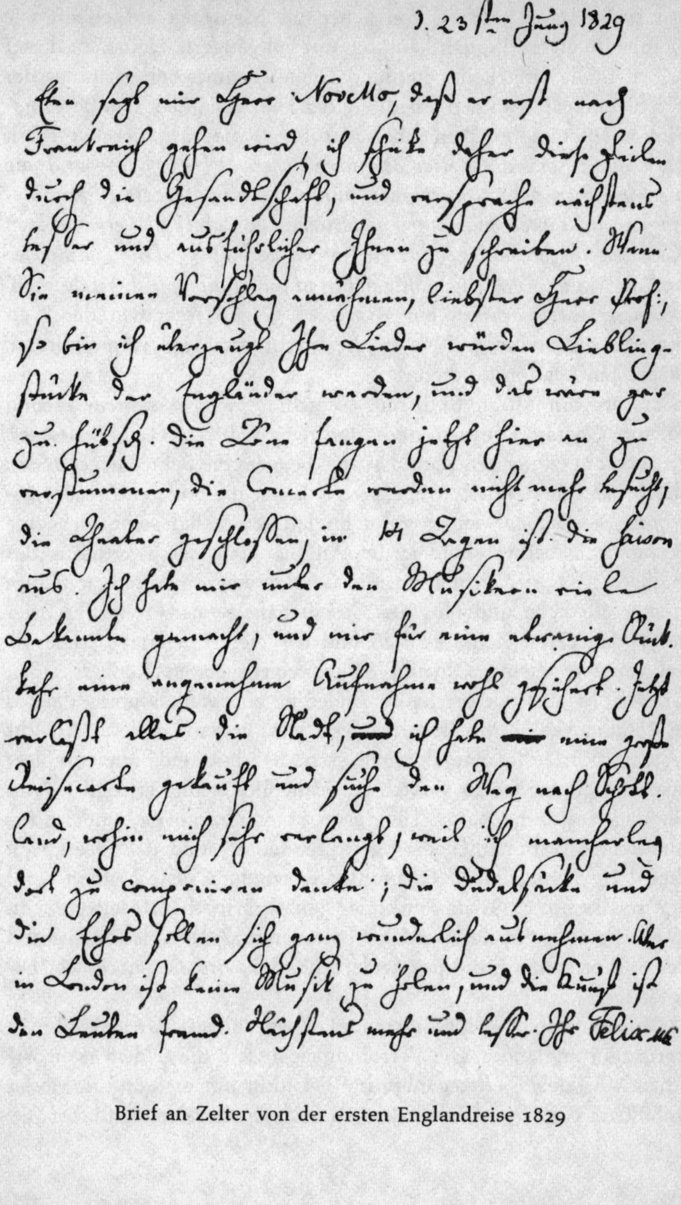
d. 23sten Juny 1829

Eben sagt mir Herr Novello, daß er erst nach Frankreich gehen wird, ich schicke daher diese Zeilen durch die Gesandtschaft, und verspreche nächstens besser und ausführlicher Ihnen zu schreiben. Wenn Sie meinen Vorschlag annehmen, liebster Herr Prof:, so bin ich überzeugt Ihre Lieder würden Lieblingstücke der Engländer werden, und das wäre gar zu hübsch. Die Leute fangen jetzt hier an zu verstummen, die Concerte werden nicht mehr besucht, die Theater geschlossen, in 14 Tagen ist die Saison aus. Ich habe mir unter den Musikern viele Bekannte gemacht, und mir für eine etwaige Rückkehr eine angenehme Aufnahme wohl gesichert. Jetzt verläßt alles die Stadt, und ich habe eine große Reisecarte gekauft und suche den Weg nach Schottland, wohin mich sehr verlangt, weil ich manches dort zu componiren denke; die Dudelsäcke und die Echos sollen sich ganz wunderlich ausnehmen. Aber in London ist keine Musik zu hören, und die Kunst ist den Leuten fremd. Nächstens mehr und besser. Ihr Felix MB

Brief an Zelter von der ersten Englandreise 1829

streift die *stage coaches*, von denen die Menschen aufgehäuft wie Trauben hängen. Wagen kämpfen mit Fußgängern. Heine, an dieser selben Stelle eingekeilt, empfand Unangenehmes: er dachte – der Napoleoniker! – an den Übergang der Franzosen über den Beresina-Fluß. Mendelssohn aber jubelt darüber, *»wie sich hier ein Pferd hochbäumt, weil der Reiter Bekannte in jenem Haus hat – und wie die Menschen gebraucht werden, um Ankündigungszettel herumzutragen, auf denen man uns (o tierliebes London!) die graziösesten Kunstleistungen von gebildeten Katzen verheißt... Und die Bettler und die Mohren und die wohlgenährten John Bulls mit ihren dünnen, schönen zwei Töchtern am Arm...«*[7]. Wenn irgendwo die Welt regiert wird, dann soll es in diesem urgesunden, vergnüglichen, mächtigen London geschehn!

Er ist vom »John Bullismus« ergriffen, wie er seinem Freund Johann Gustav Droysen nach Berlin schreibt. Mit einer riesigen Zeitung am englischen Kamin sitzen, bequem die Beine ausgestreckt: schon das dünkt ihn erstrebenswert! Er ist nie anderer Ansicht geworden – und auf seinen zehn Englandreisen hat seine Liebe nie gewankt. Dabei verstand er im Anfang noch den Rhythmus des englischen Lebens nicht recht, die Gesetze der »season« waren ihm fremd, die Ebbe und Flut des Gesellschaftslebens – wie der Brief zeigt, den er an Zelter schrieb und der hier zum ersten Male als Faksimile erscheint. Obwohl er in seinem ersten Konzert einen Großerfolg einstreichen kann, findet er einstweilen noch, daß es in London »keine Musik gibt«. Bald wird er ganz anderer Ansicht werden. Vorläufig einmal reiste er nach Schottland, um von dort aus »die Engländer zu verstehn«. Schließlich wußte er, daß Haydn für den Verleger George Thompson in Edinburgh einhundertachtunddreißig Nationallieder eingerichtet hatte[8], und daß Beethoven ihm darin gefolgt war[9]. So mußte der windumsauste Norden wohl der musikempfindlichste Punkt der ganzen britischen Inselwelt sein. Was Mendelssohn dann auf dem Breitengrad der »Hebriden« und der »Schottischen Sinfonie« widerfuhr, das wird uns noch viel beschäftigen.

Doch vor allem – man erstaune! – wurde Felix Mendelssohn in *Paris* zum Engländer. Die Verständnislosigkeit, die er dem französischen Musikleben entgegenbrachte, ist nicht nur erstaunlich. Sie ist unfaßbar. Wenn wir Mozart klagen und zürnen hören – und später

Wagner fast mit den gleichen Worten! — über die seelenlose Seichtheit und aufpeitschende Effekthascherei des Pariser Musikbetriebs, so standen schwere Enttäuschungen persönlichster Natur dahinter [10]. Daß es bei Wagner beleidigte Liebe war, die ihn gegenüber Paris beseelte, wird aus dem so ehrlichen und so unvorsichtigen Bekenntnis klar, die Pariser Juli-Revolution habe 1830 alles, was in Europa Zukunft hatte, im künstlerischen Paris versammelt. Daß seine eigene Musik dann bei den Franzosen nicht »ankam«, war eigentlich nur ein böser Zufall. War doch sein »Rienzi« glühend genug, rednerisch, groß und effektvoll — wieviel hatte er von Méhul, wieviel von Spontini gelernt! Und was Pathos war, wußten die Franzosen: nirgends hat Wagner Beethovens »Neunte« so gehört wie bei Habeneck am Pariser »Conservatoire« [11].

Doch woher die Mendelssohnsche Strenge gegenüber den Parisern? Niemand ist ihm zu nahe getreten. Um ihn zu ehren, spielt man sogar sein »Oktett« in einer Kirche. Das trifft ihn am undankbarsten Nerv. Denn natürlich gehört es dort nicht hin. Aber (es läßt sich darüber streiten!) für die französischen Musiker ist gute Musik eben gute Musik. Was würde Mendelssohn dazu sagen, wenn er 1950 lebte und in Kalifornien einer seiner Lieblingsmusiken, nämlich dem Hörner-Adagio aus der Freischütz-Ouvertüre, mit englisch unterlegtem Text als *Kirchenlied* begegnen würde? Aber dem Strengerzogenen erschien sein »Oktett« in einer Kirche wie ein unzüchtiges Durcheinander — und damit war ja wohl in ihm ein deutsches Urgefühl gegen Frankreich erregt. Laszivität in der Musik entsprach der Laszivität der Sitten. Ganz abgesehn vom Politischen (und 1831 tost das ganze Pariser Leben von Politik, dem Verhaßtesten, was der junge Mendelssohn kennt!) ist es die Überbetonung des Erotischen auf dem Theater, die ihn verletzt und die ihn erschreckt. Über diesem ganzen Paris scheint der Schatten Meyerbeers zu liegen. Was hat er gegen Meyerbeer, der nicht einmal sein Konkurrent ist?

Meyerbeer ist überhaupt kein Franzose, er ist ein Berliner wie er selbst — nur, seiner merkwürdigen Begabung nach, stets ein Superlativ des Volkes, in dem er sich vorläufig niederließ. Der noch nicht Dreißigjährige begann vollkommen italienische Opern zu schreiben wie *»Emma di Resburgo«* und *»Il Crociato in Egitto«*, über die ein Rossini staunte. Fünf Jahre später schreibt er seine erfolgreichste französische Oper »Robert der Teufel« — 1836 türmt er noch die

»Hugenotten« darüber, deren festliche Beredsamkeit und Arienglanz die Welt hinreißen. Mit der gleichen Selbstverständlichkeit wird er 1842, als König Friedrich Wilhelm IV. ihn als Nachfolger Spontinis an die Spitze des Opernwesens beruft, wieder Preuße und Berliner werden und aus friderizianischen Liedern sein Bühnenwerk »Ein Feldlager in Schlesien« schreiben... Vielleicht gibt es einen »Fall Meyerbeer«, wie es einen »Fall Tschaikowskij« gibt: Talente, die erst in der Assimilierung und Rezeption bedeutend werden. Auf keinen Fall aber geht es an, bei einem sich dreimal Wandelnden von einer »Tragödie der Wurzellosigkeit« zu schwatzen. Gegenüber der Opernsonne Mozarts war Meyerbeer freilich ein kleiner Stern. Aber man kann nicht am Schaffen Mozarts die deutsch-italienisch-französische Bindung als *Europäismus* feiern und gleichzeitig das Sich-Eingraben eines anderen Komponisten in die drei »nationalen Schichten« der europäischen Oper verwerfen. Die Tragödie Meyerbeers bestand einzig darin, daß er *nicht tief genug* grub, daß er im Erfolg steckenblieb, und daß noch seine beste Musik niemals wirklich »gute Musik« war.

Worum also ging es Mendelssohn, wenn er Meyerbeer, den Überfranzosen, und seinen Operntypus verwarf? Es ging ihm um etwas noch anderes als um rein musikalische Fragen:

Der Hauptpunkt ist einer von denen, ...denen man sich... entgegenstellen soll: es ist derjenige der Unsittlichkeit. Wenn im ›Robert le Diable‹ die Nonnen eine nach der andern kommen und den Helden zu verführen suchen, bis es der Äbtissin endlich gelingt; wenn der Held durch einen Zauber ins Schlafzimmer seiner Geliebten kommt und sie zu Boden wirft in einer Gruppe, über die das Publikum hier klatscht..., und wenn sie ihn dann in einer Arie um Gnade bittet: wenn in einer anderen Oper das Mädchen sich auskleidet und dabei ein Lied singt, wie sie morgen um diese Zeit verheiratet sein werde: – es hat Effekt gemacht, aber ich hätte keine Musik dafür. Denn es ist gemein, und wenn das heut die Zeit verlangte und notwendig fände, so will ich Kirchenmusik schreiben...
Das äußert der knapp Dreiundzwanzigjährige seinem Vater gegenüber nach Berlin, im Dezember 1831, und wenige Wochen später schreibt er dem Theaterdirektor Karl Immermann nach Düsseldorf noch viel schärfere Worte über Meyerbeer und seinen Textdichter Scribe[12]. Gerechter sah es wohl später Wagner, Meyerbeers Konkur-

rent und Erbe, wenn er an Meyerbeer Briefe schrieb, die – Schmeichelei beiseite gesetzt! – den großen französischen Opernpapst aus recht künstlerischen Gründen seiner »glühendsten Verehrung« versichern. Wagner pries in einem langen Essay (der uns heut schwer auf die Nerven fällt!) den vierten Akt der »Hugenotten« als unüberbietbares Meisterstück. Er sah durch diesen »deutschen Landsmann«, den er mit Gluck, ja, mit Mozart verglich, die französische Oper des Zeitalters auf den Gipfel geführt – und bezeichnete sich selbst als Meyerbeers »mit Herz und Blut ewig verpflichteten Untertan«[13].

Das konnte Mendelssohn nicht passieren. Kein Orchesterglanz blendete ihn. Der »heroische Sexus« der Meyerbeer-Stoffe war ihm ein Greuel. Er verletzte eine Grundprovinz seines Wesens. Diese Keuschheit war etwas, das ihn mit Robert Schumann verband. Als Meyerbeers »Prophet« herauskam (wäre es keine Oper gewesen mit einer fragwürdigen Textmischung von Religion, Erotik und Kommunismus, hätte Schumann die Musik unbedingt anerkennen müssen!), notierte Schumann in sein Tagebuch lakonisch den Titel »Der Prophet« und schrieb ein Kirchhofkreuz dahinter. Das war derselbe Schumann, der den »Tannhäuser« nicht nur als »unanständig«, sondern als *meyerbeerisch* empfand[14].

Die Berichte Mendelssohns über das Pariser Musikleben erregten ausgesprochenen Schrecken in der Leipziger Straße 3, wo sein Vater immer noch hoffte, eines Tages werde Felix ein »Pariser Opernmann« werden. So hatte er nichts hinzugelernt, seit er als Sechzehnjähriger bei einem früheren Aufenthalt am 9. Mai 1825 an Schwester Fanny geschrieben hatte:

Das Land, wo Milch und Honig fließt? – Besinne Dich doch, ich bitte Dich! Bist Du in Paris, oder bin ich es? Da muß ich's doch besser kennen als Du! Ist es meine Art, von Vorurteilen befangen über Musik zu urteilen? Wäre sie das aber auch: ist Rode befangen, wenn er mir sagt: C'est ici une dégringolade musicale! Ist Neukomm befangen, der mir sagt: Ce n'est pas ici le pays des orchestres. Ist Herz befangen, wenn er sagt: Hier kann das Publikum nur Variationen verstehen und goutieren. Und sind 10000 andere befangen, die auf Paris schimpfen? Du, Du bist so befangen, daß Du meinen höchst unparteiischen Berichten weniger glaubst, als einer lieblichen Vorstellung von Paris als einem Eldorado, die Du Dir gebildet hast!

Nun konnte so mancher Ausländer aus durchsichtigen Gründen

den Pariser Musikbetrieb nicht leiden. Doch wie steht Felix Mendelssohn 1831 zu Frankreich, wo es »*nicht* Meyerbeer ist«? Wie steht er zum reizendsten Geschenk der Franzosen an Europa, der französischen »Spieloper«? Da ist Daniel François Esprit Auber[15], der große Meister Komischer Opern, von denen man den »Schnee« und »Maurer und Schlosser« längst in Berlin gibt. Sein »Fra Diavolo« enthält, aus bester Grétry-Schule, die unvergleichliche Romanze:

Sogar der unerbittliche Wagner, der damals noch »Schwulst und Gelehrsamkeit das Erbübel der deutschen Oper« (!) nannte[16], schrieb 1836, bezaubert von dem Realismus der leichten französischen Spieloper: »Von Grétry bis zu Auber blieb *dramatische Wahrheit* eines der Hauptprinzipe der Franzosen.« — Nichts, nichts davon in Mendelssohns Briefen! Natürlich auch nichts von Adolphe Adams Ouvertüre zu »*Si j'étais Roi*« oder vom dörflichen Rossegetrappel im »Postillon von Longjumeau«[17].

So wenig verstand er diese Art Opern, daß er in einem Gespräch mit dem jungen Gounod, dem späteren Komponisten des »Faust« (den die Franzosen, wie bescheiden, aber »Margarethe« nannten!), der französischen Nation überhaupt eine Opern-Zukunft absprach. Er verwies sie auf das *Oratorium*! Sollten sie geistliche Buße tun? Schlimmer konnte man wohl nicht irren. Die »Schlacht bei Waterloo« war schuld. Solch ein Mensch gehörte nach England, das ihn mit stets geöffneten Armen, als Komponisten und Dirigenten, immer wieder aufnehmen sollte. Bei dessen bloßer Namens-Erwähnung es Felix ekstatisch schauerte[18]. Ein Land, das zwar seit Generationen keinen großen Musiker hervorgebracht hatte, aber zwei lyrische Juwelen: »*The last Rose of Summer*« (das Mendelssohn prachtvoll variierte, und später der Deutsche Friedrich von Flotow seiner Spieloper »Martha« einverleibte), und mehr noch Bishops *»Home, sweet Home«*, das noch viele Jahrzehnte darauf bei Sousa und der amerikanischen Musik die größte Bedeutung finden sollte[19].

England war für Mendelssohn das Leben selbst. War tätig und groß. Kein Weibersumpf. Ein Land von Männern! Englische Helden griffen damals aus Walter Scotts Romanen auf das Lebensgefühl des Kontinents über. Frankreich wird beiseite geschoben: Donizetti komponierte in Italien die »Lucia di Lammermoor«, Rossini die Scottsche »Donna del Lago« (das »Fräulein vom See«); in Deutschland formt Heinrich Marschner aus Scotts Ivanhoe-Roman seine Oper »Templer und Jüdin«. Und in den Tagen, da Victoria gekrönt wird, schreibt Schumann sein brausendstes Jugendwerk, die »Sinfonischen Etüden«, 1837 — mit der großartigen Variation des »Du stolzes England, freue dich!« — und widmet es einem Engländer, dem jungen William Sterndale Bennett.

Victor Hugo und Horace Vernet

Man hat es Mendelssohn verdacht, daß er nicht gewußt habe, daß das Paris, das er besuchte, auch das Paris Victor Hugos war[1]. Doch er besaß nicht die historische Distanz, die Hofmannsthals berühmten Essay von 1901 auszeichnet[2]. Mendelssohn wußte ja auch nichts von dem mittleren Victor Hugo, dem Verbannten Napoleons III., dem guten und gerechten Greis des späteren neunzehnten Jahrhunderts, dem Verkünder humanitärer Werte.

Der Zeitgenosse, den Mendelssohn kannte, war ein wilder und grotesker Autor, war eine Art »Meyerbeer der Worte«. Mit seinen beiden Frühromanen »Han d'Islande« und »Bug Jargal« hatte der zwanzigjährige Hugo den Reigen eröffnet, der so viele mißgestaltete Wesen, Bucklige, Machtträumer und Sadisten in die französische Literatur einließ. Sein Gedichtband, die *»Orientales«*, feierte scheinbar die Erhebung Griechenlands gegen die Türkei, in Wahrheit glühte er von den Farben eines geträumten Orients und den Schönheiten des Harems. In »Marion Delorme« betrat zum erstenmal (1829) der Typus einer durch reine Liebe verklärten Kurtisane die

Bühne. Dann kam der 25. Februar 1830: die Premiere von Victor Hugos »Hernani«, die ein ungeheurer und dabei beabsichtigter Theaterskandal war, den Hugos Schüler Théophile Gautier in roter Weste dirigierte[3]. Diese Theater-Revolution warf den Klassizismus über den Haufen. Jetzt war der »Romantisme« Trumpf, von dem Delacroix nicht mit Unrecht gesagt hat: *»Qui dit romantisme, dit art moderne.«*[4]

Unzweifelhaft merkte Mendelssohn, der fast ein noch größerer Bücherleser als Wagner oder Schumann war, wie antiromantisch – für einen Deutschen! – die französische Romantik war. Nicht, daß sie das Pathologische, Grauenhaft-Grelle bevorzugte, war entscheidend – das tat auch die deutsche Romantik, wie man aus E. Th. A. Hoffmann weiß, den ein paar Jahrzehnte nach seinem Tod die Franzosen zu ihrem Lieblingsautor erkoren[5]. Die französische Romantik verfolgte eine höchst praktische Tendenz. Sie zeigte die sehr deutliche Absicht, die Niederlage Napoleons – also den englisch-deutschen Sieg – politisch rückgängig zu machen. Aus diesem Grunde war für die französischen Dichter und Musiker die Einnahme Algeriens und der Sieg über Abd-el-Kader ein besonderer Triumph[6], der Frankreich mit Orient-Malereien, mit Gedichten und Hymnen überschwemmte. Als Johann Strauß der Ältere 1835 sein Orchester nach Frankreich führte, konnte er sich im Straßburger Theater nur Gehör verschaffen, als er duldete, daß ein Trompeter die Marseillaise zu blasen begann. *»Vive la France! Vive l'armée! Vive le général Damrémont, le vainqueur de Constantine!«* rief die fanatisierte Menge[7]. Und die triumphale Heimkehr der Gebeine Napoleons (1840) und die Bestattung im Invalidendom sollte damals ja auch nur wenige Jahre auf sich warten lassen.

Eine unpolitische Kunst schien also damals in Frankreich unmöglich – und so mag man sich vorstellen, welche Vorbehalte ein Mendelssohn gegen die Ära Hugo hatte. Da ihm selbst das »konkrete Erlebnis« fehlte, fühlte er dessen Anwesenheit auch nicht bei dem Dichter Victor Hugo und empfand seine Verse gespreizt und hohl. Welch ein Einfühler war später doch Hofmannsthal, der mit einem genialen Griff die historische Wahrheit ans Licht brachte[8]: Hugo hatte nicht gelogen, alles war echt, ein Kindheitserlebnis hatte seine Verse beeinflußt. Als hoher Offizier war sein Vater mit König Joseph Bonaparte ins eroberte Spanien gezogen, das doch nie ganz zu erobern war; das drohend und geheimnisvoll die eingedrungenen Franzosen als Emporkömmlinge behandelte[9]. Das war das Erlebnis des Knaben Hugo, das seine Dichterträume mitformte: das Spanisch-Gotische, Maurisch-Schwüle in den Gestalten des Hernani, des Ruy Gomez, des Ruy Blas. Alle sie, sagt Hofmannsthal, »waren Antithesen ihrer selbst, besaßen zugleich ein Fremd- und Daheimsein, lebten in einem Dickicht von Verkleidungen, vertauschten und verheimlichten Namen, irrtümlichen Morden und ergreifendem Erkennen, alles das umwoben von geheimnisvoller Etikette und prunkvoller Gebundenheit...«[10]. Sogar den »Glöckner von Notre Dame« hat das Kind Hugo wirklich erlebt: Wie es am ersten Morgen im Madrider Internat erwachte, trat ein Buckliger an sein Bett, um ihm Handreichungen zu leisten. Mit roter Leinenjacke, Hosen von blauem Sammet und gelben Strümpfen — welch ein Ensemble! Wenn die Zöglinge unzufrieden waren, riefen sie ihn »Corcova! Buckel!« Waren sie aber zufrieden, »Corcoveta! Buckelchen!« — und währenddessen gewitterte das Auge des Verwachsenen von tiefem Schmerz und abgründigem Hohn.

Ehebruch und Giftmischerei, Verwechslungen, Edelmut und Wortprunk: all das stürzte auf Mendelssohn ein, als er 1839 in Leipzig sich plötzlich gezwungen sah, Victor Hugos »*Ruy Blas*« zu lesen und dazu eine Ouvertüre zu schreiben. In wenigen Tagen mußte es sein! Der Theaterpensionsfonds wollte es so. »*Ich las das Stück*«, schrieb er seiner Mutter, »*das so ganz abscheulich und unter jeder Würde ist, wie man's gar nicht glauben kann*« — und dann schrieb er eine Ouvertüre, die eine seiner bezauberndsten und unvergänglichen Eingebungen ist.

Nach vier Takten Lento, bei denen aber das ganze Streichorchester schweigt, beginnt in rinnenden Halbkreisen das Allegro molto der Flöten und Streicher:

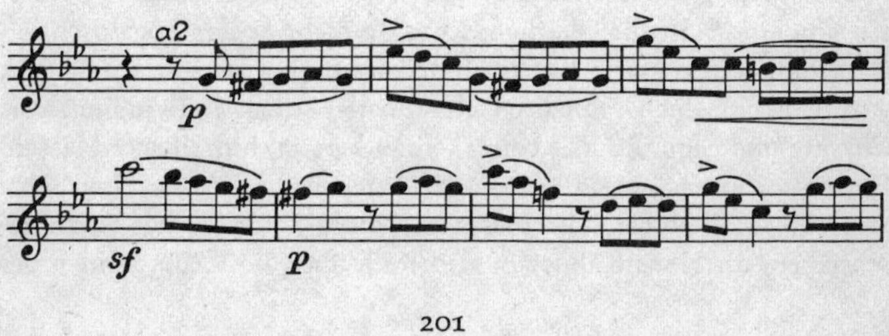

das dem ganzen Werk seine seltsame Heiterkeit in Moll aufprägt. Das Motiv ist gänzlich ohne Pathos – also wohl anders, als Hugo sich's dachte! –, doch diese makabre Drolerie ist ebenfalls in dem Theaterstück: sie gibt ihm den Shakespearischen Beigeschmack. Immer wieder wollen sich die Holzbläser hier selbständig machen; das Fagott tanzt einen grotesken Tanz. Mendelssohns punktierte Capriccio-Noten und die andern, die huschend verdeckten; ein Staccato, wo man's gar nicht erwartet; plötzlich ein Pauken-Fortissimo: eh' man es voll begriffen hat, ist es schon wieder eingewoben in den rinnend-rennenden Halbkreis des Anfangsmotivs... Es ist wunderbar! Und am wunderbarsten im zweiten Teil die Figuren lachenden Übermuts mit der lustigen Oboe:

Also gab's eine Schicht in Felix, welche seine Briefbemerkung an die Mutter Lügen strafte? Eine Schicht vielleicht, die das Stück sogar *liebte*? Doch was wissen wir von den Sympathien oder Antipathien eines Künstlers! Gleichgültig alles, sobald »der Geist ruft«. Und hier hatte der Geist gerufen. Auf der ganzen Welt spielt kein Theater »Ruy Blas« ohne Mendelssohns Ouvertüre.

Überhaupt lebte in Mendelssohn, wie in wenigen andern Genies, ein »innerer Sinn für Gleichgewicht«. Je mehr er das Franzosentum als »flach und orgiastisch« ablehnte, desto eher war er bereit, sich von dem *einzelnen* Franzosen als künstlerischem Individuum, was Charme und Männlichkeit betraf, entzücken, ja, hinreißen zu lassen. Henriette Sontag, die 1851 – nachdem sie der Bühne lange fern gewesen – zu einem Gastspiel nach Frankreich kam, hat Sätze geschrieben, die Hans Kühner in sein Buch über die »Sängerinnen des

Vormärz« aufnahm: »Die englische Nation ist großartig, das Individuum frostig, egoistisch, berechnend. In Frankreich ist es gerade umgekehrt. Die ganze Nation erbärmlich, das Individuum *charmant, spirituel, facile à vivre, aimable.*«[11] Dasselbe erlebte auch Mendelssohn! Und noch manches darüber hinaus. Trotz gewisser Widerstände gab es da nämlich eine typisch französische Mannheit und degenführende Bestimmtheit, die den weicheren Mendelssohn hinriß. Die Summe all dieser Eigenschaften hätte er um 1900 in Rostands »Cyrano« gefunden. Zu seinen eigenen Lebzeiten fand er sie in einem Maler verkörpert, dem wunderbaren Horace Vernet, den er auf einem Balle in Rom, beim Fürsten Torlonia, kennenlernte. Wer so gute Empfehlungsbriefe hatte und ein so guter Tänzer war, der ließ 1830 nicht so bald einen römischen Ball aus. Damals sah er zum erstenmal Vernet, einen »kleinen, dünnen Franzosen mit grauem, struppigem Haar und dem Bande der Ehrenlegion«. Vier Wochen später spielte ihm Felix in intimer Gesellschaft vor: den »Don Giovanni« und – wie begreiflich: gerade die Duellszene mit den pfeifenden Rapieren:

war Horace Vernets Lieblingsmusik. Danach geriet Felix ins Fantasieren. Vernet erhob sich und sagte ihm Seltsames ins Ohr: »Wir müssen jetzt einen Tausch machen, Maître – ich kann nämlich *auch* improvisieren!« Felix zog die Brauen hoch und ließ sich ins Nebenzimmer führen. »Da habe ich eine Leinwand schon ganz fertig aufgespannt. Haben Sie etwas Zeit für mich?« Er müsse sich, sagte er rätselhaft lächelnd, und dann sogar bescheiden werdend, zwar etwas zusammennehmen mit seiner Improvisation; denn eigentlich sei er *kein* Improvisator. Aber es *müsse* doch wohl gelingen? Er sah Felix mit blitzenden Augen an – und ehe dieser sich noch besann, jagte der große französische Maler mit wilden Pinselhieben drauflos, und es wurde eins seiner besonnensten und liebevollsten Meisterwerke[12].

Das Bild ist besonders charakteristisch. Wer es im Kreise anderer Mendelssohn-Porträts betrachtet (Max F. Schneider hat siebzehn davon in einem Bändchen zusammengestellt), dem fällt der Realismus des genialen Historienmalers auf[13]. Manche Gemälde Mendelssohns, sogar eines seines Schwagers Wilhelm Hensel von 1829, oder die noch bekanntere Bendemannsche Bleistiftzeichnung von 1833, haben einen neugierigen Zug, den der Porträtierte kaum hatte, und der uncharakteristisch war. Doch Vernet, der Phantastische, malte ihn höchst charakteristisch. Die Stirn ist Moses' schöne Stirn, die bei allen Mendelssohns wiederkehrt. Die unteren Augenränder sind – was bis dahin niemand sah – etwas angeschwollen. Der Mund ist klein und angenehm, doch nicht etwa weiblich; es ist der Mund eines sprechgewohnten Mannes. Das schönste sind die gewölbten Brauen, die dunkel emporgezogen sind; Brauen, die zuhören, und die zum Mund in einer starken Beziehung stehen. Das Haar ist gelockt, doch nicht exzessiv. Das Merkwürdigste ist, daß das Gesicht stark zu transpirieren scheint. Nein, es schwitzt *wirklich* – und zwar darum, weil Felix zu dick bekleidet ist. Der Bericht, den Felix nach Hause sandte, stammt vom 17. Januar 1831. Er meldet zwar, daß der Winter vorbei ist und daß die jungen Römerinnen bereits Veilchen- und Anemonensträuße auf der Straße spazierenführen. Aber er selbst hat damit nicht gerechnet und hat viel zuviel Garderobe auf sich: Weste, Halsbinde, Redingote, als wäre er nach Rußland gereist und nicht nach Italien. – Alles das findet man auf dem Gemälde wieder.

Welch ein beneidenswerter Kerl, dieser scharfäugige Vernet! Felix sieht ihm staunend zu, dem großen Unbekümmerten: *»Jeder kann von ihm etwas lernen. Er ist die Leichtigkeit und Unbefangenheit selbst beim Schaffen. Wie er eine Gestalt sieht, die ihm was ausspricht, so stellt er sie hin, und während wir andern uns überlegen, ob es wohl schön zu nennen ist oder zu loben oder zu tadeln, ist er* *schon längst mit was Neuem fertig und verrückt uns ganz unsern ästhetischen Maßstab.«* Derlei sei nicht zu erlernen. Doch *»das Prinzip ist ein prächtiges; und die Heiterkeit, die daraus entsteht, und die ewige Frische bei der Arbeit ist durch nichts anderes zu ersetzen«* [14]. Wo Vernet sein Atelier habe? Das könne man leicht herausfinden: wo am meisten geschrien werde, oder auf der Trompete geblasen, oder Hundegebell erklänge, dort sei es. *»Die schönste Unordnung herrscht überall: — Flinten, ein Jagdhorn, eine Meerkatze, Paletten, ein paar geschossene Hasen, tote Kaninchen; an den Wänden überall die halbfertigen oder fertigen Bilder.«* Porträts vom Papst oder ein paar Mohren, Kain und Abel, Felix Mendelssohn oder vom Bildhauer Thorwaldsen, endlich Porträts vom Atelier selbst, hängen in diesem Atelier. Diese Unbefangenheit reißt Felix hin. Ach, besitzt er sie denn nicht eigentlich selbst, und hat er sie nicht zu sehr bekämpft durch seine Liebe zu den Toten, zu den Fugen, zur Kirchenmusik und zu Bach? Wär' es nicht *doch* gut, Franzose zu sein und sein Sach' auf nichts zu stellen als auf Farben und Temperament?

Doch er kann nicht aus seiner Haut heraus. Und wiederum noch neun Jahre später, am 5. April 1840, als Fanny Mendelssohn — längst Fanny Hensel, die Frau des Berliner Porträtmalers — auf einer römischen Gesellschaft bei Ingres Horace Vernet kennenlernt, ist sie fasziniert von des Bruders einstigem Idol. Es ist durchaus kein Maskenball; aber Vernet hat sich als Araber kostümiert und geht auf der Straße so herum, mit brauner Haut und blitzenden Augen. Er spricht nur von Algier und von Tunis, sagt: »Ich bin ein Morgenländer und nur noch scheinbar hier in Rom.« [15] In seiner Gegenwart fühlt Fanny die große Unbekümmertheit des französischen Charakters und die brennende Sonne des Orients. Wilhelm und Fanny Hensel sprechen erregt auf den Maler Vernet ein, der überhaupt nicht versteht, warum ihn Hensel nicht auf der Stelle nach Algier begleitet, um dort Schlachtenbilder zu malen. Dort, in Afrika, liegt die Zukunft der Kunst! Und kleinlaut schreibt Fanny ins Tagebuch: »Diese Tat hätte Wilhelm vollbringen können... Daß wir Deutschen immer warten! Immer den Moment verpassen! Immer zu spät kommen! *Daß man doch aus seiner Zeit, seiner Familie, seinem eigenen Selbst so schwer sich erhebt.* Die Sache bewegt und ergreift mich aufs tiefste...« [16]

Fannys Klage, »daß man sich so schwer über seine Zeit erhebt«, hätte Felix nicht unterschrieben. Er war ein Meisterpianist, und seine Klavierkompositionen gehörten zu den erfolgreichsten der Epoche. Seine »Lieder ohne Worte« waren das, was die Zeit, das Bürgerhaus, der Salon von ihm verlangten.

Also schrieb er »Salonmusik«? Nein — er ergab sich, wie vor ihm Schubert, und wie Schumann und Chopin neben ihm, einem »Kultus der kleinen Form«, deren Voraussetzung der Salon war. Nun darf man sich unter einem Biedermeiersalon nicht etwa ein weich erschlaffendes oder gar übermöbliertes Zimmer vorstellen, wie das Rokoko-Boudoir es noch gewesen war, mit sehr vielen Kissen und Seidentapeten. Das europäische Bürgertum, und im besonderen das deutsche, war seit Napoleon arm geworden. Eine neue Möbelkunst, ohne Pathos, kam damals aus England und bewies dem Zeitalter, daß man auch mit wenigem zufrieden und glücklich leben konnte, wenn man in eine nicht große Wohnung den Widerschein eines Gärtchens hineinnahm und sie mit Sonne tapezierte. »Viel mit wenigem zu erreichen, war seine Parole in Kunst und Leben«, schrieb später ein Schüler von Moritz von Schwind [1]. Der Grundgedanke des Biedermeiers, »das Schöne ist einfach, das Einfache wohlfeil«, hat damals neue Räume geschaffen. Die Gardinen sind aus Kattun, dem Stoff, aus dem die Frau ihre Kleider trägt. Das Holz zeigt seine Naturfarben. Grün, Rosa, Gelb: das Kolorit der Gärten dringt in die Wohnungen ein, die Salons, in denen der Flügel wartet... Helle, Anmut, Behaglichkeit (zu denen bei Schubert noch Wehmut tritt) —, doch nicht mehr die großen Schicksalsschmerzen der »Appassionata« und »Pathétique«, die irgendwie jener Zeit verwandt sind, in der Napoleon lebte und stritt.

Immer schaffen Räume sich eine besondere Art von Musik. Kathedralen, Marktplätze, Theater tun's; ebenso das Marschgelände, über das Heere rhythmisch dahinziehn. Genauso tat es der Salon. Schumann, Mendelssohn und Chopin, sowie ihre Freunde und Nachahmer, schrieben, was man am meisten liebte, für die vier Wände dieses Salons. Nie aber dürfen wir vergessen, daß es hier keine erstickende Luft gab. Die Fenster zum Garten standen offen. Mendelssohn versah seine Stücke und Lieder mit dem Vermerk »Im Freien zu spielen«, »Im Freien zu singen«. Dieser deutsch-englische Geschmack unterschied sich stark von dem der Franzosen, die immer auf der Suche nach dem Psychologisch-Experimentellen waren, und die für »Natur« nichts übrig hatten. Wenn man noch fünfzig Jahre später in einem Roman von Maupassant, 1889, in *»Fort comme la mort«*, eine Beschreibung Schumannscher Musik liest, glaubt man: er spricht von Papierblumen.

Nie war eine Musik »natürlicher« als die von 1830, nie ehrlicher in ihrer Liebe zu der eben entdeckten »Kleinform«. Das bedingte denn auch einen Gegensatz zur Klassischen Sonate, wie Haydn, Mozart und Beethoven sie geschaffen hatten. Diese Sonate war eine Großform gewesen, in deren vier Sätzen (Allegro; Andante; dann Menuett oder Scherzo; Presto) die Klassiker sich ausgesagt hatten. Trotz allergrößter Verschiedenheit des Temperaments, der Themenwahl, des Gedanklichen, der Akzentuierung hatten sie die Sonate doch als *strenge Form* gehandhabt. Schon der erste Satz zeigte an, daß es hier keine »Willkür« gab: immer war das erste Thema in der Grundtonart gesetzt, das zweite sprach auf der Dominante oder der Parallel-Tonart. Nach der Exposition kam die Durchführung, die Reprise und die Coda. Es herrschte hier ebensowenig »Freiheit« wie hundert Jahre zuvor in der Fuge[2].

Nicht leichten Herzens gab die Romantik die Klassische Sonate auf[3]. Noch Schubert wußte sie zu meistern. Aber die innere Nervosität des »Moment musical«, wie ihn Schubert erfunden hatte, der »Musikalische Augenblick« duldete diese langen Ausführungen und ausführlichen Längen nicht mehr. Als hätte es in Schubert gesprochen: »Nein! Das Leben ist zu kurz! Jedes Motiv hat das *gleiche* Recht! Man kann sie nicht alle geordnet ausführen!« Die Zeit des voraussetzungslosen »Einfalls« ist gekommen und feiert Triumphe.

Dennoch: die neuen Meister wissen, daß in jeder Form eine Strenge wohnt. Neben der Augenblicks-Schwelgerei kennt die Klaviermusik von 1830 auch ihr scheinbares Gegenstück: die zur Kunst erhobene *Etüde*, die man besser »Studie« nennt. Denn mit Fingerübungen haben Meister-Etüden wie die von Czerny oder Moscheles wenig zu tun. Daß sie die Finger gelenkig machten, war eine Nebenwirkung. Eher waren sie »Charakterstücke« und begannen eigentlich schon beim Sonatenmeister Muzio Clementi, dem Sohn eines römischen

Silberschmieds, der das Klavier »silbern klingen machte«. Er war in ganz Europa berühmt für die Heiterkeit und Kraft seiner klavieristischen Studien, den sogenannten Sonatinen, die er 1818 »Gradus ad Parnassum« nannte. Doch »Kraft« war eigentlich nicht das, was der Biedermeier-Salon verlangte. Es war das »träumende Tagebuchstück«, das jetzt aus dem Klavier herauswuchs. Mit einer Innigkeit sondergleichen. Chopins »Préludes«, Schuberts »Impromptus«, Mendelssohns »Lieder ohne Worte«, Schumanns »Carneval«, »Kreisleriana« und »Fantasiestücke« gehören dieser seelisch so bedeutsamen Kunstform an.

Ihr Erfinder war John Field[4], ein nicht großes, doch merkwürdiges Talent; ein Anglo-Ire, der, 1782 in Dublin geboren, später in London Clementis Schüler wurde und 1837 in Moskau starb. Field – als habe er Stifter gelesen! – sprach von »stehender Musik«. Er erzählte seinen Freunden, nur »Melodien in Ruhelage« wären wirkliche Melodien. Es sei möglich, den einzelnen Ton (er war ein vorzüglicher Pianist) auf dem Klavier so lang auszuhalten, bis der Eindruck statuarischer Ruhe erreicht würde. Das war für die erstrebte »Kurzform« außerordentlich wesentlich. Und noch wesentlicher war Fields Behauptung, »man könne nur in der Nacht komponieren«. Denn die Geschäftigkeit des Tages schlösse jede Ton-Wahrheit aus. Das ist eine Seelenverwandtschaft zu »Hymnen an die Nacht«:

Abwärts wend' ich mich zu der heiligen, unaussprechlichen, geheimnisvollen Nacht. Fernab liegt die Welt – in eine tiefe Gruft versenkt – wüst und einsam ist ihre Stelle... Muß immer der Morgen wiederkommen? Endet nie des Irdischen Gewalt? Unselige Geschäftigkeit verzehrt den himmlischen Anflug der Nacht. Wird nie der Liebe geheimes Opfer ewig brennen? Zugemessen ward dem Lichte seine Zeit; aber zeitlos und raumlos ist der Nacht Herrschaft.
Wie ja für die englische Romantik Novalis kein ganz Fremder war. Nur in der Nacht ließ sich's fühlen und wirken? Es war Scottsche Romantik in den Versen, die, auf einer schottischen Burg geschrieben, ein Hinlauschen in die Nacht schilderten:

Der Pförtner sitzt in tiefem Sinnen.
Er trennt das Draußen von dem Drinnen.
Was immer auch der Tag gebracht,
er prüft und wägt es in einsamer Nacht.

Karl Friedrich Zelter

Robert und Clara Schumann

PAUL, Bruder Felix Mendelssohns.
Unveröffentlichte Daguerreotypie

Rebekka und Fanny, die Schwestern Felix Mendelssohns

Darum also schrieb Field »Notturnos«. Mögen sie heut auch vergessen sein: was Chopin aus ihnen gemacht hat, weiß die Welt[5].

Salonmusik? Sie hatte damals noch einen anderen Vater als John Field. Man wird es kaum glauben: *Beethoven.* Beethoven verfügte über einen Schatz von Kurz-Motiven, die ihm ungeeignet erschienen, als ein Aufbaumaterial für seine größeren Formen zu dienen. Mit Fields und Chopins Träumereien hatten sie zwar nichts zu tun. Doch es waren durchaus »Kurzformen«, die er der Mitwelt übergab – jene drei Bündel »Kleinigkeiten« (op. 33, 119, 126), die als »Sieben Bagatellen«, »Elf Neue Bagatellen« und »Sechs Bagatellen« in sein Gesamtwerk eingehen sollten. Einstweilen bereitete er sich damit nichts als Ärger[6]. Denn gerade die Verehrenden unter seinen Zeitgenossen begriffen nicht, daß ein Mann von Beethovens Kraft und Pathos sich an derlei »verschwenden« konnte. Sein eigner Verleger, Peters in Leipzig, schickte ihm mit kränkenden Worten Opus 119 zurück als Beethovens »gänzlich unwürdig«. (Es mußte dann, höchst charakteristisch, bei einem Pariser Verleger erscheinen. Für alles, was »Experiment« war, hatten die Franzosen Verständnis!) Hans von Bülow schrieb dann später: diese Kleinarbeiten Beethovens seien groß wie seine größeren Werke – bei dieser Fülle von Phantasie und von reizenden Feinheiten dürfe niemand wagen, von einem »schlafenden Homer« zu sprechen. Das konnte Bülow aber erst schreiben, als das Biedermeier seine Salons eröffnet und dem Kultus der Leidenschaft – also dem *anderen* Beethoven – unüberhörbar den Kampf angesagt hatte. Vorher war eine solche Schätzung der »Bagatellen« nicht möglich gewesen.

Friedrich Hebbel, ein Gegner des Biedermeiers, hatte eben noch geschrieben: »Eine Beethovensche Sinfonie und ein Gewitter beruhen auf denselben Voraussetzungen.«[7] Die »Bagatellen«, unzweifelhaft, beruhten auf ganz anderen; gleichwohl liebte Beethoven sie sehr. Ob und wie er sie vorgespielt hat, wissen wir nicht. Vielleicht nicht »gut«. Wer Beethoven das erstemal hörte, »hielt ihn für keinen guten Pianisten«. Beim zweiten- oder drittenmal aber merkte man, wer da spielte. Die kleinen Kunstgriffe gingen ihm ab, und die Feintechnik kam zu kurz[8]. Aber dasselbe »Stoßen und Drängen«, von dem schon E. Th. A. Hoffmann als dem eigentlichen Inhalt seiner Sinfonien gesprochen hatte, beherrschte auch seine Klaviertechnik. Er war ein »Naturalist des Klavierspiels«. Auf den Rhythmus hin dachte er alle Technik. Allerdings wurde dieser Rhythmus ihm vom Seelischen vorgeschrieben — und das (nebst hundert anderen Dingen) schied ihn doch sehr von Liszts »Temperament«. Wenn Beethoven, wie er gegen Ende seines Lebens geplant hatte, eine »Klavierschule« geschrieben hätte, so hätte sie »mit den Fingern und dem Handgelenk wenig zu tun gehabt«[9].

Vielleicht hat Beethoven seine rhythmisch zu stillen »Bagatellen« besser von anderen spielen lassen. So hätte man sich auch nicht vorstellen können, daß er einen wehmütig-weitgeschwungenen »Musikalischen Moment« oder ein »Impromptu« von Schubert am Klavier hätte vortragen können, mit seinen geheimnisvoll intimen, rührenden Lichtwechseln der Harmonik. Erst die Biedermeierzeit, erst die Wiener Freunde Schuberts, konnten diesen Kleinmeister des Klaviers auch wirklich spielen. Nur zögernd glitt dann der Schubertkultus von Österreich nach Deutschland herüber, um allerdings im Schumann-Kreis immer fester und fester zu werden.

Schumann, der Klavierpoet, war nicht ohne weiteres Schuberts Erbe. Nicht nur seine Melodik, auch seine Harmonik ist völlig anders. Die alpine Sextenbrechung und die typisch Schubertsche Terz[10], also das eigentlich Österreichische, kann es bei Schumann, dem Sachsen, nicht geben. Aber Schumanns »Papillons«, die im Biedermeiersalon aus seidenen Kokons ausbrechen, haben doch vor ihrem Werden einen Schubertwalzer in sich. — Kein Mensch wußte, woran Schumann dachte, als er seine »Papillons« und ihr Kreisen und Flattern schrieb. Nur seine Brief-Freunde wußten es, wie sehr er dabei in den »Flegeljahren« des geliebten Jean Paul lebte. Diese Mischstimmung zwischen höchstem Ernst und unendlichem Gelächter war seine eigene. Über Unsterblichkeit tiefsinnig grübeln und dabei behaglich den süßen Geruch des Waffelkuchens einatmen, den die Frau nebenan in der Küche bäckt: das ist Schumann, weil es Jean Paul ist. Und etwas Philisterei daneben. Und sicher mißverstand Schumann den Schubert, wenn er 1829 aus Heidelberg an Friedrich Wieck schrieb: »Wenn ich Schubert spiele, so ist mir, als les' ich einen komponierten Roman Jean Pauls.« Denn Schubert war bestimmt kein Jean Paul, und der Kontrast von Tabaksbeuteln, Wäschezetteln, Hammelkeulen zu himmelstürmenden Gedanken — ein Kontrast, der Jean Paul entzückte — war nichts für Schuberts abgründigen Ernst, seine Wehmut und seine Liebestrauer. Auch seine wunderbare Anmut und die tänzerische Kraft seiner Formen hatte so gar nichts Philisterhaftes.

Ein Philister war auch Mendelssohn nicht, der Elegant-Weltmännische, mit dem die Klaviermusik der Zeit ihre glänzendste Außenwirkung erhielt[11]. Zwischen 1840 und 1890 ist nichts so viel gespielt worden wie seine »Lieder ohne Worte«. Was war das aber auch für ein Titel! Scheinbar von Heinescher Nonchalance, traf er ins Herz der Sache selbst. Denn diese achtundvierzig Klavierstücke basierten wirklich auf der »Liedform«; und ebenso wirklich war, daß sich jeder »den Text dazu allein machen konnte«. Nachdem eine Welt von fünf Kontinenten diese Form unablässig nachgeahmt hat, können wir uns kaum vorstellen, wie originell die »Lieder ohne Worte« auf die Zeitgenossen gewirkt haben.

»Lieder ohne Worte? Was ist das?« schrieb Moritz Hauptmann aufgeregt an seinen Brieffreund, den Sänger Franz Hauser[12]. »Ist es möglich? *Meint Mendelssohn das ernst?*« Und dabei war Hauptmann der größte Theoretiker und Kontrapunktiker seiner Zeit, der 1853 ein bedeutendes Werk über »Die Natur der Harmonik und Metrik« verfassen sollte... Mendelssohns Idee, daß man Klavierstücke schreiben könne, die, obgleich streng nach der Liedform gebaut, doch keine Gesangstexte bei sich hatten: dieses heute ganz Selbstverständliche galt also dem Zeitalter als »Entdeckung«. Um eine romantische *Formenverschmelzung* handelte es sich auf jeden Fall. Mendelssohns »Lieder ohne Worte« erstrecken sich über die gesamte zweite Schaffensperiode seines Lebens. Das erste Heft (op. 19) erschien 1834. Bis zu seinem Tod und darüber hinaus folgten noch sieben weitere Hefte (op. 30, 38, 53, 62, 67, 85, 102). Wie kam es, daß Mendelssohn immer wieder zu dieser scheinbar privatesten Form, der »Tagebuchform«, zurückkehrte?

Ungleich Wagner, der mit seinen Bekenntnissen monströsesten Mißbrauch getrieben hat, hat Mendelssohn fast niemals versucht, andern seine Kunst zu »erklären«. Doch über die »Lieder ohne Worte« hat er Wichtiges gesagt. In einem bemerkenswerten Brief an einen Verwandten seiner Frau, an Marc André Souchay in Lübeck, den er am 15. Oktober 1842 aus Berlin schrieb:[13]

Die Leute beklagen sich gewöhnlich, die Musik sei so vieldeutig; es sei so zweifelhaft, was sie sich dabei zu denken hätten, und die Worte verstände doch ein jeder. — Mir geht es aber gerade umge-

kehrt. Und nicht bloß mit ganzen Reden, auch mit einzelnen Worten; auch die scheinen mir so vieldeutig, so unbestimmt, so mißverständlich im Vergleich zu einer rechten Musik, die einem die Seele erfüllt mit tausend besseren Dingen als Worten. Das, was mir eine Musik ausspricht, die ich liebe, sind mir nicht zu unbestimmte Gedanken, um sie in Worte zu fassen, sondern zu bestimmte...

Fragen Sie mich, was ich mir (bei diesem oder jenem der »Lieder ohne Worte«) gedacht habe, so sage ich: gerade das Lied, wie es dasteht. Und habe ich bei dem einen oder anderen ein bestimmtes Wort oder bestimmte Worte im Sinn gehabt, so mag ich die doch keinem Menschen aussprechen, weil das Wort dem einen nicht heißt, was es dem andern heißt, weil nur das Lied dem einen dasselbe sagen, dasselbe Gefühl in ihm erwecken kann, wie im andern, — ein Gefühl, das sich aber nicht durch dieselben Worte ausspricht.

Resignation, Melancholie, Lob Gottes, Parforcejagd, — der eine denkt dabei nicht das, was der andere; dem einen ist Resignation, was dem andern Melancholie; der dritte kann sich bei beiden gar nichts recht Lebhaftes denken. Ja, wenn einer von Natur ein recht frischer Jäger wäre, dem könnte die Parforcejagd und das Lob Gottes ziemlich auf eins herauskommen, und für den wäre wirklich und wahrhaftig der Hörnerklang auch das rechte Lob Gottes. Wir hörten davon nichts als die Parforcejagd, und wenn wir uns mit ihm darüber noch soviel herumstritten, wir kämen nicht weiter. Das Wort bleibt vieldeutig, und die Musik verständen wir beide doch recht.

Hans von Bülow, der Unbestechliche, hat kurzweg von dieser Musik erklärt: »Ein Lied ohne Worte von Mendelssohn ist für mich ebenso klassisch wie ein Gedicht von Goethe.« Das Gefühl um des Gefühls willen, das Sentimentale also störte die Zeitgenossen stofflich nicht. Sie bewunderten die Prägnanz der Themen, die formelle Abrundung und den vollendeten Klavierstil. In unerreichter Kürze war hier eine »Welt des Gefühls« eingefangen, die, ohne romantisch zu verschwimmen, im nächsten Augenblick »Abbild« wurde. Mendelssohns starke zeichnerische Begabung — nannte ihn doch sein Schwager Hensel, der selbst völlig anders konzipierte, das »wandelnde Skizzenbuch« — zeigte sich auch in diesen Liedern.

Hatten Schumanns Klavierstücke vor denen Mendelssohns den Humor und das Überraschende voraus, so Mendelssohn vor denen des Freundes das untadelige Wissen um Formenreinheit. Und, abermals sei es gesagt, diese Kürze! Nachdem Fortissimo-Exzesse und energische Überbetonung doch selbstverständlich nicht erlaubt, ja, eine gewisse »Akzentlosigkeit« aus guten Gründen gefordert war, hätten Mendelssohns Salongeschöpfe auch *langweilen* können. Aber gerade das taten sie nicht – weil ihr Meister das Geheimnis und das Vermögen der Grazie besaß wie seit Mozart kaum ein anderer[14].

Mit dem Zeichenstift pflegte Mendelssohn sich vom Komponieren zu erholen. Auch seine Reiseskizzen, die Max F. Schneider gesammelt hat – Skizzen von einer Schweizer Fahrt, die 1842 unternommen wurde –, zeigen einen deutlichen Willen zum Realismus: Berge, Seen und Bäume erweisen eine »große Liebe zum Kleinen«. Dieser kleine Realismus tritt manchmal auch in den Klavierstücken auf; das Zeichnerische dämpft ihr Gefühl. Felix wollte sich nicht auf Titel oder »Inhalte« festlegen? Aber manchmal tat er es eben *doch.* Dann war es ihm nicht mehr gleichgültig, was man bei diesen Klavierstücken »dachte«. In seinen »Liedern ohne Worte« war ja Nr. 29 in a-Moll wirklich ein »Venezianisches Gondellied«, in welchem der Ruf nach dem Gondoliere:

über dem leise aufwärts harfenden Sechsachteltakt des schaukelnden Wassers motivmäßig mit äußerster Kraft wiederkehrt:

Und ebenso war Nr. 34, das C-Dur-Stück, wirklich ein »Spinnerlied«. Der flink und eng dahinwellende Faden mit den kleinen Intervallen (g wird gleich as und dann wieder fis):

— woran erinnert uns das doch? 1843 trat der »Fliegende Holländer« in die Welt. Stellt man nun die Spinnerlieder der beiden Meister nebeneinander, das Klavierliedchen Mendelssohns und den chorischen Riesenwurf aus dem zweiten Akt der Wagneroper, dann bemerkt man allerlei: Mendelssohn scheut große Intervalle (weshalb mit ihnen den Hörer erschrecken?), Wagner aber tut sehr bald einen unerwarteten Nonensprung. Auf Zeichnung und »kleinen Realismus« kam es ihm überhaupt nicht mehr an. Was er wollte, war »Expression«, gleichgültig, ob er mit seinem Ausdruck über jede »Malerei einer Wirklichkeit hinausging«.

Mendelssohn bleibt in der Freude am »Malerischen« und »Wirklichen« — und niemand hat ihn darin übertroffen. »Er hat«, schreibt

Hugo Leichtentritt in seiner »Musikalischen Formenlehre«, »das einfachste formale Schema ABA (ohne Trio) tatsächlich hier 42mal in immer neuen geistreichen Abwandlungen variiert und bei dieser schwierigen Aufgabe sein großes Formtalent glänzend bewährt.« Was eine wirksame »Rückleitung« sei, könne der Lernende immer noch bei aufmerksamer Betrachtung der Art sehen, wie Mendelssohn eine »Reprise« brächte: die Wiederaufnahme des Anfangs am Schluß und die feine thematische Ausgestaltung der Coda erregen noch heute Bewunderung[15].

Gewiß —, und dennoch dürfen wir staunen, daß die »Lieder ohne Worte« bis zum Beginn des Naturalismus und dem Sieg der »Sinfonischen Tondichtung« (die doch Mendelssohn selbst begründet hat!) als der *eigentliche* Mendelssohn galten. Hier unterlagen die Zeitgenossen einer liebenswürdigen Täuschung, die vielleicht dadurch hervorgebracht wurde, daß Mendelssohn diese kleinen Dinge so grandios am Klavier vortrug. Clara Schumann, die es wissen mußte, hielt Felix Mendelssohn überhaupt für den größten Klavierspieler der Zeit. Über Thalbergs Virtuosentum stellt sie seine innige Kraft. Und sie schreibt an ihren Gatten über Felix am Klavier: »Er spielte so meisterhaft und so feurig, daß ich mich wirklich in einigen Momenten nicht der Tränen enthalten konnte. Er ist mir doch der liebste Spieler unter allen...«[16]

So ist es schon möglich, daß wir heute das »Träumen« und die »innere Stille« einer Mendelssohn-Passage nur darum als »Akzentschwäche« empfinden, weil wir den »Gegendruck« nicht erlebt haben, den der Komponist anwandte, sobald er sie im Salon vortrug. Da war nichts Verschwimmendes, Seufzerhaftes. Sein Anschlag war markig, entschieden und klar. Es gab nicht einmal Arpeggien, wie Hans von Bülow verwundert bemerkte. Joseph Joachim rühmte von ihm, wie er Vorspiele zu elektrisieren verstand, bevor das Thema selbst einsetzte, sein prickelndes Staccatospiel und die unnachahmliche Wirkung, die er in seinem »Frühlingslied«, dem schönsten der »Lieder ohne Worte« (op. 62, Nr. 6), durch die kurz angerissenen Figuren der Begleitung erzielte. (Siehe Notenbeispiel Seite 216.)

Die »Scham«, mit der Brahms Gefühle verbarg, war damals noch nicht in der Welt. Der Biedermeiermensch liebte »Gefühl« und schalt niemanden sentimental, der es im Salon exekutierte. Sicherlich ist Oscar Bie ungerecht, wenn er die »Lieder ohne Worte«, trotz ihrer

technischen Brillanz, der gebrochenen Begleitungen, der Zwischengriffe und Polyrhythmik, »eine Goldschmied-Lyrik« nennt, »ohne die unbequeme Ehrlichkeit eines Bach oder eines Schubert«. Gerade die innere Abhängigkeit des meisten, was Mendelssohn schrieb, vom Barock, hat manches der »Lieder ohne Worte« vor gefühlvollem Zerfließen gerettet. Der bewundernde Schumann sah das viel richtiger, wenn er Bach seine eigene »Grammatik« nennt, die ihm moralisch weiterhelfe: »Das Tiefkombinatorische, Poetische und Humoristische der neueren Musik«, schrieb Schumann 1840, »hat seinen Ursprung zumeist in Bach: Mendelssohn, Bennett, Chopin, Hiller, die gesamten sogenannten Romantiker, stehen in ihrer Musik Bach weit näher als Mozart – wie diese denn sämtlich auch Bach auf das gründlichste kennen, wie ich selbst im Grunde tagtäglich vor diesem Hohen beichte, mich durch ihn zu reinigen und zu stärken trachte.«[17]

Er nennt also Mendelssohn zuerst! Und das war keineswegs unverdient. Im übrigen wollte der Salon keine Fugen, kein Wohltemperiertes Klavier. Der Salon wollte nur sich selbst. Das Selbst von Bürgern, denen es gleich war, woher der Komponist die Stützen nahm, dem Anspruch des Bürgertums zu genügen. Genügte er aber, dann allerdings war der Komponist eine Großmacht. Und weil Mendelssohn, mehr als alle andern, dem Anspruch der Salons genügte, war er um 1840 die klavieristische Großmacht in Deutschland. Die

»Lieder ohne Worte« allein hätten ihn schon dazu gestempelt. Nicht weniger das »Rondo Brillant« für Klavier und Orchester (op. 29). Und mehr als alles seine siebzehn *»Variations Sérieuses«* über das schwermütige Andante-Thema:

das in chromatischer Eindringlichkeit zu den Veränderungen hinleitet, die Schlichtheit und Virtuosenschwung dialektisch miteinander austragen bis zum glanzvollsten aller Abschlüsse.

Von diesen *»Variations Sérieuses«* schrieb 1924 Moritz Mayer-Mahr: »Sie haben für sein gesamtes Klavierwerk nicht weniger Bedeutung als die Sinfonischen Etüden für Schumann, die Goldberg-Variationen für Bach und Beethovens Paraphrasen eines Diabelli-Themas. Diese ›Variations Sérieuses‹ bilden die romantische Brücke von den Klassikern zu Liszt, zu Brahms' Händel-Variationen und Regers Bach- und Telemann-Paraphrasen.« [18]

Daß dann schon während des Biedermeiers die Salonmusik »verfiel«, daran hatte nicht bloß der Anstoß der »Neudeutschen« schuld. Nicht bloß das »Draußen«, das mit Liszt an die Pforten hämmerte. (Schließlich war Liszt ein »Paganini ohne Geige«, der, mit wahnwitzigem Temperament die Tasten stürmend, die »kleinen Formen« Mendelssohns und Schumanns verschüttete.) In Wirklichkeit kam der Verfall von innen, als Kalkbrenner und die ihm ähnlichen, »weil die Sonate aufgehört habe, eine logische Verpflichtung zu sein«, unsägliche Klavier-Potpourris schrieben, die allerdings keine Militärkapelle heut aufzuführen wagen würde. Als man Kalkbrenner einmal fragte, was er sich in den »Charmes de Berlin« eigentlich gedacht habe, hörte Ferdinand Hiller ihn antworten: »Sehn Se, det Janze is een Draum, eene Dreimerei; et bejinnt mit Liewe, wenn Se wollen, Passion, Leidenschaft, Disperation, Verzweiflung un' et endicht mit eenen Militärmarsch.«[19]

Die Zuhörer wagten nicht aufzumucken gegen dieses gemeine Zeug, weil Kalkbrenner tatsächlich einer der größten Klavierspieler der Epoche war. Auch ihn deckte die Macht der Salons und die Sympathie der Frauen. *Wie* mächtig der Begriff des Salons war, hat niemand seltsamer als Schubert erfahren, der noch zehn Monate vor seinem Tode eine viersätzige Sonate schrieb, sie dann aber in vier Impromptus »zerschnitt«, weil das Publikum diese Kurzformen wollte! — Es ist eine unfaßbare Geschichte, die Robert Schumann aufgedeckt hat[20]. Heutige Schubert-Biographen wie Alfred Einstein[21] und August Vetter[22] bezweifeln ihre Wahrheit nicht mehr... Und Chopin? Seine Leidenschaft, ja, schon das Politische seiner Musik (war er doch das personifizierte Jahr 1830 und das Echo des Polen-Aufstands in Frankreich!) mußte ihn zum Gegenbeispiel der Musik des Biedermeiers stempeln. Aber das half ihm alles nichts! Um im Salon zu Wort zu kommen, hatte er seine eigene Zeit biedermeierlich anzusprechen. So akzentschwach und träumerisch wie nur möglich. Vielleicht hätte er das nicht gekonnt, wenn nicht die »slawische Monotonie« das Fatalistisch-Melancholische (»Es wird den Polen ja doch nicht glücken!«) ihm bei den »Préludes« geholfen hätte[23]. Trotz aller Überraschungs-Rhythmen, trotz kühnster Chromatik und Harmonik: wie gewollt eintönig ist denn doch in den »Préludes« das Des-Dur-Stück Nr. 15, die »Regentropfen-Etüde«. Sie ist so lieblich, ja, so banal, wie man es Chopin kaum zugetraut hätte. Also auch dieser rasante Erfinder der Mazurkas und des Krakowiak ist davor nicht bewahrt geblieben, sich der Übermacht der »Salons« zu beugen. Und Chopin wußte das durchaus selbst. Über eine seiner Polonaisen, die er auf dem Gut des Fürsten Radziwill schrieb, äußerte er sich zu einem Freund am 14. November 1829: »Ich habe hier eine Alla Polacca mit Violoncell geschrieben. Es ist nichts weiter als *schimmernder Tand für den Salon, für die Damen...*«[24]

VIERTES BUCH

DER GANG ZUM GIPFEL

Mendelssohn war jener halkyonische Meister, der um seiner leichteren, reineren, beglückteren Seele willen schnell vergessen wurde: als der schöne Zwischenfall der deutschen Musik.

Friedrich Nietzsche

Richard Wagner pflegte Mendelssohn (im Gespräche wenigstens) als das größte spezifische Musikergenie zu bezeichnen, das der Welt seit Mozart erschienen sei.

Hans von Bülow

Ich wollte meine sämtlichen Werke dafür hingeben, wenn mir ein Stück wie die Hebriden-Ouvertüre gelungen wäre!

Johannes Brahms

Der eigentliche Revolutionstag, der Geburtstag der »neuen Musik«, war die Uraufführung des »Fliegenden Holländers« in Dresden. Als die ersten Bläserakkorde in die Welt hineinrauschten, war mit der vergangenen Musik zugleich auch die Erinnerung an das Dur- und Moll-Geschlecht ausgelöscht. Denn in den sausenden, leeren Quinten fehlte die Terz:

War das nicht eigentlich verboten? Wenn es etwas Ähnliches schon einmal früher gegeben hatte, dann doch nur gleichsam versehentlich, als Färbung, als eine Disharmonie, die gleich wieder Harmonie wurde – nie aber als »tonliche Weltanschauung«, als der Gedanke der Leere-an-sich. In diesem Motiv des Gespensterschiffs leben Wasser und Luft; noch nicht die Menschen. Die Menschenwelt ist noch nicht erschaffen. Die gebiert sich erst, wenn in freundlichem F-Dur das Erlösungsmotiv überm Meere aufsteigt, um mit dem Motiv der Verfluchung zu kämpfen:

Das wäre uns aus dem »Freischütz« bekannt? Ja – aber wie Wagner es hier verwendet, ist es selbständige Variation eines eigenen Gedankens: Senta will den Holländer erlösen mit denselben Trostgefühlen, die Agathe dem Max spendet (Notenbeispiel Seite 222).

Der Holländer und Senta sind Menschen. Aber sie sind auch Elemente. Und so waren sie durch Wagner nur in elementarer Musik auszudrücken.

Daß zu jedem Ausdruck »Technik« gehört, ist selbstverständlich. Daß aber, in welcher Technik auch immer, ein Komponist zum erstenmal die Grundlagen des Kosmos ausdrücken wollte, die *fountain forces of the world*, das war etwas völlig Neues. Als Richard Wagner gestorben war, 1883, dichtete Charles Algernon Swinburne ein Gedicht, das von der unendlich einherwallenden Melodie der verwaisten Elemente sprach:

> *... Winds that make moan and triumph, skis that bend*
> *thunders, and sound of tides in gulf and firth,*
> *spake through his spirits of speech ...*

Der Zauber dieses Magiers hatte die Tiefen der See, der Nacht, des Sturms und Donners aufgerührt: Das Chaos, aus dem wieder Form erstand[1].

Der dramaturgische Kunstverstand, mit dem Wagner seine Musik im Holländer-Drama entwickelte, sie von einer Urzelle her in jede Szene strömen ließ (und nicht duldete, daß eine fremde »Färbung«, eine opernhaft-anmutige Verlegenheitsfloskel mitrann) — dieser dramaturgische Kunstverstand war beinahe noch großartiger als die Musik selbst. Die Urzelle des ganzen Kunstwerks ist Sentas »Ballade vom Holländer«. Die Ballade von Fluch und Erlösung, die sie den spinnenden Mädchen vorsingt, die Augen auf das Bildnis des »Helden« an der Wand geheftet. Mit dieser Ballade tritt das Chaos in die Spinnstube hinein[2]. Selbst ein lyrischer Lied-Einfall wie die spätere Steuermanns-Romanze mit ihrem sehnsüchtigen Ausruf: »Ach lieber Südwind, blase doch!« ist locker-variationsmäßig aus Sentas Balladenbeginn entstanden. Und noch der Matrosentanz (von dem man's am wenigsten erwartet, weil ihm vom russischen Riga her, wo

Wagner Kapellmeister gewesen war, eine thematische Ähnlichkeit mit der Zarenhymne[3] »*Gott sei des Kaisers Schutz!*« anhing), selbst dieser gesprungene Matrosentanz verleugnet seine Abkunft nicht von der musikalischen Urzelle. Und die prachtvollen Realismen, dieser Mannsgeruch von Tabak und Branntwein:

— das sind umgeschmiedete Variationen des Holländermotivs und nichts anderes.

Die nahtlose Übereinstimmung zwischen Drama und Musik: sie war's, was die Menschen des Biedermeiers zunächst am wenigsten verstanden. Nur zögernd öffneten sie Herz und Ohr. Der waffenklirrende »Rienzi«, die Oper des römischen Tribunen, an welcher die Heroiker von Gluck zu Spontini teilhatten, hatte ihnen doch besser gefallen. Doch die Dichtung des »Fliegenden Holländers« — über deren Entstehung wir aus dem Verkehr zwischen Wagner und Heine und aus zahlreichen Briefstellen Punkt für Punkt unterrichtet sind — war literarisch so meisterlich, daß man sie auch ohne Musik auf einem Theater hätte darstellen können. Diese Dichtung hatte die Absolutheit einer *Kleistschen Fabel.* Senta blickt nicht nach rechts oder links, wohin sie dem Schicksal entkommen könnte. Denn wie sie das Schicksal des Holländers ist, so bedingungslos ist er das ihre. Wenn sie Blick in Blick dastehn: Was sind da Vater und Bräutigam — die Stimme Dalands, die Stimme Eriks —, was sind Bluts- oder Wahlbande gegenüber einem solchen Müssen!

Dieses Müssen ist elementar — und wenn es komponiert werden sollte, dann eben nur in solcher Musik! Was später an Wagner so oft stören sollte — die Überschätzung der Folklore —, ist hier noch keineswegs vorhanden. Man muß es rühmen, wie wenig hier das Norwegische und das Holländische voneinander geschieden sind. »Mensch und Meer« heißt es hier — sonst nichts. Nichts bleibt hier bloßes Requisit, oder noch schlimmer: wird Ritual, wie im »Lohengrin« ein Wesen gemacht wird, ob ein Teil der sächsischen Ritterschaft das Schwert vor sich in die Erde stößt, die Brabanter es flach vor sich legen. (Als ob dies das geringste mit dem Wahrheitsgehalt der Musik und des Themas zu tun hätte!)

Im »Holländer« aber war diese Musik noch gänzlich ohne ein »Handlungskostüm«, das aus historischen Studien gewonnen war; sie war so erhaben-rücksichtslos, wie nur die Elemente es sind und zuweilen die menschliche Seele. Wie im »Holländer« Wind und Meer, so sollten einmal in den »Nibelungen«, mit einer ähnlichen Urgewalt, Feuer und Donner auftreten. So auch in der »Tristan«-Tragödie Eros, der »Unbesiegte der Schlacht«, wie Sophokles ihn genannt hatte. Denn auch Brangänes Liebestrank, der elementarisch ändernd in die menschliche Natur eingreift, ist viel älter als jedes »Kostüm«, als nationales Brauchtum und Sitte[4].

Die »Längen«, die falsche Unendlichkeit der Erzählungen und Gespräche: Schon im »Tannhäuser« begannen sie, um im »Ring des Nibelungen« sich zu einer wirklichen Bedrohung der Musik auszuwachsen. Wäre Wagner, wie manche glauben, als Dichter ein Dilettant gewesen, wäre alles viel einfacher geworden[5]. Dann hätte der tonliche Gigant den Dichter einfach zum Teufel gejagt. Aber Wagner war ein begabter Dichter[6]; und war es sogar noch, wo er irrte: wo er den längst überwundenen Stabreim ins neunzehnte Jahrhundert einführte, um »eddische Einfalt« vorzutäuschen, gegen die sein hochkompliziertes Orchester sich doch mit jedem Atemzug wehrt. Er war Dichter auch in den »Meistersingern«, obwohl doch die sorgfältig angelesene hölzerne Ausführlichkeit der Verse des sechzehnten Jahrhunderts von dieser genialen Herzensmusik mit wahrem Hohnlachen abgetan wird. Doch gerade weil er in seinen Irrtümern immer noch ein Dichter blieb, hat Wagner dem Größten in sich, der Musik, Ungeheuerliches zugemutet. Beides verträgt sich schlecht bei Wagner: Der Dichter verlangt von seiner Musik, daß sie auf der Bühne epische Gegenstände darstelle, Helden sollen Erklärungen geben, wie sie zueinander stehn, warum sie dies und jenes taten und ein anderes unterließen — der dramatische Musiker aber, der das alles doch viel besser weiß, der ein Orchester sein eigen nennt, wie nicht einmal Beethoven eins hatte, bäumt sich gegen diesen Zwang, knirscht in die Zügelung hinein und versucht den Dichter abzuwerfen[7].

Nichts aber von solchem internen Tumult taucht im »Fliegenden Holländer« auf, Wagners herrlichstem Gesamtkunstwerk – das zu einer Zeit entstand, als es dies schreckliche Wort noch nicht gab. Hier war das Wort Ton, und der Ton das Wort: Sie bekämpften einander noch nicht. – Die Menschen, die am 2. Januar 1843 der Premiere beiwohnten, verstanden es und verstanden es nicht. Wagner war auf den Proben sehr ängstlich gewesen und hatte auch Grund dazu gehabt. Die große dramatische Sängerin Wilhelmine Schröder-Devrient hatte mit den Achseln gezuckt: sie verspräche sich nichts von der Senta: »Ich kann mit dem Zeug nichts anfangen«, und beim Beginn der Ballade stockte sie gar. Auch der Spinnerchor kam nicht richtig heraus[8]. Bei der Premiere aber wurde das Zusammenspiel allgewaltig. Der verlegen-ungläubige Meister (er war noch nicht der »große Richard«) wurde häufig herausgerufen, verwickelte sich aber dabei in das Spinnstubenmobiliar der zusammengeschobenen Räder und taumelte. Der Vorhang fiel. – Der Beifall klang nach Berlin hinüber, wo schon wenige Monate später das Werk ein zweites Mal erstand. In der Direktionsloge saß ein Mann, der, als der Beifall noch rauschte, hinter die Bühne eilte und den jetzt Sichergewordenen mit Glückwünschen überschüttete. Es war ein Mann mit weißem Gesicht, leichtem Backenbart, dunklen Augen. Einer von Wagners »älteren Brüdern«: der Komponist Felix Mendelssohn.

Die Hebriden

Vierzehn Jahre vor dieser Szene, die Wagner selbst beschrieben hat[1], hatte Felix Mendelssohn eine entscheidende Begegnung. Nicht eine Begegnung mit dem Drama, sondern eine mit dem Meer: Es erging ihm dabei ähnlich wie Wagner selbst, der durch die Meerfahrt von Riga nach London ins Elementare aufbrechen sollte. Und zugleich war das eine »Selbstbegegnung«. Um die Bedeutung dieser Begegnung für Mendelssohns Zukunft zu verstehn, müssen wir zunächst durch einen lustigen Reisebrief hindurch, den damals Bruder Klingemann schrieb – worin man nichts von Elementen, sondern nur von schlechtem Wetter erfährt. Er schreibt aus Glasgow am 10. August 1829:

Wenn man, wie wir jetzt, im besten Wirtshause einer Handelsstadt von 160 000 Einwohnern sitzt, die eine Universität und Kattunfabriken hat und Kaffee und Zucker aus erster Hand, so schaut man mit Behagen auf erlittenes Ungemach zurück: die Hochlande und das Meer brauen miteinander nichts als Whisky, Nebel und schlechtes Wetter... Vor drei Tagen war's anders auf unserm Dampfschiff. Je tiefer das Barometer fiel, desto höher stieg die See. Die reckte ihre tausend Fühlfäden immer ungeschlachter und quirlte immer mehr... Die Ladies fielen um wie die Fliegen, und ein und der andere Gentleman tat's ihnen nach; ich wollte, mein Reisepechbruder Felix wäre nicht unter ihnen gewesen, aber er verträgt sich als Künstler mit dem Meere besser denn als Magen... Eine zweiundachtzigjährige Frau saß gelassen an der Dampfmaschine und wärmte sich im kalten Winde. Sie wollte Staffa noch sehen vor ihrem Ende. Staffa, mit seinen närrischen Basaltpfeilern und Höhlen, steht in allen Bilderbüchern; wir wurden in Booten ausgesetzt und kletterten am zischenden Meere auf den Pfeilerstümpfen zur sattsam berühmten Fingalshöhle. Ein grüneres Wellengetose schlug allerdings nie in eine seltsamere Höhle – mit ihren vielen Pfeilern dem Innern einer ungeheuren Orgel vergleichbar. Schwarz, schallend und ganz zwecklos für sich allein daliegend – das weite graue Meer darin und davor. Da kletterte mühsam die alte Frau hart am Wasser entlang, sie wollte doch noch vor ihrem Tode die Höhle von Staffa gesehen haben...[2] Immer wieder die alte Frau. Vielleicht war sie gar keine »Frau«, sondern ein Elementarwesen, gleich der orgelnden, kochenden Höhle mit dem schwarzgrünen und grauen Meer – eine »schottische Wahrsagerin«, übriggeblieben aus der Zeit, da Macpherson 1762 seinen »Fingal« gedichtet hatte[3]. Eine Grotte, die windumheult ist, die das Wasser hineinschlürft und wieder ausspeit, ist ein akustisches Phänomen. Wie die Blaue Grotte in Capri, in die ihr Entdecker, der Maler Kopisch, immer wieder tauchend hineinschwamm, ein großes optisches Phänomen war...

Daß dieser nimmerruhende Dialog zwischen Basaltsäulen und Meer etwas ganz Einzigartiges war, bewies Felix, als er nach Hause schrieb – es geschah am 7. August 1829 –: »Um Euch zu verdeutlichen, wie seltsam mir auf den ›Hebriden‹ zumute geworden ist, fiel mir eben folgendes bei«:

Diese Noten waren der Auftakt einer großartigen Komposition, auf deren Werden bisher nichts hingedeutet hatte, auch nicht »Meeresstille und Glückliche Fahrt«, jene programmatische, *literarisch* empfangene Tondichtung. Gewiß war Felix ein Bücherfreund, und »gelesene Assoziationen«, wie Ossian, Macpherson und Fingal, mochten auch diesmal mitschwingen. Aber sie waren ganz unwesentlich. Der plastische Wind, das plastische Wasser und der plastische Felsenstrand haben Felix Mendelssohns *Hebriden-Ouvertüre* (op. 26) gezeugt.

»Es wäre genug Ruhms an der Sommernachtstraum-Ouvertüre, die anderen sollten andere Namen von Komponisten tragen«, schwärmte Schumann[4]. Nun – mit nicht geringerem Recht als auf der Sommernachtstraum-Ouvertüre stand der Name Mendelssohns auf der Hebriden-Tondichtung. Die grenzenlose Einsamkeit des Menschen in der großen Natur ist hier das Thema (nicht das »Programm«). Vielleicht sind niemals derartig abrupt Menschen den Fährnissen der Natur ausgesetzt und aus körperlichen Gründen zu einer Abwehr genötigt worden, wie die Hörer dieser Ouvertüre. Denn — seltsam! — obwohl es ein absteigendes und melancholisches Motiv ist, das wir im ersten und zweiten Takt als Mollfigur der Fagotte erleben, werden wir im dritten und vierten gezwungen, plötzlich *aufzuatmen*: der Anfangston springt terzaufwärts nach a und im fünften und sechsten Takt gar nach cis. Unbeschreiblicher Eindruck: das Motiv, so pessimistisch und schwermütig beginnend, »wächst«, seinen Kopf ruckweise erhebend, über jede »Stimmung« hinaus. Es verliert alle menschliche Begrenzung, wird elementar wie die Natur selbst. Ein vor-wagnerisches Wagner-Motiv!

Nun wird die Begleitung immer bewegter, wobei aber — und dies ist vollends seltsam — die Bewegung des Wassers sich nicht gleichbleibt. Es kann schmeichlerisch sein und drohend. Manchmal weicht es scheinbar zurück, an anderer Stelle sammelt es sich und rückt mit ungeheurer Gewalt zum Angriff auf die Grotte vor. (Später kommt es zu einem Staccato-Marsch von Wind und Wasser gegen das Festland!) Dann wieder schweigt das Wasser ganz — die hohlen Pausen des Holländer-Vorspiels werden unfaßbar vorweggenommen! —, und man hört nur noch das Klagen des Windes... Pianissimo-Pauken... Glissandi von Instrumenten, die noch gar nicht erfunden sind... Schon früh ist aus dem lastenden Nebel das machtvolle zweite Motiv aufgetaucht. Es rollt wie ein Schiff in mäßiger Dünung, von links nach rechts und von rechts nach links:

Dieses fahrende Motiv sollte den allergrößten Einfluß auf die europäische Musik des neunzehnten Jahrhunderts ausüben. Wir begegnen ihm in Dänemark bei Gade, in Holland bei Johannes Verhulst, in England bei Bennett und seinen »Najaden«. Am stärksten aber hat dieses Motiv sich bei den Slawen festgeankert. Wir treffen es bei

Michail Glinka[6], in Orchesterdichtungen wie der »Kamarinskaja«, und besonders deutlich in Smetanas »Moldau«. Wie der tschechische Meister das schreitende Wiegen seines Heimatstroms gestaltet; wie der Strom breiter wird, wie er die hindernden Felsen besiegt und stolz in die Ebene hinaustritt: die Erinnerung an Mendelssohn hat diese Takte mitkomponiert[6].

Eigentlich war Mendelssohn kein »Naturalist«. Nach seiner ausgewogenen Art, um die ihn der heutige Mensch beneidet, war er eine Woche lang »Klassiker« und in der nächsten »Romantiker« — »*and just this was the perfect blending*«, wie sein Schüler Chorley versicherte[7]. Der »Realismus« hatte über ihn genauso viel oder wenig Gewalt wie über seine Vorgänger. Doch in der Hebriden-Tondichtung ging er weit über alles hinaus, was Klassiker und Romantiker an Realismus gewagt hatten. Er ging auch über sich selbst hinaus und stieß in eine Zukunft vor, die er nur gerade ahnen konnte... Ein heutiger schottischer Kritiker, W. Gillies Whittaker, wies darauf hin, wie großartig modern Mendelssohn der Klangstreit zwischen Wasser, Wind und Felshöhle gelang. Nun sind die Schotten, wie alle Einsamen, aber auch vogelkundige Leute. Menschen spielen bekanntlich in der Hebriden-Dichtung keine Rolle. Doch Vogelschreie — fand Whittaker — desto mehr. Da ist das heisere Geschrei der in den Wind geworfenen Möwen, die sich mit schweren Schwingenschlägen langsam über den Wellen erhalten. Und das verlorene Gezwitscher eines sehr viel kleineren Vogels, das sich auf Klarinette und Flöte verteilt:

Dann fliegen mächtige Albatrosse. Wer wird nun siegen? Wahrscheinlich der Sturm, der, wir ahnen es, eines Tages die Inseln in das Meer stürzen wird... Doch dieser Tag ist noch nicht gekommen! Mendelssohn läßt die Welt, wie sie ist. Ein Sonnenstrahl dringt durch das Gewölk. Eine Klarinette wird zur Möwe, der sich noch ein Partner anschließt: als glückliche Gefährten schweben sie taubengleich über dem Ozean, der anfängt, sich zu beruhigen. So viele Takte hindurch der Sturm rasend um sich geschlagen hat: die Trompeten beginnen jetzt eine gewaltlose Pianissimo-Oktave. Ein paar letzte Akkorde krachen. Dann nimmt die Klarinette noch einmal das Hauptthema auf. Eine Flöte, so dünn, so zart, als könne sie davongeweht werden, schwingt sich mit leichter Grazie empor, und mit sanftem Paukenwirbel und dem Unisono pizzicato der Streicher zerflattert die Szene in der Luft ... [8].

Um die wirkliche Bedeutung dieses Werks zu verstehn, muß man von der Musik absehn und zweier englischer Maler gedenken, deren Zeitgenosse Mendelssohn war. John Constable (er starb schon 1837) hatte erkannt, daß die Luft »nicht farblos und auch nie völlig durchsichtig war«, und so malte er den Himmel wie eine zerflossene Palette in allen Farben des Spektrums schimmernd [9]. Er war ein Vor-Impressionist — also das, was Mendelssohn in der Hebriden-Tondichtung war ... Noch weiter ging sogar William Turner, der Maler des »erleuchteten Nebels«. Er wagte sich an Dinge heran, an die keiner vor ihm gedacht hatte. »Sonnenaufgang im Unwetter« hieß eines seiner Bilder (und man hatte bis dahin geglaubt, daß Sonne und Regen sich ausschlössen). So rannen in der Hebriden-Dichtung gewisse Tonphänomene zusammen, die man nie für möglich gehalten hatte. Ohne verstanden worden zu sein, starb der große Maler schon 1851, nur vier Jahre nach Mendelssohn [10]. Auch Felix hätte ihn wohl nicht verstanden, hätte er seine Bilder gekannt. Doch in der Musik waren die »Hebriden« ein genauso großer Umschwung, wie Constables und Turners Lichtphänomene in der Malerei. Nun wird man verstehn, was Mendelssohn damals in Berlin erlebte, 1843, als er den »Fliegenden Holländer« sah. Er begegnete gleichsam sich selbst — doch in vergrößerter Gestalt! Was er für sich nie erhoffen durfte: elementarische Musik, die Atemzüge des Kosmischen, auf einer *Opernbühne* zu hören, das widerfuhr ihm nun jetzt und hier. Neid war ihm gewiß ganz fremd. Aber bleich machte es ihn doch! Wenn Wagner nicht ganz ohne Bosheit erzählte: daß der glückwünschende Mendelssohn ihm »seine Anerkennung *gelispelt* habe«, so mochte daran etwas Wahres sein. War Felix erregt, so überfiel ihn die Anomalie seines verstorbenen Großvaters: er konnte dann stammeln, lispeln, verstummen.

Kolorist oder Plastiker?

»Wenn man die ersten Holländer-Takte«, sagte Charles Gibbons Huneker in einem seiner Vorträge 1912, »umdreht, sie gleichsam von hinten spielt, erhält man beinahe notengetreu das Anfangsmotiv der Hebriden-Ouvertüre.« Dieser New Yorker Musikkritiker, durch und durch europäisch gebildet, doch amerikanisch vorurteilslos, meinte also, daß Richard Wagner 1843 Mendelssohns melancholisch-ossianisches Motiv, vierzehn Jahre vorher in Schottland notiert, nur umzudrehen brauchte, um den Beginn der Senta-Ballade zu erhalten. Ob von vorn oder in der Umkehrung gespielt: es ist der gleiche Tongedanke der unendlichen Wasserwüste.

Was hätten die beiden Meister gesagt, wenn sie Hunekers Worte gehört hätten? Sie hätten embarrassiert gelächelt, aber das Faktum nicht ableugnen können. 1843 war Mendelssohn ein berühmter Mann, Wagner war es noch keineswegs. Mochte Mendelssohn mit dem Ausdruck seines Lobes zurückhalten, Wagner verschwieg seine Bewunderung nicht. Zur historischen Bedeutung der Hebriden-Ouvertüre stand er im Grunde nicht anders als Schumann, Bülow, Reger, Richard Strauß, wenn auch ein so hymnisches Wort nicht über seine Lippen gekommen wäre, wie das von Brahms: »Ich wollte meine sämtlichen Werke dafür hingeben, wenn mir ein Stück wie die Hebriden-Ouvertüre gelungen wäre!«[1] — »Sie ist«, sagte Wagner zu Wolzogen, »eines der schönsten Musikstücke, die wir besitzen. Mendelssohn ist Landschaftsmaler erster Klasse und die ›Hebriden‹ sein Meisterwerk. Da ist alles wundervoll geistig geschaut, fein empfunden und mit größter Kunst wiedergegeben. Die Stelle, wo die Oboen allein durch die anderen Instrumente hindurch klagend wie der Wind über die Wellen des Meeres zur Höhe steigen, ist von außerordentlicher Schönheit...«[2]

Wagner liebte die Oboe besonders und dachte ihr stets besondere Aufgaben in seinen Partituren zu. Sie eigne sich nicht als Solo-Spieler, schreibt demgegenüber der Ästhetiker Theodor W. Adorno in seinem »Versuch über Wagner«. Sie habe nicht die flockige Einsamkeit des Flötentons, doch auch nicht die Geselligkeit der Klarinette[3]. Die Oboe hat, wie wir hinzufügen wollen, etwas Trinkendes und Diskretes, so als ob sie den Ton mehr einsauge als ihn aushauche. Das ist bei den Oboe-Stellen der »Hebriden« durchaus der Fall — aber wir wundern uns trotzdem, daß Wagner, wenn er etwas lobte, nicht der überaus neuartigen Trompeten-Behandlung den Vorzug gab. Eine solche Trompetenwirkung hatte es vorher schwerlich gegeben. »Die Trompete«, sagte 1830 der Berliner Trompetenbläser Karl Sargans[4], »ist kein Orchesterinstrument. Wenn sie erklingt, muß alles schweigen« — wobei er natürlich an die Signaltrompete Beethovens im vorletzten Akt des »Fidelio« dachte, die ja ihrerseits auf das Trompetenmotiv in Haydns »Militärsinfonie« (op. 100) zurückgeht. Die Trompete, in der Tat, schreitet »Helden und Herrschern voran«, seitdem Äschylos in den »Persern« bei der Beschreibung der Salamis-Schlacht jenen Vers geschrieben hatte: »Die Trompete ertönte und entflammte alles mit ihren Strahlen.« Mendelssohn kannte den Vers aus der Äschylos-Übersetzung seines Freundes Johann Gustav Droysen[5].

Doch Mendelssohns Trompeten sind anders. Der schneidende Messingklang ist getilgt: es sind, wie der Schwede Lindblad gesagt hat, gleichsam »Unterwassertrompeten«, *trumpets of the deep* also[6]. Vollends meinte der Engländer Onslow, daß in dieser Mendelssohnschen Tondichtung die Trompeten »wie durch einen Vorhang aus Wasser« klängen. Es entspräche dem Grottencharakter des Themas. »Sie haben etwas Indirektes, Verhülltes, das seinerseits nichts mit der Dynamik, ihrem Laut oder Leise zu tun hat.«[7] Die Dynamik war also hier nicht für die Klangfarbe verantwortlich. Wo hatte Mendelssohn das nur her? Wir wissen erst seit kurzem, daß er eine Anleihe bei sich selbst gemacht hatte[8], bei der in der Familie so genannten »Trompeten-Ouvertüre« in C, die Felix noch vor dem »Sommernachtstraum« schrieb. Dieses Frühwerk des Sechzehnjährigen enthält bereits jenes Klangphänomen: Trompetenrufe, die sich scheinbar nicht in der Luft, sondern im Wasser fortpflanzen. Sie treten gemeinsam mit Horn und Pauke, ja sogar mit Posaunen auf. Später erst wird das Streichorchester lebendig: mit den tiefen Stimmen beginnend, steigt der Bau kühn und seltsam auf und wird immer wieder von den »gedeckten Trompeten« des Anfangs umspielt und umzuckt. Felix machte sich nichts aus dem Werk (im Gegensatz zu seinem Vater, der gerade diese Ouvertüre mit vollem Recht für ein Meisterstück hielt), und so ist sie erst nach Mendelssohns Tode als Opus 101 erschienen.

Davon konnte Wagner nichts wissen. Was er an den »Hebriden« rühmte, das Koloristische, hatte Mendelssohn mit Weber, Spohr und ihm selbst gemein. Aber das war nicht das Wesentliche. »Wagners Musik ist Aktion und Plastik«, hat Paul Bekker in seinem Buch gesagt, »wobei das Koloristische ganz zur Nebensache wird.«[9] Und Wagner selbst hat von sich betont, daß »jede Farbe Aktion werden müsse« – was bei den Romantikern nicht der Fall war.

Im allgemeinen war die Romantik unplastisch und aktionsfeindlich. Liebte sie doch die Übergänge, die steigenden und verdämmernden Farben, in die das Biedermeier gar noch die Akzentlosigkeit hinzugab: das Rinnen, Gleiten, träumende Stillstehn. Die Hebriden-Ouvertüre aber war leitmotivisch, akzentstark, ein Tonstück von großer Plastizität, das den Epiker Beethoven mit dem Dramatiker Wagner verband.

Plastik. – Wie kam Mendelssohn, der oft rasche und kapriziöse Läufer, zu dem Wunsch nach »plastischer und ruhig schreitender Bewegung«? Sein Zusammentreffen mit dem größten Bildhauer der Epoche ist niemals genug gewürdigt worden. In seinen römischen Jünglingstagen – damals, als er zwanzigjährig Horace Vernets Bekanntschaft machte – lernte er Bertel Thorwaldsen kennen. Der dänische Meister, schon sechzig Jahre alt, war als Sechsundzwanzigjähriger in Italien eingewandert, um an der Antike zu lernen. Von Haus aus war er Idylliker[10] und kleinen Hirten-Szenen ergeben: Amor, von einer Biene gestochen, Amor als Löwenbändiger. Aber dann merkte Thorwaldsen, daß Löwen ihm besser gelangen als Hirten, und so meißelte er eines Tages den Helden Jason, wie er das Goldene Vlies erobert. Als das keinem Menschen in Rom gefiel, weil die damaligen Italiener hier jegliche Rokoko-Anmut vermißten, geriet er in eine rasende Wut und zerschlug den Jason in tausend Stücke. »Ich hätte alle überzeugt, wenn der Jason größer gewesen wäre!« sagte Bertel Thorwaldsen und schuf den Jason ein zweites Mal, aber noch kolossalischer. Wieder verstand ihn niemand in Rom, und Thorwaldsen wollte bereits indigniert ein Schiff nach Kopenhagen besteigen, als der Engländer Sir Thomas Hope sich in das Kolossalwerk verliebte, es kaufte und neue Aufträge gab. Dadurch blieb Thorwaldsen für immer in Rom. Hier meißelte er Statuen, die ihn in Europa berühmt machten, den »Merkur als Argustöter« und – als Napoleon nach Italien kam – den als Huldigung gedachten Triumphzug Alexanders des Großen in Babylon, den Ganymed, die Büste Lord Byrons und das Monument von Napoleons Stiefsohn Eugen Beauharnais für München[11].

Als Mendelssohn Thorwaldsen kennenlernte, hatte er gerade (1830) ein Kopernikus-Denkmal für Warschau geschaffen. Felix sah es nur in Skizzen. Doch der Stoff imponierte ihm gewaltig, wie alles, was aus der Zeit-Enge, dem Idyllischen, herausführte. Felix schreibt damals an die Familie:

Thorwaldsen hat eben eine Statue von Lord Byron in Ton beendigt. Der Dichter sitzt auf alten Ruinen, mit den Füßen auf einem Säulenkapitäl und sieht hinaus, im Begriff, etwas auf die Schreibtafel zu schreiben, die er in der Hand hält. Er ist nicht im römischen Kostüm, sondern im einfachsten heutigen dargestellt, und ich finde, daß es sehr gut und gar nicht störend ist. Das Ganze hat wieder die natürliche Bewegung, wie sie in allen seinen Statuen so wunderbar ist, und doch sieht er finster und elegisch genug aus (und so gar nicht affektiert). Vom ›Alexanderzug‹ müßte ich einmal einen ganzen Brief schreiben; denn solch einen Eindruck hat mir noch keine Skulptur gemacht, wie die da. Ich gehe jede Woche hin, sehe mir das als einziges an und ziehe mit ein in Babylon…

In einem anderen Briefe heißt es:

Thorwaldsen ist ein Mensch wie ein Löwe. Es erquickt mich, nur sein Gesicht zu sehn. Man weiß da gleich, daß er ein herrlicher Künstler sein muß; er sieht so klar aus den Augen, als müsse sich alles für sie zu Form und Bild gestalten. Dazu ist er ganz sanft und freundlich, weil er so hoch steht; und doch glaube ich, daß er sich an jeder Kleinigkeit erfreuen kann. Es ist für mich ein tiefer Genuß, einen großen Mann zu sehn und zu denken, daß er der Urheber von Dingen ist, die bleiben sollen… [12]

»Ewig bleiben« sogar. Der Glaube ans Unzerstörbare ist der Grundgedanke der Plastik – zumindest ist es diese Hoffnung, die jede Plastik von sich selbst hegt. Und nun kommt der jugendliche Mann häufig in Thorwaldsens Atelier, bittet ihn, sich nicht stören zu lassen und spielt, leise oder laut, Partien der »Walpurgisnacht« und vielleicht noch öfter die in Rom langsam wachsenden »Hebriden«…[13]
Als eine Mahnung zu harter Beschränkung auf das Notwendige, das Große, fallen die einsamen Meißel-Klänge des Bildhauers Thorwaldsen hinein.

Es ist etwas Erzieherisches in dieser Anekdote. Sie nimmt eine geistige Begegnung vorweg, die sich achtzig Jahre später zwischen dem deutschen Dichter Rilke und dem französischen Bildhauer Rodin in Paris zugetragen hat[14]. Der gerne weich phantasierende Rilke suchte damals den härteren Rodin auf, nicht nur um ihn zu bewundern, sondern um vor allem an seiner sparsamen Meißelführung zu lernen. Der junge Rilke hatte ein gefährliches Verhältnis zum Reim. Oder besser: der Reim hatte dieses Verhältnis zu ihm. In seinen Jugend-Arbeiten, und mochten sie auch meisterlich sein, im »Stundenbuch«, kann man beobachten, daß, wenn eine Strophe fertig ist, ein Gedanke zu Ende gedacht, ihm der Wohl- und Gleichklang nicht Ruhe lassen. Immer wieder erhebt sich der Reim und schlägt um das schon Vollendete noch eine Wortgirlande herum. Das Gedicht ist längst abgeschlossen — aber der Reimende merkt es nicht. Hier sind zwar Reichtum und Fülle am Werk, aber die drei und vier Reime zuviel entcharakterisieren das Gedicht.

Das wurde nun völlig anders, als Rilke den Meister Rodin kennenlernte. Die gewaltig einsamen Schläge des Meißels machten das Rinnend-Rennende stillstehn. Es entstanden die harten »Neuen Gedichte«, plastisch reimlose Gebilde, die herrlichen »Hetärengräber« und vor allem die »Rosenschale«, die gar nichts mehr mit Lieblichkeit oder Blumigem zu tun hat. Ein gewaltiger Fries von Assoziationen, die nicht mehr aus dem Reim entstanden: sie treffen die Situation ins Herz.

Und genau dasselbe brachten die Meißellaute Thorwaldsens in Felix Mendelssohn hervor. Er hat diese Plastik nie mehr vergessen. Und wo er groß ist, da spielt sie mit. In der »Walpurgisnacht«, in den »Hebriden«, in seinen gewaltigen Chorliedern, in Sinfonien und Konzerten, im »Paulus«, im »Lobgesang«, im »Elias«.

Von Berlinern und Düsseldorfern

Jawohl, die Bühne versagte sich ihm. Aber Leidenschaft und Härte, die seinem Charakter nicht fremd waren, suchten einen anderen Ausweg. Sie fanden ihn im *Oratorium*. Jener Form, die zur Hälfte Kantate, zur Hälfte aber schon Drama war.

Die Bedeutung dieser Zwischenform für die erste Hälfte des neunzehnten Jahrhunderts ist nur noch historisch zu ermessen. Eben weil Wagners Musikdrama sie in den sechziger Jahren ablöste. Jeder Meister von einigem Rang schuf aber damals Oratorien. Loewe tat es so gut wie Spohr, Bernhard Klein wie Friedrich Schneider. Einen Erfolg auf fünf Kontinenten konnte allerdings nur Mendelssohn buchen. Mit seinem »Paulus« und seinem »Elias«. Wie Haydns »Schöpfung« und »Jahreszeiten« drangen sie bis in den entferntesten Winkel der Welt[1].

Aber seltsamerweise wäre es zum »Paulus« gar nicht gekommen, wenn Mendelssohn im Schoß der Familie und in Berlin geblieben wäre. Er mußte aus der Verwöhnung fort, in eine Art von »Selbstverbannung«, in eine äußere Härte hinein: in das, was man »Berufsleben« nannte. Nach Düsseldorf, wo Bewährenmüssen und sogar Zank seiner warteten... Dabei hätte er Berlin nie verlassen, wenn nicht seine Eigenliebe hier unerträglich verletzt worden wäre. Als er vierundzwanzig war, geschah ihm etwas Schlimmeres, als der seinerzeitige Mißerfolg der »Hochzeit des Camacho«... Wenigstens bildete er sich das ein.

Der gebürtige Hamburger war eigentlich ein »geborener Berliner« und hat nie aufgehört es zu sein. Von Knabenzeiten an umstand Berlin den Mendelssohnschen Park und das Gartenhaus in der Leipziger Straße. Berlin mit seinen Binnenhäfen, seiner Spree, seinen Obstkähnen; Berlin mit der Havel, den Pichelsbergen, seinem Weißbier, den Konditoreien; seinen spottsüchtigen Bewohnern, die alles und jedes parodierten. Diese Lust an der Parodie, die von draußen ins Königreich der Mendelssohns hereinwehte, hat Felixens Seele mitgebildet. Wenn Hans Ferdinand Maßmanns Turnerschar singend durch die Stadt marschierte:

Turner ziehn froh dahin,
wenn die Bäume schwellen grün;
Wanderfahrt, streng und hart,
das ist Turnerart!

konnte man Mendelssohn mitsummen hören:

Turner ziehn
mit Pantin'
durch die janze Stadt Berlin!

Der Berliner Handwerkerhumor des Vormärz hatte es ihm angetan, welcher »eine Lippe riskierte«, wo die übrige Nation schwieg. Louis Angelys Vaudeville »Das Fest der Handwerker« konnten er und Schwager Hensel fast auswendig – sie sangen einander zu Haus vor! – und dazu noch den »Strahlower Fischzug«, den Julius von Voß geschrieben hatte, und worin die Sitten und Meinungen der »Patterjohten« verspottet wurden. Das war ein Ausdruck Adolf Glaßbrenners, des vormärzlichen Humoristen, der die Überbleibsel der Freiheitskriege, das Maulheldentum der »Druff-wie-Blücher«, so gerne unter sein Brennglas nahm ...[2] Die Handwerker und ihr lustiges Maul: als 1842 König Friedrich Wilhelm IV. von Mendelssohn eine Bühnenmusik zum »Sommernachtstraum« verlangte (nachdem die Ouvertüre es ihm schon als Kronprinzen angetan hatte), da schrieb Mendelssohn das Scherzo als einen echten »Handwerkerspaß« hin:

Die Berliner »Eckensteher«, was waren das für lustige Leute, wenn sie einen Leierkasten einen »Winselkasten« nannten und, sobald er einmal ängstlich schwieg, dem Orgeldreher zuriefen: »Ihr Winselkasten hat sich verkält't. Sie missen ihn det morjens een rohet Ei zu essen jeben, det die Stimme wieda klar wird!« Was gab es in Berlin für Berufe! Sogar Trauern und Begraben konnten hier komische Noten annehmen, sobald der »Leichenbitter« kam und (gewöhnlich war er betrunken) von der Trauerfamilie Weisung erhielt, wem er den Tod mitzuteilen habe. (Todesnachrichten standen damals nämlich noch nicht in den Zeitungen.) Tränen mimend und aufschluckend, sagte dann der Betrunkene: »Et hat dem Herrn jefallen, den Sattlermeester So-un-So in sein himmlischet Schloß uffzunehmen.« Als aber Felix einmal hörte: »Er war zu jut für diese Welt, drum mußt er ooch ins Himmelszelt!«, erstickte er beinahe vor Lachen[3].

Und dieser sehr gute Berliner, der niemals anderswo leben wollte (wenn er nicht gerade Weltreisender oder bei seinen Freunden war), verließ seine Vaterstadt im Groll. Er hatte sich bereden lassen, nach Zelters Tod dessen Nachfolge bei der Singakademie anzustreben. Er fiel aber durch. Am 22. Januar 1833 entschied sich die Generalversammlung der Mitglieder der Singakademie, den erledigten Direktorposten nicht ihm zu geben, sondern dem unbedeutenden Rungenhagen. Dieser Karl Friedrich Rungenhagen, ein durchschnittlicher Musiker, aber geschickter Verwaltungsmann, erhielt 148, Mendelssohn 88 Stimmen. Eduard Devrient, der die Vorgänge sehr ausführlich beschrieben hat, nimmt antisemitische Machenschaften an[4]. Sie sind aber recht unwahrscheinlich: erstens wurde Mendelssohn zu Rungenhagens *Stellvertreter* gewählt, zum Vizedirektor also — zweitens aber war es damals überhaupt noch nicht so leicht wie ein Menschenalter später, bei künstlerischen Entscheidungen ein rassistisches Vorurteil in die Waagschale zu werfen. Der Grund war wirklich Mendelssohns Jugend. Felix war nicht zu jung gewesen, um die Matthäuspassion zum Siege zu führen; doch ein Singakademie-Direktor war keineswegs nur ein Dirigent; er mußte noch allerlei andres sein. Nun hatte man eben Zelter verloren, den »Alten«. Ein so junger Mensch, der reich war und sich, ohne es selbst zu wissen, vielleicht etwas geckisch kleidete: das war nichts für die älteren Leute, die in der Akademie saßen. Acht Tage vor Felix' Niederlage hatte seine Mutter an den Geiger Ferdinand David geschrieben: »Schlendrian, Mitleid und Mittelmäßigkeit entscheiden gewiß auch über diese, wie über die meisten Anstellungen hier. Dazu kommt, daß kein minorennes Frauenzimmer und keiner, der unter zwei Jahren Mitglied ist, stimmen darf; die Alten aber mögen das Hergebrachte und können sich nicht an die Idee gewöhnen, einen lebhaften jungen Menschen an ihrer Spitze zu sehn.«[5] Damit traf Leah gewiß die Wahrheit. Und daß Felix den jungen Damen obendrein etwas zu gut gefiel — er war ein Schwärm-Objekt für sie, was Eltern bekanntlich nicht leiden können —, mochte ebenfalls mitgespielt haben. Er selbst aber mit seinem großen Ehrgeiz empfand diese Abstimmung als Blamage, und so floh er Berlin tatsächlich auf Jahre.

Zunächst entschädigte drei Monate später ein »Niederrheinisches Musikfest« in Düsseldorf ihn für die Niederlage. Aufgefordert, es zu dirigieren, verschaffte er sich aus England die Originalpartitur von Händels »Israel in Ägypten« und errang damit für Händel und sich einen Erfolg, der kaum kleiner war als der seinerzeitige nach der Berliner »Matthäuspassion«. Vom Niederrhein und vom Oberrhein waren Tausende von Menschen gekommen. Aus Holland, aus dem Hessischen, bis hinauf nach Basel und der Schweiz. Vater Abraham, der dem Fest beiwohnte, berichtete stolz das Erlebnis nach Hause, daß »vierhundert Sänger und Musiker aller Geschlechter, Stände und Alter, wie der Schnee zusammengeweht, sich von einem der Jüngsten von ihnen, ohne Titel und Würden, wie die Kinder führen und regieren ließen«[6]. Außer Händel brachte das Fest noch Beethovens Pastoral-Sinfonie und Leonoren-Ouvertüre, außerdem die von Felix selbst so stiefmütterlich behandelte Trompeten-Ouvertüre in C-Dur, von welcher der Vater kühnlich schrieb, er werde sie in Zukunft als beste Introduktion in das Händelsche Werk betrachten. Die Düsseldorfer, glücklich und stolz, wollten den fremden jungen Meister für Jahre an ihre Stadt fesseln und boten ihm das Engagement als Städtischer Musikdirektor für ein Gehalt von sechshundert Talern an. Der mit dem 1. Oktober 1833 beginnende Vertrag sollte für drei Jahre gelten und sah (was besonders wichtig war) einen dreimonatigen Urlaub zwischen Mai und November vor, den Felix, so oft er konnte, in England zu verbringen gedachte. Er besann sich nicht lange und unterschrieb.

Damit hatte er sich in die Nähe eines anderen Mannes von Rang begeben, des Theaterdirektors und Dichters Karl Immermann[7]. Dieser grüblerisch-schwere Niedersachse kam sich am Rhein oft sonderbar vor. Er war kein »Karnevalsmensch«; es widerstand ihm, wie er erklärt hat, sich zwangsmäßig für bestimmte Wochen eine Narrenkappe aufzusetzen und mit den andern Clowns-Späße zu treiben. In erwartungsvoller Sympathie sah er Mendelssohn entgegen, dem soviel Gewandteren, Leichteren. Er liebte jüdische Menschen besonders, da sie ihm innerlich nötig waren: diese Freunde, die ihn auflockerten, waren sein Landsmann, der Magdeburger Karl Rosenkranz, ein bekannter Hegelschüler und Literarhistoriker[8], der Berliner Michael Beer, ein von Heine geschätzter Dichter, den Immermann als Autor des »Paria« und »Struensee« besonders schätzte[9]; und dann vor allem Heine selbst, der Immermann durch Rezensionen stets stark aufgemuntert hatte. Mendelssohn nun enttäuschte ihn durch die Kühle, mit der er seiner Produktion entgegentrat. Felix hatte ein Immermannsches Operntextbuch zurückgegeben — es hätte Shakespeares »Sturm« werden sollen und war für München geschrieben worden —, gab er doch jedes Textbuch zurück: aus Gründen, die wir erkannt haben. Aber darüber hinaus zeigte er eine empfindliche Gleichgültigkeit gegenüber Immermanns Werken. Zwar schrieb er als Gesangs-Einlage für Immermanns »Trauerspiel in Tirol« ein Lied, und ein anderes, das »Todeslied der Bojaren« für die Tragödie »Alexis«, das seine starke Fähigkeit zeigt, sich fremden Stoffen anzupassen. (Es ging um einen russischen Stoff.) Doch wenn von Immermanns Prosawerken in Gesellschaft die Rede war, wie etwa dem »Münchhausen« — einer sonst sehr geschätzten Schöpfung, die »wie ein belastetes Schiff zwischen den Gestaden Goethes und Jean Pauls dahinrollte« —, schwieg Felix in unmißverständlicher Weise[10]. Das einzige, was Mendelssohn aus vollem Herzen bewunderte, war das komische Epos »Tulifäntchen«, an dem er den alt-englischen Meistergriff von Swift und Sterne wiedererkannte[11]. Es war das parodistische Epos des Däumlings, der mit Riesen verkehrt. Da Felix selbst Parodist war und ein märchengläubiger Mensch, packte ihn dieser Grimmsche Stoff. Solch ein kleiner Kerl hatte den Verstand und den Tatendurst von Erwachsenen. Im Ohr eines Pferdes ritt er aus, mit einer Federmesserklinge als Schwert, einer Silbermünze als Schild und einer Nußschale als Helmdach. Er betätigt sich als Fliegentöter im ersten Gesang; im zweiten bringt er einen gewaltigen Riesen um und wird im dritten Gesang von Feen aus seiner unglücklichen

Ehe mit Prinzessin Balsamine befreit, die zwanzigmal so groß ist wie er. Felix machte das einen Riesenspaß, und er fühlte wahrscheinlich sogar die Zeitsatire in dem Stoff: Tulifäntchen ist ein Repräsentant der Restaurationszeit nach Waterloo, die größer sein möchte als sie ist, wenn sie in den Riesenstiefeln der Freiheitskriege weitermarschiert[12]. Daß einer »größer sein wollte als sein Leib«, brachte Mendelssohn zum Lachen; und vielleicht hätte er Immermanns Epos gern zur Komischen Oper gemacht oder (da er ja diese Form floh) zur sinfonischen Tondichtung. Aber es wurde nichts daraus.

Statt dessen begannen der Schauspiel-Intendant und der Musikdirektor zu streiten. Immermann, ein in Wirklichkeit eher bescheidenstiller Mensch, betrug sich nach außen hoffärtig; und Mendelssohn war auch nicht sanft, wenn das Wesen eines andern ihn reizte. Immermann lebte schon seit Jahren ein unglückliches Privatleben. In einer Zeit, die derlei nicht dulden wollte, wohnte er, der Junggeselle, mit einer geschiedenen Frau zusammen: es war Elisa von Ahlefeldt, die Gattin des Freischarenführers Lützow. Diese Frau, die ihn fast dämonisch beherrschte, war beträchtlich älter als der Dichter. Er bot ihr mehrfach die Ehe an, doch aus romantischer Überspanntheit weigerte sie sich, den Schritt zu tun. Andrerseits wußte ganz Düsseldorf, wie es um die beiden stand, was die Beziehung Immermanns zu den Honoratiorenfamilien verdarb und ihn selbst mißtrauisch und reizbar machte[13]. Schließlich kam es zum Bruch zwischen ihm und mancherlei Theaterfreunden, vor allem zum Streit mit Mendelssohn — einem Bruch, der so plötzlich war, daß Felix seinen Vertrag hinwarf. Über die Form, in der es geschah, hat ein Immermann-Biograph, Werner Deetjen, höchst unfreundlich geurteilt:

»Die Kunde, daß Mendelssohn von seinem Posten als Operndirektor zurücktreten wolle, war für den Dichter niederschmetternd. Dem vom Schicksal verwöhnten Mendelssohn fehlte leider jener Ernst, jene Entsagungs- und Aufopferungsfähigkeit, die Immermann so sehr besaß.« Der Jüngere habe dem Unternehmen — der Erneuerung und Zusammenlegung des Düsseldorfer Theaterbetriebs — von vornherein kühl gegenübergestanden. Nachlässig, leichtfertig, rücksichtslos — gleichsam nur seinem Privatruhm lebend — habe er sich gegen die gute Sache und den älteren Freund verhalten. Immer wieder habe dieser den Gegensatz überbrücken wollen. Erst als Felix Mendelssohn, nachdem er längst aus dem Amt geschieden, aus der

Ferne weiterhin gegen Immermann intrigiert und gegen seinen lauteren Charakter Pfeile abgeschossen habe —, erst dann, schließt Deetjen, »wandte sich dieser, in seinem Ehr- und Rechtsgefühl aufs tiefste verletzt, von Mendelssohn ab« [14].

Das kann nicht wahr sein! Mendelssohn war weder willens noch überhaupt fähig, eine »Theaterintrige zu spinnen«. Aus dem Hinterhalt Pfeile zu schießen: so etwas lag nicht in seiner Natur. Und was seine Werktreue betraf, seine Verantwortlichkeit, seinen Fleiß übernommenen Pflichten gegenüber, so hat er sich zehn Jahre später in Leipzig zu Tode gearbeitet — wo es allerdings keine Gegnerschaft gab, weder sachliche noch persönliche.

Die Düsseldorfer jedenfalls haben ihn anders eingeschätzt als sein Freundfeind Immermann. Sonst hätten sie ihm nicht vor dem Stadttheater das schöne Standbild aufgerichtet — breitbrüstig, im Biedermeierfrack, die linke Hand ausruhend auf dem Pult, die schöne Musikerstirn erhoben. War doch Düsseldorf auch die Stadt, von der »Paulus« in die Welt hinausging, an jenem 22. Mai 1836... Und die Sonne jenes Ruhms strahlte auf die Rheinstadt zurück.

An den Rhein kam er noch oft, um Musikfeste zu dirigieren. Und war er fern, so sprach er erinnernd vom Wesen Düsseldorfs als der Stadt, an der ihm das Beste nicht seine eigene Musik war, sondern »das abendrote Rauschen des Flusses, die schönen Bäume, das Ausreiten, die Spaziergänge mit den Düsseldorfer Malern«, die Schadow, Hübner und Bendemann hießen. Bei einem dieser Maler, Schirmer, nahm er selber Unterricht und »aquarellierte nach Herzenslust« [15]. — »Und das Allerschönste an Düsseldorf?« schloß er mit seinem freundlichsten Lächeln, »daß es so nahe bei London liegt.«

Die Geschichte des Paul von Tarsus

Julius Schubring, der Textdichter des »Paulus«, war 1806 geboren, also drei Jahre älter als Mendelssohn. Ihre Freundschaft datierte aus der Zeit, da der junge Dessauer Philologe als Lehrer von Schleiermachers Kindern in Berlin gelebt hatte und im Mendelssohnschen Haus ein und aus gegangen war. Musizieren, Schwimmen und Turnen waren Hauptbeschäftigungen der jungen Leute. Von Theologie sprachen sie wohl weniger. Das wurde anders, als Julius Schubring

1830 nach Dessau zurückging. Um dieselbe Zeit beschäftigte sich Mendelssohn in Rom zum erstenmal mit der Paulus-Idee. Die Gemäldegalerien, Tizian und Raffael standen Pate. Im Dezember 1832 schickt er einen Entwurf des »Paulus«, der schon sehr eingehend ist, nach Dessau, und im Januar 1833 kommt Schubrings erster Gegenentwurf, der noch viel ausführlicher ist. Jahrelang wird jetzt der Plan erwogen, Szene für Szene durchgegangen, Rede für Rede, Wort für Wort. Das Gute ist, daß Julius Schubring, ein trockener und vorsichtiger Mann, in Dessau mit Friedrich Schneider befreundet ist, dem Oratorienkomponisten des »Weltgerichts« und »Befreiten Jerusalem«. So verliert er den Anschluß nicht und weiß, daß es sich beim »Paulus« zuerst einmal um Musik handeln muß und dann erst um das Religiöse. Wo ein anderer Prediger vielleicht kein »Tüttelchen« vom biblischen Text hergeben möchte, ruft Schubring im Gegenteil: »Nur keine Längen!« und kürzt bei sich selber gnadenlos, was den Komponisten hindern könnte. Gleichwohl verstreichen fast vier Jahre, bis »Paulus« das Licht der Welt erblickt[1].

Paulus der Große! Der Verkünder einer neuen Welt-Idee! Warum Mendelssohn gerade ihn zum Helden seines frühesten Oratoriums machte, das hätte er leicht erklären können. Aber 1836, als diese Großschöpfung herauskam, war das Zeitalter Richard Wagners, das »Erklärerische«, noch nicht angebrochen. Und Mendelssohn sprach so wenig über seine Absichten, wie vor ihm Bach, Händel oder Beethoven. Entweder rechtfertigte sich ein Kunstwerk durch sich selbst, oder es war nicht zu rechtfertigen.

Da nun Mendelssohn über die Gründe, die ihn zum »Paulus« führten, schwieg, macht er es heutigen Menschen reizvoll, psychologisch zu erschließen, warum er auf diesen Stoff verfiel. Aus seiner besonderen Seelenlage, aber auch aus der Zeitlage war ihm die Gestalt des Paulus eine allerwichtigste. »Mea res agitur«, mochte er sagen. Paulus, der Schöpfer und Begründer einer »übernationalen Religion«, war der erste antike Mensch, welcher der Bluts- und Geschlechts-Mystik der antiken Völker den Kampf ansagte. Für Paulus waren weder die Juden das von Gott erwählte Volk, noch die Griechen oder die Römer oder die übrigen Heidenstämme etwa von Gott verworfene Völker. Durch den symbolischen Akt der Taufe hat er alles, was Menschenantlitz trug, gleichsetzen wollen. Eine Tat ungeheuerlicher Kühnheit, die zugleich mit dem Pro-Semitismus, mit der »jüdischen Absonderung«, auch den Anti-Semitismus verwarf. Waren alle Menschen in Christo gleich, so mußten auch die Juden nicht mehr eifernde Söhne ihrer Väter und Erfüller eines Gesetzes sein, das sie von anderen Mitmenschen schied. Sie waren keine »natio« mehr, nicht von Geburt mehr erwählt oder verfolgt: ebensowenig wie Skythen, Germanen, Griechen, schwarze, weiße und gelbe Menschen sich noch als »Nationen« fühlen durften. Die Tat des Paulus also hatte ein *Allmenschentum* errichtet. Die »Nichtigkeit des fleischlichen Erbes« gegenüber dem einzigen Herrn, dem *Geist* – wie hätte einen Mendelssohn etwas stärker packen können als dieses Evangelium Sauls, jenes Zeltwebers von Tarsus, der sich nach seiner eigenen Umkehr – wie vom Blitz getroffen! – Paulus nannte? Die rauschende Freude der Neugeburt: »Wer in Christus ist, der ist neu – das Alte ist in uns vergangen!« braust aus den lyrischen Teilen der Partitur – während die dramatischen Teile vom Textdichter nicht ganz bewältigt wurden.

Der Jugendfreund Adolf Bernhard Marx, der sich (einer der wenigen!) später gegen den »Paulus« wandte, hat klar die Notwendigkeit erkannt, weshalb Mendelssohn diesen Stoff komponierte. Er hat Wesentliches darüber gesagt, daß der »Stoff uns wählt und nicht wir den Stoff«. – Trotz all der spielerischen Freiheit, die der Geist uns läßt, einen Stoff zu wählen, sei der *endgültige* Entschluß doch nicht (wie Außenstehende meinen) eine Sache der freien Wahl. »Das Erzeugnis der ganzen Sinnesart ist es..., das den Künstler zu gerade diesem Stoff und zu keinem anderen hinzieht: in solchem Entschluß spricht sich die Wechselbeziehung, der magnetische Rapport aus.«[2] Man mag mit Nicolai Hartmann ergänzen: »Es ist der Geist, der uns auswählt, nicht aber wir ihn.«

»Ich darf keinen Fehler machen.« Neben dem Briefwechsel mit Schubring gehen damals immer wieder biblische und historische Studien. In Düsseldorf wird Felix mit Gfrörers »Geschichte des Urchristentums« bekannt, die ihn derartig fesselt, daß er das Buch auf einen Ritt in den Wald mitnimmt – und beide regnen schrecklich ein. Und nun liest er alles Erreichbare über die griechische Geschichte und das Volksleben der Paulus-Zeit. So weiß er mehr, als man denken sollte. Zum Beispiel, daß es damals eine »wirkende« griechische Religion nicht mehr gab. All das war Synkretismus geworden, ein Durcheinanderstrudeln im Becher. Seitdem im dritten Jahrhundert

vor Christo Euemeros einen Reiseroman, die »Taten der Götter«, geschrieben hatte, die in Wirklichkeit sterbliche Menschen waren — weil sie der Menschheit Gutes erwiesen, habe man sie nach ihrem Tod dann »Unsterbliche Götter« genannt —, war die antike Religion eigentlich nur noch Heroenkult[3]. Und damit von Paulus leicht zu zerschlagen. Viel schwerer wurde es dem Reformer mit der judäischen Religion, die ja wirklich eine Religion war. Daß Felix auch rein jüdische Quellen über Paulus studiert hat, ist nicht von der Hand zu weisen. Die Juden des Oratoriums, die sich gegen Paulus kehren, sind heftige, aber fromme Menschen — Paulus ist selbst einer von ihnen gewesen! —, es sind nicht die verrotteten Massen aus der Bachschen »Matthäuspassion«. Mendelssohn ist viel gerechter und dankt es vielleicht seiner Abstammung, daß er die Widersacher des Paulus »verstand«[4].

Pfingsten 1836 sprang der »Paulus« in die Welt. Eine betäubende Fülle von Formen. Lyrisches und Heroisches, Arien, Chöre und Rezitative — im einzelnen alt, in der Mischung neu und darum als Ganzes so überraschend! Daß man ein Stück »sehr großer Musik« vor sich habe, daran zweifelte kein Zeitgenosse. Eine Flut von Literatur, die jahrelang nicht abebbte, ergoß sich um und über das Werk. Johann Theodor Mosewius in Breslau, ein Bachianer, lobte es fast bis zum Himmel[5], und kaum weniger bejahend war, was der Archäologe und Mozartbiograph Otto Jahn über »Paulus« zu sagen hatte[6]. Selbst Befremden oder Verwunderung über gewisse Einzelheiten kleideten sich nicht in die Form des Tadels, sondern waren eher der Anlaß, die Diskussion nicht einschlafen zu lassen. So fragten sich die Menschen schon früh: Was war Mendelssohn eigentlich eingefallen, die Stimme des Gottessohnes durch ein Quartett von Frauenstimmen auszudrücken? Daß er selber eisern schwieg und die Frage nie beantwortete, gehörte zu seinen Grundsätzen. Wir aber mögen uns heute wohl denken, was ihn zu dieser Schreibart bewog. Jenes alttestamentarische Gebot: *»Du sollst dir kein Bildnis machen.«* Es war als Abgötterei verboten, Gott zu schnitzen, zu malen, zu meißeln. Bei der starken Beziehung, die Mendelssohn zwischen Musik und Bildkunst empfand, erschien es ihm wahrscheinlich unmöglich, einen männlichen Sänger mit der »Nachahmung Gottes« zu betrauen. Auch nicht einen Chor von Männern, da ja — nachdem Gott als Mann gedacht ist! — der Versuch eines Nachahmenwollens vorläge. Nur die allerweiteste Entfernung von der *wirklichen* Stimme Gottes ließ kein Ärgernis aufkommen – und dieses Entferntsein bot sich im Frauenchor.

Einer der frühesten Biographen, August Reißmann, war hellsichtig genug, diesen wahren Grund zu erkennen[7]. Er schrieb 1866: »Mendelssohn hat die Stimme, welche zu Saul vom Himmel herab spricht, dem vierstimmigen Frauenchor übertragen. Hätte der Meister *eine* Stimme, zumal eine männliche, gewählt, so würde man annehmen müssen, er habe das körperliche Stimmorgan Christi vertreten lassen wollen, was hier fehlerhaft gewesen wäre... Hier galt es nicht, eine bestimmte *menschliche* Stimme ertönen zu lassen, sondern das *Übernatürliche* hervorzubringen, und hierzu sind die Frauenstimmen am besten geeignet, namentlich in der Art, wie Mendelssohn sie einführt. Sämtliche Blasinstrumente charakterisieren die wunderbare Erscheinung des vom Himmel sprechenden Christus durch ihre lang gehaltenen oder zitternd aufgelösten Akkorde; der Frauenchor aber ist so eng mit ihnen verknüpft, daß es wirklich scheint, als ob die Worte körperlos aus der Erscheinung herausdringen würden« (Notenbeispiel Seite 247).

Besser konnte das religiöse Tabu – eine göttliche Gestalt darf nicht realistisch mitsingen! – künstlerisch gar nicht umgangen werden. In Wirklichkeit war der Komponist sogar eine Weile unschlüssig gewesen, ob er den Frauenchor *wagen* könne. Auf seinen Musikreisen nach Köln – wo er für die Düsseldorfer Konzerte alte Kirchenmusik ausgrub – hatte er die Bekanntschaft eines jungen Domherrn gemacht und hatte sich nach der Rolle der Frau in der urchristlichen Gesellschaft erkundigt. War diese Rolle nicht minderwertig? Hatte nicht der Kirchenvater Tertullian die Frau als das »Tor zur Hölle« erklärt und, schlimmer noch, Clemens Alexandrinus ausgerufen: »Jede Frau sollte von Scham erfüllt sein bei dem Gedanken, daß sie eine Frau ist« [8]? Der Domherr schüttelte den Kopf. Es sei zwar nicht wahrscheinlich, daß Paulus jene Lichterscheinung, die ihn blendete *(»Saul! Saul! Warum verfolgst du mich?«)* als Frauenstimmen gehört habe. Aber keineswegs habe die frühe Kirche die Frau als Gotteswesen verworfen. Der heilige Paulus selber sei mit einer Missionarin gereist, der Jungfrau Thekla aus Ikonion, die ihm nach Antiochia folgte, dem Martyrium nur knapp entging und sich die allergrößten Verdienste um die Heidenbekehrung erwarb[9]. Das beruhigte Men-

delssohn, der zwar am Primat der Musik festhielt, aber doch nicht unhistorisch sein wollte.

Aber gerade Historiker befremdete die Kühnheit des »Paulus«. A. B. Marx, groß als Theoretiker und Professor der Musikgeschichte, empfand es als unhistorisch, daß hier Choräle eingebaut waren. Choräle gehörten in eine »Passion« und waren ein Reservat Bachs. In einem Oratorium aber, jener Großform, die nun einmal Händel folgte, hätten Choräle nichts zu suchen. Das fanden andere ebenfalls, die nicht recht anerkennen wollten, daß Mendelssohn hier eine Meisterleistung der Verschmelzung gelungen war: die Innigkeit und Trauer Bachs mit Händels plastischer Charakteristik und opernhaft starker Instrumentierung. Doch das waren eher milde Bedenken, mochten sie selbst von einem Karl Loewe[10] oder von Spohr[11] geäußert werden. Im allgemeinen überwog das Erstaunen: Wie etwas so Vollendetes überhaupt gemacht werden konnte. Bald nach der englischen Erstaufführung in Liverpool schrieben die Londoner Times: »Es ist unbegreiflich, daß der große Landschaftsmaler von ›Fingal's Cave‹ (der Hebriden-Ouvertüre) und von ›Calm Sea and Prosperous Voyage‹ (Meeresstille und Glückliche Fahrt) und der kraftvolle Humorist der Ouvertüre zum ›Sommernachtstraum‹ etwas so machtvoll Religiöses wie den ›Paulus‹ erschaffen konnte.« [12] Nun, es war nicht unbegreiflich. Wenn uns der ewige Vergleich mit Mozart heute auch lästig ist, sie hatten beide doch eines gemeinsam: die erstaunliche Versatilität und den Mangel an Langeweile. Was ist denn der Grund, daß die meisten Menschen religiöse Musik nicht lieben? Weil sie durch Wiederholungen langweilt. Sie nimmt, daß man Gott »ohne Unterlaß« preisen soll, zu wörtlich. Kunst kennt das Mittel der *Verkürzung*. Und ein Meister der Kurzformen war der Mendelssohn der »Paulus«-Musik.

Etwas ganz anderes ist die Frage, ob ein heutiger Komponist ein mit so offenkundigen Fehlern behaftetes Textbuch vertonen würde. Trotz unendlicher Diskussion zwischen Felix, Schubring und anderen Freunden ist der Stoff nicht bewältigt worden. Das hätte Wagner (wenn er überhaupt Oratorien hätte schreiben wollen) wahrscheinlich etwas anders gemacht! Er sah in ihnen aber damals nur verunglückte »Opern-Embryonen« und zuckte die Achseln über Menschen, die ihre Zeit dafür opferten... Ein Textbuch des »Paulus« sollte wirklich mit der dramatischen Situation beginnen, daß der Eiferer die Christen verfolgt, dann aber auf dem »Weg nach Damaskus« vom Blitzschlag der Umkehr ereilt wird. Das ist ein visionäres Geschehen, das ein wirklicher Dramatiker, ein Händel, zuvörderst angepackt hätte. Auch durfte ein Paulus-Oratorium keinen »zweiten Helden« haben wie den Märtyrer Stephanus, der im ersten Teil des Werks gesteinigt wird und die Sympathie der Hörer derartig auf sich ablenkt, daß Paulus es schwer hat, ihm gleichzuwerden. Der größte Fehler aber war es, vom Standpunkt des Dramatischen aus, das Oratorium nicht mit dem Martyrium, dem Opfertod Pauli, schließen zu lassen. Der Grund? Es konnte nicht geschehen, weil im ersten Akt bereits der Märtyrer Stephanus gesteinigt ward und man eine ähnliche Schreckensszene am Schluß nicht wiederholen konnte. Aber es hatte noch einen anderen, für Mendelssohn charakteristischen Grund: seine Anhänglichkeit an das Bibelwort. In der Apostelgeschichte kommt tatsächlich Pauli Tod nicht vor. Wir wissen zwar, daß er sterben wird, und er selber weiß es auch – aber Bibelworte »erfinden«: das hätte Mendelssohn nie getan. So brachte er sich um eine Wirkung, die ein Unbedenklicherer (wieder muß man an Wagner denken), ein *wirklicher* Dramatiker, sich gewiß nicht versagt hätte. Allerdings gewinnt Mendelssohn für seinen und unsern Abschied von Paulus damit eine nachhallende Süße, die nun seit mehr als hundert Jahren allen Hörern die Augen feuchtet. Es ist jener große Abschiedsgesang, worin das Cello zur Menschenstimme, die Menschenstimme zum Cello wird: *»Sei getreu bis in den Tod, so will ich dir die Krone des Lebens geben«:*

In schlichten Worten hat der Apostel den Freunden seinen Entschluß verkündet, nach Jerusalem zu gehn, wo Trübsal und Bande seiner harren; die ephesische Gemeinde will ihn mit den sorgenden Worten »Schone doch deiner selbst! Das widerfahre dir nur nicht!« daran hindern und weiß doch, daß sie es nicht kann. Er beharrt bei seinem Entschluß, um des Namens Jesu willen zu sterben; sie geleiten ihn in das Schiff und sehen hinfort sein Antlitz nicht mehr. Der innige, weiche As-Dur-Chor von der Liebe, die »uns der Vater erzeiget«, spricht von Gottes Vaterhuld, die größer ist als das kurze Leiden. Der Schlußchor bringt eine Doppelfuge, die zu dem Beglückendsten gehört, was einem Meister nach Bach einfiel.

Bach oder Händel? Den Zeitgenossen wurde es schwer, welche

»Richtung« sie im »Paulus« mehr bewundern sollten. Bekanntlich sind in der Bachschen Passion drei Elemente vorherrschend, die die Handlung vorwärtstreiben: der erzählende Evangelist, der dramatische Einzelheld und der Chor, dem, nicht unähnlich den Chören in der antiken Tragödie, die sittliche Zensur zufällt. Der Chor singt freilich auch den »Choral«, der — ein viertes Element! — eine göttliche Kraft ausströmt, die »nichts Menschliches mehr an sich hat«. Händels Oratorien dagegen sind durchaus Musikdramen. Sie sind, wie Davison einmal gesagt hat, eine Opernprobe, bei der »sich die Hauptsänger und die Chöre noch nicht kostümiert haben«[13]. Die epische Erzählung fällt fort, alle Personen, die trauernden und die heftig handelnden, die Opfer, die Kämpfer und die Sieger, sprechen immer für sich selbst; sogar die Chöre und die Arien sind immer auf die Handlung bezogen, sie »spielen mit« und wissen nichts von der »außerweltlichen Betrachtung bei Bach« und erst recht nichts vom Wunder des Chorals. — War das überhaupt zu vereinigen? Da Felix Mendelssohn beide Meister unendlich liebte, vermochte er es.

Sein Vorspiel beginnt zunächst völlig in Bach, mit der mächtigen Choralmelodie »Wachet auf, ruft uns die Stimme der Wächter sehr hoch auf der Zinnen, wach auf, du Stadt Jerusalem!« Kanonisch, wie in der Matthäuspassion, erscheinen sodann die »falschen Zeugen«, die einander die Lügen nachsprechen, die den Stephanus verderben sollen. Jetzt übernimmt Meister Händel die Führung, sobald mit rednerischer Kraft, zu einer Begleitung des Streichorchesters, Stephanus sich zu verteidigen beginnt. Doch das aufgestachelte Volk überbrüllt ihn: »Weg, weg mit dem!« Schon krachen die Steine, schon spritzen die Splitter: eine Wolke von Mord ist in der Musik... aber dann, sehr geheimnisvoll, ein Pianissimo espressivo: so küßt der Tod dem Märtyrer die Lippen. Mit einem »Gebet für die Feinde« entschläft er. Fromme Männer holen ihn ab und pflegen des Leichnams: »Wir preisen selig...«:

Danach erst tritt Saulus auf (also spät!), um zu rasen, um über die verfluchte Sekte der Christen zu lästern und zu schäumen. Er wird gestraft, er stürzt, er erblindet. »Saul, Saul!« schallt es überirdisch und sanft, »Warum verfolgst du mich?« Und nun die Reue. Saulus wird Paulus. Er wird wieder sehend, er wird geheilt. Zu einer mächtigen Musik, in der sich das Feste und Feurige mit der Tiefe des Menschenherzens und dem Jubeln der Himmel verbindet (es sind Celli, Geigen, Trompeten, wie man sie zuvor kaum gehört hat), zieht Paulus aus, um für Jesus Christus den ganzen Erdkreis zu erobern.

Mit den Hebräern gibt's grimmigen Streit. Und die Heiden? Hier gelingt Mendelssohn eine Wirkung, die nicht weniger großartig ist. Sie streift fast das Parodistische: Die Griechen sind so völlig verblüfft von seiner Wundertäterei, daß sie Paulus für einen »Gott« halten und zum Olymp erheben wollen. Man kann sich des Eindrucks nicht erwehren, daß hinter dieser hochgelaunten und völlig unverhofften Szene ein naher Freund Mendelssohns stand, der berühmte Historiker J. G. Droysen, Berliner Universitätsprofessor, der soeben (1833) eine »Geschichte Alexanders des Großen« veröffentlicht hatte, die Felix sehr bewunderte[14]. Alexander der Große! Das war ja die Welt, die ihm auch durch Thorwaldsen vertraut war. Jetzt ließ er die Griechen jubeln und singen: *»Seid uns gnädig, hohe Götter!«*

Paulus aber, doppelt ergrimmt, donnert das Mißverständnis nieder. So folgt, bis zum sanften Ende des Werkes, Szene um Szene, Chor um Chor. »Wie lieblich sind die Boten des Herrn, die den Frieden verkündigen. In alle Lande ist ausgegangen ihr Schall und in alle Welt ihre Worte.« Es ist eine Musik, die zu Gott aufblickt. Kaum noch heroisch und nicht mehr tragisch: mit der Wehmut eines Sommerabends haben wir Paulus entschwinden sehen.

»O welch eine Tiefe des Reichtums!« zitierten damals die Erstaunten einen jener Chortexte... »Die Musik des ›Paulus‹«, sagt Walter Dahms, besitzt »eine ungeheure Vielseitigkeit, vom Fanatismus bis zur Hingabe, vom Haß bis zur Opferwilligkeit, vom unheilvollen Drohen bis zur hinreißenden Anmut und Lieblichkeit, vom nüchternen Rationalismus bis zu einer träumerischen Romantik.« Diese nicht dagewesene Vielfalt war es, die alle Menschen hinriß.

Man soll nicht von einem »Erfolg« sprechen, sobald eine ganze Welt aufgewühlt wird. Dieses Werk war ohne Bach nicht denkbar — aber zugleich war es doch moderner, und dem romantischen Gefühl sagte es besser zu als Bach. Mendelssohns »Paulus« hatte kaum die Notendruckerei verlassen, als einundsechzig deutsche Städte, die größten wie die kleinsten, das Werk aufführten. Im Verlauf von nur zwei Jahren wurde es auch in Schweden und Rußland, Holland, Polen und der Schweiz, England und Amerika bekannt. Nur einer stand mit verschränkten Armen und grollte. Unberühmt und von der Gunst der Mächtigen noch sehr abhängig, durfte er 1836 sich noch nicht so äußern, wie er's 1850 tat. Es war der Widersacher, der Feind, der die alte Musik ablehnte und vor allem dem »Bachismus« gram war, den der junge Mendelssohn vor fast zwei Jahrzehnten eingeführt hatte. »Bachs musikalische Sprache«, schrieb Wagner, »bildete sich in der Periode unserer Musikgeschichte, in welcher die allgemeine musikalische Sprache eben noch nach der Fähigkeit individuelleren, sicheren Ausdrucks rang: das rein Formelle, Pedantische haftete noch so stark an ihr, daß ihr rein menschlicher Ausdruck bei Bach... eben erst zum Durchbruch kam. Die Sprache Bachs steht zur Sprache Mozarts und endlich Beethovens in dem Verhältnis, wie die ägyptische Sphinx zur griechischen Menschenstatue: wie die Sphinx mit dem menschlichen Gesichte aus dem Tierleibe erst noch herausstrebt, so strebt Bachs edler Menschenkopf aus der Perücke hervor. *Es liegt eine unbegreiflich gedankenlose Verwirrung des luxuriösen Musikgeschmacks unserer Zeit darin, daß wir die Sprache Bachs neben derjenigen Beethovens ganz zu gleicher Zeit uns vorsprechen lassen und uns weismachen können, in den Sprachen beider läge nur ein individuell formeller, keineswegs aber wirklicher Unterschied vor.«* [15]

Das schrieb der Meister Richard Wagner, als Mendelssohn gestorben war, über den toten Meister Bach. – Und was uns das hier angeht? Sehr viel. In einem Buch über Mendelssohn ist Wagner eben der zweite Held. Und riesenhaft emporwachsend, wird er den ersten bald überschatten.

»Ja, warum sterben denn alle Leute?«

Wenn ein schöpferischer Künstler ein volles Viertel seines Lebens und seiner Kunst darauf verwendet, im »Geleit eines andern« zu komponieren – wir sprechen von Mendelssohn und Bach! –, so möchte man annehmen, daß er auch das Zentral-Erlebnis des anderen habe. Bei Bach ist jenes Erlebnis *der Tod* und seine Einordnung in das Leben. Die Überwindung der Todesfurcht durch die Frömmigkeit ist Bachs Anliegen. Das felsenfeste Gottvertrauen auf ein Fortleben nach dem Tode: davon spricht bei Bach jede Note.

Also auch bei seinem Schüler, Wiedererwecker, Fortsetzer? Seltsamerweise ist es nicht so. Neben Bachscher Trostmusik begegnen wir bei Mendelssohn modernen und nervösen Gedanken. Sehr ähnlich Goethes bekannter Bemerkung zu Eckermann über den *Widersinn* des Todes: »Der Tod ist doch etwas so Seltsames, daß man ihn, unerachtet aller Erfahrung, bei einem uns teuren Gegenstande nicht für möglich hält und er immer als etwas Unglaubliches und Unerwartetes eintritt. Er ist gewissermaßen eine Unmöglichkeit, die plötzlich zur Wirklichkeit wird...« [1] Hier steht also nichts von einem Sich-Abfinden oder gar von einer Begrüßung des Todes als einer »Durchgangsstation« der Seele ins Jenseits... Diese Goethesche Abneigung gegen den Tod und seinen »ungerechten Anspruch« ähnelte der des alten Tolstoi, der zu glauben schien, der Tod werde mit ihm eine Ausnahme machen und eine physisch-moralische Kraft wie die seine der Welt erhalten [2].

Nun – daß die alten Menschen starben, mochte Felix noch irgendwie zur Ordnung der Welt gehörig scheinen. Goethe starb mit dreiundachtzig und hatte sich zu Ende gelebt — dieses Ende war zwar eine Nachricht, *die einen wieder so arm machte* —, und nicht weniger traurig war Zelters Tod, der (rührendste Handlung seines Lebens!), bevor er Goethe nacheilte, einen Kratzfuß vor der Büste seines Freundes gemacht und sarkastisch dazu bemerkt hatte: »Exzellenz hatten natürlich den Vortritt!«... Doch warum sterben so viele *junge* Menschen? Es ist ja, als ob der sichelnde Schnitter überall in Stadt und Land gerade der Jugend auflauerte! Der früheste Todesfall, der ihn trifft, der des jungen Geigers Eduard Rietz, den die Lungenschwindsucht mitnahm, wird von Felix mit tagelanger Depression beantwortet. Daß er sich später dann mit Rietz' Bruder Julius besonders befreundet und ihn für Düsseldorf engagiert, ist ein charakteristischer Zug seiner Familientreue: Eduard lebt in Julius weiter und verneint damit den Tod. Denn man muß »den Tod verneinen«, ihn umgehn, ihm sogar ein Schnippchen schlagen. Was sich als ungemein schwer erweist. Denn bald »hagelt es Todesfälle«. Es ist etwas völlig anderes, zu einem erschütternden Liedertext »Es ist ein Schnitter, der heißt Tod« eine herrliche Melodie zu erfinden, oder einen gehäuften Tod aus nächster Nähe zu erleben — ohne Musik und ohne Text. Bachsche »Tröstungen« helfen da plötzlich nicht mehr. Wenn ein einzelner Mensch stirbt — mag Mendelssohn fühlen —, so nimmt man mit einem Choral von ihm Abschied; nach einer erbaulichen Totenpredigt setzen sich seine Freunde zum Mahl; man spricht von seinen Besonderheiten und wie er die Seinen so wacker beglückt hat; Augen und Zungen feuchten sich, denn man trinkt zu seinem Gedächtnis. Das alles hat »Sinn«, der aber schon aufhört, sobald es sich nach einer Schlacht um Kriegstote handelt. Und wie nun vollends, wenn ein unsichtbarer Feind die Menschen antritt: die *Cholera*? — — »Ja, warum sterben denn alle Leute?« Mit diesem ratlosen Ausruf quittiert Mendelssohn eine bislang nie dagewesene Situation[3].

Die unbegreifliche Cholera war zuerst 1829 aus Asien gekommen — aus Asien? Woher wußte man das? —, schlief ein, wachte auf, fuhr mit Stößen umher und blieb bis 1837. Es war eine »Brechruhr«, soviel war sicher: mehr aber wußte man eigentlich nicht, auch nicht, wie sie zu bekämpfen war. Sollte man nichts essen, nichts trinken, weil der Körper ja doch nichts behielt? Dann starben die Patienten am Durst! Und die furchtbaren Gesichter, die sie schon wenige Stunden nach der Ansteckung bekamen: das Gesicht wurde spitz, die Stimme heiser, die Augen entsetzensvoll aufgerissen. Die Pulse stockten. Ruhr und Erbrechen schüttelten sie noch eine Weile. Dann starben sie, ohne daß man noch einen Laut, einen Seufzer gehört hatte. Ahnungslos stand die Medizin (es war fünfzig Jahre, bevor Robert Koch den Bazillus entdecken sollte). Den Schutz des Volkes übernahm die Polizei, die Kordons gegen Osten errichtete – nicht wissend, daß Ansteckung überhaupt nicht von Mensch zu Mensch, sondern durch den Darm-Unrat der von der Krankheit Befallenen erfolgte. Alles floh aus den großen Städten. Doch auf dem Lande, wohin man strebte, war ebenfalls das Grundwasser verseucht, und es dauerte Monate, ehe die Menschen sich klarwurden, daß man das Wasser abkochen müsse, bevor man es trank und bevor man sich wusch! Um das Volk zu beruhigen, gab die Regierung in Berlin falsche Krankheitsziffern aus. Wie schlimm es war, wissen wir erst heute, wenn wir uns vergegenwärtigen, wie die Krankheit in den Berufen hauste: Zugleich mit dem General Gneisenau starben vier andere Generale[4]. Mit dem berühmtesten Philosophen der Universität Berlin starben Hunderte von Studenten. Wohlgemeinter Dilettantismus steigerte noch die Verwirrung. Auf Veranlassung des Geheimrats Rust, des Gesundheitskommissärs, gingen die Berliner möglichst nur noch mit einer Wachsmaske aus. Nachbarn erkannten einander nicht wieder, hielten einander für Gespenster oder vermummte Einbrecher und stachen aufeinander los. »Man räuchere! Man sperre ab! Man desinfiziere das Geld und die Waren!« – Was alles Scharlatanerie und nebenbei ziemlich nutzlos war[5].

Die Familie Mendelssohn wandte sich unter Leahs Führung an einen Arzt, der ein Fachmann war, soweit es damals Fachleute gab. Dr. Gottfried Christian Reich, der auch ein Buch über die Cholera schrieb, hatte lange in Polen gelebt und wußte, wie sich Europas Osten instinktiv gegen die Cholera wehrte. Essigwaschungen, Kampfer, Knoblauch hatten mit der Verhütung zu tun; vor allem Reinlichkeit des Körpers, innere und äußere. In der Mauerstraße 13 hatte Reich seine Ordination[6]. Er kam zu Mendelssohns ins Haus, untersuchte die Familie, fand alle gesund und ordnete eine strenge Quarantäne an. Selbst Briefe, die von draußen kamen, wurden mit einer Tinktur gewaschen, ehe sie gelesen wurden. Ein paar Briefe waren von Felix, der in Paris bettlägerig war[7]. Ehe man um ihn zittern konnte, war er schon nach London weitergefahren.

Paris! – »Die Cholera trat uns damals an wie ein grimmiger Clown«, schrieb später Mérimée, der Franzose[8]. Und das war sehr richtig gesehn. Denn bei aller Fürchterlichkeit hatte dieses Fortschleppen von Menschenmassen auch etwas Groteskes. In Paris war schon früh, wohl schon im vierzehnten Jahrhundert, die »Danse macabre«, der Totentanz, an Kirchhofsmauern gemalt worden: verschrumpfte Leichen mit Grabtüchern tanzen da zwischen Lebendigen den Reigen, und der Knochenmann selbst springt, auf der Querpfeife blasend, den Tänzern voran. Aus jenen uralten Pestzeiten gab es diesen »Tod von Paris«, den noch berühmteren »Tod von Lübeck« und den berühmtesten »Tod von Basel«, den der jüngere Holbein gemalt hatte[9].

Was war aber nun mit dem »Tod von Berlin«? Konnte es etwas Groteskeres geben, als daß Hegel an der Cholera starb? Wenn Hegel schon nicht unsterblich war – was man doch hätte erwarten sollen, da er ja wohl als einziger um Wege und Willen des »Weltgeists« wußte! –, warum starb er dann soviel jünger als Goethe? Und wie konnte er einer so lächerlichen Infektion erliegen wie Hinz und Kunz? Das war ein Akt frechster Unordnung, den die Natur dem Geiste antat. Dieser Tod war nirgends unterzubringen, nicht in die »Phänomenologie«, nicht in das »System der Dialektik« – daß jedes Gesetzte in sein Gegenteil umschlägt und beides sich dann zu einem Dritten als einer »höheren Einheit« vereinigt. Wahrlich, hier war keine »Synthese«, die auf These und Antithese folgt – hier war nur ein Hohngebrüll gegen den Geist! Diese Causa der Cholera gegen Hegel – wie ist es möglich, daß sie noch keinen »historischen Roman« zeitigte? Aber vielleicht hätte nur Thomas Mann Ironie und Trauer zugleich besessen, einen solchen Roman schreiben zu können.

Felix Mendelssohn war Hegelianer und hatte viele Kolleghefte mit den Lehren des Meisters vollgeschrieben. Aber zugleich war er ein großer Künstler und mißtraute irgendwie den Heilkräften der Philosophie. Mehr als Hegels Tod berührten ihn die Blitzschläge in seiner nächsten Nähe. Mit Ludwig Robert, dem Bruder der Rahel Varnhagen, war Felix nicht befreundet gewesen, dazu war der Altersunterschied zu groß. (Bei seinem Tod, 1832, war Robert fast vierundfünfzig Jahre.) Doch aus einem weltanschaulichen Grunde schätzte er Ludwig Robert besonders. Wie er selbst, war dieser Schriftsteller frühzeitig protestantisch getauft. Nicht ein religiöses Erlebnis, doch ein politisch-nationales hatte hinter diesem Akt gestanden. Es war der Geist der Freiheitskriege, der Robert, wie er selbst gesagt hat, »an Fichtes Hand« zur deutschen Nation führte. Bitter empfand er das Unloyale, das man sehr bald den Getauften erwies. Und manches seiner Gedichte prangerte den Undank an[10]. Einflußreiche Kräfte hatten gegen die Gewährung der Staatsbürgerrechte an die Juden protestiert, und zwei adlige Desperados, Friedrich Freiherr von der Marwitz und Karl Graf von Finckenstein, an den König suppliziert, ob »das alte, ehrliche, brandenburgische Preußen in einen neumodischen Judenstaat verwandelt werden solle«? Hierauf hatte die preußische Regierung, an ihrer Spitze Fürst Hardenberg, die Frage so beantwortet, daß die Herren es augenblicklich verstanden: Beide wurden sofort verhaftet und auf die Festung Spandau gebracht[11].

1819 (Felix war damals zehn Jahre alt) veröffentlichte Ludwig Robert ein Schauspiel, das viel diskutiert wurde. Auch im Hause Mendelssohn. Es hieß »Die Macht der Verhältnisse« und war ein modernes Gesellschaftsstück, das den Adel aufforderte, den neuen Umständen Rechnung zu tragen. Es handelte nämlich vom Duell: War das neue Bürgertum, zu dem auch die Getauften gehörten, gleichberechtigt, so mußte es auch für die Adligen mit der Waffe satisfaktionsfähig sein. Das Schauspiel wirbelte damals viel Staub auf: Ein adliger Dichter hatte dem Mitglied einer jüdischen Familie, nach geschehener Beleidigung, Genugtuung mit der Waffe verweigert und war darauf vom Beleidigten in einer Berliner Badeanstalt vor Zeugen durchgeprügelt worden.

...Das alles war nun lange vorbei. Die Cholera machte »die Stände gleich«. Im Juli 1832 war Robert, der sich bereits krank fühlte, vor der Seuche aus Berlin geflüchtet. In Baden-Baden ereilte ihn der Tod. War es die Cholera, war es ein Nervenfieber? Schon sieben Jahre hatte Rahel den Tod des Bruders vorausgefühlt. In einem ungeheuren Traum, der ihre Stube über und über mit dampfendem Abendrot angefüllt hatte, hatte sie »Robert, wo bist du?« geschrien und hatte mitzusterben geglaubt, ehe sie mit keuchendem Atem erwachte[12].

Felix Mendelssohn war außer sich, als er von diesem Tod hörte. Und noch viel erschütterter war er, als Ludwig Roberts Frau, Friederike, ihrem Gatten nach wenigen Wochen nachstarb. Die schöne Friederike Braun, das »Schwabenmädle«, wie Felix sie nannte. Zur Zeit der »Sommernachtstraum-Ouvertüre« hatten Ludwig und Friederike Robert in Mendelssohns Gartenhaus gewohnt, und die großen blauen Augen der statuenhaft stillen Frau hatten oft in die Takte hineingelauscht. A. B. Marx hat uns Friederike geschildert, wie sie oft teilnahmslos verharrte; betrat aber eine andere Schönheit den Park, so lohte sie plötzlich auf. »Wehe der eingetretenen Schönen! Sie wurde niedergeglänzt von jener, die in Siegesbegierde und Siegesgewißheit nichts Gleiches neben sich dulden mochte.«[13] Aber »Riekchen«, wie sie bei Mendelssohns nach Berliner Sitte hieß, war nicht nur eine Virtuosin der Schönheit, sie war auch eine Dichterin, die die Sehnsucht nach dem heimischen Schwaben in Verse formte; nicht so schön, wie sie später bei Mörike klangen, aber zärtlich und darum vertonenswert. Jedem Ding war ein »le« angehängt; dies Diminutiv der schwäbischen Sprache, das von Ludwig Uhland und Justinus Kerner bis zu Theodor Heuss die Welt gern in hütende Hände nimmt, zwitscherte auch aus ihrem Gedicht:

Jetzt kommt der Frühling, die Vögle im Wald
zwitschern und locka ihre Weible wohl bald.

Das hatte Felix tirilierend komponiert — und jetzt war die schöne Dichterin tot. Häßlich, vertrocknet, dahingerafft. »Ihr Tulipanen, gelb und weiß, ihr himmelfarbenen Ehrenpreis... Hüt' dich, schön's Blümelein...« Was war das? Er konnte sich nicht beruhigen![14]

Und was die Cholera damals stehnließ, das raffte in dem gleichen Jahrzehnt von 1830 bis 1840 die Selbstmord-Epidemie hinweg. Wie war das nur möglich, daß sich damals Hunderte, nein, Tausende aus Langerweile töteten? Wo das Leben am ruhigsten war — wo man überhaupt nichts erlebt hatte: in Dänemark! — fing das Übel an und verbreitete sich über Europa. Philosophen, Theologen, Mediziner, Volkswirte forschten nach der Ursache und konnten keinen Grund finden, außer der Wahrscheinlichkeit, daß die Restaurationsepoche und der »viel zu lange Friede« die Menschen zu benebeln schien. Diese verrückte »Todes-Lust«! Als der junge Historiker Droysen damals bei einer seiner Schwestern etwas von Selbstmord-Absichten spürte, schrieb er ihr einen kräftigen Brief mit einer vielleicht erfundenen Geschichte: »In Griechenland waren in einer Stadt Kroton alle jungen Mädchen von solcher Schwermut befallen, daß sie sich aufhenkten eine nach der andern; man wußte kein Mittel; endlich wurden auf Befehl des Rates der Stadt die Leichname, buntscheckig geputzt, die Gesichter lachend geschminkt und gefärbt, die Haare kurz geschoren, öffentlich ausgestellt. Fortan erhenkte sich keine mehr; denn, sagt der alte Schriftsteller, welchem wir diese Geschichte verdanken: übers Totsein ließe sich reden — *doch niemalen über die Häßlichkeit*!« Und das vertrieb auch die Selbstmordgedanken der jugendlichen Mathilde Droysen. Anderen war weniger zu helfen: Der bedeutende Sänger Adolphe Nourrit war nicht Mendelssohns Freund gewesen, wohl aber Ferdinand Hillers Freund und dadurch Mendelssohn wohlbekannt. Dieser Pylades aus Glucks »Iphigenie«, Hauptdarsteller in Rossinis »Tell« und in Fromental Halévys »Jüdin«, glaubt, daß er seine Stimme verliert und stürzt sich bei einem Besuch in Neapel von einem Hausdach in die Tiefe — nur siebenunddreißig Jahre alt[15]. Die Wirkung auf Felix ist fürchterlich. 1835 ertränkt sich der französische Maler Leopold Robert, aus unerwiderter Liebe zu einer Prinzessin Bonaparte, in der Lagune von Venedig. Aus seiner »Correspondance inédite« hat man unbewiesen geschlossen, daß Mendelssohns »Italienische Sinfonie« von Roberts halbrealistischen Bildern wie den »Schlafenden Briganten« und den »Fischern des Adriatischen Meers« beeinflußt war[16]. Für ein Weib sein Leben wegzuwerfen! Diese Pariser, diese Verrückten! Aber den Gipfel der Sinnlosigkeit erklomm doch der kleine Daniel Leßmann. Diese Diogenes-Natur hatte wohl niemals eine Stunde wirkliche Sorge im Leben gehabt. Wer ihn kannte, hatte seine Narrheiten gern: in einem Frack und ohne Mantel nach Italien zu wandern und sich unterwegs von allen Kutschen und reichen Menschen mitnehmen zu lassen. Bei Mendelssohns aß er sich am Sonntag so satt, daß er erst am Mittwoch darauf zu Meyerbeers zu gehen brauchte... Und diesen kleinen Lebenskünstler fand man im Herbst 1831 in einem Walde bei Wittenberg tot und erhängt. Ein Verbrechen – an einem Menschen verübt, der kein Geld im Beutel, keine Uhr in der Tasche, keinen Ring am Finger trug? Heines Bruder Maximilian hat die Szene richtiger gesehn: »Der kleine Humorist langweilt sich, singt ein Abschiedsliedchen vor sich hin; ein hübscher Baum lädt zum Aufhängen ein. Leßmann besinnt sich auch nicht lange, reißt das alte seidene Tuch vom Halse; er sieht die Tat wie einen schlechten Witz an, und der Galgenhumor ist gekrönt!«[17]

Dieser Massen-Unfug freiwilligen Sterbens hat wahrscheinlich dann Mendelssohn erst recht bei seinem Bach festgehalten. Zwischen 1830 und 1840 entsteht eine Unmenge geistlicher Kompositionen wie die »Fünf Psalmen für Solostimmen, Chor und Orchester« (op. 31, 42, 46, 51, 91), Meisterwerke der Polyphonie, lyrisch und dennoch leidenschaftlich. So macht er denn Bachs Ur-Erlebnis, die »Erlösung aus dem Tod«, zu dem seinen? Und doch! Weder er noch sein Generationsgenosse Chopin sind echte Todesmusikanten... Wenn Chopin seinen Trauermarsch schreibt, den aus der b-Moll-Sonate, den berühmten und schleppend-schläfrigen, so gibt er keineswegs sein Bestes. Und wenn Mendelssohn für den Immermann-Freund, den Komponisten Norbert Burgmüller in Aachen, einen anderen Trauermarsch komponiert (in a-Moll, op. 103), so wird nicht allzuviel daraus, und man soll nicht an Meister Mozarts »Maurerische Trauermusik« oder an das »Requiem« denken. Auch nicht an Schuberts »Der Tod und das Mädchen«. – Der Grund ist, daß Meister Mendelssohns tiefstes religiöses Erlebnis gar nicht der Tod war, sondern das *Wort*. Ihn verzückte und entrückte tatsächlich der biblische *Buchstabe*. Ob es nun das Wort des Neuen oder des Alten Bundes war.

Im Anfang war das Wort

Mendelssohns Stellung zum biblischen Wort war eine außerordentliche. Während er im Privatleben dem Wort als »Ideenbehältnis« mißtraute – und zu schweigen begann, wenn andere, wie Adolf Bernhard Marx, sich von Bildern zu Worten hinschwangen –, war das »geoffenbarte Wort« ihm ein Wunder, an das er ehrfürchtig glaubte.

Sein Vater Abraham Mendelssohn hatte oft mit den Seinen darüber gesprochen, daß er weder beim Alten noch beim Neuen Testament an eine »Offenbarung« glaube. Wie sich das für einen Aufklärer ziemte, waren die Bücher der Bibel ihm Mythologie und Sittenlehre. Für die jüngere Generation, besonders für Felix Mendelssohn, war das ganz anders. Er hat einmal mit dem Prediger Bauer vom »Johannes-Evangelium« gesprochen und sich über Goethe gewundert, daß er den Faust hat sagen lassen: »Ich kann das *Wort* so hoch unmöglich schätzen... Im Anfang war *die Tat!*«[1] Das mochte vielleicht für Faust stimmen, aber keineswegs für Goethe. Für einen so großen Dichter gelte vielmehr die erste Zeile des Johannes-Evangeliums.

So war es klar, daß, wenn der zwanzigjährige Felix von dem Gedanken erfaßt wurde, eine »Reformations-Sinfonie« zu schreiben, er an gar nichts anderes dachte, als dem Bibel-Übersetzer Luther ein gebührendes Denkmal zu setzen. Die Dreihundertjahrfeier der Augsburgischen Konfession stand für 1830 bevor. Daß ein Mensch sich hingesetzt hatte — »Junker Jörg im Versteck der Wartburg« —, um, verfolgt und am Leben bedroht, in jahrelanger Einsamkeit den Deutschen die Bibel zu übersetzen: dieser Einbruch des Göttlichen in den Sprachleib erschien ihm, Mendelssohn, als ein Wunder. Und um dieses Wunder zu feiern, schrieb er die »Reformations-Sinfonie« (op. 107), eins seiner jugendmächtigsten und brausendsten Orchesterwerke.

Der andere Teil von Luthers Wesen, der Politik hieß, blieb Felix ganz fremd. Es mochte historisch begründet sein, daß jemand heute für die Bauern und morgen gegen die Bauern auftrat; sich mit Hutten einigen wollte und dann wieder gegen ihn war; für die Reinheit der Ein-Ehe stand, dann aber dem Landgrafen Philipp von Hessen die Bigamie erlauben wollte. Wie alle Politik war derlei wohl ein »Tappen nach dem kleineren Übel«... Gewiß hatte Mendelssohn in seinem Leben genug von Luther, dem Händelsucher und Polemiker, gehört. Doch was ihn seit Kinderjahren nicht losließ und ihn mit Begeisterung erfüllte, war neben dem Bibelübersetzer vor allem Luther als Musikus, als Tischredner und Familienvater, »an dessen Tisch man das Brot brach als sei man im Himmel, wo jede Rechtschaffenheit Lautenklang wurde und jedes Gelächter den lieben Gott pries«[2].

Es geht ein herber, kraftvoller Zug durch die viersätzige Sinfonie. Etwas Herbstliches, eine Septemberhelle. Den schwelgerischen Geigenklang, und den Gegensatz dazu: das verdeckte Mendelssohnsche Pianissimo der Streicher würden wir hier vergebens suchen. Streitbarkeit und Wachsamkeit zeichnen bereits den Ersten Satz aus. Es ist kein Marsch, aber doch der Schritt des Wächters, der die Zinnen einer Stadt umkreist. Wir hören das Lutherische Amen (das sogenannte »Dresdner Amen«), das Wagner dann am Schluß seines Lebens in den »Parsifal« einbaute. Bei Mendelssohn lauten die Takte so:

Auch der zweite, sehr gedrungene Satz ist taghell und spricht von kraftvoller Freude. Das Andante hat, wie Kretzschmar[3] meint, durch seine Kürze Ähnlichkeit mit einem erregten Rezitativ, und das Trio hat einen Weihnachtsklang. Das Stärkste aber gibt Mendelssohn in einer großartigen Paraphrase des Lutherlieds: »Ein veste Burg«. Dieses Hohelied von der Burg, die Gott ist, gewiß war es schon in der Welt, bevor man es paraphrasieren konnte. Doch was Mendelssohn daraus gemacht hat: um das zu werten, muß man bedenken, was er nicht daraus gemacht hat und was andere *leider* daraus machten. Jene Anfangstakte der »Hugenotten«, in denen Meyerbeer — unentschuldbar! — das Lied durchs Orchester hinwischte, sehr schnell, um so etwas wie die »Stimmung der Reformationskriege« zu zeichnen. Was ihm denn auch völlig mißlang: die »Stimmung«, in die wir getaucht werden, ist nicht die der Bartholomäusnacht, sondern die der Pariser Großen Oper von 1836.

Paris blieb denn auch sich selber treu, als es nein zu Mendelssohns viel zu ernster »Reformations-Sinfonie« sagte. Im Conservatoire-Konzert brachte das »altertümelnde Werk« es nur zu einer einzigen Probe, dann wurde es von den achselzuckenden Musikern einfach abgesetzt. Was aber seltsamer ist, es gefiel nicht einmal in Deutschland und England[4]. Schließlich trat er von diesem Werk zurück. Er besaß nicht Wagners zähe Natur, die durch dick und dünn mit jedem seiner Hauptwerke ging und eher den Widersacher haßte, als daß er ihm recht gegeben hätte. Den Leuten gefiel die Sinfonie nicht? Dann mochten sie vielleicht im Recht sein... »*Ich wundere mich zuweilen, daß ich sie nicht besser gemacht habe*«, schrieb Mendelssohn später und ließ sie im Schrank. (Erst nach seinem Tode ist sie veröffentlicht worden.)

Was stak aber nun wirklich hinter seiner Teilnahmslosigkeit? Es wäre nicht das erstemal, daß er ästhetische Gründe vorschützte, wenn ihm etwas weltanschaulich gegen den Strich ging. Als 1830 das Reformationsfest vorbei war, mußte Mendelssohn sich doch fragen, weshalb er mit dieser »Gelegenheitsarbeit« sich theologisch festgelegt hatte. In den schwelenden Krieg zwischen Protestanten und Katholiken hatte er eingegriffen! Weshalb? Er war Christ, paulinischer Christ, evangelisch getauft, doch in Wahrheit *kat'holon*, aufs Ganze des Christentums gerichtet. Er liebte doch Palestrinas Messen und Mozarts große Kirchenmusik. So sollte denn kein Katholik die »Reformations-Sinfonie« anhören, ohne daran Ärgernis zu nehmen? Wie kam er zu solcher »Sektiererei«? Das Vorbild Bachs, der Luther noch zeitlich so nahegestanden hatte, entschuldigte ihn nicht vor sich selbst. Wir besitzen keine Äußerung Felix Mendelssohns darüber, doch vielleicht wurde er sich klar, daß kein religiöser Musiker des neunzehnten Jahrhunderts zu einer Verschärfung der Glaubenskämpfe im Christentum beitragen sollte.

Vielleicht war es so. Etwas anderes aber war bestimmt *nicht* der Fall: daß er es sich übelnahm, eine »Gelegenheitsarbeit« geliefert zu haben. Gerade Gelegenheitsarbeiten gerieten ihm meistens ausgezeichnet. Wie der Engländer Chorley gesagt hat, schrieb Mendelssohn »an einem Werk entweder zehn Jahre oder zehn Tage«[5]. Als er neunzehn war, trat einmal Alexander von Humboldt an ihn heran — er begegnete dem jungen Mann just im Mendelssohnschen Garten, als er zum Observatorium ging —, ob er nicht zur Festversammlung der Naturforscher eine Kantate komponieren wolle, die Ludwig Rellstab gedichtet hatte. Ein paar Tage später schon stand das Opus auf Notenpapier — und »Alexander der Große«, wie man ihn nannte, tat sich nicht wenig darauf zugute, es den Berlinern vorsingen zu lassen. Ein halbes Jahr vorher, im April 1829, hatten die Bildenden

Künstler um eine »Kantate zum Dürerfest« gebeten und ohne Federlesen erhalten.

Auch die Klassiker hätten vielleicht zu solchen Aufgaben nicht nein gesagt. Aber für Felix Mendelssohn hatten sie eine andere Bedeutung: Er war nicht nur Musiker, sondern »Kulturmensch«, der, trotz antiquarischer Neigungen, an Fortschritt und an »Erfindungen« glaubte. Wir müssen bei dem Gedanken lächeln, daß er auch Dampfschiffgesellschaften oder Eisenbahn-Aktionäre mit einer Musik beglückt hätte, hätte man ihn dazu aufgefordert — allerdings nicht mit einer Musik von Dampfgezisch und Schienengeklapper, wie ein heutiger Russe es tat. Immerhin: er schrieb mit Begeisterung im Jahr 1840 einen »Festgesang zur Säkularfeier der Buchdruckerkunst«. Das war ja nun wirklich ein Thema für ihn: Meister Gutenberg in Mainz! Könnte man sich die Mendelssohns ohne Bücher und ohne Gedrucktes vorstellen? So liest er zunächst einmal Wetters »Geschichte der Buchdruckerkunst«[6] und sieht den »Mann mit dem Käppchen« vor sich, den Schwarzkünstler, der den Buchstabenguß und die Druckerpresse erfand. Johannes Gensfleisch zum Gutenberg, Drucker der 42zeiligen Pariser Bibel — welch zeitgenössische Gestalt! Und, Zeitgenosse allen Fortschritts, machte Felix sich gleich an die Komposition.

»Das Wort sie sollen lassen stahn.« Das geistumsauste, lebendige Wort: immer wieder streckte der Komponist seine Hand nach dem Bibelwort aus. In jenem Jahr 1840 — im rastlosesten Arbeitsjahr seines Lebens! — brachte er den Leipzigern nicht nur die »Buchdrucker-Kantate«, sondern auch den 114. Psalm. Was für eine Spannweite religiösen Empfindens besaß er doch! Am 6. Januar 1840 hatte er Eichendorffs »Der Jäger Abschied« komponiert, das mit seinen schauernden Worten:

> Wohl den Meister will ich loben,
> so lang noch mein Stimm' erschallt!

auch kein rein weltliches Chorlied war — und nun jenen 114. Psalm:

> Das Meer sah es und floh;
> der Jordan wandte sich zurück;
> die Berge hüpften wie die Lämmer,
> die Hügel wie die jungen Schafe.

Schon früh fiel Moritz Hauptmann auf, daß Mendelssohn bei gewissen Texten noch anderes mithören mußte als andere Menschen[7]. Vor allem war in diesem achtstimmigen Psalm, von dem er selber später stets mit Erregung zu sprechen pflegte, nicht nur eine Bildersprache am Werk: es waren *Naturerscheinungen* (das fliehende Meer, der sich wendende Jordan, die Berge, die da hüpften wie Lämmer), die seine Vorväter erlebt hatten. Was ein Deutscher nie sagen sollte, seit der Bann der Antisemiten Mendelssohn aus der deutschen Kunst ausschied, durfte Sir George Grove kühnlich behaupten: »*The Jewish blood of Mendelssohn must surely for once have beat fiercely over this picture of the great triumph of his forefathers*...«[8] Denn ein Engländer wird schwerlich bezweifeln, daß ein alttestamentarischer Mensch auch ein guter Engländer sein könne. Obendrein war der Psalmsänger Mendelssohn auch noch Christ. Wahrscheinlich war es die Ausstrahlung dieses Judenchristentums, die einen Mann wie Thackeray gegenüber dem Zeichner Richard Doyle zu der erschütternden Bemerkung über Mendelssohns Aussehen bewog: »*His face is the most beautiful face I ever saw, like what I imagine our Saviour's to have been*«...[9]

Am überzeugendsten begegnen wir dem »vom Worte Gottes Getroffenen« in seiner Zweiten Sinfonie (op. 52). Dieses Werk – gleich der Buchdrucker-Kantate 1840 geschaffen und am 25. Juni in der Leipziger Festwoche aufgeführt – verschmolz die Form der Sinfonie mit jener der geistlichen Kantate. Wer den Mendelssohnschen »Lobgesang« an Beethovens Neunter Sinfonie mißt, tut ihm unrecht. Nie hatte der Komponist beim Schreiben Ähnliches beabsichtigt. Wenn bei Beethoven der Tenor den Schlußsatz mit den Worten einleitet: »O Freunde, nicht diese Töne!«, so hieß das für Wagner und die Seinen: »Die Instrumentalmusik ist jetzt zu Ende!« (Daß diese Ansicht irrig war, wissen wir, seit wir Beethovens Skizzen zu einer Zehnten Sinfonie kennen, die wieder rein instrumental war[10].)

Aber gleichviel, ob Wagners Warnung »Ihr sollt keine Sinfonien mehr schreiben!« zu Recht oder zu Unrecht bestand: bei Mendelssohns Sinfonie-Kantate – der technische Ausdruck ist Klingemanns, den die Freundschaft hellsichtig machte – handelt es sich um etwas anderes. Um eine »romantische Formenverschmelzung«, die denn auch ausgezeichnet gelang. Der rein sinfonische Teil umfaßt drei Sätze, der gesungene Teil ist umfangreicher. Mit seiner Auswahl von

Bibelworten, die von Mendelssohn selbst herrührt. Ein herrlich plastisches Motiv »Alles, was Odem hat, lobe den Herrn«:

tritt leuchtend aus den Posaunen hervor. Es ist, als ob die Sonne aufginge. Mit diesem Motiv war tatsächlich eine unmittelbare Beziehung auf die großartige Erfindung des Buchdrucks und die Gutenbergfeier gegeben[11]. Der zweite Satz, kaum glaublich, wagt Mendelssohnsche Scherzo-Klänge, weil »dem Frommen das Herz ja so freudig schlägt«. Aber schon kommt der Choral in G-Dur, das Adagio Religioso in D, das — schwingenbreitendes Crescendo! — zum Fortissimo-Einsatz der Singstimmen führt. Frauenchöre wie »Lobe den Herrn«, innige Sopran-Duette, die Tenor-Arie in c-Moll, dramatisch angstvoll dreimal gesteigert: »Hüter, ist die Nacht bald hin?« — und schließlich die frohe Botschaft von oben:

Mächtige Fugen jagen nun auf den Worten »Und ergreifen die Waffen des Lichts« und »Preiset seine Herrlichkeit!« durch das Werk, das in seinen zehn Schlußtakten das Motiv des Anfangs wieder aufnimmt.

Kein religiöses Werk Mendelssohns, nicht einmal »Paulus« oder »Elias«, fand bei den Zeitgenossen mehr Anklang. Es zog durch ganz Deutschland. Seine Arien wechselten aus der Kirchenmusik augenblicklich zur Hausmusik über. König Friedrich August II. von Sachsen, der bei der Uraufführung gewesen war, wollte es immer wieder hören, ebenso das preußische Königshaus, das Mendelssohn aus Leipzig fort und wieder nach Berlin haben wollte. Vor allem in England drang das Werk durch, seit Felix seinen »Lobgesang« gleich nach der Leipziger Uraufführung in Birmingham dirigiert hatte. Das »Zivilisatorische und Optimistische dieser Musik« – anglikanische Bischöfe drückten sich damals ähnlich aus – gewannen dem »Hymn of Praise« alle Herzen[12].

Schottische Sinfonie

London! Und zum wievielten Male? – Mendelssohn hat zehn Englandreisen gemacht – nach der Fülle der Ereignisse, der Gefühle und Eindrücke hätten es auch zwanzig sein können. Dem Musiker John Edward Taylor fiel auf, wie ausgezeichnet er Englisch sprach. Er sprach farbiger als die Engländer selbst, weil er, wie jeder Kontinentale, *»an unusual choice of words«* besaß. Wenn nun aber andere Deutsche mit dem »th« nicht zu Rande kamen, nützte ihm wieder »his little lisping«, jener großväterliche Sprachfehler... Seine Beliebtheit in der Gesellschaft, bei den Musikern wie beim Adel, war beispiellos. Als Sir George Smart, der berühmte Dirigent, einst Haydns und später Webers Freund, in einer Gesellschaft gebeten wurde, auf dem Klavier etwas vorzuspielen, wehrte er das lachend ab: *»No, no, don't call upon the old post-horse, when you have a high-mettled young racer at hand.«* Man solle kein altes Postpferd bemühn, wenn man einen feurigen Renngewinner zur Hand habe[1]. Bezeichnendes Gleichnis: wieviel die Engländer mit Pferden zu tun hatten, das hatte schon Haydn bemerkt.

Seit der triumphalen Aufnahme der »Hebriden-Ouvertüre« im englischen Konzertleben war Mendelssohn so etwas wie ein Londoner Hauskomponist geworden. Das schottische Thema der Fingalshöhle hatte die Engländer entzückt. Jeder andere hätte nun die Stimmung der Nation benutzt und der Hebriden-Ouvertüre sogleich ein verwandtes Stück folgen lassen. Bei Mendelssohn dauerte das zehn Jahre. Nicht vor 1842 schließt er die a-Moll-Sinfonie ab (op. 56), die »Schottische«, sein sinfonisches Hauptwerk. Was sie seltsam charakterisiert, ist ihre völlige *Beethovenferne.* Diese »Schottische Sinfonie« war keine »instrumentierte Sonate« mit Thema, Gegenthema, Versöhnung (wie, trotz ihrer Verschiedenheit, alle klassischen Sinfonien). Sie war eine wirklich neue Form: eine sinfonische Anordnung von *Liedthemen,* von Variationen instrumentierter Liedzeilen, die irgendwo und irgendwann vom Volke gesungen worden waren. Daß ein großer Instrumentalist, ein Klaviermeister und Kenner intimster Figurenwirkungen, den »vokal empfangenen« Themen jeden Augenblick über die Schulter sah, mindert nicht das Erstaunen darüber, daß der Urstoff des Werkes aus Liedern bestand.

Mendelssohn selbst hat das gewußt, wenn er in den Andantebeginn:

einen schwermütigen Gesang aus dem »Paulus« übernahm, den er später noch in den »Elias« brachte². Ein romantisches Unterfangen, mit einem Liedzitat zu beginnen!

Diesem Thema der Introduktion folgt bald das erste Hauptthema. Ein echt Mendelssohnscher Einfall, schnell und erregt, dabei ist beides, das Schnelle sowohl wie das Erregte, *verdeckt*. Als halte das Schicksal die Hand darüber: Unverkennbar ist dies ein Balladenbeginn:

also Gesang. Wie sehr es das ist, zeigt das Beispiel aus dem »Fidelio«, wo Marzelline, die Tochter Roccos, eine ähnliche Sehnsuchtsballade beginnt:

um allerdings in der dritten Zeile mit der sittsamen Bemerkung: »ein Mädchen darf ja, was sie meint«, ins bürgerlichste achtzehnte Säculum zurückzufallen. Bei Mendelssohn schwingt der Balladengedanke viel weiter aus. Er »setzt« sich nicht. Er wird großartig durchgeführt. Von einer stürmischen Sehnsucht erfüllt, verliert er doch nie den Moll-Charakter, das Vorsichtige, Geduckte, Gedeckte. Es ist, als ob die Melodie die Augen halb schlösse... Und bei diesem

Streichersatz fällt einem unwillkürlich das Wort des Schweden Adolf Fredrik Lindblad von Mendelssohns »Unterwassertrompeten« ein. Jetzt plötzlich, völlig unerwartet, streift uns ein Gedanke des Zorns. Jenes kurzen, aber gefährlichen Jähzorns, den die Freunde an Mendelssohn kannten.

Doch auch dieser Einfall ist balladesk – bis der Satz in Schwermut zu Ende geht:

Ist dies ein Lied oder ist es keins? Jawohl, es ist eins. Und fast von Schubert: *Gute Ruh, gute Ruh, mach die Augen zu.* Des Baches tödliches »Wiegenlied« aus der »Schönen Müllerin«... Herzbrechend ist es, dort wie hier. Und vielleicht gehen beide Einfälle auf dasselbe »Wandernde Volkslied« zurück.

Wir kennen die Lieder nicht, die Mendelssohn in seiner »Schottischen Sinfonie« umwandelte und adelte. Daß es wirklich schottische Themen waren, daran ist nicht zu zweifeln. Konservativ hütete er das Erlebnis, das er 1829 auf der Hochlandreise gehabt hatte. Es ist erstaunlich. Erstaunlicher noch, daß nicht ein Takt der »Schottischen« in den »Hebriden« stehen könnte. Jenes Erlebnis gab viel mehr her, als daß beides einander plagiieren mußte. Diese Werke ergänzen sich allenfalls so, wie sich im windzerzausten Schottland die Hochlande und das Meer ergänzen. (Sogar noch ein drittes Mal traute sich Mendelssohn an dieses Thema heran: mit seiner »Sonate Écossaise«, op. 28, die aber wirklich weder Sonate noch schottisch war. So strich er in richtiger Erkenntnis diesen Titel wieder aus und schrieb »Fis-Moll-Fantasie« darüber[3].)

Wie wir über den ersten Augenblick der »Hebriden« unterrichtet sind, so auch über die Geburtsstunde der a-Moll-Sinfonie. Mendelssohn berichtet aus Edinburgh am 30. Juli 1829:

In der tiefen Dämmerung gingen wir heut nach dem Palaste, wo Königin Maria gelebt und geliebt hat; es ist da ein kleines Zimmer zu sehen, mit einer Wendeltreppe an der Tür; da stiegen sie hinauf und fanden den Rizzio im kleinen Zimmer, zogen ihn heraus, und drei Stuben davon ist eine finstere Ecke, wo sie ihn ermordet haben. Der Kapelle daneben fehlt nun das Dach, Gras und Efeu wachsen viel darin, und am zerbrochenen Altar wurde Maria zur Königin von Schottland gekrönt. Es ist da alles zerbrochen, morsch, und der heitere Himmel scheint hinein. Ich glaube, ich habe heut da den Anfang meiner Schottischen Symphonie gefunden. Nun lebt wohl[4].

Jawohl, er hatte ihn gefunden, wie er in dieser allerschönsten Schloß- und Burgbeschreibung mitteilt. Sie klingt wie »An der Saale hellem Strande«, einem Text, der von einem anderen wehmütig schön komponiert worden ist. In Ruinen steht die Zeit still. Oder vielmehr: die alte Zeit blickt hilflos zu der neuen empor, die mit Morgen und Abend darüber hinzieht. Die Ruine hat Endzeit, nicht Tages- noch Nachtzeit. Darum wirkt noch die ohnmächtigste Ruine auf unser Herz so viel mächtiger als ein voll erhaltenes Denkmal vergangener Jahrhunderte.

Hier also sah Felix Mendelssohn in dem dachlosen Palast die Leere und die Traurigkeit sich zu Schattenwesen verwandeln, die geliebt, geseufzt und gemordet hatten. Doch nicht, wie in den Ouvertüren, hat er eine Geschichte daraus gemacht. Nicht eine epische Erzählung, gleich »Meeresstille und Glückliche Fahrt« oder Liszts »Mazeppa« oder Strauß' »Don Juan« – er hat etwas ganz anderes getan: den Balladen nachgelauscht, die das Volk über Maria Stuart und Riccio und Darnley sang oder hätte singen können.

Eine Welt trennt hier seine Sinfonie von Schillers großartiger Tragödie. Es ist jene Welt des Politischen, des Religiösen, des Nationalen, die in dem tollen Weib- und Geschlechtskampf zwischen Elisabeth und Maria ihre gewaltige Rolle spielt. Eine derartige Konzentration von Motiven, wie in der von Schiller völlig frei erfundenen Begegnungsszene zwischen den beiden Königinnen, wo sie um Lesters Liebe kämpfen, gibt es kaum in Shakespeares Drama oder in der antiken Tragödie. Dafür ist nun aber auch unter Schillers so musikarmen Tragödien diese die musikloseste. Man könnte keine Bühnenmusik zu »Maria Stuart« schreiben, wie Beethoven eine zu »Egmont« schrieb. Schiller hat das selbst gewußt. »Meine Maria«, schrieb er an Goethe am 18. Juni 1799, »wird keine weiche Stimmung erregen, es ist meine Absicht nicht...[5]. Sie empfindet und erregt keine Zärtlichkeit, ihr Schicksal ist, nur heftige Passionen zu erfahren und zu entzünden.« Nun war aber die historische Maria eine »singende

Frau«, für welche die Laute keinerlei kostümliches Bühnenrequisit war, sondern ein Stück ihrer eigenen Seele. Und so hat Stefan Zweig recht gehabt, sie in seiner Biographie als eine Dichterin aufzufassen, die ihr leidenschaftliches Leben *gedichtet* hat[6]. Das wehmütige Adieu, das sie den Franzosen bot, ihre Liebeslast und Wildheit, ihr Heldenkampf und schließlich ihr Tod im katholischen Glauben – all das war von Maria Stuart als »Romanze und Ballade« erlebt. Diese Lieder-Atmosphäre, die für Schiller nicht in Betracht kam: erst die Romantik verstand sie besser. In *Bérangers* holdem Liedermund:

Adieu, charmant pays de France
adieu, te quitter c'est mourir![7]

ist die *echte* Maria wiedergeboren wie in Mendelssohns Sinfonie; und noch 1852, wenige Jahre nach Mendelssohns Tod, hat auch Schumann in tiefem Fühlen »Gedichte der Maria Stuart« vertont: ihr »Gebet nach der Geburt eines Sohnes«, ihre spannungsreiche »Anrede an die Königin Elisabeth« und ihren »Abschied von der Welt«.

So war Maria selbst ein »Lied« – und das schottische Volk wußte es, sobald es den Dudelsack singen ließ. Wenn die »Bag-Pipe« ruhte, war sie nicht schöner als ein schlaffer Tiermagen. Nahm der Mensch sie aber ans Herz, so erfüllte sie sich mit dem Wind der Berge; konnte klagen oder auch summen gleich der Hummel, die über Wiesen schaukelt[8].

Von diesen braun-roten Hummel-Lauten wußte Felix in seinem Scherzo! Hier agiert die Klarinette als Dudelsack, sobald sie anstimmt:

Es ist wirklich ein nationales Motiv, das Quarten und Septimen meidet. Dann wieder ein völliger Umsturz der Stimmung: ein hymnisch singendes Adagio in A-Dur, dem eine Zupf-Begleitung der Geigen beigegeben ist. Dann tobt ein Allegro guerriero wie ein wahrer Kriegstanz daher und wischt die törichte Legende von Mendelssohns »ewiger Müdigkeit« fort – die ja auch nur dadurch entstehen konnte, daß ein Zug seines Privatlebens, sein Schlafbedürfnis, auf sein Werk bezogen wurde, das, wie zum Beispiel auch sein Klavierspiel, von »Heftigkeiten« überfloß, die denen von Liszt kaum nachgaben. Immer wieder erstaunt man, wie hier — in der ganzen Sinfonie ist es so! — nicht Themen miteinander kämpfen, sondern Lied-Anfänge. Im Allegro guerriero sind es gar fünf. Zum Schluß in gewaltiger Steigerung ein Allegro maestoso, das sich, sonderbar genug, des Sechsachteltakts bedient. Es sind strahlende A-Dur-Klänge. Mendelssohn war dabei so besorgt um den Männerchor-Charakter dieses Schlusses, daß er bei Ferdinand David anfragte, ob nicht die Pauken wegbleiben, die Hörner verstärkt und die Geigen stark eingeschränkt werden sollten, was der ausgezeichnete Freund, dem das »Brausen und Summen« lieb war, erfreulicherweise verhinderte[9].

Für »Stimmungsumschwünge« allerdings war damals in Schottland gesorgt gewesen. Wie jetzt in der Schottischen Sinfonie. Reiste Felix doch mit Klingemann, dem Spaßmacher, dem Herzensfreund. Ein so schlechter Dichter sonst der hannöversche Legationsrat war, in Felixens Nähe gelangen ihm freie Rhythmen[10]:

Hohe Berge steigen himmelaufwärts,
und die Moore liegen rabenschwarz dazwischen,
Felsen, Schluchten, Schlösser, Trümmer reden von
uralter Vergangenheit,
und sinnverwirrend umrauscht es die Neuen,
die davon träumen, ohne es zu verstehn. —
Aber an den Pforten des Landes wohnt einer,
Der, ein Weiser, der Rätsel kundig ist,
und der alles Alte neu ans Licht bringt —
Nun ziehen die Frohen
und rauschen und lauschen
und reisen und weisen,
verstehen und sehen
die Felsen und Schluchten und Schlösser und Trümmer. —
Der Weise aber hebet noch immer die Schätze
und münzt sie ein in goldne, klingende Batzen! —

Der »geldgierige Ritter«, über den hier gespaßt wird, war der berühmte Sir Walter Scott, der sie in Abbotsford gastlich aufnahm. Die mächtigen Ulmen des alten Parks rauschten in die Konversation, die allerdings nur einstündig war, weil Walter Scott leider verreisen mußte. Was die Freunde nun wieder enttäuschte, denn sie hätten sich gar zu gern nach seinen »musikalischen Präferenzen« erkundigt. Da hätten sie etwas zu hören bekommen! Vielleicht, daß der große Romancier, der halb Europa mit »Stoffen« versorgte, ziemlich unmusikalisch war[11].

Erinnerungen! Reisen! Jungsein — als sich alles noch überstürzte! War es darum, daß Mendelssohn seine Schottische a-Moll-Sinfonie »ohne Pausen« gestalten wollte? Das viermalige An- und Absetzen der klassischen Sinfonik, das »stimmungsmordende«, wie er meinte, gedachte er damit zu überwinden. Manche haben ihm zugestimmt; manche aber waren dagegen. Und es läßt sich in der Tat zweifeln, ob nicht die klassische Sinfonie, weit entfernt, die Stimmung zu »morden«, sie vielleicht eher konzentrierte, wenn zwischen Allegro und Adagio, zwischen Scherzo und Vivace drei wohltuende Pausen eintraten. In der »Schottischen Sinfonie« gibt es diese Pausen nicht. Aber dafür das Gefühl der *Länge*: was es bei diesem Meister der Kürze, der nie einen Takt zuviel schrieb, bis dahin nicht gegeben hatte.

Blauhimmel in A-Dur

Daß man Felix Mendelssohns »Italienische Sinfonie« (op. 90) noch immer neben der »Schottischen« nennt, daran sind die Engländer schuld, die sie bei ihm bestellt haben. Er hatte sich mit den »Hebriden« den Londonern ins Herz gespielt. Im August 1832 sandte die Firma Erard aus London ihm einen Konzertflügel als Geschenk. Im November kam die Aufforderung der Philharmonic Society, eine Sinfonie für sie zu komponieren. Man bot ihm hundert Guineen. Mendelssohn nahm den Auftrag an und schuf aus seinen wohl schon lange existierenden »Italienischen Skizzen« die Sinfonie. Es wurde ein Blauhimmel in A-Dur. Vielleicht eben jenes Italien, wie »reisende Engländer« es erlebten. Ein Italien, das *auch* existierte; doch zunächst nicht das wirkliche Italien.

Mit einem Aufrauschen à la Richard Strauß beginnt Mendelssohn sein Allegro vivace:

das sich zu männlicher Fröhlichkeit steigert. Ein sentimentalisches zweites Thema tritt hinzu, macht aber das Ganze nicht tiefer:

Es ist, wie immer, gute Musik – doch zu durchsichtig, zu kristallen, zu schön. Es ist wie ein Italien, von Hotelterrassen aus gesehen, die der Engländer nur verläßt, um Ausflüge im Wagen zu machen.

Der junge Mendelssohn hatte in Rom hauptsächlich mit Deutschen verkehrt. Zwar nicht mit den Malern des »Café Greco«, die ihm irgendwie unappetitlich erschienen: »*Da sitzen sie auf den Bänken umher, mit breiten Hüten auf, große Schlächterhunde neben sich, Hals, Backen, das ganze Gesicht mit Haaren zugedeckt, machen einen entsetzlichen Qualm, sagen einander Grobheiten; die Hunde sorgen für Verbreitung von Ungeziefer; eine Halsbinde, ein Frack wären Neuerungen; was der Bart vom Gesicht freiläßt, das versteckt die Brille, und so trinken sie Kaffee und sprechen von Tizian und Pordenone, als säßen die neben ihnen und trügen auch Bärte und Sturmhüte! Dazu machen sie so kranke Madonnen, schwächliche Heilige, Milchbärte von Helden, daß man mitunter Lust bekommt dreinzuschlagen.«* [1]

Wohl aber verkehrte Felix im Hause des preußischen Gesandten von Bunsen [2] und seiner Frau Fanny Waddington, einer schwerreichen Engländerin, die ihre großen Beziehungen dem Neffen des Diplomaten Bartholdy gerne zur Verfügung stellten. Josias von Bunsen, einer verarmten adligen Familie entstammend, hatte ursprünglich gehofft, als Mentor des Millionärssohnes John Jakob Astor nach New York auszuwandern [3]. Später war er in Rom Diplomat geworden, unter Anleitung des großen Niebuhr. Durch ihn lernte Felix Mendelssohn den Abbate Giuseppe Baini kennen, den Chef der päpstlichen Kapelle, sowie den großen Sammler Santini, und schwelgte in antiquarischen Noten [4].

Lebende Italiener jedoch kannte er außer ihnen kaum, mit Ausnahme von ein paar Adelsherren, deren Türen sich ihm durch Empfehlungsbriefe aus Berlin geöffnet hatten. Von den politischen Hintergründen des italienischen Volkslebens wußte er nichts — was man weder ihm noch Bunsen zum Vorwurf machen kann. Bunsen wollte mit einem Künstler nicht von Politik sprechen, und Felix floh sein ganzes Leben aus weisem Instinkt die Politik.

Ob es auch diesmal weise war, nicht zu wissen »wo man sich befand«? Vielleicht wäre die »Italienische Sinfonie«, die Felix einige Jahre später schrieb, italienischer geworden, hätte er mit dem Volk über dessen kulturelle Sehnsüchte gesprochen. Von den weltlichen Kämpfen des Papsttums, den Aspirationen Österreichs, das damals fest in der Lombardei saß, von den Vorbereitungen Frankreichs, die Österreicher hinauszuwerfen, wußte er denn also nichts. Balzacs große Meisternovelle »Massimilla Doni«, in der er ins Herz dieser Zustände blickte, war damals ja noch nicht geschrieben. Byron kultivierte nur sich selbst und seine Beziehungen zu Frauen, von Italien verstand er so gut wie nichts. Einzig Stendhal hätte Mendelssohn ein wenig Auskunft geben können[5] – doch Felix, sonst ein so großer Leser, hat Stendhal wahrscheinlich nicht gekannt. Allerdings, Rossinis »Moses« war damals bereits in der Welt, ein politisch gewitterndes Stück[6], ohne das Verdis Freiheitstraum »Nabucco« vielleicht nicht geschrieben worden wäre. Rossini, den man, besonders in Deutschland, für einen gefälligen und genialen Melodiensänger hielt, kannte sein Vaterland jedenfalls besser, als die Deutschen nun wieder ihn kannten. –

Ja, hat denn jener A-Dur-Himmel der Mendelssohnschen Sinfonie überhaupt etwas mit Italien zu tun? Doch! Im zweiten Satz begegnet der Komponist Pilgern, und diese Wallfahrer singen ein Lied. Eine Moll-Stimmung senkt sich über den Himmel – nun, es ist nicht das große Moll der »Hebriden«, es ist nicht die nordische Schwermut der »Schottischen Sinfonie« – aber man fühlt die Berechtigung von Vaughan Williams' Wort: »Mendelssohn ist groß in der Schwermut, und sein Dur packt uns hauptsächlich dann, wenn es sich plötzlich gegen das Moll setzt.« Im ersten Satz ist das Dur ganz unerkämpft und zu leicht gewonnen. Der zweite Satz aber, der Wallfahrersatz mit seinem Schleppen, der traurigen Seufzermelodie in den Bratschen, Oboen und Fagotten, die Eintönigkeit der Achtel, all das ist außerordentliche Kunst. Der Himmel wird immer düsterer. Werden diese Pilger nicht singen? Man glaubt sich kaum in einer Sinfonie: so stark ist, wie immer bei Mendelssohn, das Bewußtsein des Chorischen:

Murmelnd im Pianissimo hat sich der Pilgerchor entfernt. Das d-Moll bricht ab. Etwas unvermittelt kehrt der A-Dur-Himmel zurück, aber als deutscher Dreivierteltakt, dessen Berechtigung man kaum einsieht. Mit Italien hat das wenig zu tun. Es sei denn, daß Mendelssohn sich langweilt und mit ein paar Hornklängen anzeigt, daß es Postwagen gibt und daß er eigentlich gerne wieder nach Hause, in ein deutsches Wälderland, möchte... In Italien gibt es ja keine Wälder. Aber nun, im vierten Satz, ist er wirklich in Italien[7]. Im »Saltarello« greift er zu und reißt uns nach Neapel hinein. Hier wird der Plastiker lebendig, der ein ganzes Volk tanzen und springen läßt. Es riecht nach Rotwein in diesem Satz, dem Vino rosso, der zwischen Lava und an den Abhängen des Vesuvs wächst. Ein immer heftigeres Presto schleudert Menschen und Musik durch die Straßen:

Wer weiß, ob das nicht Briganten sind, Bluträcher, stolze Süditaliener, Landsleute des viel späteren Mascagni der »Cavalleria rusticana«, und von Leoncavallos »Pagliacci«? ... Manchmal steht die Tanzwut still, dann öffnen sich in der Musik kleine Räume, darin ein bärtiges Mannesgesicht den verlangenden Mund einer Frau küßt — dann wieder werden sie in den Strom der stampfenden Tänzer zurückgerissen, und alles Zarte ertrinkt im Derben. Hier hat sich Mendelssohns großes Talent für fremdes Volkstum offenbart. Und dieser »Saltarello« ist's auch, den wir Heutigen allein noch an der »Italienischen Sinfonie« lieben.

»Nur keine Nationalmusik!«

Volksmusik? — Man kann sich Felix auf seinen Reisen nicht denken, wie er sein Ohr irgendeinem Volkstum verschließt. Italienischem, englischem, schweizerischem Volkstum. Und doch: die Feinwaage seines Geistes ließ ihn etwas Unrechtes an einer »begrenzten Musik« wittern. Musik war etwas *über* den Völkern. Sie war, um ein Wort Romain Rollands zu gebrauchen, *»au-dessus de la mêlée«* oder, wie

Benedetto Croce es noch treffender formuliert hat: »Wie die Luft spottet die Musik der Landesgrenzen. Mag sie auch eine Weile lang in einem nationalen Wald oder einem Talkessel toben, schließlich erhebt sie sich doch wieder in den Äther, woher sie kam... Die Musik hat kein Vaterland.«

Zunächst einmal klingt es freilich scherzhaft, wenn man liest, was Mendelssohn in dem schottischen Städtchen Llangollen am 25. August 1829 zu Papier bringt: »*Nur keine Nationalmusik! Zehntausend Teufel sollen doch alles Volkstum holen! Da bin ich hier in Welschland, und, o wie schön, ein Harfenist sitzt auf dem Flur jedes Wirtshauses von Ruf und spielt in einem fort sogenannte Volksmelodien, d. h. infames, gemeines, falsches Zeug, zu gleicher Zeit dudelt eben ein Leierkasten auch Melodien ab, zum Tollwerden ist es, Zahnschmerzen habe ich leider davon; die schottischen Dudelsäcke, die Schweizer Kuhhörner, die welschen Harfen, die alle den Jägerchor mit Variationen als Improvisationen von gräßlicher Art vortragen, die Gesänge auf dem Flur, überhaupt alle ihre reelle Musik! Es ist über die Begriffe! Wenn man, wie ich, Beethovens Nationallieder nicht ausstehen kann, so gehe man doch hierher und höre diese von kreischenden Nasenstimmen gegrölt, begleitet von tölpelhaften Stümpersängern, und schimpfe*[1] *nicht!*«

Was könnte dies anders als ein Scherz sein — nachdem wir doch wissen, daß Felix ausdrücklich dem Beispiel Haydns und Beethovens folgte, als er sich auf seiner musikalischen Reise ins »schottische Volkstum« hineinbegab? Auch verdankte er »Nationalmusiken« wohl nicht weniger als Weber, und sicherlich mehr als Beethoven. Und doch war da noch etwas andres als Scherz. Es lag ein höchst Wesenhaftes dahinter, das sich nur in die Scherzform verbarg. Und es hatte auch kaum mit Ästhetik zu tun, sondern mit etwas Ethischem. Wen lobten die Völker eigentlich, wenn sie, auf National-Instrumenten, deren jedes eine verehrungswürdige Geschichte besaß, die von ihnen bewohnten Länder priesen? »*Meine* Berge«, hieß es da, »*mein* Tal, *mein* Böhmen, *meine* Alpen, *mein* Rhein!« Lobten sie Gott? Nein, sie lobten sich selbst!

Und dieser Stolz war gewiß begreiflich. Da war der Kuhreihen der Schweizer, die prachtvolle Wehmut des »Ranz des vaches«; mit Blechglockengeläut und langer Klage. Im Simmental schrieb Mendelssohn 1831 eine Schweizer Volksweise nieder und sandte sie an seine

Schwester; und am Rigi hörte er das »Alphorn schallen«, das er bis dahin vielleicht nur aus Gedichten kannte[2]. Was mußte doch dieser Ton bedeuten, wenn in die Fremde verschlagene Schweizer (»Zu Straßburg auf der Schanz, da ging mein Trauern an«) sich in Ströme stürzten und eher ertranken, als auf die Heimat zu verzichten! Und seine eigenen Männerchöre, der von ihm wie von keinem andern erlauschte »schwarzgrüne Ton« deutschen Waldes – war das etwa keine Volksmusik?

So war er denn solchem Fühlen zugänglich. Und doch: der Enkel der Aufklärung wußte um die Gefährlichkeit und das Völkertrennende aller Nationalmusik. Hinter der Heimat- und Herzenserregung lauerte schon die Politik, um das Heiligste infam zu machen. *Töne wurden zu Waffen geschliffen*! Der sittliche Horror, den der Künstler gegen die Verbindung der Kunst mit dem Menschheitsmörder, dem Krieg, empfand, kleidete sich bei Mendelssohn dann manchmal in eine ästhetische Abneigung gegen das Völkische überhaupt[3]. »Was haben diese Menschen, die doch in ihrem Hauptberuf Whiskybrenner, Landarbeiter, Handwerker oder Kuhhirten sind, eigentlich mit der Musik zu tun, der Hauptgöttin meines eigenen Lebens?«, mußte er sich zuweilen fragen. Und: wären all diese Länder nicht schöner, wenn sie nur aus hohen Bergen bestünden, die mit den Wolken redeten, und wenn sie keine Bewohner hätten? Dann allerdings (und das weiß er auch!) gäbe es nicht diese seltsamen Nationalmusiken, die ihm so tief ins Herz schallten, die sextenlose der Hochländer und den unbändigen Jodelruf, den Oktavenschrei des Alpenmenschen, der den Himmel einrennen wollte, und der in allem Stolz wie ein Schmerz klang. Das ist ein unlösbarer Widerspruch, dessen Felix eben nicht Herr werden konnte. Als wieder einmal mit Devrient von einem Opernstoff die Rede war, wohl dem »Wilhelm Tell«, und sie dabei an die Schweiz dachten, schrieb Felix: »Mache die Schweiz ganz gewaltig und über die Maßen frisch!«[4] Mit ungeheurer Abstraktionskraft hatte Schiller die Menschen seines Tell-Schauspiels in Bildern und Gleichnissen sprechen lassen, wie der Demos sie nie gebraucht hätte – und die dann doch (wie wundersam!) von außen, von Schiller, von der Kunst her in die Schweizer Gefühlssprache eindrangen. Der große, demokratische Tell-Stoff (Rossini hatte ihn nicht bewältigt) war vielleicht ein Wagner-Stoff. Für Mendelssohn wäre er nichts gewesen. Eine aristokratische Ehrlichkeit ließ ihn sogar daran zweifeln, ob, was einer »Masse Menschen« gefällt, überhaupt gute Kunst sein könne.

Das verneinte er aufs schärfste, als er gegen den unedlen Text eines Liedes Front machte, dessen Komposition man ihm unterschob oder von dem man zum mindesten wünschte, daß er es komponieren solle. Es war ein garstig-politisches Lied von Nikolaus Becker, das, 1840 gedichtet, eigentlich Krieg mit Frankreich wollte. Natürlich nur einen »Abwehrkrieg«, und dessen Text lautete:

Sie sollen ihn nicht haben,
den freien deutschen Rhein,
ob sie wie gier'ge Raben
sich heiser danach schrei'n[5].

Es war nicht daran zu zweifeln, daß an dem Rheinstreit und dem Rheinlied die Franzosen die Hauptschuld hatten. Ihre pseudo-romantische Schule forderte ja schon seit Jahren die Revanche für Waterloo[6]. Politisch-militärischer Ärger, den Frankreich im Orient durchmachte — an die mächtigen Engländer traute man sich ja nicht heran! — lenkte die sinnlose Erregung gegen den seinerzeitigen Verbündeten der Engländer: gegen die Preußen. Es erhob sich in Paris der Schrei nach der Pfalz, nach der Rheingrenze. Sofort antworteten die deutschen Dichter und die deutschen Zeitungen. Der alte Arndt schrieb »Alldeutschland in Frankreich hinein«, Max Schneckenburger die »Wacht am Rhein«, Nikolaus Becker das stärkste und beste der Lieder: »Sie sollen ihn nicht haben«, worauf er von Alfred de Musset in einem künstlerisch weit wertvolleren Gedicht die Antwort erhielt: *»Nous l'avons eu, votre Rhin allemand«*...[7] Ein Wunder, daß der Krieg nicht ausbrach! Daß das Jahr 1870 nicht schon 1840 vorweggenommen wurde!

Nun muß man Felix Mendelssohns Gefühle gegen Frankreich kennen, um die kulturbewußte Haltung zu werten, die er als Europäer damals einnahm. Von seinem eigenen Talent sollte er etwas hinzusteuern, was die verantwortungslos rasenden Völker noch weiter voneinander trennte? Der Friedensapostel Romain Rolland hat nichts Schöneres gesagt, als was Mendelssohn aus Leipzig an Klingemann nach London schrieb:

Die ganze Stadt hier ist von einem Liede erfüllt, das eine politische Tendenz gegen die Franzosen hat, und das die Journale mit allen Kräften populär machen wollen. Bei dem Mangel an aller öffentlichen Beschäftigung gelingt es ihnen auch sehr leicht, und alle Leute sprechen vom »Rheinlied« oder von der »Colognaise«, wie sie es recht bezeichnend nennen. Charakteristisch ist das Ding; denn die Verse fangen an: »Sie sollen ihn nicht haben, den freien deutschen Rhein«, und zu Anfang jeder Strophe wiederholt sich: »Sie sollen ihn nicht haben.« Als ob damit das geringste gesagt wäre! Hieße es nur wenigstens: »Wir wollen ihn behalten!« Aber »sie sollen ihn nicht haben« scheint mir doch gar zu unfruchtbar, zu unnütz, zu jungenhaft. Was ich fest und sicher besitze, von dem brauche ich doch wohl nicht erst zu singen, daß es keinem andern gehören soll. Das wird nun in Berlin bei Hof gesungen, hier in den Casinos und Clubs, und natürlich fallen die Musiker wie toll darüber her und komponieren sich unsterblich daran. Nicht weniger als drei Melodien haben Leipziger Komponisten dazu gemacht, und alle Tage steht irgendwas von dem Lied in der Zeitung. Gestern unter anderm, daß nun auch von mir eine Komposition dieses Liedes bekannt sei, während ich nie im Traum daran gedacht habe, solche defensive Begeisterung in Musik zu setzen; so lügen die Leute wie gedruckt, hier wie bei Euch und überall[8].

Und sogar noch deutlicher schreibt er an seinen Bruder Paul:

Über besagtes Rheinlied könnte ich dir eine lange Klage schreiben. Du hast keinen Begriff, was für ein Hallo sie hier davon machen, und wie ein Zeitungsenthusiasmus mir so etwas Widriges hat. Dazu die ganze Gesinnung, einen Lärm darüber zu erheben, daß die andern nicht kriegen sollen, was wir haben! Das ist rechten Lärmens und rechter Musik wert... Davon schreien kleine Jungen und furchtsame Leute, aber rechte Männer machen kein Wesen von dem, was sie besitzen, sondern haben es, und damit gut. Mich ärgert's, daß sie unter anderm in den Zeitungen haben drucken lassen, außer den vier Kompositionen dieser herrlichen Worte, die Leipzig geliefert hat, wäre nun noch eine von mir bekannt geworden... meinen ganzen ausgedruckten Namen... und ich kann so jemand nicht Lügen strafen, weil ich eben öffentlich stumm bin. Zugleich hat mir mein Verleger Härtel sagen lassen, wenn ich's komponierte, so getraute er sich 6000 Exemplare in zwei Monaten abzusetzen. Nein, Paul, — das tu' ich nicht![9]

Nun stelle man sich Wagner vor, ob auch er den politischen Bänkelsang von seiner Tür gewiesen hätte, hätte ihn ein Verleger bestellt! Hätte er nicht, um seine genialen, neuartigen Opern zu decken, die Gelegenheit ergriffen, sich dem Demos zu verschwistern – wie er ja, dreißig Jahre später, den agonisierenden Parisern ein komisch-seinsollendes Pamphlet, das Lustspiel »Eine Kapitulation«, über den Rhein warf – eine, wie Thomas Mann urteilte, »unglaubwürdig geschmacklose, in jedem Sinn selbstverräterische Satire?«[10] Je einsamer man selber ist, je gipfelhöher das eigene Schaffen – desto gieriger also soll man die Gelegenheit ergreifen, wo man mit den »Vielen« gehen kann, auch wenn der Weg so fragwürdig ist wie der mit dem Bismarckischen Deutschen Reich! (Das schrieb damals der Elsässer Geoffrey Schultz, der durchaus kein Feind Wagners war.) Der akkordliche Wunderbau des »Tristan«, Cornwalls traurige Hirtenweise, das Ertrinken im Liebestod – das sollte den Leuten leichter eingehen, wenn der Autor »Kaisermärsche« schrieb? – Das hätte ein Mendelssohn nicht getan, der 1847 starb. Jenes nicht komponierte Rheinlied war – genau was solche Dinge später für einen Nietzsche waren! – ihm ein Abwehr-Erlebnis erster Ordnung. Krieg mit Frankreich? Welche Instinkte wären da wieder geweckt worden! Vielleicht wäre da abermals ein Turnvater Jahn gekommen und hätte die deutsche Nation angeherrscht: »Wer seinen Kindern die französische Sprache lehren läßt, ist ein Irrender; wer darin beharrt, sündigt gegen den Heiligen Geist; wenn er aber seinen Töchtern Französisch lehren läßt, so ist das ebensogut, als wenn er ihnen die Hurerei lehren läßt.«[11] Daß 1814 und 1815 der Krieg gewonnen werden mußte, war einem Deutschen wie Mendelssohn klar. Aber wie war es damals beim Einzug der Verbündeten in Paris zugegangen? Man bewahrte im Hause Mendelssohn allerlei Briefe auf. Auch solche der Pariser Tante Henriette: »Ich habe, als Deutsche, die Annehmlichkeit, alle Klagen über *vos Prussiens* anhören zu müssen, die sich denn auch wirklich als Rächer bezeigen. Sie rauben, sengen, brennen und morden, als hätten sie's aus irgendeiner Legende des Mittelalters gelernt. Was aber am meisten hier verdrießt, scheint der Mangel an Höflichkeit zu sein. Ich habe schon verschiedene Male sagen hören: *›Les soldats des autres nations prennent, mais poliment, ce n'est pas comme ces Prussiens!‹*«[12]

Krieg also mit Frankreich? Nie und nimmer! Nieder mit allen Kriegsschreiern des Jahres 1841 – und auch mit den Rheinlied-

Kompositeuren. Und so zaust Felix denn vor allem seinen geistlichen Freund Julius Schubring, der sich leider ebenfalls an die Komposition jenes Liedes gemacht hat. Was er zu sagen hat, verhüllt er unter ästhetischen Bedenken, während er doch in Wirklichkeit ganz andere hat: »*Laß es um Gottes willen unter uns; die Journalisten drucken ohnedies jeden Bettel darüber, und ich werde am Ende als Frankreicher über die Grenze gebracht.*«[13] Denn ist nicht schon jeder, der etwas gegen Text und Musik des Rheinlieds äußert, ein verdächtiger Französling? Schubring aber ist der Textdichter des »Paulus«, und wird bald Helfer und Berater an Mendelssohns »Elias« sein. So führt Felix den Gottesmann am Ohrläppchen vom Politischen fort. Dorthin, wo beide sich wohler fühlen: ins Reich einer religiösen Kunst.

Zorn und Schwermut des Propheten Elias

Hätte Mendelssohn nicht im Vormärz gelebt, sondern etwa um 1900, hätte man es wahrscheinlich als eine Paradoxie empfunden, daß er zehn Jahre nach seinem »Paulus« einen »Elias« zu schreiben vermochte. Ein Werk aus dem Kreis des Alten Bundes nach einem neutestamentlichen Oratorium. Man hätte darin, wenn nicht Unwahrheit, so doch einen »Eklektizismus« gesehn. Das war ein Begriff, der um 1900 zu den ärgsten Scheltworten gehörte.

Sehr mit Unrecht. Der große Künstler »wählt aus«. Er ist keiner Weltanschauung versklavt. Zur Fülle und Vielseitigkeit der Welt sagt er Ja; den weiten Kreis ihrer Erscheinungen bestätigt er durch eigene Vielfalt. Denn es spricht nicht gegen die Echtheit seiner archaischen »Elektra«, wenn Hofmannsthal in seinem »Turm« katholisch-calderonisch wird; nicht gegen die wahrhaftige Einfalt seiner frommen »Jedermann«-Verse, wenn ihr Autor in seinen Essays Verfeinerungen des Deutschen anstrebt, die einen fremdländischen Blumenduft in die Sprache Goethes hineintragen, von dem dieser selbst sich nichts träumen ließ[1].

Genau dies ist bei Mendelssohn der Fall, wenn er, der Protestant und Bachianer, für das urkatholische Lüttich zur Sechshundertjahrfeier des Fronleichnamsfests einen Text des Thomas von Aquino, »*Lauda Sion Salvatorem*«, komponiert. Und wenn er in diesem Werk (op. 73) so italienisch, so sinnenhaft-freudig wird wie Rossini, ja, wie Verdi, so können wir daraus nur schließen, daß ein wirklich großer Künstler sich eben nicht in die Enge einer einzigen »Weltanschauung« zurückzieht. Alles Große und Echte hat Anspruch an ihn.

So war's mit den biblischen Oratorien »Paulus« und »Elias«, hinter denen der Glaube an das göttliche Wort stand. Man kann nicht, wenn man Mendelssohn heißt, ein neutestamentliches Oratorium schaffen, ohne ihm ein gleichwertiges Werk, das den Alten Bund verherrlicht, gegenüber und an die Seite zu stellen. Daß die Geschichte des Heidenmissionars Paulus 1836 herauskam, die Geschichte des jüdischen Propheten Elias 1846, war selbstverständlich nur ein Zufall. Es hätte zeitlich auch anders sein können: weder war hier eine »Bevorzugung« noch eine »Umkehr« herauszulesen. Alter Bund oder Neuer Bund: Gottes Wort war für Mendelssohn Gottes Wort.

Allerdings, im rein Musikalischen war ein Schritt nach vorn geschehn, den wir als erstaunlich empfinden. Viel stärker als im »Paulus« prägt sich im »Elias« das Wissen um Kommendes aus, um den »Sieg der Ausdruckskunst«. Die größten Teile des »Elias« sind durchaus Elementarmusik. So wenig wie bei der »Walpurgisnacht«, den »Hebriden«, der »Schottischen Sinfonie« verfängt hier das mäßigende Schlagwort vom »romantischen Klassizisten«, der zwischen Klassik und Romantik schöpferisch vermittelt habe. Denn der wahre Held dieses Oratoriums ist die mit Elementarkräften gesättigte Landschaft Palästinas. Gleichwie Rheintiefe und Felsbrocken in Wagners »Ring« nicht bloß der Schauplatz eines Menschen- und Götterdramas sind, sondern am Drama mitschaffen, ja es eigentlich erst ermöglichen, so ist der Mit-Held im »Elias« der palästinensische Boden. Mit Dürre, Durst, Verschmachten und Hungern; mit Blitz, Donner, schwarzblauem Regenrauschen, mit Erdbeben, Feuer, Sturmeswüten, Oasengrün und Wüstengelb, mit harten Palmblättern, weichen Büschen und säuselndem Wind, »darinnen der Herr ist« ... Das ist der Boden des »Elias«, und so ist er selbst, der Eiferer, der Jähzornige und Schwermütige, der den Charakter des Bodens besitzt. Im »Paulus« war das nicht der Fall, dessen schönster Arienglanz an abendrote Wiesentäler bei Köln oder Düsseldorf denken ließ, aber nicht an jenen Orient, in dem die Geschichte des Paul von Tarsus sich doch in Wirklichkeit begab.

Das wirkliche Palästina hatte Felix Mendelssohn freilich nie gesehn — wie auch Händel es nie gesehn hatte. Nur, daß da eine Wahlverwandtschaft beider mit dem übergangslosen Wechsel zwischen dem Zorn und der Sanftmut jener Natur war[2]. Es ist Elementarmusik, wenn Mendelssohn, gleichwie Händel im »Israel in Ägypten«, mit knappem Rezitativ beginnt. Kein Erzähler, sondern Elias spricht — und wir meinen ihn zu sehn, wie er mit gegürteten Lenden dasteht:

Bläser und Pauken sind dabei und halten sich zunächst piano; sparsamer und machtvoller war es nicht zu tun. Und nun setzt die Ouvertüre ein, die die Wirkung des Fluchs schildert. Eine Fuge. Mit Angst und Klage schleicht eine Menschenmenge dahin. Auf gewundenem Weg: dies ist kein Marsch, sondern ein Sich-weiter-Schleppen von Wesen, die — wir meinen's zu schauen! — an den Wegrändern liegenbleiben. Es ist die *Dürre*! Und etwas anderes, als wenn es »in Europa nicht regnet«. Ohnmacht, Furcht, Verzweiflung und Reue. »Willst du uns gar vertilgen, o Gott?« Chöre steigen in den Himmel. Die Gottesnatur — dieselbe Schöpfung, die zur Zeit von Noahs Arche der Menschen sündige Geschlechter in der Sintflut ertrinken ließ —, jene selbe Gottesnatur stellt auf drei Jahre den Regen ein. Das Volk der Bibel verschmachtet und stirbt.

Die Gefahr für den Bringer des Fluches ist groß: so gehorcht Elias Gottes Befehl und zieht sich an einen Bach zurück, wo ihn

Raben mit himmlischer Speise nähren. Aber auch hier ist er nicht sicher. Er flüchtet in das Haus einer Witwe. Als »Mann Gottes« vermag er das Kind dieser Witwe (das, die Bibel verschweigt es, verschmachtet ist) durch die Kraft seines Gebets vom Tode zum Leben zu erwecken. Man hat es getadelt, daß Mendelssohn und sein Textdichter diese biblische Episode ins Oratorium aufnahmen. Etwas Besseres konnten sie gar nicht tun! Denn diese Szene ist die einzige, die nicht unter freiem Himmel spielt. Sie hat den dramatischen Wert eines »Interieurs«, einer »Innenhandlung«. Ein einziger Toter, den wir auf dem Bette liegend erkennen und um den seine Mutter weint, ist ja im Kunstwerk viel fühlbarer, als es tausend Verschmachtete sind. Und wenn in dreimaliger Steigerung:

der Prophet die entflohene Seele des Kindes wieder in den Leib zurückzwingt, so hat er's für Tausende getan.

Nach diesem Beweis der Gottesgnade, die auf den Taten Elias' ruht, kommt es zum Zweikampf zwischen ihm und den Baalspriestern, die in Israel herrschen. Zwei Altäre werden errichtet, wie die Bibel es beschreibt, zwei Farren zerstückt, Holz daran gelegt. Ein Altar für Baal, einer für Jehovah: »Welcher Gott mit Feuer antworten wird, der sei Gott.« Die Baalspriester und ihre Gläubigen beginnen nun einen gemäßigten Rundtanz um ihren Altar. Ein psychologisches Meisterstück, wie sie immer unruhiger werden, als Baal auf ihre Bitte schweigt: »Baal, erhöre uns! Wende dich zu unserm Opfer!... Send' uns dein Feuer, vertilge den Feind.« Nun der ätzende Hohn des Elias: »Rufet lauter! Er ist ja Gott! Er dichtet, oder er hat zu schaffen, oder ist über Feld gegangen — oder schläft er vielleicht, daß er aufwache? Rufet lauter!« Sie rufen lauter, ihre Staccato-Schreie spritzen in Angst und Wut empor. Sie ritzen sich mit Messern, um durch ihr Blut den Baal zu versöhnen. »Hinkt um den Altar, den ihr gemacht habt, rufet und weissagt!« spottet Elias. »Gib uns Antwort! Gib uns Antwort!« heulen die Priester ein letztes Mal. Dann bleibt ihr Mund in Erstarrung stehn — jene Generalpausen, die eine Welt von Hörern bestaunt hat, löschen jede Hoffnung aus. In dieses Schweigen singt nun Elias sein Es-Dur-Gebet »Herr Gott Abrahams!« und bittet den Herrn, seine Flammen zu senden und das Opfer anzunehmen. Ein fürchterlicher Donnerschlag — und der Altar wird von Feuer umwogt! Jehovah also hat gesiegt. Die Baalspriester werden zum Tode geführt. Ein eifernder Triumphgesang von fanatischer Unerbittlichkeit und Schärfe in a-Moll spricht von »des Herrn Wort als einem Feuer« [3]. Es ist eine sehr bedenkliche Szene; denn der Mendelssohn des »Paulus« hätte, nach ihrer Niederlage, die Priester zur Anbetung Gottes gezwungen, sie aber nicht am Leben gestraft. Doch die alttestamentarische Härte des Textes schloß hier die Gnade aus [4].

Um so wesenhafter ist jetzt, nach Entfernung der Schuldigen, das *Regenwunder.* Noch hält Gott die Tore des Himmels verschlossen. Elias sendet einen Knaben auf einen Hügel. Kommt keine Wolke vom Meer? »Ich sehe nichts!« ruft der Knabe herab. »Der Himmel ist ehern über meinem Haupt.« Und abermals: »Ich sehe nichts! Die Erde ist eisern unter mir«, tönt die hoffnungslose Kunde. »Rauscht es nicht, als wolle es regnen? Siehst du noch nichts vom Meere her?« fragt Elias dunkel und sanft. Eine Pause. Der Knabe: »Ich sehe nichts!« Da hebt Elias die Arme empor: »Wende dich zum Gebet deines Knechts! Gedenke, Herr, deiner Barmherzigkeit!«

Da springen die Tore des Himmels auf! Zuerst ist's nur eine kleine Wolke, nicht größer als eines Mannes Hand. Dann wird das Droben schwarz von Wolken. Duftender Wind. Ein Rauschen und Rauschen. Blauschwarz tönt der Himmel sein Ja herab. Glückstränen der Menschen. Überm Es-Dur aller Orchesterstimmen steht der Schlußchor des Volkes auf. Auf dem Rücken erhobener Sechzehntelgänge wird das Land zur majestätischen See. Es ist des größten Händel würdig, das Rollen dieser Dankesworte: »Dank dir Gott, der du tränkest das durstige Land! Die Wasserströme erheben sich... die Wasserwogen brausen gewaltig; doch der Herr ist noch größer in seiner Höhe!«[5]

Hier ist der erste Akt zu Ende. Doch nicht die Geschichte des Elias. Mendelssohn und Schubring hätten jetzt gut getan, den zweiten Akt mit einer Erzählung beginnen zu lassen: wie König Ahab und sein Volk des Regenwunders vergaßen und aufs neue in Abgötterei versanken. Und wie besonders die Königin den Tod der Baalspriester nicht verschmerzte... Doch wer hätte das erzählen sollen? Der epische Berichterstatter war abgeschafft. Eine direkte »Handlung« im Händelschen Sinne hätte anzeigen müssen, was vorging[6]; das aber vermochte Mendelssohn nicht, denn eine Handlung zu erfinden, die nicht von authentischen Worten aus dem biblischen Text gespeist wurde, dazu war seine Ehrfurcht zu groß... So mußte sich der Hörer aus Arien und Psalmzeilen nicht ohne Mühe klarmachen, was eigentlich vorgegangen war. Der siegreiche Elias also wird jetzt aufs neue mit dem Tode bedroht? Wohl! Aber ist's dann nicht unlogisch, daß das Volk ihm abermals zuruft: »Er muß sterben! *Warum darf er den Himmel verschließen?* Warum darf er weissagen im Namen des Herrn?« Der Himmel hat sich doch längst *geöffnet*! Der Dramatiker und Steigerer Händel hätte solch einen Fehler nicht gemacht. Gleichviel: wenn es Mendelssohn darauf ankam, daß nun also Elias aufs neue durch die Fürsorglichkeit des Herrn seinen Feinden *entrückt* werden sollte, so bekam jetzt der Komponist die Hände frei für etwas Großes, das uns die dramaturgischen Schwächen des zweiten Akts vergessen läßt. Der große Elias *will nicht mehr dienen*. Er ist müde. Jene Müdigkeit, jene echte Traurigkeit, die wir aus Mendelssohn so wohl kennen, hat den Propheten überkommen. Er fühlt, daß er vergebens gelebt hat. Er hat den Baalsdienst nicht ausrotten können. Mit all seinem Zorn vermochte er's nicht. Tiefste Schwermut gewinnt Gewalt über ihn. Er will sterben. Er bittet Gott um den Tod. Das ist nicht der Bachsche Tod, das getröstete Eingehn ins Ewige Leben. Es ist das Hinüberschlummern ins Nichts. Jenes »Es ist genug! Ich begehre nicht mehr zu leben, meine Tage sind vergeblich gewesen!« ergreift uns durch seinen heutigen Ton. Und zugleich sind diese Worte uralt. Mendelssohn hat sie in Töne gefaßt, die schon im »Paulus« aufklangen und in der »Schottischen Sinfonie«. Sie sind nicht nur jüdisch und sind nicht nur christlich. Auch die Griechen kannten das »*Mataion*«, die Schwermut des Vergeblichen, wie ihr Herkules Farnese sie ausdrückt, wenn er mit trauerndem Gesicht sich auf seine Keule stützt. Wozu diese Keule wieder erheben? Die Welt ist zu voll der Ungeheuer, und endlos sind die zu tuenden Taten...[7]

Aber Gott läßt den Elias nicht sterben. Er braucht ihn einstweilen noch auf Erden. »Siehe, der Hüter Israels schläft nicht«, tröstet ein Chor den Gottgesandten, »du wandelst in Angst, aber er erquickt dich.« Den noch immer sich Weigernden (»O Herr! Ich arbeite vergeblich und bringe meine Kraft unnütz zu!«) führt ein Engel zum Berge Horeb. Er möge sein Angesicht bedecken, denn jetzt werde der Herr ihm nahen. Und nun beginnt der größte Chor, der Felix Mendelssohn je einfiel: »Der Herr ging vorüber!« Aber der Herr war nicht im Sturmwind, der die Berge zerriß, nicht im Erdbeben, nicht im Feuer:

Das ist Elementarmusik, gezeugt aus der palästinensischen Landschaft; und zugleich ist es Geistmusik, die um Den in der Höhe weiß, der größer ist als all seine Wunder. Eine Steigerung ist kaum noch möglich. Mendelssohn gelingt sie trotzdem in der »Himmelfahrt des Elias«: Gott sendet einen feurigen Wagen und entführt den Propheten zum Himmel. Es wetterleuchtet und zuckt im Orchester, die Bläser sind wie geschmolzenes Metall, der Chor begleitet in stürmischen Rhythmen und langanhaltenden Schreien das Wunder. So plötzlich, wie sie gekommen ist, geht auch die Vision vorbei: Nicht viel mehr als zwanzig Takte bedurfte Mendelssohn für das ganze Geschehnis; in den Stockungen der Schlußtakte malt sich noch der nachwirkende Schrecken...

Im Höhenzug religiöser Musik zwischen Beethovens »Christus am Ölberg« und Wagners »Parsifal« ist »Elias« einer der bedeutendsten Gipfel. Mit Bedacht wird hier »Parsifal« genannt, das wunderbare Mysteriendrama. 1834 hatte Wagner noch in seinem Aufsatz über die »Deutsche Oper« geschrieben: »Ist es nicht eine offenbare Verkennung der Gegenwart, wenn einer jetzt noch Oratorien schreibt, *an deren Gehalt und Formen keiner mehr glaubt?«* [8] Das war nicht gegen Mendelssohn, sondern gegen Friedrich Schneider gesagt, Schubrings Freund, der in vier Oratorien (man denkt unwillkürlich an die Vierzahl der Dramen in Wagners Ring-Koloß) das Leben Christi dargestellt hatte: »Christus das Kind«, »Christus der Meister«, »Christus der Erlöser«, »Christus der Verherrlichte« [9]. Wagner fuhr fort, die Lächerlichkeit religiöser Stoffe zu betonen: »Denn noch einmal sei's gesagt, man glaubt es ihm nicht, *da es auch auf keinen Fall seine eigene Überzeugung ist.*« Diese jungdeutsche Äußerung war recht unvorsichtig geprägt. Denn schon 1841 kam Wagner selbst mit einem Oratorium, dem »Liebesmahl der Apostel« heraus, einem ausgezeichneten Werk, von dem eine unverkennbare Spur zum religiösen Musikdrama, zum »Parsifal« hinüberleitet. Daß ein großer Künstler morgen anbeten kann, was er gestern als lügnerisch verwarf, mag in seiner Entwicklung liegen: folgt große Kunst doch ganz anderen Gesetzen als denen der ästhetischen oder weltanschaulichen »Treue«. Aber daß jedes Wort des *Musikschriftstellers* Wagner immer noch als kanonisch gilt — und daß diese Pro-domo-Meinungen, die für ihn selbst nur zeitbedingt waren und ihn endgültig gar nicht verpflichteten —, immer noch neben seiner Musik und seinen Dichtungen als ein *Absolutes* angesehn werden: das ist das Unbegreifliche!

Für das Musikfest in Birmingham war 1845 der »Elias« bestellt worden, und so trat dann ein Jahr später dieser Stolz der deutschen Musik zunächst als »Elijah« in die Welt. Daß übrigens Teile von Schubrings Text wahrscheinlich erst komponiert wurden, als die englische Übersetzung von Bartholomew schon fertig vorlag, kann man aus gewissen Anzeichen ersehn. Die Betonung im ersten Rezitativ: »Vor dem ich st*ehe*«, ist im Deutschen unmöglich, im Englischen aber ausgezeichnet — *»before whom I stand«* endet mit Recht auf einer Fermate. Der Österreicher Staudigl, dessen majestätischer Baß den Helden Elijah verkörperte, errang dem Werk einen hohen Erfolg. Vier Chorgesänge und vier Arien mußten wiederholt werden. Die Seelenwirkung des »Elias« war aber noch tiefer als die des »Paulus«. Man mag sich die Gründe auswählen. Gefiel etwa hier den Engländern, in Erinnerung an ihren eigenen Cromwell, das Nationalreligiöse des Stoffes? Wir möchten es kaum für wesentlich halten; denn keine der so zahlreichen Schriften, die sich mit dem

Musikereignis des Mendelssohnschen »Elias« befassen, weder Edward's »*History of Elijah*« [10], noch W. S. Rockstros, Ellis, Wells oder Haskers englische Korrespondenzen, noch Davisons »*From Mendelssohn to Wagner*« [11] erwähnen etwas über diesen Punkt. Wohl aber galt in späteren Jahrzehnten der Mendelssohnsche »Elijah« den Engländern als bestes Beispiel einer »Elementarmusik«. Und noch 1880 konnte Thomas Baxter fragen: »Wo sind die Neudeutschen und Jung-Europäer, wo sind Wagner, Liszt, Berlioz kühner gewesen als in dem queren chromatischen Aufriß des Eliasschen Gotteswunders:

da die ›Berge zerrissen, die Felsen zerbrachen, die Erde erbebte, das Meer erbrauste‹?« [12] Uns scheint diese Frage zu Recht gefragt.

Und wie würde ein heutiger Komponist einen »Elias« komponieren? Auch diese Frage ist nicht müßig. Seit um 1870 das Wagnersche Musikdrama das Oratorium aus dem Felde schlug (und so gründlich, daß Wagners eigenes Oratorium »Das Liebesmahl der Apostel« nirgends mehr gespielt werden konnte), haben sich die Zeiten geändert. Das Oratorium ist zurückgekehrt. Schon 1921 hat Arthur Honegger, der Schweizer, nach einem »König David« gegriffen und hat ihm dann Paul Claudels »Johanna auf dem Scheiterhaufen« und einen »Totentanz« folgen lassen [13]. Zahlreiche sind ihm darin gefolgt: Wie ist zum Beispiel Strawinskijs »Oedipus Rex« ein Rückgriff aus der »Statischen Oper« auf das Oratorium! [14]

Den neuen Elias-Komponisten könnten wir uns in Israel denken, wo man nach biblischen Stoffen greift und wo der Mendelssohnsche »Elias« sich hoher Aufführungsziffern erfreut. Ein heutiger Eliastext würde freilich anders aussehn als der von Mendelssohn und Schubring. Er würde sich vielleicht überhaupt nicht mit dem biblischen Elias befassen, sondern mit dem seltsamen Nachleben, das der Prophet im jüdischen Volkstum des Spät-Altertums und des Mittelalters genoß. Die Gestalt des Elias hat sich da ungemein gewandelt: er ist jetzt nicht mehr der »Eiferer«[15].

Der Elias des Mittelalters ist eine Art von »Wanderer«, der dem einzelnen Juden erscheint, dem Frommen wie dem Unfrommen, und seine Verbindung mit Gott herstellt. Er ist »Mittler« zwischen Gott und Mensch. Die Frommen belohnt er, die Unfrommen aber bestraft er nicht — er ist sanft geworden, wahrscheinlich weil er es bereut, während seines Erdenwandels so maßlos heftig gewesen zu sein! —, er redet ihnen nur ins Gewissen. Dieser seltsame Wanderer hat nun die merkwürdige Eigenschaft, den Menschen, die er aufsucht, beinahe in Spiegelgestalt entgegenzutreten. Dem Pflüger erscheint er als ein Pflüger, dem Weingärtner als Weingärtner, der sorglichen Hausfrau als Mutter und Gattin, die das Brot verschließt und die Spindeln verwahrt; und — allerseltsamste Verwandlung! — der Hure, welche die Stadt umstreicht, erscheint der Prophet Elias als Hure. Gewöhnlich tritt er mit einer Frage an seinesgleichen heran: »Was machst du hier? Kann ich ein Stücklein mit dir gehn?« Und es entwickelte sich ein Gespräch, bei dem der Mensch Farbe bekennen muß, bis plötzlich mit sausendem Laut der Gottgesandte verschwunden ist ...[16]

An dieser nachbiblischen Natur, die Elias im Mittelalter erhielt, könnte ein heutiger Komponist schwerlich vorbeigehn. Vor allem aber würde er sein Oratorium mit »hebräischer Musik« versehn. Das hat Mendelssohn unterlassen, weil er — welch ein weiser Instinkt! — ein deutscher Komponist sein wollte, der mit den Mitteln *seiner* Zeit hier ein Werk zu schreiben hatte, das auf fremdem Boden spielte, aber fremder Akzente gar nicht bedurfte. Er hat ja auch die »Antigone«, den »Oedipus« und die »Athalia« nicht mit griechischer Musik versehn, als ihn König Friedrich Wilhelm IV. zu einer Bühnenmusik aufforderte. Warum also den »Elias« mit dem charakteristischen Tetrachord, dem e—f—g—a gürten und mit jenen Modulationen, die die altjüdische Musik kennzeichnen?[17] Und dabei hätte er es gekonnt! Doch das Schreiben von Synagogalmusik überließ er — wir erstaunen! — seinen christlich geborenen Kollegen.

Wie? — Ihr lest richtig: Im Juni 1828 schrieb der Katholik Franz Schubert einen 92. Psalm mit hebräischem Text, mit Gemischtem Chor und Baritonsolo für die Wiener Synagoge in der Seitenstettengasse. Für den dort amtierenden Oberkantor Salomon Sulzer, mit dem er herzlich befreundet war[18]. Sulzer, ein bedeutender Reformator des jüdischen Tempelgesangs, erstrebte »einen, nach den Begriffen der Religiosität und des *Zeitgeists* regenerierten Gottesdienst«. Dazu war Schubert ihm eben recht; und noch andere Tonsetzer — geringere, jedoch erfolgreiche — holte er dafür heran: Beethovens Freund, Ignaz Ritter von Seyfried, und Tobias Haslinger, der als Verleger viel Einfluß besaß. Ohne im geringsten zu zögern, stellten sich diese Komponisten dem jüdischen Gottesdienst zur Verfügung. Ihrer aller Musik erschien dann genau zehn Jahre nach Schuberts Tod in einem Sammelband *»Schir Zion«*[19].

In Berlin entfaltete der Kantor Louis Lewandowski und in Paris der Kantor Samuel Naumbourg eine ähnliche Tätigkeit. Sie »europäisierten« den Gottesdienst der Juden; dafür strömten nun auch viele Tausende von Christen in die Synagoge, um schöne alte Musik zu hören. Das alles wurde jäh abgeschnitten, als 1850 in Deutschland die anonyme Schmähschrift »Das Judentum in der Musik« erschien. Ganz vereinzelt wagte es später noch ein christlicher Komponist wie Max Bruch etwas Hebräisch-Liturgisches zu komponieren, das »Kol Nidre« für Cello und Orchester, ein tief innerliches Werk, über dessen Entstehungsgeschichte der Komponist 1889 in einem Brief berichtete: Volkslieder, auch die jüdischen, seien ihm die Quelle aller Melodik... Diese redliche Wahrheit Bruchs: daß das Schreiben hebräischer Musik für einen nichtjüdischen Komponisten doch überhaupt nichts anderes war als Verwendung eines fremden »Volkstons«, wurde längst bösartig übersehn[20]. Als ob nicht Beethoven, der Nicht-Türke, in seinen »Ruinen von Athen« einen Janitscharen-Marsch komponiert hätte[21]; und Mozart nicht das gleiche in seiner A-Dur-Sonate (KV 331) getan hätte. Carl Maria von Weber war weder Araber noch Chinese. Aber als Schüler von Abt Vogler, der ein großer Folklorist war, wußte er, daß man Komische Opern wie »Abu Hassan« und »Turandot« mit dem Originalkolorit orientalischer Musik zu versehn habe[22]. In seinem weiten, heimischen Rußland fand Anton Rubinstein die Musik persischer und tatarischer Lieder[23]. Und Mendelssohn nützte schottische Weisen, als er seine Sinfonie zu Maria Stuarts Andenken schrieb. Seit Herder für die Literatur die »Stimmen der Völker in Liedern« entdeckte und Lord Byron eine Gedichtsammlung »Hebrew Melodies« betitelte, war es doch das Natürlichste, daß auch die Tonkunst, wo immer sie konnte, diesen Pionieren zu folgen hatte. Wie Byron in seiner altjüdischen Lyrik den Tonfall des Klagend-Heldischen annahm[24], so schrieben nichtjüdische Komponisten musikalische Hebraismen, sobald sie an jüdische Stoffe gerieten. Doch »Das Judentum in der Musik« zerhieb alle diese natürlichen Bande. Die maniakalische Folgerung, daß Nichtjuden weder hebräisch, noch Juden deutsch komponieren sollten, dämmerte schon in diesem Pamphlet. Und lange bevor noch Goebbels das Wort sprach: »Wenn ein Jude deutsch spricht, so lügt er«, wurde der Komponist Gustav Mahler, der Sänger deutscher Herrlichkeiten, des »Auferstehn, ja, auferstehn«, des »Urlichts«, der »Kindertotenlieder«, zu den Schakalen in die Wüste geschickt.

Buckingham Palace

Achtzehnhunderteinundvierzig. – Zum erstenmal sehn Victoria und Albert, die Königin des Britischen Weltreichs und ihr deutscher Prinzgemahl, den Norden ihrer englischen Insel. Schottland brennt ihnen herbstrot entgegen. Die Königin überredet sich leicht, daß dies eine ihrer Heimaten ist: ist sie doch stolz auf das Stuart-Blut, das auch in ihren Adern rollt, und der Prinz sitzt Hand in Hand mit ihr und staunt[1]. *»It reminds me of Thuringia!«* seufzt er ein übers andere Mal. Was so hügelreich ist, gleicht Thüringen – obwohl doch die Berge hier höher sind. Und so viel geheimnisvoller und wilder! Und Edinburgh mit »Arthurs Seat« und die Stadt Perth und Birnams Wald, den der Prinz aus Shakespeare kennt, der Wald, der gegen Macbeth aufstand und ihm Niederlage und Tod brachte. – Und die Menschen hier! Welche Freude, in Lord Breadalbanes Haus zu wohnen[2], mit den andern Hafermus zu essen und Haddock-Fisch, zu hören, wieviele Tartans es gibt – jedes vornehme Geschlecht hat ein eigenes Muster, wie es seinen Kilt weben läßt – und die Dudelsäcke, die Schwerttänze! Die Freuden wollen nicht abnehmen – und das ist den beiden zu gönnen. Haben sie doch schwere Sorgen, wie ihre Welt nächstens aussehn wird: Sir Robert Peel, der kommende Staatsmann, hat zwar versprochen, eine Einigung zwischen Kapital und Arbeit zuwege zu bringen und die losgelassene Maschinenkraft daran zu hindern, noch mehr Menschen in England brotlos zu machen — aber wer weiß, ob ihm das glückt![3] Wenigstens aber wird man demnächst, zu Lord Melbournes gesundem Ärger, die »Corn laws« über Bord werfen und dem Freihandel zum Siege verhelfen[4]. Lästige Politik. Sie macht schlaflos. Wie schön, daß man die Kinder hat — wie Merino-Schäfchen in Wolle gekleidet, hellblau, grün und rosa bebändert. Ihre kleinen Jubelstimmen! Man singt bereits Kinderlieder mit ihnen. Wie schön auch, daß es deutsche Musik gibt. Also, natürlich, Mendelssohn, den der Prinz und die Königin so gern im intimen Kreis spielen.

Man sollte ihn doch wohl persönlich kennen. Kommt er doch so oft nach London. Nichts leichter, als seine Bekanntschaft zu machen, wenn man sich an Herrn von Bunsen wendet, den preußischen Gesandten, der sich in London so heimisch fühlt. Früher vertrat er Preußen in Rom — sein jetziger Posten aber ist ihm weit mehr auf Leib und Geist geschrieben. Theologische Interessen werden in England gerne gesehn — arbeitet Bunsen, der Fleißige, doch an einem profunden Werk *»Christianity and mankind«* und ist Ehrendoktor von Oxford[5]. Er hat auch eine reiche Frau, die Engländerin Fanny Waddington, die für ihn ein großes Haus führt. Mendelssohn verkehrt bei ihnen. Dieser Mendelssohn ist ein Gentleman, über den nichts Nachteiliges bekannt ist. Mit Musikern muß man vorsichtig sein. Viele trinken und haben Weibergeschichten. Gewisse französische Manieren, das Herumziehen mit Sängerinnen, die halboffiziellen Ehebrüche: das ist in England ganz untragbar. Aber Mendelssohn ist verheiratet. Sogar englische Bischöfe würdigen ihn ihres Umgangs und laden ihn gerne in ihr Haus. Erst neulich hat der Bischof von Chichester[6] Ihrer Britischen Majestät von einem Besuche vorgeschwärmt, bei dem sich der Komponist nach dem Dinner gerne ans Klavier bitten ließ... Es ist nichts gegen ihn einzuwenden!

Und so steht am 19. Juli 1842 (draußen drückt die Sommersonne unerträglich auf Menschen und Sträucher) im schattigen Buckingham Palace ein wohlgearteter junger Mann vor den königlichen Gastgebern. Beide sind ein wenig verlegen, denn sie haben kaum Umgang mit Künstlern. Aber sie lieben die Musik. Der Prinz spielt ganz geschickt die Orgel; und Victoria hat eine kleine, aber angenehme Stimme[7]. In dem schattig-halbdunklen Zimmer sind alle Stores herabgelassen. Es ist kühl, und der fremde Herr mit dem südländischen Gesicht und den dunkelblitzenden Augen macht ermutigende Bewegungen, womit er unterstreichen will, wie ausgezeichnet das Musizieren der Majestäten ihm gefällt. Seine Mienen wechseln etwas zu häufig, er kann den Ausdruck seines Gesichts nicht eine Minute lang ruhighalten, eigentlich ist das recht wenig englisch. Aber dafür lockert er auch seine Gastgeber so wunderbar auf, daß man ihn gar nicht fortlassen möchte. Haydn war komischer als er, und Händel immer pompös und drohend. Dieser Mendelssohn ist ein Weltmann und ausgezeichnet angezogen[8] — überhaupt scheint er zu wissen, was er seiner eigenen Stellung und der seiner Gastgeber schuldig ist — und bald setzt man sich zum Tee.

Victorianische Schilderungen. Felix selbst, der »Glückliche«, hat in zwei zauberischen Briefen an seine Mutter davon berichtet. Wie immer, wenn er in England war, hatte er so etwas wie einen »trockenen Champagnerrausch«. Von Konzert zu Konzert, von Party zu Party war er weitergereicht worden. Als er in Christchurch, Newgate Street, auf der Orgel fantasierte, schien es ihm, er müsse ersticken: so groß war das Gedränge und Gewühl der Hörenden um die Orgelbank her. Ein paar Tage später spielte er vor dreitausend Menschen in Exeter Hall — betäubendes Hurrageschrei, Schnupftücherwinken, Füßestampfen. Kaum konnte er glauben, es gelte ihm selbst, bis der große Chef der Regierung, Sir Robert Peel, und Lord Wharncliffe ihm heftig unter die Nase klatschten. Seine Frau Cécile, die er bei sich hatte, wurde fast davongeweht von diesem Sturm. Die gute Cécile, die schöne Frau mit den veilchenblauen Augen, der Sir Edward Bulwer die Cour machte, und Samuel Rogers das Kompliment, sie möchte doch ihren eigenen Kindern ein so herrliches Englisch beibringen, wie sie's selber sprach...[9] Und nun diese Aufnahme in Buckingham Palace! Zuerst war er mit dem Prinzen allein. Als dann die Königin hereinkam, mädchenhaft, in einem einfachen Hauskleid, warf der Zugwind aus einem ungebundenen Notenheft Dutzende Blätter in alle Ecken. »Mein Gott, wie sieht es hier aus!« sagte sie und kniete schon nieder, um das Fortgewehte zusammenzusuchen.

Der Prinz wollte ihr zuvorkommen. Als dritter kroch Mendelssohn bereits durchs Zimmer. Dann staubte er sich die Knie ab und sah vergnügt umher. Welch ein Empfang! Die Atmosphäre wurde noch familiärer, als die Königin sich entschuldigte: sie sei nicht in Empfangstoilette, weil sie sich nachher ohnehin in ein Reisekleid werfen müsse. Sie führen noch heute ins Sommerschloß nach Claremont. Hier sei's doch zu heiß! Nun mußte Mendelssohn die Orgel spielen und begann seinen Chor aus dem »Paulus«: »Wie lieblich sind die Boten«. Noch bevor er den ersten Vers ausgespielt hatte, fing das königliche Paar an, den wohlbekannten Chor mitzusingen. Prinz Albert zog so geschickt die Register, beim Forte immer voller werdend und zur rechten Zeit ins Diminuendo verfallend, daß Felix ganz entzückt davon war. *»Dann kam der Erbprinz von Coburg-Gotha, es wurde wieder konversiert, und unter anderm fragte die Königin, ob ich neue Lieder komponiert hätte, sie sänge die gedruckten sehr gern. ›Du solltest ihm mal eins vorsingen‹, sagte Prinz Albert, dann meinte sie, sie wolle das Frühlingslied in B-Dur versuchen. ›Ja, wenn es noch da wäre!‹ sagte der Prinz. ›Alle Noten sind schon eingepackt für Claremont.‹«* [10]

Prinz Albert ging fort, um es zu suchen, kam aber wieder, es sei nicht mehr da. »Oh, kann man's vielleicht wieder auspacken?« fragte Felix Mendelssohn. Die Königin maß ihn mit einem Blick, der ihm sagte, daß dies nicht so einfach sei. »Man muß nach Lady Soundso schicken«, erwiderte sie (er verstand den Namen nicht). Jetzt wurde geklingelt, die Bedienten liefen eilfertig hin und her, doch die bewußte Lady-in-waiting war nicht aufzutreiben. Kopfschüttelnd ging die Königin fort und kam zurück: »Sie ist fortgefahren und hat all meine Sachen mitgenommen — *I find this very shocking, indeed.*« Aber wenn man ein Lied von ihr hören wolle, würde sie etwas anderes singen, was sie auswendig könne, vielleicht etwas von Gluck? *»Die Prinzessin von Coburg-Gotha war unterdes noch dazugekommen, und so gingen wir fünf durch die Korridore bis zum Wohnzimmer der Königin, wo neben dem Klavier ein gewaltig dickes Schaukelpferd stand und zwei große Vogelbauer und so schöne Bilder an den Wänden«* — unter anderm erspähte Mendelssohns Blick ein paar Originale von Paulus Potter, niederländische Tierstücke. Auf Etageren und Tischen lagen herrlich gebundene Bücher umher und viele Noten auf dem Klavier. Die Herzogin von Kent kam dazu, und während sie miteinander sprachen, kramte Mendelssohn ein wenig unter den Noten und fand sein allererstes Liedheft (op. 8). Da sagte er ein wenig schmollend, das sei doch wohl ein Zeichen, daß die Königin nicht Gluck singen möge. Alles lachte. Die Königin stellte sich freundlich neben den Flügel, an dem jetzt der Komponist Platz nahm.

»Nein, der Papagei muß hinaus!« rief Victoria aufgeregt. »Er schreit sonst lauter als ich.«

Darauf wurde der Vogel hinausgetragen. Und zwar vom Prinzen von Coburg-Gotha, den Mendelssohn aber noch einholte: »Hoheit, erlauben Sie mir, das zu tun!«, was hinter der Tür ein Dutzend Lakaien mit fassungsloser Miene quittierte. Dann nahm er wieder am Klavier Platz. Und was sang jetzt die Königin? *»Sie sang«*, schreibt Mendelssohn seiner Mutter, *»das Lied, das ›Schöner und schöner‹ beginnt, sang es ganz allerliebst rein, streng im Takt; nur wenn es nach ›der Prosa Last und Müh‹ herunterging und harmonisch heraufkam, geriet sie beide Male nach dis, und weil ich's zweimal korrigierte, nahm sie das letzte Mal wirklich d, wo es freilich hätte dis heißen müssen. Aber bis auf dieses Versehn war es wirklich allerliebst, und das letzte lange g habe ich von keiner Dilettantin besser, reiner, natürlicher gehört.«* [11]

Nun mußte er allerdings bekennen, daß die Ehre der Autorschaft seiner Schwester Fanny gebühre. Sie habe das Lied komponiert, nicht er, was viele Ahs und Ohs hervorrief. Jawohl, sie sei Mrs. Fanny Hensel, die Gattin eines Malers, von dem Ihre Majestät ja wohl ein Gemälde »Mirjam« besäße.

»Ich will aber etwas von *Ihnen* singen, Mr. Mendelssohn«, sagte Victoria nun, und sang sein Lied »Laß dich nur nichts dauern«. Nach ihr kam Prinz Albert, der mit angenehmer Stimme ihm sein berühmtes altdeutsches Lied vorsang: »Es ist ein Schnitter, der heißt Tod«, und Felix wurde es seltsam zumut, als er die vielen Blumennamen — »müßt in den Erntekranz hinein!« — so welk und traurig im Zimmer spürte. Die Damen Kent und Coburg-Gotha hatten ebenfalls traurige Augen bekommen über so viel Tod und Vergänglichkeit. Der Prinzgemahl mochte das wohl merken. Denn er bat Mendelssohn, zu fantasieren. Das sei ja wohl eine seiner Stärken? Er tat es, spielte ausgezeichnet und mischte das Thema des Orgelchorals zunächst mit dem »Schnitter«. Bald aber wurden die Themen munterer.

Er konnte es nicht gut abschlagen, als die Königin sich ein Potpourri ausbat. Es war beinahe schon »Kalkbrennerei«, wenn man eine Zusammenstellung wie diese von ihm erwartete: Zuerst eine freie Fantasie über das »Rule Britannia«, dann Lützows »Wilde, verwegene Jagd« vom lieben Carl Maria von Weber — ach ja, schließlich saßen sie alle hier als die »Erben von Waterloo« — und zum Schluß das akademische Lied »Gaudeamus igitur«. Eine barbarische Zumutung? Doch warum sollte sie das sein? Schließlich hat später Johannes Brahms das Lied in seine herzenswarme »Akademische Festouvertüre« eingebaut, mit der er sich für den Ehrendoktor der Breslauer Alma mater bedankte[12]. Felix Mendelssohn war Ehrendoktor der Universität Leipzig — nun also, jetzt paukte er darauf los, um die Universitäten zu ehren. Allgemeines Händeklatschen. Die Prinzessinnen empfahlen sich, und die Königin gab ihm die Hand. Ihre Abreise nahte. »Hoffentlich besuchen Sie uns bald wieder in England«, sagte sie, leicht steif werdend.

Er hielt das auch für seinen Abschied. Aber der Prinzgemahl hielt ihn zurück. »Setzen wir uns noch ein wenig«, sagte er mit befangenem Ernst. Als die Damen gegangen waren, sah er ihn erwartungsvoll an, als erwarte er eine Bitte von Mendelssohn. Es war jenes halb verlegene und halb gütige Gesicht, weshalb man ihn »Albert the Good« nannte[13]. Er sah ihn an, der Deutsche den Deutschen. Um was hätte Mendelssohn ihn bitten sollen? Um den Titel eines Hofkomponisten? Er hätte ihn sofort erhalten. Oder sollte er Engländer werden? Sich adeln lassen? Ein Sir werden? Auch das wäre ihm sehr leicht gelungen — wie es Geringeren gelang, etwa Sir Julius Benedict, dem getauften Stuttgarter Bankierssohn.

»Und wohin werden Sie jetzt gehn?« fragte leise der Prinzgemahl. Worauf Felix Mendelssohn von Leipzig zu schwärmen begann, seinem »künstlerischen Königreich«, darin er seit sechs Jahren schrankenlos herrschte. Und auch von den Aufgaben sprach er, die der neue König von Preußen, Friedrich Wilhelm IV., für ihn bereithielt.

Da erhob sich der Gatte der Königin: »Sie bittet Sie« — er sprach nicht von Her Majesty, sondern ganz intim von seiner Frau —, »dieses Geschenk von ihr anzunehmen. Es soll ein Andenken an uns sein!« Damit gab er ihm ein kleines Etui. Als Mendelssohn es öffnete, sah er darin einen goldenen Ring, auf dem *Victoria Regina 1842* eingraviert stand. Ihm war es wie ein Traum. Als er aufblickte, hatte der Prinz schon das Zimmer verlassen. Ein Sekretär oder Haushofmeister – derselbe, der ihn hereingebracht hatte – erwartete ihn mit einer Verneigung, um ihn aus dem Palast zu führen. Durch Galerien, an einer Unzahl von wartenden Lakaien vorbei, wurde er vor das Tor geleitet. Dort stand der Wagenzug. Ein Dutzend Chaisen, die das königliche Paar und den Hofstaat nach Claremont bringen sollten. Rote Vorreiter, Straußfedern, prächtige Wappen mit dem Einhorn und Löwen und der Devise »Dieu et Mon Droit«.

In einer unklaren Traurigkeit ging Mendelssohn an dem Zug entlang, ehe er sich dort hinkehrte, wo sein eigener Mietswagen wartete, der ihn zu Freund Klingemann und zu seiner Gattin Cécile fahren sollte. Plötzlich hörte er eine Fanfare, die Fahne senkte sich aufs Palastdach, und am nächsten Tag stand in den Zeitungen: *»Her Majesty left the palace at 30 minutes past 3.«* [14]

Die Freude über das Erlebte wurde nun aber so mächtig in Mendelssohn, daß er den Wagen wegschickte und – Spaziergänger, der er war – das Ganze im Gehen bedenken wollte. Es hatte leicht zu regnen begonnen, als er bei seinem Freund Klingemann eintraf und Cécile in seine Arme schloß. *Gipfel des Lebens!* Am nächsten Tag dirigierte er (und mußte beides wiederholen) sein d-Moll-Klavierkonzert und die Hebriden-Ouvertüre. Was konnte ihm eigentlich noch geschehn? Er liebte die Welt, und die Welt liebte ihn ...

Fünftes Buch

VOLLENDUNG UND STURZ

Ein vornehmer Däne sagte zu mir: Was wollen eigentlich die Deutschen mit ihrem Judenhaß? In meinem Vaterland liebt man die Juden fast allgemein. Man weiß von ihnen, daß sie die verläßlichsten Patrioten sind; man weiß, daß sie ein ehrenhaftes Privatleben führen; man achtet sie als eine Art Aristokratie. Was wollen die Deutschen?
Ich hätte ihm antworten müssen: den Haß.

Jakob Wassermann: Mein Weg als Deutscher und Jude

Leipzig und das Talent zur Freundschaft

Warum aber Leipzig?

Als einmal Liszt, der Aristokrat, in Leipzig über die »ihm fehlenden Toiletten der Gräfinnen und Prinzessinnen klagte« – äußerte Schumann zurechtweisend: »Wir haben hier *auch* unsere Aristokratie, nämlich einhundertfünfzig Buchhandlungen, fünfzig Druckereien und dreißig Journale, und er soll sich nur in acht nehmen!«[1] Die Stadt, in der ein Robert Schumann seine Davidsbündler-Zeitschrift herausgab, bebte von Zukunft, Leben und Kunst. Und die Salons? Es gab sie hier auch; wenn auch nicht so reich gesät wie in snobistischeren Städten. Die Musikpflege in Leipzig war eine bürgerliche Angelegenheit, die zwar von oben gelenkt wurde, an der aber, anders als in Berlin, auch kleinbürgerliche Schichten teilnahmen. Daß »Weltläufigkeit« dabei nicht ausstarb, dafür sorgten ausgezeichnete Frauen wie Livia Gerhardt, die Gattin des Advokaten Professor Frege, und vor allem die Kaufmannsgattin Henriette Voigt. Sie starb leider jung.

Die Anregung, Leipziger Gewandhaus-Direktor zu werden – ein beneidenswerter Posten! –, stammte denn auch von den Brüdern Voigt, die den Leipziger Magistrat dafür einzunehmen wußten. Vorher hatte noch Konrad Schleinitz, ein Jurist, bei Mendelssohn angefragt, ob er sich bereit finden würde. Das Jahresgehalt war mit tausend Talern festgesetzt, und, was sehr wichtig war, ihm wurde ein Urlaub von sechs Monaten jährlich bewilligt[2].

Volle zwölf Jahre, von 1835 bis 1847, hat Mendelssohn in Leipzig gewirkt. Wenn wir sein Erwachsenenleben von 1825 an rechnen, also den größeren Teil seines Daseins. Er liebte Leipzig, die Buchhändlerstadt mit ihrem komischen Dialekt, den er doch nicht selber sprach. Und in dem sich ein leicht philiströser Geist mit etwas unendlich Fleißigem und Wohlmeinendem verbunden hatte. Die Stadt mit den unternehmenden Bürgern, wo jeder ein »vichilanter Kerl« war, was mit Vigilie und Aufgewecktheit zusammenhing. Die Stadt, die Bach zwar vergessen hatte, in die man ihn aber zurückführen konnte, indem man für ein Denkmal warb, das ihm zu errichten war. Für dieses Denkmal hat Mendelssohn gesammelt, getrommelt und konzertiert, bis es den Leipzigern klarwurde, daß Bach *ihr* Thomaskantor gewesen und daß sie alle darum seine Thomaner waren.

Schon am 30. August 1835, im Augenblick da sein Reisewagen in die Pleiße-Stadt einfuhr, empfand Felix Mendelssohn hellseherisch, daß er den Gewandhaussaal zum Mittelpunkt Leipzigs machen werde und vielleicht Leipzig zum Mittelpunkt Deutschlands. Der deutschen Musik: denn Berlin und Wien waren nicht mehr, was sie gewesen waren. Wien hatte Felix in einem Brief an Schubring sogar als »liederliches und genußmüdes Eß- und Trinknest« bezeichnet[3], und die Erinnerung an Berlin war ihm »Kasernenhof und Sand«[4]. Als ihn freundliche Leute fragten, was er denn nun in Leipzig beginnen werde, antwortete er vielsagend: »Alles«. Und er hat sich um alles gekümmert. Schon vom ersten Tage an haben Orchestermusiker, Chöre, Solosänger, Klaviere kein Sonderleben mehr geführt. Alles war in seiner Hand vereinigt und durch unendlichen Fleiß genährt. Vielleicht hat sich später nur Richard Wagner noch so um sein Bayreuth gekümmert, darin keine Bühnenwand aufgerichtet und kein Nagel eingeschlagen wurde, ohne daß er es wissend gebilligt hätte.

Allerdings, da war etwas – und man kann es nicht genug beachten! –, was Mendelssohn von Wagner schied. Charakterologisch und fast physiologisch. Felix Mendelssohn hatte erklärt, er werde »den Posten nur annehmen, wenn er niemanden damit verdrängte«[5]. Eine erstaunliche Forderung, in der sich Ethisches ebensosehr wie Weltklugheit und Vorsicht mischten. Er wollte keine Feinde haben! Und wollte selber niemandes Feind sein! Den späteren Neudeutschen war solch eine Haltung fast verdächtig. »Ein rechter Kerl muß auch Feinde haben«, und »Viel Feind – viel Ehr!« lautete das Sprichwort. Mendelssohn war so besorgt, es die Welt und Kollegen wissen zu lassen, »daß er sich an niemand rächen wolle«, daß er sich's in England verbat, als eine dortige Festspielleitung Musiker entlassen wollte, die ihn im Vorjahr geärgert hatten[6]. Das war vorbei! »Feindschaft ist unzulänglich!« mochte er – wie später Werfel in einem Gedicht – denken. Und das Mendelssohnsche Lächeln: wo es *dennoch* um Feindschaften wußte, glaubte es an das biblische Wort, daß das »Weiche das Harte überwindet«.

Wille und Taten Mendelssohns in Leipzig, Gaben der Kunst und der Liebe waren nun freilich das Stürmischste, was die Stadt seit langem erlebt hatte. Die »Geschichte der Gewandhauskonzerte« von Alfred Dörffel[7] hat aufgezeichnet, welch ein unerhörtes Programm Felix der Stadt zu bieten wußte. Er brachte zuerst die von Robert Schumann neuentdeckte und gefeierte C-Dur-Sinfonie von Schubert mit »ihrer himmlischen Länge«. Schumann, der dichterische Mensch, sah »in diesem kostbaren Werk Wien mit seinem Stefansturm, seinen schönen Frauen, von der Donau umgürtet, in einer blühenden Ebene, die nach und nach zu höheren Gebirgen aufsteigt, von leisem Weihrauchduft überzogen – wo nach jener fernen Alpenreihe wohl manchmal Beethovens Auge unstet hinüberschweifte...«[8]. Sehr wohl! Aber wir wissen auch, daß die Länge nicht ganz freiwillig war; daß Haydns Vorbild, höchst tyrannisch, den jungen Schubert immer noch zum Ausmusizieren der Themen zwang, und zu endlosen Wiederholungen[9]. Es war gar nicht einfach, das aufzuführen und die Leipziger nicht gähnen zu machen. Mendelssohn, mit seinem Feuer und seinem höchstentwickelten Sinn für Proportionen – einem Sinn, der Kürze dorthin zauberte, wo sie nicht war! – schaffte es. Schubert wurde bejubelt. »Wie ermöglichte er's nur, über die diversen Steppen des endlosen Allegretto hinwegzuleiten«, hat später Hans von Bülow geschrieben, »so daß der Zuhörer am Schlusse von der Zeitdauer der akustischen Erscheinungen keine Ahnung hatte?« Die akustische Erscheinung: War ein Komponist wirklich groß, so half Felix mit »heiliger Täuschung« nach. Wem half er nicht in jenen Jahren? Der ungekannteste weltliche Bach; manch halbvergessener sinfonischer Mozart; Beethoven gar, der Gewaltige – von wem hatte man das je so gehört? Den schwierigen Schumann brachte er – der damals als Musikschriftsteller weit beliebter denn als Komponist war! – und eine Gruppe von Kleineren. Und sich selbst, den Komponisten Mendelssohn, protegierte er kaum an zehnter Stelle. Doch die Menschen horchten beglückt, wenn Clara Schumann – damals noch Clara Wieck – Mendelssohns h-Moll-Capriccio (op. 22) spielte (ein Stück, an das Fanny in Berlin und Freund Marx nicht recht hatten glauben wollen). Dies »Capriccio Brillant« – wie immer bei Mendelssohns Konzertmusik ohne Kampf zweier Sonatenthemen – war farbig und glänzend instrumentiert. Eine weiche Einleitung in H-Dur, ein Allegro con fuoco in h-Moll. Pathos, Koketterie, Heiterkeit, Arabesken, sogar Marschrhythmen: es wurde auf Jahre hinaus Claras Bravourstück. Fast noch erstaunlicher wurde alles, wenn Mendelssohn selber ans Klavier trat. Er wollte kein Virtuose sein und hatte, bei aller Bewunderung, schwere Bedenken gegen Liszt, Thalberg und andere Konzertlöwen. Aber seine eigene unbegreifliche Leichtigkeit, die ja nun auch wieder erarbeitet war, verblüffte die Menschen, sobald er spielte. Sehr dichterisch hat es Hiller gesagt: »Wie eine Lerche fliegt, so spielte er Klavier, weil es seine Natur war. Er besaß große Gewandtheit, Sicherheit, Kraft, Geläufigkeit, einen weichen, vollen Ton... aber bei seinem Spiel vergaß man diese Eigenschaften, man übersah selbst die mehr geistigen Gaben, die man Feuer, Eingebung, Seele, Auffassung nennt. Wenn er am Klavier saß, strömte Musik von ihm aus mit der Fülle des angeborenen Genies — er war ein Zentaur und sein Pferd das Klavier...«[10]

In seiner verantwortlichen Stellung war sich Mendelssohn durchaus bewußt, daß er Talente fördern müsse, die ihm möglicherweise »nicht lagen«. Seinen eigenen Geschmack empfand er nicht als absolut. Er gab innerlich sehr wohl zu, daß ihm Komponisten »fremd« blieben, die es vielleicht gar nicht verdienten. Sein Verhältnis zur Kunst Chopins war kein allzu herzliches. Aber als es darauf ankam, den Leipzigern ein Chopin-Fest zu bieten, geriet er selbst in Begeisterung. Und Chopin, der darauf nicht gefaßt war, sah sich in Leipzig (obschon er nicht Deutsch sprach) plötzlich unter alten Freunden. Auch den ihm wesensfremden Berlioz — der ihn in manchem freilich verehrte! — nahm Felix in Leipzig wunderbar auf. Obwohl er dessen großes Talent als Pose und Hysterie verkannte, stellte er ihm das Orchester und den Chor zur Verfügung, und Berlioz errang einen Sieg. Überströmend vor Freude tauschte darauf der Franzose mit Mendelssohn den Taktstock. »*Le mien est grossier*«, lachte Berlioz, »während der deine zarter ist«, und besah das elfenbeinerne Stäbchen, das Mendelssohn ihm hinreichte. Im übrigen war das Taktstock-Tauschen eine schöne Sitte, von der Berlioz bei anderer Gelegenheit sagte: »Diese Taktstöcke mögen Wurzel schlagen und dereinst zu schattenspendenden Bäumen werden!« Und für Mendelssohn fügte er noch hinzu: »Sei mein Bruder!... Wenn der Große Geist uns einst in die ewigen Jagdgründe abruft, mögen die Krieger unserer Stämme unsere beiden Tomahawks gemeinsam über dem Eingang ihres Beratungs-Wigwams aufhängen!«[11]

Fast noch schöner als Chopin und Berlioz wurde Liszt von Mendelssohn empfangen. Liszt war zunächst vom Publikum des Gewandhauses ausgezischt worden — was gar nichts mit seiner Kunst zu tun hatte. Sein Schüler und Manager Puzzi Hermann — diesen närrischen Vornamen hatte George Sand dem kleinen Kerlchen gegeben — hatte es gewagt, den Eintrittspreis von sechzehn Groschen auf einen Taler zu erhöhen! Das schien ihm der Vergötterte wert [12]. Liszt war daran sicher unschuldig. Denn was man von seinen Seltsamkeiten und Extravaganzen auch sagen mochte: er interessierte sich für Frauen, Paris, die Ungarn, die Gräfin d'Agoult, für Lamartine, Lamennais, den Saint-Simonismus, den Katholizismus — nur für eines nicht: für Geld. Ähnlich wie Paganini, der Berlioz ein kleines Vermögen schenkte, war Liszt der Typus des »Grandseigneurs«, der gab, nicht nahm. Die Situation schien reichlich verfahren, um so mehr, als die Leipziger Zeitungen gegen ihn heftig Partei nahmen. Da verfiel Felix Mendelssohn auf die diplomatische Idee, einen großen »Gesellschaftsabend« im Gewandhaus zu veranstalten, bei dem Liszt, der Strahlende, als Weltmann *und* Künstler auftreten konnte. Es war eine wirkliche »Soirée« für dreihundertfünfzig Personen, bei der kein Eintrittsgeld verlangt wurde. Die Gäste wurden mit Punsch und Kuchen, vor allem mit Musik traktiert. Mit dem Tripel-Konzert von Bach, das Liszt, Hiller und Mendelssohn virtuos zur Geltung brachten. Liszt selbst spielte eine Fantasie über Donizettis »Lucia de Lammermoor«, seine Transkription von Schuberts »Erlkönig«, und außerdem gab es noch Mendelssohns »Meeresstille und Glückliche Fahrt« und sogar Chöre aus dem »Paulus«. Jetzt waren die Leipziger versöhnt — und die nächsten Konzerte Liszts wurden so brausend aufgenommen wie im übrigen Europa [13].

Gipfel der Leipziger Tätigkeit war für Felix Mendelssohn die Gründung des *Konservatoriums* im Jahre 1843. Dieser Stätte kam in Deutschland nichts gleich. Auch das Pariser »Conservatoire« nicht. Diese Gründung war *sein* Verdienst. Sein Geist, der das Institut aufrecht erhielt, wirkte auch nach seinem Tode fort. Der Ehrendoktor, den ihm schon vorher — 1836, bald nach Beginn seiner Gewandhauskonzerte — die Universität Leipzig verliehen hatte, war wohlverdient. Es war eine ungeheure Arbeitslast, die er auf sich genommen hatte. »Am meisten Zeit«, erstaunte Freund Hiller, »kostete ihn seine Korrespondenz. Er muß fabelhaft viel Briefe geschrieben haben.« [14] Wie Felix seiner Mutter gestand, waren es manchmal achtzehn am Tag! Tat er's denn gern? Man muß begreifen, daß dahinter eine

Genugtuung stand: Felix war von Haus aus ein Träumer — und wenn Träumer fleißig werden, setzt manchmal ein Un- und Übermaß ein. Goethes Satz des Homunkulus: »Dieweil ich bin, muß ich auch tätig sein«, hatte er längst zu dem seinen gemacht[15].

Daß er an das Leipziger Konservatorium alles heranzog, was ihm wert schien, war nur natürlich. Also Julius Rietz, den er bereits nach Düsseldorf gebracht hatte; also Ferdinand David, den Geiger; also Niels W. Gade aus Dänemark und später, aus England, Moscheles. Sie alle, und viele andere, lehrten am Konservatorium, das man damals nicht mit Unrecht das »Mendelssohnianum« nannte[16], wo er selbst mit größter Freigebigkeit von Kraft und Zeit unterrichtete. Dabei schalt er sich selbst als zu »ungeduldig«. Es war ihm schwer, eine Passage vor nicht aufmerksamen Schülern zwei- oder dreimal zu wiederholen — was ein Lehrer unbedingt können muß. Aber auch wenn Felix heftig wurde, verließ den Schüler nicht das Gefühl, daß hinter dieser Heftigkeit ein Brüderlich-Familiäres stand[17].

»Es war schön, von Felix geliebt zu werden!« hat in seinem Erinnerungsbuch, Jahrzehnte nach des Freundes Tod, Eduard Devrient bekannt[18]. Das plötzliche Aufblitzen der Augen, wenn man unerwartet ins Zimmer trat. Das Erheben des Kopfes vom Schreibtisch. Das Aufstehen und Lächeln. Der Griff an die Wange: »Bist du's wirklich? Sei herzlich willkommen!« Und die echte Neugier des Schaffenden, das »Was bringst du?« Und wenige Augenblicke später war der Freund selbst schon die »Mitte der Welt«, war das eigentliche Subjekt der Unterhaltung und des Forschens. Der Lauschende stellte sich ganz zurück. Nur der andere noch war ihm interessant.

Es war schön, von Felix geliebt zu werden. Dieses Talent zur Freundschaft hatte er schon in allerfrühester Jugend. Eigentlich schon in der Kindheit. Der früheste Brief, den wir von ihm besitzen — und der hier zum erstenmal faksimiliert wird —, ist eine Mischung von Güte, Humor und Freundschaft, wie man sie einem Kinde nicht zutraut. Der Brief ist an ein »Rudölphchen« gerichtet, dessen Familiennamen wir nicht kennen, und trägt als Datum tatsächlich den 1. November 1819. Er stammt also von einem Zehnjährigen:

Mein lieber Signore Rudolph!

»Ich weiß gar nicht, was ich von dir denken soll« — — »Du hältst mich für einen Lump einen Liedrian, und du, du Schlingel, was bist denn du?? — —« »— — Ich schreibe ihm zweimal ohne Antwort soll

ich mich nicht rächen? und Vorwürfe! unwürdiger Freund! Na! Pace! Das war Spas Na! Pace! jetzt kommt Ernst Ich denke noch oft an (und jetzt kommen die Musiknoten eines Hornisten im Dreiachteltakt und in F-Dur) *Wie der große Bengel dastand und pustete, auf einem Horn welches noch einmal so groß als er selbst war.*

Aber wirklich, ich habe dir darum nicht geantwortet, weil ich dieser Tage so viel zu tun gehabt habe, daß ich selbst aus Latein, Französisch und Rechnen zusammengebaut war. Eine Doppelsonate, die ich komponierte, kam dazu, und so wurde ich selten vor halbneun Uhr fertig. – Freilich, du hast bei deinem Onkel gute Tage!

... Le cor et la paresse se disputent mon cœur. Und glaube mir, wärst du noch hier geblieben (und noch meind Freund), ich wäre zuweilen mit einer Handvoll Arbeit so zu dir gekommen, wie du damals mit einer Handvoll Arbeit zu mir. Ich lese eben deinen Brief durch und sehe, daß du Ende Oktober von Kaiserslautern reistest. Ich habe dir schon gesagt, warum ich nicht früher geschrieben habe; sehr leid aber würde es mir tun, wenn du diesen Brief nicht erhieltest, du hättest Ursache, böse auf mich zu sein. Unser Sofachen befindet sich sehr wohl und läßt dich grüßen; Herr Berger auch; dieser hat mir gesagt, Ihr würdet bald wieder nach Berlin reisen, schreibe mir doch, ob sich dies bestätigt. Dieser Brief ist abends 7 Uhr beendigt, und ich lasse deinen Vater durch ihn grüßen. Vergiß nicht, mein Rudölphchen, meine Küsse, die vielleicht naß waren: ich schicke dir hier trocknere, und bleibe ganz gewiß

dein Freund
F. Mendelssohn.

Ein geradezu unglaublicher Brief, der schon den ganzen Lustikus der späteren Sommernachtstraum-Zeit vorwegnimmt. Alles ist schon da: Hornmusik und Faulheit, die sich ein Herz streitig machen. Auch das Sofachen wartet schon, und der Klavierlehrer Berger erscheint. Vor allem aber ist es Freundschaft und hemmungsloses Wohlwollen, die aus dem spaßigen Brief sprechen. Je ernster Mendelssohns Leben wird, desto mehr steigert sich dieses Talent zur Freundschaft. Und schließlich dominiert es seine menschlichen Beziehungen.

Es war schön, von Felix geliebt zu werden. Er strahlte so viel Wärme aus, daß sich viele seiner Bekannten für seine Freunde halten *mußten;* und nicht wenige für seine »besten«. So war er denn vielleicht nicht ehrlich? Aber wie dürften wir das glauben. Er hatte ja gar keinen Grund, zu lügen, da er nie etwas von andern »wollte«. Es war die natürliche Freundlichkeit, die aus ihm heraus den andern bestrahlte. Im allgemeinen war das Genie der Klassikerzeit nicht freigebig mit solchen Äußerungen der Freundschaft. Haydns, vor allem Mozarts Leben, war zu schwer, um Freundschaften zu pflegen. Beethoven? Der Gigant war zu herrisch. Allerdings haben dann seine Freundschaften zu Wegeler oder Oktavio von Breuning ein besonderes Gewicht. Und wenn wir, in seiner Todeswoche, auf einen Brief stoßen wie diesen: »Mein lieber, guter Moscheles!«, wird uns sehr eigenartig ums Herz.

Von Moscheles wäre recht viel zu sagen. Auch er war einer von Mendelssohns »Besten«; und die Stelle des Devrient-Buches befindet sich wörtlich auch bei ihm und in seinen Aufzeichnungen. Aber sie steht ja auch bei Droysen, dem großen Erforscher der Antike.

Johann Gustav Droysen war wohl der bedeutendste nachgoethische Mensch, den Felix Mendelssohn kennenlernte. Sein Goethehaftes bewährte sich in der vollendeten Verbindung zwischen Gelehrtem und Künstlerischem. Was heute fast verboten ist, wo Gelehrtenhochmut und Philologendünkel bei wissenschaftlichen Darstellungen die schöpferische Phantasie des freiwaltenden Künstlers verschmähen — und wo umgekehrt die Schriftsteller historisch-philologische Bildung für überflüssig und »langweilig« halten —, das meisterte der große Droysen mit einer scheinbar ganz leichten Hand. Seine »Geschichte Alexanders des Großen« (1833), seine »Geschichte des Hellenismus« (1836), die, philosophisch und politisch, Meisterwerke der Einfühlung waren, beeindruckten Felix als unerreicht. Wie genial erschien diese neue Form![19] Später haben fast nur noch Mommsen, Jacob Burckhardt und, in unsrer eignen Zeit, Spengler, Toynbee und Ludwigs »Goethe« sich so richtunggebend erwiesen. Noch stärker als Droysens historische Schriften wirkte auf den jungen Felix Mendelssohn seine Äschylos-Übersetzung (1832), ohne deren Klang und Rhythmus 1842 seine Chöre zu Sophokles »Antigone« schwerlich möglich gewesen wären[20].

Daß der jugendliche Droysen nicht nur sein Lehrer, sondern sein Freund wurde, dafür sorgte schon früh das Mendelssohnhaus. In einem wunderschönen Brief hat Droysen seinen Schwestern berichtet, wie in der Familie seines Schülers sein Geburtstag gefeiert wurde.

Mein lieber Signore Rudolph!

Ich weiss gar nicht was ich von dir denken soll„ -- du hältst mich für einen Lump einen Liederian, und du, du Schlingel, was bist denn du ?? --„ " -- Ich schreibe ihm zweimal ohne Antwort soll ich mich nicht rächen? und Vorwürfe! unwürdiger Freund! Na! Pace! das war Spass Na! Pace! jetzt kommt Ernst Ich denke noch oft an

Wie der grosse Bengel dastand und pustete, auf einem Horn welches noch einmal so gross als er selbst war.

Erster Brief des Zehnjährigen an einen unbekannten Freund

»Als ich kam, wurde ich von allen mit lauten Glückwünschen empfangen. Die beiden Schwestern hatten sich mit meinen Lieblingsblumen geschmückt, weißen Lilien und Kornblumen; auf meinem Platz bei Tische stand in einer Servietten-Verhüllung eine Kaffeemaschine (!) als Geschenk von Frau Stadträtin Mendelssohn...« Eine kulinarische neue Erfindung, die Droysen ganz besonders schätzte, war ebenfalls in Vorbereitung: Sardellenbutter. »Der Maler Hensel hatte aus der weichen Masse einen Delphin modelliert« — wahrscheinlich in Erinnerung an das herrliche Arion-Gedicht des großen August Wilhelm Schlegel, in dem Delphine einen Sänger vor dem Ertrinken gerettet hatten — »einen Delphin, dessen Augen aus blauen Levkojenblättern bestanden, die Wasserstrahlen aus seinen Nüstern waren aus blaßgrünen Grashalmen gemacht... Das brachten nun nach der Suppe die Damen Fanny und Rebekka in feierlicher Prozession.«[21] (Oh, wofür diese Biedermeier-Menschen damals doch noch Zeit hatten!) Johann Gustav Droysen hat dann, obwohl er gebührend von ihr schwärmte, »das liebe Beckchen« nicht geheiratet, sondern eine andere Dame aus guter jüdischer Familie, Marie Mendheim, eine Enkelin des Handschriftensammlers und Numismatikers Benoni Friedländer. Als Droysen, aus rastloser Arbeit heraus, 1884 starb, soll es mit einem Äschylos-Vers auf den Lippen geschehen sein: »*Katapephrouretai bios* — Du bist vollbracht, Nachtwache meines Lebens!« — einem Vers, den außer ihm wohl nur Goethe hätte nachsprechen dürfen.

»Er war das Schönste, was wir hatten!« hat Droysen noch im höchsten Alter von Felix Mendelssohn bekannt. (Beinahe mit den gleichen Worten, die Meister Schwind von Franz Schubert gebrauchte.) Und die Brüder Heydemann haben ähnlich von Mendelssohn gesprochen. Der eine ist dann Prinzen-Erzieher beim späteren Kaiser Friedrich geworden[22], dessen Gemahlin die Tochter der englischen Queen war. Da ist dann Felix Mendelssohn — so manches Jahr nach seinem Tode — beim Kronprinzen, Kaiser und Ehemann Friedrich lange Hauskomponist gewesen (die Liebe zu ihm blieb in der Familie); und Heydemann ist nicht müde geworden, der Jugendfreundschaft im Wort zu gedenken. — Auch der Pianist Adolph Henselt: Noch 1876, als er in Rußland den Wladimir-Orden und den erblichen Adel erhielt, rühmte er sich jener Mendelssohn-Freundschaft, die ihm vierzig Jahre vorher den Ritterschlag bedeutet habe[23]. Stephen

Heller und Heinrich Dorn, der 1844 und 1847 als Vertreter Mendelssohns die »Niederrheinischen Musikfeste« dirigierte, empfanden ähnlich. Und wer aus dem Ausland nach Leipzig kam, der Stadt, die durch Felix Mendelssohn der eigentliche Mittelpunkt des gesamtdeutschen Musiklebens wurde, die vielen Engländer, Amerikaner, Schweden, Norweger, Holländer, verließ diesen Ort nicht ohne das Gefühl eines tiefen persönlichen Eindrucks. »Er hat mich völlig umgeworfen!« bekannte William Sterndale Bennett, der 1836 das erstemal nach Leipzig kam; und noch 1866, als er Akademie-Direktor in London wurde, bezeichnete er seine in England sehr erfolgreichen Tondichtungen als »Mendelssohnsche Schülerarbeiten«. In Prag, Warschau, Berlin, Frankfurt, München, saßen lauter Mendelssohn-Schüler; und in Berlin hatten Th. Kullak und Julius Stern, als sie 1850 ihr Konservatorium gründeten, das Mendelssohnsche Beispiel vor Augen.

Bei den Berufungen nach Leipzig stand immer auch Menschliches dahinter. Jene Mendelssohnsche Wärme und das tätige Überlegen, was für den anderen gut sein könnte. Gewiß wurde alles reichlich erwidert, was Mendelssohn seinen Gefährten gab. Niemand ist ihm etwas schuldig geblieben. Vielleicht konnten nur verheiratete Männer, glücklich verheiratete Männer, zueinander so innig gut sein wie all diese Mendelssohn, Moscheles, David, Hiller, Devrient. Wo Liebesnot und Weibergeschichten den Sinn des Musikers einnehmen, ihn mit ewigem Hunger und Durst verzehren, da kann es keine Freundschaften geben, kein Mit-Erleben und keinen Humor.

Humor! *»Dein ganzes Des-Dur-Stück ist so lustig«*, schreibt Mendelssohn an Moscheles, *»aber wenn's am Ende nach D-Dur geht, muß ich immer lachen, wenn die ganze Geschichte ebenso wieder in D-Dur kommt, und dann wieder in Des-Dur, und dann der letzte Takt fff ist prächtig; und ganz Du ist die zärtliche Etüde in G-Dur, als ob ich Dich sähe und hörte, sprechen oder spielen, so kommt sie mir vor; und mein größter Liebling ist das Kindermärchen; so graziös und zierlich, und namentlich wenn der Baß ganz unten die Melodie verdoppelt, wie ein dickes Fagott oder sonst ein Brumminstrument, und der erste Übergang nach B-Dur, und die Rückkehr nach Es, und der letzte Schluß leggiero, das ist mir alles unvergeßlich ...«* Von Leipzig nach London wird so etwas geschrieben, und wir wundern uns einigermaßen. Daß jener Ignaz Moscheles ein ganz großer Klavierspieler war, steht in allen Musikgeschichten.

Aber war er so groß als Komponist, daß ein Felix Mendelssohn derart von seinen Etüden schwärmte? Müßige Frage! Er hielt ihn dafür. Sonst wäre er vielleicht nicht sein Freund gewesen.

Humor! Felix Moscheles, Mendelssohns Patenkind, hat geschildert[24], wie die Freunde sich »ans Klavier setzten, um zusammen zu fantasieren, wie es nur die beiden konnten! Teils zusammen, teils abwechselnd spielend, überschütteten sie sich gegenseitig mit musikalischen Gedanken. Wie ein zugeworfener Ball wurde das Motiv aufgefangen, von dem einen kühn in die Luft geschleudert oder zart in der Schwebe erhalten, von dem andern zurückgefordert, kunstvoll zerlegt, schulgerecht seziert, um dann vielleicht in neuer Form triumphierend von vier Händen in andere Welten getragen zu werden. Vier Hände und eine Seele, so klang's manchmal. Wenn sie auch bisweilen stolperten, so kamen sie mit nie fehlender Geistesgegenwart schnell wieder ins Geleise. Sie griffen sich in und unter die Finger, oder besser: sie lagen sich in den Fingern, wenn der eine dieses oder jenes Motiv aus den Werken des andern zur Geltung bringen wollte, und jener es ihm entriß, um es mit genialer Wendung wieder in eine Melodie aus der Feder des Freundes zu verwandeln. Ich sehe Mendelssohns geist- und freudestrahlendes Auge an jenem Abend, wenn es ihm gelungen war, meinen Vater melodisch zu überwinden. ›Halt‹, sagte aber dieser schon in den nächsten Akkorden, ›diesmal bist du in die Falle gegangen. Da hab ich dich!‹ Und so ging der Wettkampf weiter bis zum Bravour-Schluß, der so klang, als sei er geschrieben und gestochen, und als werde er nun von zwei Meistern vorgetragen.«

Derlei erinnert an die bekannte Inschrift am Leipziger Gewandhaus: *»Res severa verum gaudium«* — das Ernste allein ist das wahre Vergnügen.

Der Fall Marx

Doch das Mendelssohnsche Wohlwollen schwieg, wenn es auf Dilettantismus traf — oder was es dafür hielt. Die Kunst war eine sehr schwere Sache und vertrug keinerlei Gemütlichkeit. Da gab es in Leipzig einen »Fall Buber«, der eine böse Geschichte wurde:

Der Sänger Franz Buber hatte beim Gewandhaus-Direktor Dr.

Felix Mendelssohn vorgesprochen und sich von ihm auf seine Eignung als dramatischer Sänger prüfen lassen. Mendelssohn war als wohlwollender Prüfer und Ermutiger bekannt. Dem Sänger Buber gegenüber aber machte er kein Hehl, daß er fürchte, seine Stimme werde zu klein sein. Buber erwiderte sehr erregt. Darauf schrieb ihm Mendelssohn am 17. Juni 1840 einen (bisher ungedruckten) Brief, der mit den Worten begann: »*Hochgeehrter Herr! Es war bei unsrer neulichen Unterredung nicht meine Meinung, Ihnen die Befähigung zum dramatischen Sänger abzusprechen; wenn meine Äußerung so geklungen hat, so ist es gegen meinen Willen geschehn, und ich glaube im Gegenteil, daß eine jede Sache, die mit Ernst und wahrem Eifer ergriffen wird, bis zu einem gewissen Grad von Vollendung gebracht werden kann..., wenn nicht mechanische oder sonstige unübersteigbare Hindernisse entgegenstehn...*« Diese Hindernisse jedoch erachte er leider als gegeben. Buber — das ist der Sinn seiner Worte — sei trotz allen Fleißes daran, sich sein Leben zu ruinieren, wenn er weiter auf der Karriere eines dramatischen Sängers beharre. Sein Kehlansatz werde, trotz aller Arbeit, vielleicht nie zu überwinden sein. »*Es bleibt mir nichts andres übrig, als Ihnen meine unverhohlene Meinung über Ihre Anlagen zu eröffnen, mag sie auch mit anderen Urteilen über Sie im Widerspruch stehn! Möge ich es zu Ihrem Besten getan haben, mögen Sie in keinem Fall darin etwas Verletzendes, sondern nur den aufrichtig guten Willen gefunden haben!*«[1]

Franz Bubers Antwort auf diesen Brief war, daß er sich drei Tage später erschoß. Selbstmord, weil ein Mendelssohn ihm die Befähigung zum Sänger absprach! Furchtbar! Wir wissen nicht, wie Mendelssohn auf diese schreckliche Tat reagiert hat. Aber das Entsetzen der Leipziger muß lange in ihm nachgehallt haben.

Was soll ein Mensch von solcher Machtfülle eigentlich beginnen, wenn er etwas protegieren soll, was nach innerster Überzeugung ihm nicht protegierenswert scheint? Nicht ganz so traurig wie der »Fall Buber«, aber immerhin traurig genug, war ein Jahr zuvor der »Fall Marx« gewesen. Marx war derjenige Jugendfreund, der für den heranwachsenden Meister mehr als alle getan hatte. In seiner »Berliner Musikzeitung«, die er von 1824 bis 1832 herausgab, hatte er die seltsame Trias »Beethoven, Mendelssohn, Spontini« verfochten und Felix Mendelssohn dabei durchgesetzt. Nachdem Marx 1830

— nicht ohne Empfehlung des dankbaren Mendelssohn — an der Berliner Universität Musikprofessor geworden war, entwickelten sich die beiden Freunde in ganz verschiedenen Richtungen. Marx wurde einer der größten und geachtetsten Musikgelehrten seiner Epoche. 1837 erschien seine vierbändige »Kompositionslehre«; 1858 »Ludwig van Beethovens Leben und Wirken«; 1862 »Gluck und die Oper«; dann ein Jahr später die »Anleitung zum Vortrage Beethovenscher Klavierwerke« — eines der frühesten praktischen Bücher, wie man Beethoven spielen solle, mit Betrachtungen über das Revolutionäre in Beethovens Melodienbildung; mit Sonaten-Analysen, die aber nicht nur wissenschaftlich, sondern zugleich auch dichterisch waren[2]. Eines Tages, wohl während der Münchner Wochen, die die beiden Freunde gemeinsam verlebten, eröffnete der Ältere dem Jüngeren, er wolle ein Oratorium »Moses« schreiben. Es wäre doch hübsch von Freund Mendelssohn, ihm dazu den Text zu entwerfen. Das tat dieser; doch wohl zu flüchtig. Marx verwarf es beim ersten Lesen und hatte sicher nicht unrecht damit. Er dichtete sich den Text selbst um und kam dabei wieder auf Gedanken, deren Modernität uns erstaunt. Seine »Lebenserinnerungen« sprechen davon, wie wenig doch die Heilige Schrift der großen Kultur der Ägypter gerecht wird. Die altjüdische Auffassung brächte Pharao und den Ägyptern, den Vergewaltigern Israels, nichts als Spott und Haß entgegen. Man könne aber nicht, meint Marx, ein Oratorium in solcher Atmosphäre ansiedeln. Und so begab er sich monatelang ins Berliner Ägyptische Museum, um die Wandgemälde und Mumien der Pharaonenzeit zu studieren[3]. Er fühlte sich davon so überwältigt, daß er eine Zeitlang sein Werk wieder aufgeben wollte. Er wurde fast krank. Denn es gab noch eine andere Frage: Wie sollte man denn überhaupt, als ein heute lebender Mensch, so lang vergangene Dinge darstellen? Da geschah ihm etwas Seltsames, ein Beweis für die »Gleichzeitigkeit alles Geschehens«:

Als er, marternder Zweifel voll, mit seiner jung angetrauten Gattin Therese einen Spaziergang machte (auf den Kreuzberg, im Südwesten Berlins, eine sandige kleine Erhebung), sagte er: »Das ist nun Sand, aber es ist noch keine Wüste.« Da trat ihm auf einem Seitenweg plötzlich ein Tierführer entgegen, durchaus kein ägyptischer Fellache, sondern wahrscheinlich ein Zirkusmensch. Und er sah zum erstenmal ein Kamel: »Ich, von jeher ein Freund fremder Tiere, trete absichtslos vor das Geschöpf, das seltsame; und es schaut mich an. Mit seinen großen, ewig stillen, braunen Augen sieht es mich an, als sänne es nach und *erinnere* sich... Und in diesem Augenblick *besaß* ich die Wüste. Ich eilte heim und begann zu schreiben.«[4]

Kaum war Marx mit seiner Arbeit fertig, da reiste er nach Leipzig zu seinem Jugendfreund und Gewandhaus-Direktor. Wer sollte sein Werk ans Licht heben, wenn nicht Felix Mendelssohn? Beide setzten sich an den Flügel, und Marx spielte und sang den ersten Teil aus der Partitur. Als er fertig war, erhob sich Mendelssohn mit totenblassem Gesicht vom Klavier: »Du darfst mir das nicht übelnehmen, aber ich kann diese Musik nicht spielen.« Es war künstlerische Überzeugung. Und ebenso war es Überzeugung bei Marx, daß es sich um anderes handeln müsse, und daß Felix Mendelssohn überhaupt »der undankbarste Mensch sei«, der ihm je begegnete. Wieder in Berlin angekommen, raste er derart gegen den Jugendfreund, daß er in den Tiergarten lief und Mendelssohns Briefe ins Wasser warf. Unersetzlich Kostbares, vielleicht dreißig oder vierzig Briefe, vielleicht noch mehr. Marx selber hat nicht gewagt, diese Szene in seinen »Erinnerungen« zu schildern. Seine Gattin Therese hat es getan[5]. Liszt — man bedenke! — war über den »Moses« ganz anderer Ansicht als Mendelssohn und hat ihn später mit großer Wirkung in seinem Weimar aufgeführt[6]; während Schumann auf seiten Mendelssohns stand und es als ärgerlich empfand, daß ein Theoretiker, dem die ganze Welt Dank schulde, seine Freunde zwingen wolle, eine schlechte Komposition, weil sie von ihm sei, gut zu finden...[7]. Er hatte wohl nicht ganz recht damit; wie auch Mendelssohn nicht ganz recht hatte, sich nicht mit dem Opus von Marx ein zweites Mal zu beschäftigen. Jedenfalls schieden sich damals in Leipzig die Wege zweier alten Freunde. Nach einem Jahrhundert noch macht sie uns traurig, die stets ungelöste Frage: Was ist groß? — und auch die andere Frage nach der Aufnahmebereitschaft: Warum sind wir manchmal verschlossen?

Marx hat Felix Mendelssohn um fast zwei Jahrzehnte überlebt, aber niemals jene Enttäuschung verwunden. Eine Frau soll mit ihrem Gatten fühlen — und die schwere Verfinsterung, die Marx durch die Ablehnung des »Moses« erlitt, hat Therese Marx mitgetragen. Doch leider geht nun auch auf sie (noch mehr als auf Marx' »Erinnerungen«) eine gewisse Verleumdung zurück: als ob Felix, der »Glückliche« – der »Reiche« vor allem! – kein Gefühl für Menschen gehabt habe, die, arm geboren, sich durch Kampf hätten hinaufarbeiten müssen[8]. Diese sehr gefährliche Stimmungsmache ist später durch das Buch Ferdinand Hillers (ohne daß er das Ehepaar Marx nennt) sehr klug zurückgewiesen worden[9]. Hiller, der völlig Neidlose – der mit seinen Oratorien ebenfalls wenig Glück hatte und dann im Anfang unseres Jahrhunderts von Max Reger wiederentdeckt wurde, der eine »Romantische Suite« schrieb (op. 125) – ist in seinem herzlichen Buch Vorurteilen entgegengetreten wie etwa dem Sprichwort »Le génie, c'est la faim«. Warum sollte nur ein Hungernder Genie entwickeln? War das Genie nur ein Kampf mit dem Außen, war es nicht auch ein *Kampf nach innen?* Und er machte sich (was leider viel zu selten geschieht!) über die Art des Bürgertums lustig, das, am satten Mittagstisch sitzend, von seinem Schiller das Hungern *verlangt* ... »Sonst wäre er kein Genie gewesen – man habe ja bei Goethe gesehn, wohin der Reichtum geführt habe.«

Hiller hätte noch viel mehr sagen können. So: daß Mendelssohn – mit Ausnahme seiner Reisen – eigentlich niemals ein »high life« geführt habe. Mehr: Daß er, der Reiche, unermüdlich arbeitete, nicht weniger als der so arme Mozart. Daß er sich seines bedeutenden Reichtums nie recht bewußt geworden sei – und damit auch nicht der sozialen Gefahren, die im »Schatten des Geldes« erwachsen. In seiner Ahnungslosigkeit war er sogar mehrfach bereit gewesen, bei Anstellungen und Verlagsverträgen »Bezahlung Nebensache!« zu äußern, bis ein Donnerwort seines Vaters, des Lebenskundigen, dareinfuhr. Wenn Felix Mendelssohn, der Wohnung, Apanage und Kleidung von zu Haus hatte, seine Musik »umsonst« hergeben wollte, und darüber hinaus vielleicht noch seine organisatorische Arbeit, so hätte er ja, wie wir's heute nennen, »unlauteren Wettbewerb« getrieben und sich damit den Todeshaß all jener Künstler zugezogen, die für ihr Brot arbeiten mußten. Noch die Fehlurteile der Wagnerzeit »Er war eben ein Bankierssohn!« sind von diesen Vorwürfen beeinflußt. Er hat sie ganz und gar nicht verdient. Auch als sein Vater gestorben war, hat er sich geldlich nicht »selbst regiert«. Jetzt wurde der jüngere Bruder, Paul, als Kaufmann Bankchef der Familie.

Bei Paul Mendelssohn – in dem man, trotz seiner Jugend, so etwas wie den Familienchef sah – hatte sich der preußische Hof im Herbst 1840 erkundigt, ob der Komponist seinen Leipziger Wirkungskreis aufgeben und unter gewissen Bedingungen nach Berlin übersiedeln würde. Die Erkundigung war vertraulich geschehn und die Bedingungen erstaunlich, was das Materielle betraf; nur etwas unklar im Sachlichen, was zunächst aber noch nicht auffiel[1].

Geplant war ungefähr folgendes: die bestehende Akademie der Künste in vier Klassen aufzuteilen – Malerei, Skulptur, Architektur und Musik – und jede Klasse einem Direktor zu unterstellen, dem in wechselnder Reihenfolge und für eine bestimmte Zeit die Gesamtleitung der Akademie zugedacht war. Als Direktor der Musikklasse war Felix Mendelssohn vorgesehen, der aus den besten Lehrkräften ein Konservatorium errichten sollte, das in Verbindung mit dem Königlichen Theater öffentliche Konzerte geistlichen und weltlichen Inhalts zu geben hätte.

Das klang vortrefflich, und Paul Mendelssohn horchte auf. Bei Fanny, die die Abwesenheit ihres Bruders nie verschmerzt hatte, gab es Ausbrüche der Freude. Vor allem aber sah Mutter Leah, die seit dem Tode Abrahams stark Gealterte, ihr Leben neu erfüllt, wenn ihr Lieblingssohn zurückkehrte. Paul erbot sich, sofort nach Leipzig zu reisen und Felix die Sache vorzutragen. Er tat mehr: er teilte Felix den dringenden Familienwunsch mit, den preußischen Vorschlag anzunehmen. Felix war keineswegs entzückt, zögerte das entscheidende Ja viele Monate hinaus, schrieb an Klingemann nach London[2] vom »sauren Apfel, in den er beißen müsse«. Er betonte, er denke nicht daran, sich auf mehr als ein Jahr zu binden, legte die Leipziger Ämter nicht nieder und ernannte einen Stellvertreter.

Aber der Apfel war gar nicht so sauer. – Wie war es überhaupt zu dieser etwas rätselhaften Berufung gekommen?

In Berlin war König Friedrich Wilhelm III., der »Witwer nach seiner besten Luise«, im Juni 1840 gestorben, und ein Kronprinz war ihm als Herrscher gefolgt, der es während einer langen »Fronde« mit ganz anderen Leuten gehalten hatte als der Verstorbene. War sein Vater nüchtern und einsilbig gewesen und sehr vorsichtig, sich in Dinge zu mischen, von denen er vielleicht nichts verstand — so war Friedrich Wilhelm IV. von brausender Redelust erfüllt und nicht zu bändigender Freude, sich mit Menschen und Themen einzulassen, die ihn stärker verpflichteten, als er es vielleicht vorgehabt hatte. Es war wie später bei Wilhelm II., daß das eigene Wort ihn trunken machte[3]. Im Gegensatz zu seinem Vater und zu Metternich in Wien schien er zunächst keine Angst vor den deutschen Demokraten zu haben, erließ eine Amnestie und empfing sogar den Freiheitsdichter Georg Herwegh — die »eiserne Lerche« der kommenden deutschen Revolution —, was seine konservativen Berater am Hofe mit Entsetzen erfüllte[4].

Rein äußerlich war der Kronprinz bereits das vollendete Gegenbild seines Vaters. Saß Friedrich Wilhelm III. zu Pferde, so konnte er mit den langen Beinen beinahe den Erdboden erreichen. Friedrich Wilhelm IV. aber hatte — wie übrigens auch sein jüngerer Bruder, Wilhelm I., der Reichsgründer (was Hofmaler Menzel nie verschwieg), zu kurze Beine: dafür besaß er einen zu langen Oberkörper und ein lebhaftes Gesicht — das eines Redners, der gern die Augen zum Himmel aufschlug.

Ein Frömmler war der neue König in seinen Anfangszeiten nicht. Die empörenden Streitigkeiten innerhalb des Protestantismus betrachtete er sogar mit Abscheu und gebrauchte kräftige Worte während des »Magdeburger Streits«. 1841 war in Magdeburg ein Bild ausgestellt worden, betitelt »Christus heilt einen Blinden«. Eine wirklich blinde Frau, die das Bild gar nicht sehen konnte, sollte durch seine Verehrung von ihrem Leiden geheilt worden sein; und die »Magdeburger Zeitung« feierte das in einem Gedicht. Darauf fiel der Prediger Sintenis über den Zeitungslyriker her und nannte das Ganze Abgötterei und katholischen Wunderglauben. Worauf Draeseke, der Landesbischof, wieder über Sintenis herfiel, ihn Gottesleugner und Judas schimpfte und bei der Provinzialsynode seine Ausstoßung aus dem Predigerstand betrieb[5]. Als der König davon hörte, äußerte er, daß er bedaure, nicht mehr die absolute Machtfülle Friedrichs des Großen zu besitzen: sonst würde er Prediger, Landesbischof sowie die »Magdeburger Zeitung« gleich auf die Festung Küstrin schicken. Wie dieser von Haus aus verständige König sich später von der Frömmelei seiner Minister Eichhorn und Raumer, der reaktionären Antichambre in Berlin und Potsdam einfangen ließ, gehört zur Tragik der deutschen Geschichte. Hätte er wirklich nach England geblickt (wo doch Victoria und Albert seine große Sympathie genossen)[6], hätte er bemerken können, daß man dort immerhin bemüht war, das durch die Ausbreitung der Industrie schwer bedrohte Volk zu schützen. Daß es eine »Arbeiterfrage« gab, wußte Friedrich Wilhelm IV. anscheinend nur vom Hörensagen[7].

Und dabei hatten damals so viele diesem König mit Hoffnung entgegengesehn. Aber wie bald tappte man im Nebel, wenn man seine Handlungen an seinen großen Worten maß! Er glaubte romantischerweise an »Stände«, also an etwas, was es seit der Französischen Revolution nicht mehr gab; an ein mittelalterliches Verhältnis von »Fürst« und »Volk«, an das sein sehr viel geistloserer, aber dennoch klügerer Vater vorsichtig niemals gerührt hatte. »Wollen Sie mir helfen und beistehn«, rief er seinen »Ständen« zu, als er ihnen am 15. Oktober 1840 den Huldigungseid abforderte, »die Eigenschaften immer herrlicher zu entfalten, durch welche Preußen mit seinen vierzehn Millionen den Großmächten der Erde zugesellt ist — nämlich: Ehre, Treue, Streben nach Licht, Recht und Wahrheit, Vorwärtsschreiten in Altersweisheit zugleich und heldenmütiger Jugendkraft?« Das Volk — das von sozialen Reformen zu hören erwartet hatte! — empfand solch eine Rhetorik als »Wortschaum« (sicherlich nicht ganz mit Recht!), und als er eine dieser Reden gar noch mit den Worten schloß: *»Das gelobe und schwöre ich!«* äffte Berliner Zynismus ihm nach: *»Det jloobe ick schwerlich!«*[8]

Da erschien ein Buch, ihn aufzuklären. Bettina von Arnim, Brentanos Schwester, die Witwe des Dichters Achim von Arnim, war vor allem selbst Dichterin. Ihre oft töricht beschimpften Bücher, wie »Goethes Briefwechsel mit einem Kinde«, schwebten bewußt zwischen Wahrheit und Dichtung. Und kamen damit der Wirklichkeit näher denn aktenmäßig-treuere Darstellung des Gewesenen. Gibt es doch eine Wirklichkeit, die *nicht* in den Akten steht — und diese Wirklichkeit darzustellen, sind eben Seher und Dichter da... Bettinas Buch mit dem guten Titel »Dies Buch gehört dem König« begann nun reichlich ungeschickt. Sie ließ, im Frankfurter Dialekt, Frau Rat Goethe um 1800 davon erzählen, was ihr auf der Welt Unrecht dünkte. Dann, mit einem Saltomortale, schlug sich das Buch in die Gegenwart, in den Beginn der vierziger Jahre, und sprach dem

König von Preußen von der Arbeiternot in seinen Staaten. Bei dem Studium der Armenviertel vor den Toren Berlins hatte Bettina einen jungen Schweizer Studenten, Heinrich Grunholzer, kennengelernt, der ihre Forschungen unterstützte[9]. Mit diesen Elendsschilderungen rundete und schloß sie ihr Buch ab.

Es erschien, zunächst anonym, am 15. Juli 1843 und wurde mit einem persönlichen Brief sogleich dem König übermittelt, der in großer Verlegenheit erklärte, er wisse damit nichts anzufangen und habe »keine Zeit, es zu lesen«[10]. Auf diese Herausforderung hin stellte der Jungdeutsche Adolf Stahr jetzt in einer eigenen Schrift Bettinas Hauptthesen zusammen. Er popularisierte das Königsbuch. Hunderttausende von Menschen lasen jetzt so kühne Sätze wie: »Ohne preußische Gleichgültigkeit gäb' es kein preußisches Proletariat. Wenn's gegen den Feind geht, dann allerdings... zieht der Staat den Arbeitern die Montur an und läßt sie in Reih' und Glied aufmarschieren! Wenn der Landesvater losdonnern will, dann sind sie gut als Futter für die feindlichen Kanonen. Was davon heimkommt und selbst nach Futter schreit, das betrachtet man als Hefe des Volks und läßt's wieder im alten Schlamm versinken... Muckt es, so wird man seiner schon Herr!« Ungeheuerliche Sätze. Daß sie heute Zeitungspapier sind, ändert nicht, daß sie in damaliger Zeit die nackte Revolution predigten! Wegen dieser Bettina-Zitate wurde Stahrs Buch sofort verboten, und Bettina selbst fiel in Ungnade[11].

Felix Mendelssohn las Bettinas Buch, dessen frankfurtisch-dichterische Schalkheit ihn mehr berührte als das Politische. Den Titel, »Dies Buch gehört dem König«, deutete er für sich selbst brummend um in *»Dies Jahr gehört dem König«* — obwohl diese Bemerkung längst überholt war[12]. Denn aus dem Jahr im Königs-Berlin waren für ihn schon zwei geworden.

In rein künstlerischen Dingen war der König durchaus kein Reaktionär. Er war bemüht, die berühmtesten Künstler und die freisinnigsten Gelehrten in Berlin zusammenzurufen, um sie — das war ihm die Hauptsache! — für seinen persönlichen Gebrauch jederzeit zur Hand zu haben. Also Alexander von Humboldt, Rückert, die Brüder Grimm, und vor allem Ludwig Tieck. Sich für Mendelssohn zu entscheiden, fiel dem König erst recht nicht schwer. Er kannte ihn gut aus seiner Kronprinzenzeit. Damals, in Düsseldorf, hatte er jene hervorragende Wiedergabe von Händels »Israel in Ägypten« erlebt und ein bedeutsames Gespräch mit ihm über alttestamentarische Stoffe gehabt. (Davids Psalmen waren seine Lieblingslektüre.)

In der Musik wünschte Friedrich Wilhelm IV. Meyerbeer und Mendelssohn dauernd an Berlin zu fesseln. Weshalb lebten sie überhaupt im »Ausland«? Der Opernmeister in Paris – und der »Klavierpoet des deutschen Hauses«, der Oratoriumsschöpfer des »Paulus« als Gewandhaus-Direktor in Leipzig? Beide waren doch Ur-Berliner! So ergingen schmeichelhafte Schreiben an sie mit der Aufforderung zur Rückkehr. Meyerbeer kam und ersetzte Spontini, dessen Sturz längst reif geworden war; er machte sich selbst zum Über-Spontini [13]. Mendelssohn trat leiser auf, fühlte sich vom König und seiner Liebenswürdigkeit zwar geschmeichelt, doch die Akademie-Pläne blieben im Nebel, und er wußte nicht so recht, was er in Berlin beginnen sollte. Daß er die dreitausend Taler – ein ganz erstaunliches Salär! – irgendwie verdienen müsse, war seiner Ehrenhaftigkeit klar. Aber wie?

Er sollte es bald erfahren! Bei der Geschichte seiner Berufung sind die Biographen immer auf den Namen Bunsen gestoßen. Mit Recht – denn Josias von Bunsen, Mendelssohns Freund aus Rom und London, Diplomat und Theologe, versprach sich Außerordentliches von der Rückkehr Mendelssohns nach Berlin. Schließlich war in Berlin ja die Wiedererweckung der Matthäuspassion geschehn, und der weitere Bach-Kult, dessen Hauptplatz jetzt Leipzig war, konnte auch nach Berlin verlegt werden. Doch Bunsens Ehrgeiz ging noch weiter. Die neuen Kirchenkompositionen Mendelssohns regten ihn an, ihn beim König als »Obersten Leiter der gesamten evangelischen Kirchenmusik« vorzuschlagen – ein Posten, den Mendelssohn erschrocken zurückwies. Während Bunsen, im Fahrwasser der antikatholischen Engländer, auch in Deutschland Maßnahmen gegen den Anspruch der Kurie anriet und während des Kölner Erzbischofs-Streits sich ganz auf die Seite des Staats stellte [14], suchte Mendelssohn als Musiker diesen Kulturkampf zu überbrücken: Vieles, was er damals schrieb – wie der zweiundzwanzigste Psalm »Mein Gott, mein Gott, warum hast Du mich verlassen?« –, psalmodierte ganz auf katholische Art und war »Gregorianische Musik«.

Doch protestantisch oder katholisch – es wäre überhaupt schade gewesen, wenn die Berufung nach Berlin nur dem Kirchenkomponisten gegolten hätte. Das war aber keineswegs der Fall. Wie wir heute erst so recht wissen, stand hinter der Einladung nach Berlin noch ein anderer Intimus des Königs, der Berliner Universitätsprofessor, der berühmte Gräzist August Böckh, der mit Mendelssohn seine ganz besonderen Pläne hatte. Böckh – wohl der langlebigste Mann, der je auf einem Lehrstuhl saß – konnte bei einem Universitätsjubiläum seinen staunenden Studenten sagen, daß er einhundertzwanzig Semester ohne Unterbrechung gelesen habe![15] Böckh war von Hause aus »Polyhistor«; und das war auch der Deckname, unter dem er für Arnims »Einsiedlerzeitung« einmal Gedichte geschrieben hatte. Er war 1785 geboren, also älter als die Romantiker, mit denen er herzlich befreundet war. Seine produktiven Kenntnisse reichten von der Astronomie bis zum »Staatshaushalt der Athener«, über den er 1817 ein geniales Buch veröffentlichte, und bis zur Rolle der Maß- und Gewichtssysteme im antiken Wirtschaftsleben. Vor allem aber war August Böckh mit der Metrik der Tragiker befaßt und saß ganze Nächte am Klavier, um herauszubekommen, wie (seine Studie über die »Antigone« von 1824 zeigt das) Sophokles seine Chöre gesungen und betont haben wollte. Natürlich bekam er das nicht heraus – und die zeitgenössischen Musiker hätten sich auch dafür bedankt, neben ihm am Klavier zu sitzen. Aber Felix Mendelssohn? Vielleicht waren seine antiquarischen Neigungen nicht nur geistlicher Natur – vielleicht konnte man ihn einspannen! Noch als armer Gymnasiallehrer hatte Böckh einer reichen Madame Levy griechischen Privatunterricht erteilt, um ihr Pindar im Original beizubringen. In ihrer Familie hatte er dann die Bekanntschaft von Stadtrat Mendelssohn gemacht. Darauf wurde Felix sein Hörer an der Universität und Geheimrat Böckh ein oft gesehener Gast bei der Familie Mendelssohn. Zwölf Jahre waren darüber vergangen. Als Bunsen den Namen Mendelssohn jetzt nachdrücklich in die Debatte warf, nahm Böckh die Sache begeistert auf. Er begann den König zu überreden, die Königlichen Theater müßten die Griechenstücke ausgraben, also Sophokles' »Antigone«, »Ödipus auf Kolonos«, Racines »Athalie« und vieles andere. Und Mendelssohn wäre der richtige Mann – nein, er wäre der einzige Mann –, der die Musik dazu schreiben konnte.

Und dies alles vier Jahre vor Nietzsches Geburt (1844), der einmal das Buch schreiben würde »Die Geburt der Tragödie aus dem Geiste der Musik«.

Aber Theater blieb Theater. Und der König zweifelte daran, ob der geschätzte Geheimrat Böckh genug Theaterpraxis besaß, um seine große Griechenkenntnis auf der Bühne lebendig werden zu lassen. Da mußte ein ganz anderer Mann her. Und dieser Mann hieß Ludwig Tieck.

Ludwig Tieck, 1773 geboren, also damals fast siebzig Jahre alt, war schon als Kind derartig begabt für die Schauspielerei gewesen, daß seine Freunde nie verstanden, warum er nicht Mime geworden war. Allein ein »Horror vor der Maske« – wie die jüngsten Biographen des merkwürdigen Mannes annehmen – hat den Dichter vielleicht zurückgehalten[1]. Vielleicht die romantische Angst vor dem »Stehnbleiben des Gesichts« oder vor dem Verzaubertwerden; eine der tiefen Seelenängste, von denen Tiecks frühe Erzählungen wie »Der blonde Eckbert« künden[2]. Statt dessen wurde dieser Mithelfer August Wilhelm Schlegels bei der deutschen Shakespeare-Übersetzung etwas, was es in Deutschland bis dahin nicht gegeben hatte. Der erste große Vorleser und dramatische Improvisator[3], der, ohne Maske anzulegen, alle Rollen zugleich spielen konnte: ein Andersen also, ein Dickens.

In seiner Jugend war Ludwig Tieck ein großer Wanderer gewesen – wohl der größte vor Fontane – und auch ein Reiter, bis den Dreißigjährigen ein Sturz vom Pferde gezwungen hatte, dieses Leben aufzugeben und ein rheumatisches Zimmerdasein zu führen. Nach Dresden übersiedelt, empfing er bei sich die durchreisende Welt und spielte den Bewundernden am Vortragstisch die übrige Welt vor. Wenn er zufällig allein war, ordnete und katalogisierte er die sechzehntausend Bände seiner kostbaren Bibliothek[4].

Wie der König es fertigbekommen hatte, Tieck von Dresden nach Berlin zu entführen, war ein Rätsel. Jedenfalls richtete er ihn in Potsdam kostbar ein und hielt einen Wagen zu seiner Verfügung, in dem der leidende Meister zu dramaturgischen Besprechungen in die Königlichen Theater fuhr. Nichts geschah ohne Tiecks Rat und Willen.

Nachdem Böckh es durchgesetzt hatte, daß die Griechen-Renaissance mit »Antigone« beginnen solle, wurden alle Theaterleute beim

Grafen Redern zusammengerufen, um einer Vorlesung des Stücks durch den großen Tieck beizuwohnen. In der ersten Reihe saßen Geheimrat Böckh und Mendelssohn. Und wahrscheinlich auch Eduard Devrient, der die Rolle des Haimon spielen sollte, des Verlobten der Antigone. Das Erwartete trat ein. Tieck las großartig, gliederte durch Stimme, Mienenspiel und Geste die verschiedenen Charaktere und gab vor allem den großen Chorliedern eine brausende Gewalt. Diese Chorlieder »Vieles Gewaltige lebt« und »Eros, Unbesiegter der Schlacht« sollte Felix Mendelssohn ja komponieren. Er war erschüttert; Devrient nicht, der Tiecks Treiben äußerlich fand[5]. Die größte Sensation aber machte eine Einleitung, in welcher Tieck mit leiser Stimme ungefähr folgendes vorbrachte: »Die Renaissance des griechischen Dramas, die Seine Majestät der König den Theatern befohlen hat, beginnen wir mit der ›Antigone‹, weil ihre Empfindungen *modern* sind und sie uns deshalb am nächsten steht. Antigone ist eine Christin, eine ›christliche Märtyrerin‹. Was sie tut, ist im Grunde verwandt den Impulsen der Gottesmutter und der Maria Magdalena, wenn sie Jesum vom Kreuz nehmen und ihn ›mit Spezereien pflegen‹.« Allerdings ginge Antigones Tat über die Kreuzabnahme hinaus – denn sie erlitte ja den Tod, weil sie an ihrem gefallenen Bruder das Liebeswerk der Bestattung vollzieht. Übrigens zeuge der Charakter der Antigone auch von »christlicher Härte«, von der Unbedingtheit des Jesu-Wortes »Wer nicht für mich ist, der ist wider mich«. Oder wie sei es sonst zu erklären, daß sie, die eben noch ihre Schwester als »teures, geschwisterliches Haupt« angesprochen, gleich darauf diese arme Ismene zurückstößt, weil sie ihr Mäßigung anrät: ob es sich denn wirklich lohne, der Bestattung alles Glück, ja das Leben aufzuopfern?[6]

Mendelssohn war von dieser Beweisführung tief beeindruckt. Böckh, selber ein schwacher Vorleser[7], aber schäumte innerlich und schwur, »es dem Frömmler heimzuzahlen«. Dazu war bald Gelegenheit. Als man ein paar Tage später abermals zusammenkam, um die Schauspielerbelehrung fortzusetzen, kam es zu einem Gelehrtenstreit. Böckh hatte Karl Behnsen mitgebracht, und nun harangierten die beiden Tieck, was es mit der Christlichkeit der Antigone auf sich habe. Schließlich habe doch Hegel gelebt und der Tat der Antigone eine ganz andere Deutung gegeben. In seiner »Philosophie der Religion« hatte Hegel behauptet, die Sophokleische Heldin sei eine »Dienerin der Totengötter«, die durch das Bestreuen des Toten mit Erde (einem eigentlich symbolischen Akt), dem »Hades das zurückgäbe, was man ihm durch das Beerdigungs-Verbot widerrechtlich entrissen habe«. – Tieck erbleichte unter seinem Toupet. Sein rundes Gesicht begann zu vibrieren, und die Augen schielten leicht gegeneinander. Man war in Berlin, und es war nicht ganz einfach, mit Hegelschülern anzubinden. Gewiß hatte Hegel auch Feinde gehabt, wie den geistreichen Otto Friedrich Gruppe, der 1831 eine köstliche Satire gegen ihn geschrieben hatte: »Die Winde oder ganz absolute Konstruktion der Weltgeschichte von Absolutus von Hegelingen«, über die man von Herzen gelacht hatte... Wenige Augenblicke später aber hatte sich Tieck bereits gefaßt. Hegels Stellung zur Sophokleischen Heldin sei doch offensichtlich falsch. Denn: *ein Toter ist immer im Hades*, gleichviel, ob er nun auf dem Meere verdirbt oder auf dem Schlachtfeld vermodert. Gewiß war Antigones Tat »Protest«. Doch nicht zugunsten der »Totengötter«, sondern gegen die Einmischung des Staates in eine Menschen- und Liebespflicht. *»Und darum nennen wir sie eine Christin.«* [8]

Diesem Mann war nicht beizukommen! Scheltend entfernten sich Böckh und Behnsen und nahmen Mendelssohn in die Mitte, der in seinem Innern geneigt war, Tieck recht zu geben. Sie fuhren – die ganze Szene spielte im Spätsommer 1841 – zu Wagen ins Mendelssohnsche Haus, wo Geheimrat Böckh seit kurzer Zeit wohnte. Der Komponist hatte nun doch in Leipzig seinen Haushalt aufgelöst, war mit Kind und Kegel übersiedelt; seine Cécile war von Fanny und Leah mit Küssen und Tränen jubelnd empfangen worden. Daß Böckh in Mendelssohns Sommerhaus wohnte, war in dem gemeinsamen Wunsch begründet, daß er den Komponisten dauernd bei der Arbeit beraten sollte. Denn der wankelmütige König hatte größte Eile geboten.

Nun hatte aber Mendelssohn eigentlich ganz andere Sorgen als die, ob die Tat der Antigone »christlich« oder »heidnisch« sei, ein Liebeswerk oder ein Totenopfer. Es war ihm bei der Vorlesung der »Antigone« etwas aufgefallen, was ihn schlechthin unfaßbar dünkte. Wie Shakespeares »Romeo und Julia« und Gottfrieds »Tristan und Isolde« schloß das Stück als eine Liebestragödie – ohne daß aber das ganze Werk eine einzige Liebesszene aufwies! Haimon und Antigone sprachen niemals miteinander, standen niemals zusammen auf der Szene. War Sophokles ein so »schlechter Dichter«, daß er das »vergessen« hatte. Mendelssohn schrieb einen sorgenden Brief an Tieck und bekam eine ausführliche Antwort. (Beide sind leider verlorengegangen[9].)

Wie war aber diese Frage zu lösen? Wer die Bücher von Schadewaldt, Kerényi und Karl Reinhardt[10] kennt, der weiß, daß auch heute – nach hundert Jahren! – die ästhetischen Fragen um den Bau der »Antigone« noch nicht geklärt sind. Wo ist das Dionysische in dieser so nüchternen Tragödie, daß es den großen Bakchos-Chor der Thebaner rechtfertigen könnte?[11] Eberhard Schmausius ging so weit, die Chöre der »Antigone« für interpoliert zu erklären. Sie stammten »aus einem anderen Stück«. –

Gleichviel: In nicht mehr als vierzehn Tagen hatte Mendelssohn die Ouvertüre und die Chöre auf dem Papier. Als Übersetzung lag ihm nicht Hölderlin vor (was seine guten Gründe hatte), sondern die Übertragung von Donner, die Böckh noch durchgearbeitet hatte. Eine derartige innere Bereitschaft, wie Mendelssohn sie für das Werk mitbrachte, scheint nur deshalb unerklärlich, weil sich die Musikwissenschaft mit seinen geistigen Dauer-Interessen so gut wie gar nicht beschäftigt hat. Was für Schriften würden wir besitzen, wenn Mozart, Weber oder Schubert eine Universität besucht und zu Füßen von Männern wie Böckh, Droysen und Hegel gesessen hätten! Aber Felix Mendelssohn und die Quellen seiner Bildung interessierten die Verfasser der Dissertationen nicht mehr, nachdem der Bann der Antisemiten über ihn ausgesprochen war!

Der Wunsch, antike Tondichtungen zu verfassen, war in Mendelssohn nicht weniger urtümlich als das Aufsuchen biblischer Stoffe. Und zwar handelte sich's um Homer. Aber was ist ein urtümliches Müssen? Gundolf hat nicht wohlgetan, bei großen Künstlern zwischen dem Ur-Erlebnis und dem Bildungs-Erlebnis zu unterscheiden. Es paßt weder auf Goethe noch auf George noch überhaupt auf einen Meister. Die Odyssee war für Mendelssohn kein »Bildungserlebnis«; und glanzvoll aus dem Getümmel der Verse erhob sich für ihn die Episode »Odysseus und Nausikaa«.

Er hatte zunächst als ganz junger Mensch durch seinen Lehrer Karl Wilhelm Ludwig Heyse die Welt der Griechen kennengelernt und dann später die Bücher von Preller und Nitzsch über die griechische Sage gelesen[12]. Inniger als alles aber ergriffen ihn Johann Gustav

Droysens Bemühungen, der sich's in den Kopf gesetzt hatte, nach dem Erfolg des »Paulus« für den Komponisten ein »Griechisches Oratorium« zu schreiben. Kaum war dieses Wort gefallen, da verwarfen es beide lachend. Es mußte eine Chordichtung sein — nicht unähnlich der »Walpurgisnacht«, mit viel Chören, Rezitativen und noch mehr freier Orchestermusik. Aus Berlin schickte Droysen sehr bald das Gedicht an Mendelssohn nach Leipzig, nachdem er zuerst in einem Brief vom Oktober 1836 ihm die Atmosphäre verkündigt hatte: »Odyssee sollst Du wieder viel vorhaben! — Die zierliche, verschämte Nausikaa, die Dir ihr ›*Chaire xein*‹ dreinredet, ihr ›Willkommen, Fremdling‹. Und wahrlich, Wind und Wellen genug hast Du da und sonnenhelle Ferne und den Rauch, der gerad aufsteigt aus dem Hause von Ithaka. Ich glaube wirklich, dergleichen ausgeprägte Sujets, wie das Altertum sie gibt, mit ihren festen Charakteren und Situationen, müßten der Komposition wundervollen Stoff liefern...«[13] Als das Gedicht dann kommt, gefällt Mendelssohn das meiste. Der aus dem Meer steigende Odysseus, rostrot gebrannt von den Schlägen der Salzsee, wie er mit nerviger Hand einen Baumzweig schützend vor seine Blöße hält; die Königstochter Nausikaa, ihre ballwerfenden Gespielinnen und ihr Vater Alkinoos... Dann aber schweigt der Briefwechsel wieder, die Leipziger Arbeit schiebt sich dazwischen, und es kommen die üblichen Mendelssohnschen Zweifel, die aber der große Dichtergelehrte in seiner Bescheidenheit vorwegnimmt: Ihm sage das Ganze selbst nicht mehr zu. Nun wieder muß der Komponist den Freund aufmuntern. »*Ich denke immer wieder an die Nausikaa: den Sturm, das Einschlafen, das Ballwerfen, am Schluß das Geleit übers Meer*«, schreibt er im Januar 1838. »*Gerade an der Ballspielstelle, die Du für schwer hältst, wird die Musik sich wie von selbst finden...*« Natürlich, denn geworfene Bälle und fangende Mädchenhände haben etwas Mozartisches... Dennoch stellt Droysen dem Komponisten anheim, aus dem Stoff doch lieber wieder eine Orchesterdichtung zu machen wie die Hebriden-Ouvertüre. Und der »brummige Poseidon« klänge doch besser *instrumental...*[14]

Genie einer Freundschaft! Das wieder hätte Eduard Devrient nicht vermocht: sich darüber hinwegzusetzen, daß man »umsonst gearbeitet hatte«. Droysen war solch ein Gefühl ganz fremd. Auch ohne daß Mendelssohn »Odysseus und Nausikaa« auf seinen Text komponiert hätte, blieb er weiter der »Führer zum Griechentum«. Und aus Kiel, wo Droysen später einen Lehrstuhl innehat, fliegen zur Antigone-Zeit aufmunternde Briefe nach Berlin. »Ich glaube, daß es etwas Bedeutsames wäre«, schreibt er im Herbst 1841, »wenn Dich diese antike Herrlichkeit wirklich zu erfassen vermöchte... Ich habe gar keine Ahnung davon, wie sich das Antike zu Deinen Klängen verhalten könnte, und noch hat ja kein Musiker sich an solche Durchdringung gemacht. Oder lächelst Du?« Er unterbricht sich. »Ich meine ja nicht, daß Du aus dem Griechischen in die Musik *übersetzen* sollst; das hat ja Raffael auch nicht getan. Aber...« *Wie* klar sieht er das Problem! Raffael malt wie ein Italiener, wenn er »die Schule von Athen« malt. Und Mendelssohn muß ganz bestimmt wie ein Heutiger komponieren, sobald er »Antigone« komponiert[15].

Und so geht er mit sicherster Hand an seine Aufgabe heran. »Was ist Bühnenmusik?« fragt Friedrich Nietzsche in seiner »Geburt der Tragödie« und antwortet rasch: »Ein *Kommentar* zu den Geschehnissen auf der Bühne«. Kommentieren heißt aber: *Verständlichmachen.* Die Geschehnisse auf der Bühne mögen urzeitliche sein und ihre Problematik mag uns fernstehen: die kommentierende Musik aber muß zeitgenössisch sein. Das wußte Mendelssohn bereits vor seinem Bewunderer Friedrich Nietzsche — und er wußte sogar noch mehr: daß urtümliche Gegebenheiten nur durch *romantische Mittel* wirken. Es gab ein bedeutendes Wort von Ludwig Tieck: »Ich fühle jetzt die Umwandlung der Mythologie... es ist nichts Vergangenes, nichts Damaliges... es ist *noch* so und muß so sein ... Alles, was die Geschichte sieht, gibt, die Poesie so wie die Natur, alles in uns sieht mich mit einem einzigen tiefen Auge an, voller Liebe, aber auch schreckvoller Bedeutung.«[16] Die Fortdauer alles Seienden, der *Nicht-Tod des Gewesenen* war einer der tiefsten Glaubenssätze Mendelssohns: so machte er sich mit modernen Mitteln an den »Kommentar« zu Sophokles.

In den letzten Wochen vor der Premiere ist er beinahe der einzige, der ruhig bleibt und den Kopf nicht verliert. Während die Schauspieler, Devrient, ja Tieck selbst, vor der Treulosigkeit des Königs zittern, die vielleicht im letzten Moment alles Geschaffene umstoßen wird — eine Launenhaftigkeit, die Friedrich Wilhelm IV. mit dem späteren Bayernkönig Ludwig II. gemein hatte, und aus demselben tragischen Grunde! —, packt Felix den alten Tieck am

Rockknopf, raunt ihm zu: »Jetzt oder nie!«[17] und stürmt mit festem Schritt auf die Proben. Vorher muß er sich August Böckh entwinden (der ihn in Nachtgesprächen gewarnt hat, allzu moderne Musik zu machen), und nun erklingt das gewaltige Vorspiel, aus dessen ersten Takten man hört, was Mendelssohn will und was er nicht will:

Es beginnt archaisch, als schreitendes Schicksal. Aber schon die Dissonanz im vierten, sechsten und siebenten Takt arbeitet mit jenen Schmerzensschreien, die der pathetisch-gemessenen Art des antiken Dramas zuwiderlaufen[18]. Dafür packt es aber die Menschen der Mendelssohnschen Jahrhundertmitte, besonders die Leidenschaftlichkeit und nervöse Kraft des Allegros. Wie zeitgenössisch das alles schien, ermißt man, wenn man hört, daß zu Mendelssohns Totenfeier 1847 in einer Kirche (!) nicht seine Kirchenmusik, sondern die Einleitungsmusik zur »Antigone« gespielt wurde[19].

Nein, so hatte August Böckh, der doch als Philologe hinter dem ganzen Unternehmen stand, sich die Sache nicht gedacht — obwohl er Musikant genug war, Mendelssohns Musik schön zu finden. Die Chöre, mit Strophe und Gegenstrophe:

Welches Staunen des Sophokles über den Menschen! Der Lieblingsdichter der Athener, der Maßvolle, der Gütig-Fromme, der Lobpreiser bürgerlicher Tugend — wie staunt er doch über das Doppelwesen, das sich im Menschen offenbart:

Vieles Gewaltige lebt. Doch nichts ist gewaltiger als der Mensch. Sein Wagemut trieb ihn aufs Meer. Seine Beharrlichkeit machte die Erde ihm dienstbar, die erhabene Göttin. Seiner List wurden Vögel in der Luft, Fische des Meers zur Beute. Durch Anstalt und Werkzeug beugte er Pferd und Stier. Sein Geist erschuf sich Gedanke und Wort. Seine Vernunft baute Staat und Gesetz. Mit allem gerüstet, kennt er Wege auch hinaus in die Zukunft. Nur einem entrinnt er nicht, dem Tod. Und im Besitz aller Kunst, aller Listen schreitet er bald ins Schlimme, bald ins Gute. Ehrt er Gesetz und Recht, steht er hoch da in der Stadt. Und stößt sich friedlos hinaus, wenn er Unedles sich gesellt in Verwegenheit[20].

Jawohl: Alles vermag der Mensch. Alles, zum Guten oder zum Bösen. Er hat in die Natur eingegriffen — weit mehr als in der Perikleischen Zeit — und hat das Atom zu spalten gelernt. Des Dichters grundlegendes Staunen darüber ist heute so modern wie damals. Und ebenso Mendelssohns Musik: die altgriechischen Versmaße des

Daktylos, Anapäst, Spondeus hämmern mit einer Deutlichkeit an die Tore unsrer Seele, als ob sie eben geschaffen wären. In der Betonung konnte sich ein so dichtergläubiger Mensch nicht irren. Doch die *Instrumentation* blieb modern. Er ließ sich nicht auf Bedenkliches, philologisch Unbewiesenes ein. Er arbeitete mit Blasinstrumenten, Flöten, Klarinetten, Harfe und Streichern; setzte Strophe und Gegenstrophe verschieden; ließ Chorlieder mit Rezitativen abwechseln; gewisse Teile des Werkes waren sogar als *Melodrama* gesetzt, was besonders überzeugend wirkte.

Natürlich erhob sich gleich hinterher ein Gelehrtenstreit, ob es »möglich sei, eine altgriechische Tragödie mit Instrumenten zu komponieren, die die Griechen gar nicht gekannt hätten«. Ja, selbstverständlich war das möglich! Das Gegenteil war eher unmöglich. Man stelle sich Wagners Gelächter vor, hätte ihm jemand zugemutet, den blausilbernen Brautchor des »Lohengrin« von Instrumenten begleiten zu lassen, wie man sie etwa zur Zeit Heinrichs des Löwen im zwölften Jahrhundert besaß. Oder im »Ring des Nibelungen« bei den großen Naturmythen des Rheinrauschens, des Walkürenritts, des Feuerzaubers, Gewitterrufs, auf altgermanische Luren oder ähnliches zurückzugreifen. Statt dessen nahm Wagner das Modernste, was ihm zur Hand war: Beethovens und Webers Orchester, das er nach dem Leisesten und Intimsten hin verfeinerte. Genau das gleiche tat Mendelssohn.

Es war sehr ritterlich von Böckh, obwohl er große Einwände gegen Mendelssohns Verfahren hatte, doch sogleich mit zwei andern Gelehrten eine Schutzschrift zu verfassen, die sich auf dessen Seite stellte[21]. Und Droysen machte es nicht anders, als er nach Kenntnisnahme des Werks 1842 eine Zeitungskritik veröffentlichte, darin er den Freund ausdrücklich lobt: er habe nicht den törichten Versuch gemacht, altgriechische Musik zu schreiben, von der man doch eigentlich nichts mehr wisse. – Nichts mehr wisse? Ein kühnes Wort, wenn man bedenkt, wieviel zum Beispiel der Geheimrat Böckh davon wußte. Und doch! Wie sehr Felix Mendelssohn instinktiv das Rechte traf, wissen wir heute, wenn wir bei einem zeitgenössischen Kenner, dem Griechen Thrasybulos Georgiades, Ordinarius in München, 1958 lesen[22]: Wir können uns nicht vorstellen, wie die griechische Musik *wirklich* klang. Denn es sind uns nur wenige Stücke in griechischer Notenschrift überliefert; und wir wissen keineswegs, wie der damalige Musiker diese Notenschrift *lebendig* machte. Diese Zeichen sind eher Bilderschriften. Und während wir alle moderne Musik, wenn sie aufgeschrieben vor uns liegt, auf dem Klavier wiedergeben können, müßten wir selber erst Griechen sein, um die Schriftcharaktere zum Klingen zu bringen (so wie etwa nur ein Chinese aus chinesischer Bilderschrift auch chinesische Worte lesen kann).

Die Premiere der »Antigone« fand am 28. November 1841 im Neuen Palais zu Potsdam statt. Die Bühne war antik eingerichtet, man hatte nicht das Gefühl von Kulissen, sondern eher einer Arena, in der sich Halbchöre schreitend begegnen[23]. Vor der Königlichen Familie und einem glänzenden Parkett fand das statt, zu dem Wissenschaft und Kunst aus ganz Deutschland hingeströmt waren. Auch Russen und Engländer fehlten nicht. Es gab ungeheuren Beifall, der sich bei der Wiederholung am 6. Dezember noch steigerte. Das in seinen Voraussetzungen fremdartig unzeitgemäße Werk wurde dank Mendelssohns »kommentierender Musik« verstanden. Und da war noch ein Seltsames, das man kaum vorausgewußt hatte: die »Modernität« der Hauptperson. Die Hauptperson des Stückes ist ja nicht so sehr Antigone, sondern ihr Gegenspieler Kreon. Dieser Kreon ist ein »unheldischer Held«, wie man ihm auf der modernen Bühne etwa in Stücken von Giraudoux oder J. P. Sartre begegnet. »Der Trojanische Krieg findet nicht statt« oder »Die Fliegen«: Von diesen so ungriechischen Stücken scheinen es nur wenige Schritte zum Sophokleischen Kreon hin zu sein, einem Mann, der statt eines Charakters eine »Summe von Eigenschaften« besitzt, ganz unverbundener Eigenschaften. Dieser Kreon ist weniger ein Tyrann als die verkörperte Unsicherheit. Er ist ein »intelligenter Dummkopf« — also das, was nicht nur heute, sondern wahrscheinlich zu allen Zeiten die Welt regiert hat. Und dabei will er sozusagen »das Beste«. Man stelle sich seine Lage vor! Er hat einen Bürgerkrieg liquidiert, wie es seine Verpflichtung war: Zwei Brüder haben gekämpft, Eteokles und Polyneikes, seine Neffen, und sind im Kampf gefallen. Der eine für Theben, der andre dagegen. Da will es doch die Staatsraison (und man fühlt, wie Kreon dabei auf den Tisch schlägt!), daß man den einen mit Ehren bestattet, den andern von den Vögeln des Himmels und den Hunden auffressen läßt. Was will denn diese Antigone, seine verfluchte, närrische Nichte, daß sie so Einfaches nicht begreift und dem Gebot der Staatsvernunft trotzt? Aber Kreon, wie gesagt,

Felix Mendelssohn, zweiundzwanzigjährig

Cécilie Mendelssohn-Jeanrenaud

Medaille zur Erstaufführung der »Antigone«, 1841
Oben Sophokles; unten, links im Medaillon, Felix Mendelssohn,
rechts Ludwig Tieck

Felix Mendelssohn auf dem Totenbett
Leipzig, 5. November 1847

ist nicht der Mann, sich das bieten zu lassen. Er ist nicht dumm, er ist »intelligent«. Und als Intelligenzler fragt er sich, was »eigentlich dahintersteckt« und hat blitzschnell wie alle Beschränkten auch die sofortige Antwort parat: *Alles Böse auf der Welt kommt entweder von Weibern oder vom Geld.* Weiber sind unlogisch, können nicht denken, und das Geld dient Bestechungszwecken. Die Bestattung des Polyneikes: das muß doch jemand bezahlt haben! Vielleicht nicht nur Antigone, sondern sogar die Wächter sind bestochen! Und der Seher Teiresias! Aber Kreon wird die Stadt reinigen, er wird es allen zeigen, er wird... Und nun wütet und rast er herum, dieser Mensch, der nicht merkt, daß da göttliche Gegenwirkung ist. Daß nicht nur die Totengötter, sondern sogar der himmlische Zeus auf der Seite Antigones stehn. Und als Kreon sich ausgewütet hat, sein Mißtrauen, seine dumme Gescheitheit, seine Ahnungslosigkeit wie Raketen abgebrannt hat, als er die Nichte Antigone als Staatsverbrecherin zur lebendigen Einmauerung in die Totenkammer verurteilt und den eigenen Sohn, ihren Bräutigam, mit Scheltworten vom Hof gejagt hat, faßt er sich grundlos an den Kopf: »Bin ich etwa zu weit gegangen? Aber man kann das ja rückgängig machen! Schnell — brecht das Grabgewölbe auf! Sagt, daß ich allen verzeihe, und«, fast hören wir ihn weitersprechen, »setzen wir uns gemütlich zu Tisch und sprechen wir über die kommende Hochzeit!« Ein Gemütsmensch. Als man den Kerker dann aufbricht, hat Antigone sich erhängt, und ihr Bräutigam Haimon, des Königs Sohn, stürzt sich verzweifelt in sein Schwert... Kreons eigene Gattin tötet sich über der Leiche ihres Sohns, und Kreon jammert sein »Zu spät!« Er sticht sich nicht etwa die Augen aus wie Ödipus — nein, das tut er nicht: Bis zum Ende des Stückes bleibt er der völlige Niemand, der er ist — die untragische Gestalt, die um sich herum jedoch *Tragik erzeugt.* Genauso aber geht's in der Welt zu — unfaßbar, daß Sophokles das gewußt hat! —, und der Darsteller des Kreon, der Berliner Schauspieler Rott, half mit am Riesenerfolg des Werkes.

Beim Cercle, der nach der Premiere stattfand, sah sich Friedrich Wilhelm IV. von heftig Glückwünschenden umringt. Die Gelehrten und Künstler, die Offiziere, die Geistlichkeit, Berlin und Potsdam, die Gäste aus Deutschland und aus dem Ausland: Alle priesen das geglückte Wagnis einer solchen Erneuerung. Überströmend vor Stolz befahl Friedrich Wilhelm IV., zum Andenken an diesen Tag eine Medaille zu schlagen: ihre eine Seite zeigt den Profilkopf des Sophokles, und die andere, neben Antigone, die Köpfe von Felix Mendelssohn und Ludwig Tieck, die den Erfolg ermöglicht hatten. Und, weitere Würdigung solcher Tat: im Frühjahr 1842 wurde Mendelssohn Ritter der Friedensklasse des Ordens *Pour le Mérite.* Es war die höchste Auszeichnung, die der König an Geistesmenschen vergab.

Wie aber verhielt sich das andere, das gutmütig-spottlustige Berlin? Der Humorist Adolf Glaßbrenner, genannt »Brennglas«, verfaßte eine Parodie »Antigone in Berlin, frei nach Sophokles«. Sodann folgte Albert Lortzing in Leipzig mit einer Spieloper »Der Wildschütz«: hier tritt eine verrückte Gräfin auf, die über die Tat der Antigone und die Wiederbelebung der Griechenwelt in närrischer Suada daherredet[24]. Am ulkigsten aber trieb man's in London, Mendelssohns »zweiter Vaterstadt«, wo 1845 die englische Premiere stattfand. Hier veröffentlichte im Januar Tom Taylor, der Herausgeber des »Punch«, eine Karikatur: einen gestikulierenden Griechenchor mit wildaufgerissenen Mündern, aber in englisch karierten Hosen, die unter den Griechengewändern hervorsahn. Mendelssohn bekannte, darüber drei Tage lang gelacht zu haben[25].

Leb wohl, Berlin

Felix der Glückliche! Phantasievoller Neuschöpfer antiker Dramen. (Jahrzehntelang wird die »Antigone« nachgeahmt, aber nicht eingeholt werden.) Dennoch ist er so unzufrieden wie selten im Leben. Wie kommt denn das?

Seine Briefe geben verworrene Auskunft, mehr: sie geben unrichtige Auskunft, wenn sie sagen, in Berlin werde schlechte Musik gemacht. Berlin ist die Stadt der Musikkritik – und schon darum ist es unmöglich, daß die hier gemachte Musik schlecht ist. Damals wie heute gibt in Berlin der *Kritiker* den Ton der Musik an: Ludwig Rellstab, Adolf Bernhard Marx, eine Phalanx glänzender Namen, die in Adolf Weißmann, Oscar Bie, Hans Heinz Stuckenschmidt kulminieren. Jeder Name ein Anreger, der Experimente fordert und fördert, und so ist Berlin immerdar die Stadt der Experimente gewesen. Aber darum ist Berlin vielleicht treulos. Die Experimente jagen einander. Auch die Wiedererweckung der Matthäuspassion war im

Grunde Experiment. Eine Sache der oberen Zehntausend. Es ist nicht wie zum Beispiel in Wien, wo die Musik einen *Volksboden* hat. Die Geige Johann Strauß Vaters und Josef Lanners erklang nicht nur für die Vornehmen[1]. Das wirkliche Berliner Volk aber ist nicht bloß unmusikalisch, es ist sogar antimusikalisch. Unvergeßliche Erinnerung: Im Jahre 1900 sitzt ein Knabe auf einer Bank im Tiergarten und hört mit Entzücken einen angehenden Sänger vor einer jungen Mädchenschar eine italienische Arie singen. Ein älterer Berliner setzt sich dazu: »*Och, der hat woll Zahnschmerzen!*«

Vielleicht hat auch Mendelssohn das erlebt. In seinen Briefen steht nichts davon. Auch nicht von etwas anderem, was er jedenfalls erlebt haben *muß*. Die tiefe Abneigung der Berliner gegen religiöse Musik, gegen religiöse Kunst überhaupt. Mendelssohn war Enkel der Aufklärung und ungemein stark mit ihr verknüpft. Lessings Lehre von der Gleichwertigkeit der Kulturreligionen klang auch in seinem Herzen wider – und religiöse Streitigkeiten waren ihm zutiefst verhaßt. Aber das Berliner Volk selbst war antireligiös. Mehr: es saß auf der Bank der Spötter. Nur in Berlin konnte es geschehn, daß, als Mendelssohns Freund Eduard Bendemann ein religiöses Bild ausstellte, »Christus und die Lilien auf dem Felde«, ein Straßenjunge fröhlich vorbeilief: »*Kieke ma', Jesus als Botaniker!*«[2] Nur in Berlin konnte es geschehn, daß der Autor des Aufklärungsromans »Herr Lorenz Stark«, Johann Jakob Engel, 1795 mürrisch zu Papier brachte[3], daß die meisten Christen in ihrem Leben doch nur viermal zur Kirche gingen. Das erste Mal würden sie getragen, um getauft zu werden; das zweite Mal gingen sie auf ihren zwei Beinen, um konfirmiert, das dritte Mal, um ehelich kopuliert zu werden; und das vierte Mal kämen sie als Leiche. Und für solche Kunden *Kirchenmusik?* – Und was sagt man zu Alexander von Humboldt, der, fünfundachtzig Jahre alt, Karl August Varnhagen von Ense seine Sammlungen zeigt?[4] Darunter befand sich auch ein lebendes Chamäleon: »Ich glaube, das ist das einzige Tier, welches das eine seiner Augen nach oben und das andere gleichzeitig nach unten richten kann. Nur unsre Pfaffen können das noch, mit dem einen Auge nach dem Himmel, mit dem andern auf die Güter und Vorteile der Welt ausspähn.« Die Antwort eines Naturwissenschaftlers auf den sich mehrenden Kirchenzwang. Und die Künstler blieben nicht dahinten. Friedrich Rückert, der alles andere eher als ein Revolutionär war, fiel mit lebhaften Mißgefühlen in den Chor gegen die Orthodoxie ein:

Ich war schon ziemlich ein Christ,
und wär' es noch mehr geworden;
doch mir verleidet ist
auf einmal der ganze Orden.

Ihr machtet es mir zu toll
mit eurem christlichen Leide;
mein Herz ist noch freudenvoll,
darum bin ich ein Heide.

Bricht einst mein Lebensmut,
dann könnt ihr vielleicht mich erwerben;
denn eure Lehr' ist gut
zu nichts auf der Welt als zum Sterben.

Wäre dieses Gedicht von Heinrich Heine, so wäre es weiter nicht merkwürdig. Ein Nietzsche vorwegnehmendes, anti-nazarenisches und griechisch-sinnenfrohes Bekenntnis. Aber es war doch eben von Friedrich Rückert, einem Ruhigen und Nicht-Spötter. Man verkennt die damalige Zeit, wenn man glaubt, ihre anti-religiöse Haltung sei das Ergebnis einer »literarischen Mode« gewesen. Es war tief eingewurzelt im Volk, daß man die laute Kirchenwerbung (für welche Konfession auch immer) mit Mißtrauen betrachtete. Die Kaiserin Auguste Viktoria, die Gemahlin Wilhelms II., hieß später nur noch die »Kirchenjuste«. Ob nun für die Kirche gemalt, gedichtet oder musiziert wurde: diese zur Schau getragene »Unweltlichkeit« erregte das Mißbehagen der Zeit, die sich immer mehr auf das Jahr 1848 zu bewegte.

So trafen Felix Mendelssohns Kirchenkompositionen zunächst auf geteilte Sympathie in Berlin. Entweder – so schätzte man – entstammten sie dem Übereifer des Konvertiten oder, schlimmer, waren sie Liebedienerei gegen den König und seine Räte, die Bunsen, Eichhorn und so weiter. Daß sie etwas ganz anderes waren, nämlich das »geistliche Tagebuch« eines überaus ehrlichen Menschen – wie die »Lieder ohne Worte« etwa sein »weltliches Tagebuch« waren –, wollte man durchaus nicht sehn. Nachdem das Jüdische in Mendelssohn dem Christentum stets die Waage hielt, konnte von »Konvertiteneifer« ohnehin nicht die Rede sein. Jener 95. Psalm war bereits in

Autograph des 95. Psalms

Leipzig geschrieben und jubelte seinen Dank gegen Gott für ein vielfach erfülltes Leben, in Beruf und in der Familie: »Kommt, laßt uns anbeten und knien und niederfallen vor dem Herrn, der uns gemacht hat.«

Doch Berlin war eine »Voltairesche Stadt«, wie Georg Brandes sie genannt hat[5], und sah nicht mit Freundschaft auf Gebete. Man ließ es Mendelssohn nicht geradezu fühlen, doch seine fein organisierte Seele merkte das Ganze eben doch. Er wollte fort! Vor allem aber trieb das Verhältnis zum König ihn fort, den er als wortbrüchig empfand. Der König hatte ihm das nicht gegeben, was ausdrücklich versprochen war: die Akademieklasse und den Ersatz seines Leipziger Wirkungskreises, also den Dirigentenposten und die öffentlichen Konzerte, die mit dem Musikpersonal der Königlichen Theater aufzuführen gewesen wären. Statt dessen saß der Komponist im Vorzimmer – nein, nicht einmal im Vorzimmer, sondern durch rätselhaft viele Räume vom Kabinett des Königs entfernt – und wartete auf Aufträge. Aber ein Antigone-Auftrag kam vorläufig nicht wieder.

Es war wie in einem Roman von Franz Kafka: Jemand wird zu einer Stelle berufen, die er vortrefflich ausfüllen könnte. Akten werden angelegt, und das Formelle beginnt zu spielen. Aber das Eigentliche geschieht nicht, und der Auftraggeber ist nicht zu fassen. Und dadurch verfallen schließlich der Auftrag und er selbst[6]. – Wie verdrießlich für Mendelssohn das zögernde Spiel des Königs war, davon gibt ein Brief Richard Wagners Kunde. Er hatte ebenfalls vergeblich nach einer Audienz beim König verlangt. Nun schreibt er im Mai 1842: »Um mich über den hiesigen Stand der Dinge gehörig aufzuklären, erkundigte ich mich bei Mendelssohn, der mich in jeder Hinsicht sehr freundschaftlich aufnahm, über alles, was mir zu wissen not tat. Sein Bericht war trostlos; und es genüge, Dir zu sagen, daß Mendelssohn mir erklärte, er selbst würde jedenfalls künftigen Winter Berlin verlassen, weil es ihn empöre, für nichts und wieder nichts dort zu sein. Seine Berufung erklärte er als eine bloße Renommage des Königs, der sich etwas darauf zugute tue, bedeutende Namen an sich zu ziehn, ohne den Berufenen jedoch den Wirkungskreis zu verschaffen, der die Berufung einzig von Wert macht. Weder Mendelssohn noch sonst jemand wisse, was er eigentlich in Berlin vorzustellen habe: von Einrichtung eines Konservatoriums sei keine

Rede, und ihm selbst sei es unmöglich, auch nur das Geringste zu fördern: alles schöne Worte, der Wahrheit nach geschähe nichts, nichts...«[7]

Promemorien und Vorschläge wurden laufend von Mendelssohn verlangt und rätselhaft zu den Akten gelegt. Und die Leipziger warteten auf ihn! Er wieder wartete auf den König. – Nun, das konnte so nicht mehr fortgehn – – und so meldete er sich bei Herrn von Massow, dem Kammerherrn und Adjutanten, zur Abschieds-Audienz. Der war außer sich und drohte mit der Ungnade des Königs. Seine Majestät, tief verletzt, würde nur einige wenige Worte an den Komponisten richten und sodann das Zimmer verlassen[8]. Aber das Gegenteil trat ein:

Friedrich Wilhelm IV., aus leicht gedunsenem Gesicht (seine Züge hatten sich seit kurzem verändert) den Komponisten anblickend, erwiderte mit leiser Stimme, er danke ihm für seine Geduld. Aber die Koordination so vieler Faktoren, des Ministeriums, der Intendantur der Oper, wegen der zu bildenden Akademieklasse sei nicht schneller zu bewerkstelligen. Wenn Mendelssohn wirklich gehen wolle, könne er ihn ja nicht hindern, aber (hier klang seine Stimme bekümmert) sein Weggang risse eine unschließbare Lücke in all seine königlichen Pläne. »Warum unschließbar?« staunte Mendelssohn. Es gäbe doch so viele Musiker, an die sich der König wenden könne! »Könnten wir nicht für Sie, Herr Doktor, eine ganz kleine Kapelle bilden, einen Chor von dreißig Sängern, und dazu ein kleines Orchester von geprüften Musikern, damit Sie Musik dafür komponieren, die Sie dirigieren würden?« Mendelssohn stockte vor Erstaunen. Der Akademiedirektor schwamm zwar davon, auch das Konservatorium. Aber sollte er nicht vielleicht *doch*?... In diesem Augenblick fühlte er tief den schrecklichen Kummer seiner Mutter, der er am Nachmittag zuvor eröffnet hatte, er ginge nach Leipzig. Sie waren zu zweit im Garten geschritten, und Mutter Leah, die lange geschwiegen, war in Verzweiflung ausgebrochen; Fanny war dazugekommen und hatte Mutter und Bruder getröstet, die beide weinten...[9] Jetzt blickte er den König an: Konnte er ihm diesmal vertrauen? »Ein Musiker muß ein Instrument haben, um darauf Musik zu machen«, sagte der König, »das sehe ich ein. Und ein solches für Sie zu schaffen, lassen Sie meine Sorge sein! Aber«, fuhr er leicht klagend fort, »werden Sie mir auch zur Verfügung stehn? Ich weiß, ich weiß, Sie lieben das

Reisen. Sie sind ein vorzüglicher Gastdirigent. Man liebt Sie in Leipzig, in Düsseldorf, in London. Aber vergessen Sie auch nicht, daß ich es war, der die ›Antigone‹...« Und nun glitt er endlich in die gewohnte Beredsamkeit hinüber: Niemand zwänge Mendelssohn, weiter in Berlin zu wohnen. Er könne hingehn, wo er wolle, und, was der König von ihm verlange, auch an anderen Orten komponieren. Den »Ödipus auf Kolonos«, die Musik zu Racines »Athalie«. Und sei ihm denn nie der Gedanke gekommen, seiner herrlichen »Sommernachtstraum-Ouvertüre« einmal eine Bühnenmusik zu dem *ganzen* Schauspiel folgen zu lassen?

Mendelssohn taumelte. Was für Pläne! Er bat noch murmelnd um die Erlaubnis, auf die Hälfte seines Gehalts verzichten zu dürfen – also auf fünfzehnhundert Taler –, was der König gerührt bewilligte. Der ebenfalls fassungslose von Massow brachte Mendelssohn hinaus. Jetzt war nur noch ein Brief zu schreiben, der alles Besprochene bestätigte, und eine kleine Szene mit dem jungen Familienchef Paul zu überstehn, der die Abreise nicht billigen würde. Dann Frau und Kinder zusammenzuraffen und sofort nach Leipzig zu fahren. –

Menschen, Menschen! Wie sie in allen Hoffnungen doch niemals um das Künftige wissen. Nur die griechische Schicksalstragödie hat recht. Wie hätte Sophokles sie gesehn, diese beiden Charaktere! Der preußische König, der geheimen Mechanismen folgt, die er nicht regieren kann und die in wenigen Jahren schon so furchtbar offen liegen werden – es ist ihm beschieden, *wahnsinnig* zu werden und die Regierung bei Lebzeiten seinem Bruder abzutreten![10] – und dieser Komponist Mendelssohn in der Vollkraft seines Lebens, brennend vor Fleiß und Tätigkeitsdrang, die ihn nach fünf Jahren fällen werden.

Zurück zu Shakespeare!

»Es war, als ob sie gewartet hätten!«, hat später Felix Mendelssohn seinem englischen Freunde Lumley erzählt. »Ich kam in eine Gewandhausprobe, die Bläser hatten die Lippen gespitzt, die Streicher ihre Bögen erhoben und mein Freund David den Taktierstock. Als er mich sah, ließ er ihn sinken, ergriff seine Violine und trat in die erste Reihe der Streicher...«[1]

Zauberisch: dieses Gewartet-haben! Und wie sich der Leipziger Wirkungskreis augenblicklich um ihn schloß! So vielen hatte er dankbar zu sein. Kaum einem mehr aber als Ferdinand David, dem ausgezeichneten Geiger und Freund. Schon 1835 hatte er Ferdinand David ein Geigenkonzert versprochen. Jetzt nahm er es aus Dankbarkeit vor. Es wurde eins seiner Hauptwerke, das Violin-Konzert in e-Moll (op. 64), vollendet am 16. September 1844 und am 13. März 1845 das erstemal von David gespielt[2].

Daß man in Moll auch *jubeln* könne, hatten die Großen wohl längst gewußt. Aber das klassische Beispiel bleibt doch:

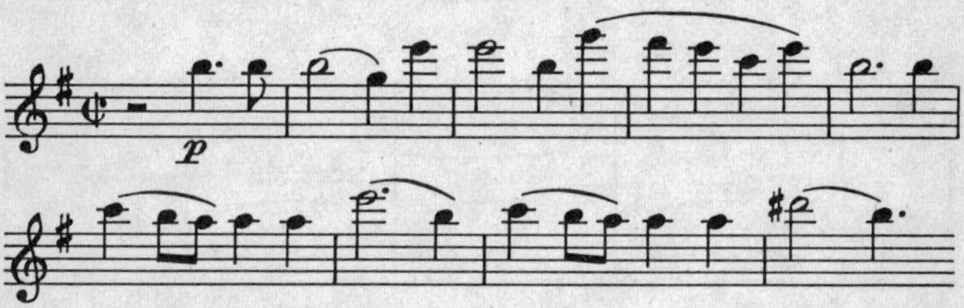

jenes leidenschaftliche Allegro, mit dem Mendelssohn das Konzert beginnt. Nachdem er das Thema zu Ende gesungen, senkt er die Solovioline zum tiefen g: ein Orgelpunkt, der acht Takte lang währt, bevor er das zweite Thema annimmt, das zuerst in den Holzbläsern aufblüht (Notenbeispiel Seite 346).

Hinterm Durchführungsteil dann eine *Kadenz* — etwas eigentlich Unerhörtes, weil eine Kadenz sonst den Satz *beschließt*. Aber sie ist hier kaum verhallt, da kommt das erste Thema zurück, und das Konzert beginnt aufs neue! Die jubelnden Flöten, Oboen und Geigen stürmen, umrankt von den Arpeggien der Solovioline, dem eigenen Freudengipfel zu. Nun kommt das träumerische Andante. Es hat eine dreiteilige Liedform, in C-Dur, und ist vielleicht zu lang. Aber der dritte Satz entschädigt. Obwohl auch er sehr deutlich in der Form einer Sonate angelegt ist, rast das Finale, ein E-Dur-Vivace, mit berstender Kraft dem Abschluß zu. »Siehst du«, sagte Schumann damals zu dem Auch-Komponisten David, »da hast du jetzt das Konzert gespielt, das du eigentlich immer schreiben wolltest.«

Unzählige haben es nach ihm gespielt. Joseph Joachim, Mendelssohns Schüler, wohl am häufigsten[3]. Wir erinnern uns noch recht gut, was der Unvergleichliche bei einem Fest sagte, das man ihm

1906 zum fünfundsiebzigsten Geburtstag gab: »Die Deutschen haben vier Violinkonzerte. Das größte, konzessionsloseste stammt von Beethoven. Das von Brahms, in seinem Ernst, eifert Beethoven nach. Das reichste, das bezauberndste schrieb Max Bruch. Das innigste aber, das Herzensjuwel, stammt von Mendelssohn.« –

Und Berlin? Lange, lange bevor aus Leipzig die Klänge des Violinkonzerts herübertönten, hatte man sich in Berlin an den Kopf gegriffen. Wie hatte man Felix Mendelssohn überhaupt ziehen lassen können. Schon am 4. Dezember 1842 lief aus Berlin ein Schreiben ein, worin der König ihn zum *Generalmusikdirektor* ernannte. Mendelssohn war nicht titelsüchtig. Doch wenn er sich in Berlin überhaupt neben Meyerbeer behaupten wollte, so *mußte* er diesen Titel haben. Warum war das nicht früher erkannt worden? Auch alles andere ward jetzt bewilligt, und ein Schreiben des Herrn von Massow forderte ihn auf, zur Ratifizierung aller Punkte am 17. Dezember für zwei Tage nach Berlin zu kommen. Er kam schon früher, um seine Mutter zu begraben. Denn Leahs bittere Tränen beim Abschied hatten der Gewißheit gegolten, daß sie ihn nie wiedersehen würde.

Jetzt also war Berlin für Mendelssohn eine mutterlose Stadt geworden. Und so eilte er nach Leipzig zurück, Arbeit aufsuchend und Arbeit findend. Er hielt dem König von Preußen sein Wort. Racines »Athalie« und der »Ödipus« wurden mit Bühnenmusik versehn, doch die Einmaligkeit der »Antigone« wurde von ihm nicht mehr erreicht. Das waren eher Pflichtaufgaben, deren prompte Erledigung er dem König versprochen hatte. Immer seltsamer wurden des Königs Anfragen aus Berlin. Ob er nicht des Äschylos »Eumeniden« komponieren wolle? Die Chöre einer Trilogie! Mendelssohn lehnte natürlich ab. Er fühlte sich, wie er diplomatisch bemerkte, »der Hoheit des Gegenstands nicht gewachsen«[4].

Aber da war der »Sommernachtstraum« — und nun geschah das *Wunderbare.* Als hätte dieser Fleißige nach Art der Märchen- und Siebenschläfer siebzehn Jahre lang geschlafen, erwacht er plötzlich und sieht sich mit einem Glase Rheinwein-Sorbet im Garten seiner Eltern stehn. Und schreibt scheinbar die Noten weiter, die er »gestern um Mitternacht« in demselben Garten geschrieben. Vier Akkorde, vier Sommerlüfte... Und, siehe, er kennt jetzt das Stück viel besser. Denn im Schlaf ist er älter geworden, und die Merkwürdigkeiten von Männern und Frauen kommen ihm nicht mehr so fremd vor. Er weiß um die Dreiwelt des Sommernachtstraums; jene Elfenwelt, die die Liebespaare quälen und verzaubern kann, die närrische Welt der Handwerker und die ritterliche Welt des Herzogs Theseus von Athen[5].

Die Premiere im Potsdamer Neuen Palais überbot alles Erwartete. Nach der Ouvertüre schwieg die Musik. Erst im zweiten Akt begannen die Flöten das »Scherzo«:

Wald, Nacht und Traum! Das »Intermezzo«, an dessen Schluß Horn und Fagott, Klarinette, Oboe und Flöte den berühmten Stolpergang der Handwerks-Narren imitierten. Dann das »Notturno«, die Aristeia des zum Schlaf einladenden Horns:

Der »Hochzeitsmarsch«, der zunächst mit einer gewöhnlichen Trompetenfanfare begann. Schon aber brach eine fremde Tonwelt neben den Abwärtsschreitenden aus. Fackelrot, Treppen, Jubelgeschrei:

Die Zuschauer waren aufgestanden und setzten sich nicht mehr. Sie fühlten sich selbst als Hochzeitsgäste des athenischen Herzogs geladen. Doch Marsch und Fest wurden noch überboten, als zum Schluß der Bergamaskertanz ausbrach. Der Eselsschrei! Da war er wieder – nachdem er siebzehn Jahre geschwiegen – rätselhaft wie die vier Sommerlüfte aus dem Beginn der Ouvertüre...

»Daß Mutter das nicht erlebt hat! Das ist mein ewiger Gedanke!« schrieb Fanny Hensel damals nach Rom an Rebekka Dirichlet, die mit ihrem Gatten dort weilte[6]. »Und: *ist es nicht wieder ein merkwürdiges Glück dieses merkwürdigen Menschen, daß sein erstes Jugendwerk, das seinen Ruf begründet hat, nun von neuem verherr-*

licht wird und in dieser neuen Form gewiß durch ganz Deutschland gehen wird?« Alles jubelte. Die Leipziger Gäste – die Gewandhausmusiker und der Magistrat, die herübergekommen waren, um den Triumph mitzuerleben; die Berliner, die mit der Eisenbahn in Potsdam eingetroffen waren, und die Potsdamer, die ein paar Tage später nach Berlin fuhren, um dasselbe Werk im Berliner Hoftheater zu sehn – es war des Beifallklatschens kein Ende. Nur einer war sonderbar verstimmt. Und das war der Komponist. Er ärgerte sich darüber, daß Tieck, anstatt es bei der bewährten Einteilung August Wilhelm Schlegels zu belassen, hinter des Komponisten Rücken das Stück in drei Akte eingeteilt hatte, um die Waldnacht nicht zu unterbrechen. Jetzt mußte die Zwischenaktsmusik bei offener Szene gespielt werden! Auch daß die Kostüme jetzt spanisch waren – Barock des siebzehnten Jahrhunderts! –, da Shakespeares Theseus und seine Barone »keine wirklichen Griechen gewesen seien«, machte Mendelssohn besonders wild. Auch als Wagner, der damals wegen seines »Holländers« in Berlin war, auf ihn zutrat, um ihm zu gratulieren, murmelte Mendelssohn kaum einen Dank. Aber dann fragte er ziemlich abrupt, ob der Berliner Komiker Gern, der den Zettel gab, nicht übertreibe[7].

Ja, sobald der Handwerker Zettel erscheint und die Elfen Senfsamen und Bohnenblüte ihm den Eselskopf zu kratzen beginnen, da hat er immer die Szene allein. Und mehr als sechzig Jahre später sahen wir eine Falte der Sorge über Max Reinhardts Antlitz huschen, als bei einer Probe des »Sommernachtstraums« der entzauberte Esel ausrief: »Mir ist, als wär' ich, und mir war, als hätt' ich...« Übertrieb Hans Wassmann nicht etwas? – Aber der Komiker übertrieb nicht. Und wäre damals Mendelssohn in die Reinhardtsche Probe gekommen, hätte er sich vielleicht sogar selbst mit Lachen auf Zettels Seite geschlagen und den Regisseur beruhigt. Alles war so, wie es sein mußte. Shakespeare, Reinhardt, Mendelssohn – Dichter, Regisseur, Komponist: das war eine Einheit geworden, die nicht mehr zu zerreißen war. Mit unvergeßlichen Schauspielern: Gertrud Eysoldt als Puck, Moissis Oberon, Wassmanns Zettel, Viktor Arnolds Thisbe und Else Heims als Hermia.

Reinhardt hat den »Sommernachtstraum« mit der Mendelssohnschen Musik mehr als tausend Male gespielt. In dreizehn verschiedenen Fassungen, zwischen 1904 und 1934. Auf deutsch, italienisch und auf englisch, in Theatern, in Festspielhäusern, in Parks und in Freilicht-Arenen. Die Liebespaare lachten und weinten, die Handwerker überschlugen sich, Puck war kein neckisches Mädchen mehr, sondern ein ungezähmter Faun, der durch die Luft davonbrauste, die Elfen schwebten, und Shakespeares Worte wurden Mendelssohnscher Gesang. Unter wie vielen Himmeln erklang das! Auf bayerischen Wiesen, im Kleßheimer Schloß und in bucklig verwachsenen Parks, in die sandsteinerne Götter hineinsahn; in den Boboligärten von Florenz, auf dem Campus von Oxford und anderen englischen Universitäten. Und, als Mendelssohn und Reinhardt längst aus Deutschland vertrieben waren, zuletzt noch in der Hollywood Bowl. Als von einem südkalifornischen Bergrücken herab der lichterglänzende Hochzeitszug sich zu Mendelssohns Musik festlich in Bewegung setzte, brachen hunderttausend Zuschauer in nicht enden wollenden Beifall aus ...[8]

Das konnte Friedrich Wilhelm IV., der Preußenkönig, nicht voraussehn. Immerhin bestellte er sofort Shakespeares »Sturm« bei Mendelssohn.

Hast uns mit Märchenmilch gesäugt

Schwer faßbar, daß er den »Sturm« dann nicht schrieb – obwohl Lumley und die Londoner »Times« Einzelheiten veröffentlichten, als ob im Januar 1847 das Werk dicht vor der Vollendung stünde. In Wahrheit hat Felix Mendelssohn nicht eine Note des »Sturm« geschrieben[1].

In seinem Todesjahr war er vielmehr ganz in die Liebe zum Märchen versunken. Grillparzer, der so gern Märchen las, hat einmal das Gefühl beschrieben, das sich dabei einstellte. Es war »das Gefühl des Wunderbaren, verbunden mit dem des *Nichtwunderns über dieses Wunderbare* – das Zuhausesein im Wunder«[2]. Das war auch Mendelssohns Erlebnis gewesen, als er mit fünfundzwanzig Jahren – nach einem Schauspiel Grillparzers, das Beethoven nicht hatte vertonen wollen – seine frühe Tondichtung von der »Schönen Melusine« schrieb.

Es war die Geschichte der schönen Frau, die jeden siebenten Tag verflucht ist, eine Wassernixe zu sein. Sie hat ihren Gatten schwören lassen, daß er an diesem siebenten Tag ihrem Verschwinden nicht nachforschen würde. Von seinen Verwandten angestachelt aber bricht der stolze Ritter den Schwur. So muß sie für ewig ein Nixenweib bleiben und vom Gatten und den Kindern Abschied nehmen.

Schumann äußerte einmal im Scherz, man könne Mendelssohns Verehrer in »Sommernachtsträumer«, »Fingaller« und »Melusinisten« einteilen. Er selber rechne sich fast zu den dritten[3]. Und der Schumann-Biograph Walter Dahms hat von Mendelssohns »Melusine« die erstaunlichen Worte gebraucht: »Es ist kaum jemals ein rührenderes, deutscheres Stück für die Musik geschrieben worden« — erstaunlich, weil wir doch immer glaubten, der »deutscheste, rührendste Tonmeister des Jahrhunderts« sei Schumann selbst gewesen[4]. Aber gleichviel: Die träumende Stille, das Leidenschaftslos-Besinnliche, aber auch Schmerzliche dieses Werks ist von keinem der beiden Freunde jemals übertroffen worden. Die Tondichtung hat drei Helden: das Wasser, die menschlich liebende Melusine und den ritterlichen Gatten. Wie die drei ineinanderspielen und dann vom Schicksal getrennt werden, das hat schwerlich seinesgleichen. Man darf nicht an Wagner dabei denken und sein soviel späteres »Rheingold«, wo Alberich sich mit den Flußtöchtern neckt. Das ist ein geniales Scherzo, das seinerseits Böcklin beeinflußt hat, wie Mendelssohns »Melusine« wieder Moritz von Schwind beeinflußt hat[5]. Die wogende Wellenfigur zu Beginn:

die klagend-zirpende andre Figur des Wassers mit den kleinen Intervallen (wie verschieden kann Wasser sein!)

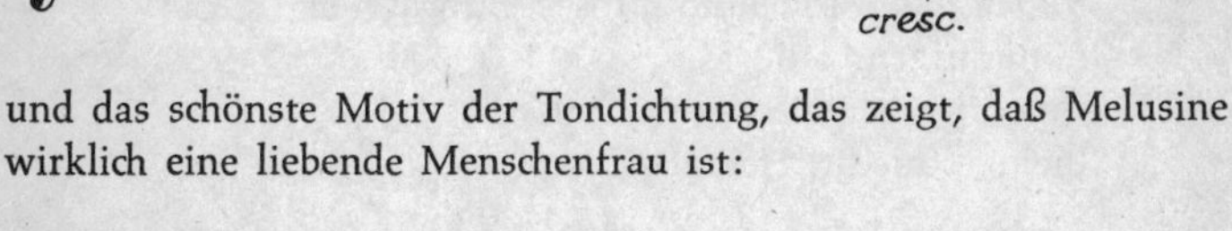

und das schönste Motiv der Tondichtung, das zeigt, daß Melusine wirklich eine liebende Menschenfrau ist:

Als Mendelssohn gestorben war, erhielt seine Gattin mit der Post ein Gedicht von einem ganz Unbekannten:

Hast uns mit Märchenmilch gesäugt,
hast Blumen, Kinder, Tiere uns gezeigt[6].

Diese Gedenkworte galten nicht dem geistreichen Tonmeister der Scherzi, dem Parodisten des »Sommernachtstraums« und erst recht nicht dem Liebhaber Bachs und Händels – sie galten jener Herzensprovinz, wo ihm das deutsche Volk zutiefst zugetan war: der Märchenwelt der »Melusine«.

Wie Schumann verlebte Mendelssohn einen Teil seiner Zeit in der Kinderstube und erzählte seinen Kleinen Märchen. Und manchmal waren sie gar nicht erfunden. Er hatte in Zürich einmal im Winter ein halbeingeschneites Schaukelpferd gesehn, das im Garten vergessen war, ein »Gigampfi-Rösseli«. Zu seinem Kummer konnte er es nicht »retten«, weil es hinter Parkgittern stand[7]. Er beschloß hierauf mit Ferdinand Hiller (der ebenfalls ein Kindernarr war) ein »Requiem für ein Schaukelpferd« zu schreiben – was dann allerdings unterblieb. Aber immer war er auf Märchen aus. Und so griff er, in seinem Todesjahr, nach Emanuel Geibels »Loreley«.

Als die Revolution der Lyrik im Jahre 1890 diesen Münchener Spätklassiker Geibel (genau wie seinen Freund Paul Heyse, den Meister formklarer Novellen) achtlos zum alten Eisen warf, da nannten die um Liliencron, Hartleben, Bierbaum jene beiden spöttisch »Schönlinge«. Die Literaturgeschichte von morgen dürfte anders urteilen! Mendelssohn war selbst Dichter genug, um aus solchen Geibelschen Versen den echten Dichter herauszuhören:

»Woher, woher am dunkeln Rhein?« –
Vom Drachenfels, vom Wolkenstein:
Und ihr, woher? –
»Vom Bodensee. Wir sind noch kühl vom Gletscherschnee;
Wollen uns wärmen im luftigen Schwärmen,
Im flüchtigen Lauf.
Die dort unten wecken wir auf.« –
Rheingeschlecht! Herauf! Herauf![8]

Das war die Gefühls- und Sprachmitte zwischen Faustversen und Wagnerschem Stabreim. Mendelssohn liebte den Rhein so sehr, daß er in ihm fast ertrunken wäre, als er — welch eine Byronsche Laune! — ihn an reißender Stelle durchschwimmen wollte. Freunde retteten ihn noch ins Boot...

Doch: eine *Loreley-Oper?* Und 1847? Ein Jahr vor der deutschen Revolution? Bevor er an Geibels Stoff gerät (von dem er ein Aktfinale vertont hat, einen »Winzerchor« und ein »Ave Maria«, die dann aus dem Nachlaß als Opus 97 veröffentlicht wurden), hat er wieder bei Devrient nach einer Oper Ausschau gehalten. Es müßte etwas »sehr Deutsches« sein. »Und dabei sehr edel und heiter. Es ist *nicht* Kohlhaas und *nicht* Blaubart oder Andreas Hofer oder die Loreley — aber etwas von allem könnte dabei sein!« Darauf kündigt ihm Devrient einen Stoff aus den Bauernkriegen an, der »Ritter und Bauer« heißen sollte. Mendelssohn ist entsetzt. Es stört ihn »die Menge der Freiheits-, Knechtschafts- und Sozial-Motive«. Wo diese Färbung notwendig sei, könne man sie ja wohl gebrauchen. *»Aber wo sie nicht notwendig ist, da um Gottes willen nicht, denn da ist dann das schlimmste Streben nach Effekt, nach dem Liebäugeln mit der Masse.«*[9] Die Masse! Allerschlimmstes Wort, nicht für Devrient, nicht für Wagner, die in allen ihren Nerven das kommende Revolutionsjahr spüren — wohl aber für die Aristokraten, für Schopenhauer, für Mendelssohn, für Tieck und sogar für Robert Schumann, der beim ersten Anzeichen von ausbrechenden Straßenkämpfen mit Frau und Kindern aus Dresden flieht.

Dirigent und Zeit

Die Menschen, die um die Mitte der vierziger Jahre ins Konzert gehn, tun es mit andern Gefühlen als die der letzten drei Jahrzehnte. Ob Leipziger Gewandhaussaal oder Philharmonic Society in London, Royal Academie of Music oder Säle in Paris und Berlin: es ist ein Gast anwesend, der mithört. Ein unruhiger Gast: die Zeit.

Schon 1839 hatten Arbeiter in Birmingham plötzlich ihre Stadt zerschlagen, weil sie fanden, das sei nicht mehr »ihre Stadt«. Sie arbeiteten im Fabrikenrauch und husteten sich die Lungen wund —

das Geld aber verdienten die andern. Der Herzog von Wellington, der die Revolte niederschlug, erklärte, er habe seit Waterloo nie ähnliche Kriegsschrecken erlebt – und all das geschah im tiefsten Frieden[1]. Einige Jahre später bemerkten die Leineweber im preußischen Schlesien, daß sie nicht mehr für ihren Fabrikanten, den Herrn Zwanziger, weben wollten. Der rief das Militär zu Hilfe, das zunächst über ihre Köpfe hinweg schoß. Als dann die Weber mit Steinen und Stöcken gegen das Militär vorstürmten, wurde scharf geschossen. Es gab viele Tote – und Heinrich Heine dichtete:

> Deutschland, wir weben dein Leichentuch!
> Wir weben hinein den dreifachen Fluch –
> Wir weben, wir weben!...
> Ein Fluch dem König, dem König der Reichen,
> den unser Elend nicht konnte erweichen...
> Wir weben, wir weben![2]

Selbst Byron hatte im Oberhaus (das war nun auch schon manches Jahr her) eine Rede zugunsten der Leute gehalten, die durch die Maschine ihr Brot verloren[3]. Eigentlich ging ihn das gar nichts an; und wenn er sich darum kümmerte, lag sogar der Verdacht nahe, daß er es zur Reklame triebe... Immerhin, immerhin, die Arbeiter... Überall in Europa spricht man von »sozialer Revolution«. Es würde, sagen die Wissenden, eine andere Revolution werden als die von 1830, als der Regimewechsel in Frankreich, der – karnevalistisches Produkt von Studenten, Künstlern und Bürgerlichen! – die Bourbonen nicht mehr haben wollte[4].

Um die Drohung zu vergessen, die 1845 über allen Häuptern schwebt, dazu kommen die Leute ins Konzert. Nie ist Musik so wichtig gewesen. Man fühlt sich kräftiger, wenn man Beethoven hört. Er und seine starken Akzente liefern Roborantia ins Blut. Man wird die Gefahren der Zeit bestehn, wird unter seinen Fahnen siegen, mit den Märschen der Siebenten und den Chören der Neunten Sinfonie vielleicht zur Revolution übergehn... Oder man wird, ganz im Gegenteil, mit der weicheren Musik Felix Mendelssohns und Schumanns sich über die Zeit hinwegträumen. Das wird vielleicht sogar besser sein – und die innigen Gesichter, die Mendelssohn, den Dirigenten, in Leipzig, Berlin und London erwarten, beginnen zu leuchten, wenn er erscheint.

Er pflegt im Geschwindschritt hereinzukommen. Auf Zehenspitzen, und merkwürdig leise. Es ginge ihm gegen den Geschmack, imperatorisch aufzutreten. Hält er aber neben dem Pult – auf dem selten eine Partitur liegt; er dirigiert alles auswendig! – steht er ein paar Sekunden reglos. Dann erhebt er mit weiter Gebärde, die man ihm nicht zugetraut hätte, den Stab[5]. Er dirigiert kraftvoll, aber zugleich elegant – und die Musiker, um es mit Liszt zu sagen, sind durchaus nicht seine »Galeerensklaven«. Das war damals noch keineswegs selbstverständlich, daß ein Kapellmeister sich gebildet, umgänglich und weltläufig gab. In seiner Schrift über das »Dirigieren«, die 1869 erschien, hat Wagner sich weidlich lustig gemacht über die Vierschrötig-Zopfigen unter den Orchesterleitern. Mit ihrem Rohen und Tölpelhaften habe, muß er zugeben, Meister Mendelssohn Schluß gemacht. Jawohl, der neue Kapellmeister war jetzt ein »Elegant« geworden, der sich »ausdrückte« und zugleich »zurückhielt«. Sein Dirigieren wirkte beinahe wie eine »Kunst der Konversation«[6].

Aber warum, fragt Wagner sich, »dirigierte Mendelssohn oft so schnell, wo Schnelligkeit gar nicht hingehörte«, und findet eine ungute Antwort... Der völlig harmlose Mendelssohn pflegte mit dem jüngeren Wagner sich offenherzig zu unterhalten. Sie besuchten nicht selten gemeinsam Proben und tauschten ihre Meinungen aus. »Persönlich äußerte Mendelssohn mir in betreff des Dirigierens und äußerte es einige Male, daß das zu langsame Tempo am meisten schade, und er dagegen immer empfehle, etwas lieber zu schnell zu nehmen: ein wahrhaft guter Vortrag sei doch zu jeder Zeit etwas Seltenes; man könne aber darüber täuschen, wenn man nur mache, daß nicht viel davon bemerkt werde, und dies geschähe am besten dadurch, daß man sich nicht lange dabei aufhalte, sondern rasch darüber hinwegginge.«

Täuschen? Was für ein schlimmes Wort. Und nicht just so hingesagt. Wagner war sich der Schwere des Vorwurfs bewußt, wenn er hinzufügt, es sei ihm unmöglich gewesen, dem »immer zu raschen Mendelssohn« ein Gefühl von Beethovens Achter und dem widerwärtig verwahrlosten Tempo ihres dritten Satzes beizubringen[7].

Nun kann man über den dritten Satz und seine einundachtzig Takte aber sehr verschiedener Meinung sein. Er ist schwerlich ein »echtes« Menuett. Seine Rokoko-Grazie ist eher ironisch. Und vor allem ist das Allegro vivace, das mit seinen fünfhundertzwei Takten als Finale hinter ihm dreinfährt, von so wahnwitzigem Übermut, daß wir sehr wohl verstehen können, daß ein moderner Dirigent (und solch einer war Mendelssohn!) auch schon den Mittelsatz nicht mehr ganz »ernst« nahm und das Menuett so spielte, als ob es just das Vivace einleite[8]. Mit einer Einleitung aber darf man sich bekanntlich »nicht zu sehr aufhalten« ...

Und was hat Wagner daraus gemacht? Eine Kardinalsünde Mendelssohns, die er noch nach dessen Tod in London gepflegt und gehätschelt fand: »Das floß wie das Wasser aus einem Stadtbrunnen; an ein Aufhalten war gar nicht zu denken, und jedes Allegro endete als unweigerliches Presto...« Und selbstverständlich wurde dabei auch die Dynamik ruiniert: »Das Orchester spielte nie anders als *mezzoforte;* es kam zu keinem wirklichen *forte* wie zu keinem wirklichen *piano* mehr...« Den von Mendelssohn erzogenen »eleganten Kapellmeistern«, schloß Wagner daraus, fehle »Glauben, Hoffen und Lieben zu einem echten Adagio«, zur »Tiefe und Länge einer Fermate«, wie Beethoven sie gesetzt habe... Sie trauten der Erlösungskraft ihrer eigenen Musik nicht mehr; immer fürchteten sie zu *langweilen!*[9]

Und warum wurde das alles geschrieben? Nicht nur die Liebe, auch der Haß kann einen vertieften Wahrblick haben. Und mehr als der Feind mag der »Bruder« enthüllen, der um unser Geheimstes weiß. Mendelssohn, der Moses-Enkel, hatte eine Anomalie, einen physischen Defekt, den er durch Jahrzehnte verbergen mußte. Im persönlichen Verkehr (das hatte ein Sprachlehrer ihn gelehrt, dessen Namen wir nicht mehr kennen) mußte er den Sprachansatz rasch nehmen, um nicht zu stottern. Andrerseits mußte er auf der Höhe des Satzes sich mäßigen, um nicht etwa zu »sprudeln«. Wagner, der wie kaum ein zweiter um die verborgenen Heimlichkeiten seiner Mitmenschen Bescheid wußte und schonungslosen Gebrauch davon machte, übertrug jenen Sprachdefekt auf Mendelssohns *Kunst.* Auf sein Komponieren und Dirigieren: »Der mit dem Naturfehler des Stammelns oder Lispelns Behaftete wird in seiner Kundgebung alle Leidenschaftlichkeit vermeiden, um nicht etwa in das ungebührlichste Stottern oder Sprudeln zu verfallen. Er muß stets auf sich achthaben...« Deshalb also das Meiden starker Akzente und des Machtvoll-Ruhigen! Deshalb die »mittlere Vornehmheit« in der Tempogabe und der Dynamik! — Aber hatte Wagner keine Ohren?

Wo und wann schonte sich Mendelssohn, wenn er andere Meister dirigierte? [10]

Die Kunst war ihm wichtiger als das Leben. Was Wagner nämlich nicht miterzählt hat, ist, daß Mendelssohn sich völlig ausgab und als Dirigent, als Erzieher und Organisator schon seit langem physisch über seine Verhältnisse lebte. Sein ethisches Temperament war zu stark, als daß er Körperfehlern erlaubte, seine Musik zu beeinflussen.

Aber er hatte den Tod im Mund – in einem einzigen Augenblick konnte der ihm ins Gehirn springen und ihn fällen.

Es ist ein Schnitter, der heißt Tod

Am 13. April erleidet Mendelssohn in London einen Schwindelanfall, als er von der Themsebrücke nach Cecil's Tavers hinüberblickt, wo er 1842 (ist das wirklich schon fünf Jahre her?) mit Charles Dickens gegessen hat [1]. Er verträgt den Flußnebel nicht mehr und muß sich am Geländer festhalten. Bald aber hat er sich gefaßt und geht zu Klingemanns, wo er wohnt und wo er, am Abend zuvor angekommen, den sechzehnjährigen Wundergeiger Joseph Joachim abgegeben hat, sein »Dickerchen«, seinen »Posaunenengel« [2]. Joachim soll nicht verlorengehn im nebligen London, wenigstens nicht, bevor er den Freunden vorgespielt hat...

Mendelssohn seufzt. Was liegt alles vor ihm? Konzerte in London, Manchester, Birmingham und wieder London. Vor allem aber ist er bei der Königin eingeladen und beim Prinzgemahl. Ihr hat er für die Entgegennahme der »Schottischen Sinfonie« zu danken, die er ihr gewidmet hat; und den Prinzgemahl klärt er darüber auf, warum er, der Niezufriedene, den »Elias«, den er im Jahr zuvor in England zu Gehör brachte, aufs neue umgearbeitet hat. Und dann spricht man beim Tee noch von hundert Dingen. Ob er nicht Engländer werden wolle, das fragt ihn diesmal keiner mehr. Doch es wird lachend davon gesprochen, was ihm, als er das erstemal kam, am meisten imponiert habe. Da fällt ihm die Antwort wirklich nicht schwer: daß er, der Zwanzigjährige, damals den Auftrag erhalten hat, ein Festlied für eine Feier zu schreiben, die in... Ceylon stattfinden würde! Ceylon, man stelle sich das vor... Dort hatten sich nämlich die Eingeborenen vor einiger Zeit emanzipiert; und Sir Alexander Johnston gab Felix Mendelssohn den Auftrag, zum Jahrestag dieses Ereignisses ein Gedicht in Musik zu setzen. Ein »Unikum« von einem Auftrag! Drei Tage hat er damals gelacht... Die Größe der Welt! Die Größe Englands![3]

Jetzt die letzten Proben zum »Elijah«. Vier Aufführungen – bei der zweiten sind die Königin und Prinz Albert zugegen. Albert the Good ist von Herzen erschüttert. Er schreibt in sein Textbuch Worte hinein, wie nicht so bald ein anderer Fürst sie an einen Komponisten gesandt hat:

»Dem edlen Künstler, der, umgeben von dem Baalsdienst einer falschen Kunst, durch Genius und Studium vermocht hat, den Dienst der wahren Kunst wie ein andrer Elias treu zu bewahren, und unser Ohr aus dem Taumel eines gedankenlosen Tönegetändels wieder an den reinen Ton nachahmender Empfindung und gesetzmäßiger Harmonie zu gewöhnen, – dem großen Meister, der alles sanfte Gesäusel, wie allen mächtigen Sturm der Elemente an dem ruhigen Faden seines Gedankens vor uns aufrollt, – zur dankbaren Erinnerung geschrieben von

Buckingham Palace *Albert.«*[4]

Zwischendurch hat Felix im Philharmonic Concert noch die Sommernachtstraum-Musik und die Schottische Sinfonie dirigiert, dazu Beethovens G-Dur-Konzert. Kapellmeister Costa, der geglaubt hat, die lange Kadenz sei endlich zu Ende, erhebt den Taktstock, damit das Orchester aufs neue in Beethoven einfallen könne[5]. Mendelssohn aber streckt die Hand aus »*Not yet! Not yet!*« – und nach dem Konzert gesteht er William Bartholomew, er habe deshalb nicht aufhören können, weil zwei so wunderbare Frauen im Zuschauerraum gewesen wären: Königin Victoria und Jenny Lind... Jenny Lind, die »schwedische Nachtigall«, für die er ja die »Loreley« schreibt. Sie, die dramatische Lyrikerin, wird die betrogene Frau darstellen, die sich mit dem Rhein vermählt... Er hat schon alles mit ihr besprochen, hat ihr die Hauptszenen ihrer Rolle, die fertig sind, am Klavier vorgespielt...[6]

Am 1. Mai Mittagessen bei Bunsens in der Preußischen Gesandtschaft. Nachmittags wieder zwei Stunden Klavierspiel bei Victoria und Albert. Am 4. und 5. neue Konzerte: Beethoven und Fugen von

Bach. Am 6. Mai Bildergalerien und am Nachmittag abermals ein Konzert in der Preußischen Gesandtschaft zu Ehren von Dr. William Gladstone, dem späteren Ministerpräsidenten, und seiner Gattin. Plötzlich läuft er aus dem Zimmer, ohne die Kraft, Lebewohl zu sagen[7]. Klingemann bemerkt erschrocken, daß er, sobald ihn nicht Musik und Scherzworte aufrechterhalten, ganz zerfallene Züge und sogar graue Haare haben kann. Am 8. Mai Abschied vom Königspaar in Buckingham Palace und gleich darauf Abreise per Eisenbahn nach Dover. Dann aufs Schiff und nach Ostende und wieder in die Eisenbahn. In Herbesthal, an der preußischen Grenze, mischt sich plötzlich ein Partner ein, von dem er noch niemals etwas gehört hat.

Die Zeit! Die verfluchte politische Zeit! Ein Beamter fragt ihn verdächtig leise, ob er Dr. Mendelssohn sei und bittet ihn, aus dem Zug zu steigen. Jawohl, sein Name ist Mendelssohn, und er hat ja auch seine Papiere bei sich. Seine Occupation? Komponist. Das weiß man so ziemlich in ganz Europa. Andre Beamte schütteln den Kopf. Man führt ihn in eine Art von Wachstube. Ob er nicht jener Mendelssohn sei, der im Hatzfeldtschen Kassettenprozeß...? Jener Dr. Mendelssohn, nach dem man fahndet, ist ein Freund des politisch so anrüchigen Seidenhändlersohns Lassalle. Wer ist nun wieder dieser Lassalle? (Falls er Lassal heißt, so kennt er ihn: Er war Handelsschüler in Leipzig und hat seine Musik sehr verehrt.) Was er *inzwischen* geworden ist, darüber könnten ihn Varnhagen und Alexander von Humboldt belehren: Ferdinand Lassalle schreibt ein Buch über Heraklit, den griechischen Denker, und ist nebenher dabei, sich einen Hochverratsprozeß auf den Hals zu laden...[8] Der wütende Mendelssohn schreibt Darstellungen, *was* für ein Mendelssohn er selbst ist; den ganzen Vormittag, Nachmittag (es kostete ihn nicht weniger Zeit als »eine Ouvertüre zu skizzieren«)[9]. Endlich glaubt man ihm und läßt ihn los, er fährt weiter nach Köln und nach Frankfurt, wo er halbtot vor Schwäche ankommt.

Aber der Sensenmann, der jetzt ausholt, hat es gar nicht auf ihn abgesehn. Mendelssohn steht im Zimmer, bei Cécile und seinen Kindern, da kommt die Nachricht aus Berlin, die er mit zitternden Fingern aufreißt. Mit einem Aufschrei bricht er bewußtlos zusammen.

Fanny! Die Lieblingsschwester Fanny! Sein musikalisches Gewissen, sein hundertmal befragter »Kantor mit den dicken Augenbrauen«. Den Wunsch, mit dem Bruder alles zu teilen, hat sie jetzt mit dem Leben bezahlt. Welch ein Dasein hat sie geführt, besonders seit dem Tod ihrer Mutter, die bis zuletzt dem Hause vorstand, weil sie das große und leichte Talent für Repräsentation besaß. Fanny Hensels Sache war das nicht. Fanny war Musikerin, sonst nichts. Diese Groß-Konzerte zu Ehren Felix Mendelssohns – ob er nun in Leipzig war, oder alle paar Monate nach Berlin hinhastete, um mit dem Domchor zu musizieren. Da hatte sie »großes Haus zu führen« und die ganze Welt zu empfangen. »Wenn ich dir sage«, schrieb sie an ihre Schwester Rebekka Dirichlet in die Ferne, »daß zweiundzwanzig Equipagen auf dem Hofe warteten und Liszt und acht Prinzessinnen bei unsrer Sonntagsmusik im Saal waren, so wirst du mir die nähere Beschreibung des Glanzes meiner Hütte erlassen...« [10]

Nein, Snobismus war das nicht! Sie lebte nur für die Kunst ihres Bruders. Felix schonte sich nicht? Dann sie auch nicht. Am 14. Mai 1847, einem Freitag, hält sie wieder einmal Chorprobe für Felix' »Walpurgisnacht« ab, die bei der Sonntagsmatinee im Mendelssohnhaus gespielt werden soll; sie sitzt am Klavier, da versagen die Hände, die Sprache, das Bewußtsein schwindet. Ihr sechzehnjähriger Sohn Sebastian wird aus der Zeichenstunde gerufen: seine Mutter sei plötzlich sehr krank geworden, er solle laufen, den Arzt holen. »Ich lief, was ich konnte, und weiß, daß ich mir in der Zeit immerfort vorsagte: ›Es kann doch nichts Schlimmes sein, uns kann doch nichts Böses passieren...‹« [11] Aber der Arzt konstatiert einen Bluterguß im Gehirn, und um elf Uhr nachts ist alles vorbei. Sie ist gestorben wie ihr Vater, wie ihre Mutter, wie alle Mendelssohns...

Wilhelm Hensel verliert den Verstand. Wie er es dennoch fertigbringt, seine angebetete Frau auf dem Totenbett zu zeichnen, ist seinem Sohne unbegreiflich. Felix kann nicht aus Frankfurt kommen, er ist zu krank. Statt dessen kommt ein Brief an Wilhelm:

»Wenn Dich meine Handschrift im Weinen stört, so tue den Brief weg, denn Besseres gibt es jetzt wohl nicht für uns, als wenn wir uns recht ausweinen können. Wir sind glücklich miteinander gewesen, nun wird's ein ernstes, trauriges Leben. Du hast meine Schwester sehr glücklich gemacht, ihr ganzes Leben hindurch, so wie sie es verdiente. Das danke ich Dir heut, und so lange ich atme, und wohl noch darüber hinaus – nicht mit bloßen Worten, sondern mit bitterer Reue darüber, daß ich nicht mehr für ihr Glück getan habe, daß ich sie nicht mehr gesehen, nicht mehr bei ihr gewesen bin...« [12]

Was hätte sie ihm zu verzeihn! War sie doch, neben seiner Cécile, die einzige Frau, die er wirklich geliebt hat! Ach ja, er hat nicht Wort gehalten. Er hat immer wieder fest versprochen, daß er zu ihrem Geburtstag käme, also am 14. November. –

Nun, diesmal wird er bestimmt kommen. Im November wird man ihn aus Leipzig bringen. Im Sarge. Und ihn neben die Schwester betten. Auf dem Berliner Dreifaltigkeitskirchhof.

Aber bis dahin hat er noch genau sechs Monate zu leben. Jetzt bewährt sich Cécile wie noch nie. Sie tut sich mit Schwager Paul zusammen, der genau weiß, was auf dem Spiel steht. Man muß Felix in die Schweiz bringen, ins Land der Gipfel, des Gletscherwassers. Dieses Land ist schon oft sein Arzt gewesen. Macht es ihn auch diesmal gesund?

Eine Kur in Baden-Baden hat ihm zunächst nicht anschlagen wollen. Er ist schlaflos. Er reist weiter. Jetzt beruhigt ihn nur noch das Malen. Von Schaffhausen reist er nach Neuhausen und wohnt im Gasthof über dem Rheinfall. Und nun malt er die stürzenden Wasser, mit Gefühlen, wie Mörike sie gehabt hat:

Rastlos donnernde Massen auf donnernde Massen geworfen,
Ohr und Auge, wohin retten sie sich im Tumult?

Hunderttausend Jahre alt mag der Rheinfall sein, doch der Tropfen sprüht in jedem Augenblick neu. Cécile hat mit sanftester Bewegung den Arm um Felix' Schulter gelegt; den Arm, der da sagen will: »Ich bin da!« – Die Kinder aber lachen, als sie auf wehender gelber Fahne den aufgerichteten schwarzen Bock sehn[13], das Symbol des Kantons und seiner Wolle. Bald fahren sie weiter nach Luzern, wo Mendelssohn weiter aquarelliert. Dann sind sie in Thun, dann in Interlaken, wo die hohen Nußbäume ihn an Fanny erinnern... Hier ist er als Kind mit ihr gewesen... Er ist trostlos. Jetzt kann er nicht mehr malen. Aber das tieftraurige f-Moll-Streichquartett (op. 80) entsteht. Es ist von wilder Zerrissenheit. Gelegentlich schwimmt ein Lichtblick vorbei, wie das As-Dur-Thema im ersten Satz. Im zweiten Satz hämmern die Synkopen, ehe, Brahms vorwegnehmend, über dem Basso ostinato die Geigen ihre Klage anstimmen. Das Adagio im Zweivierteltakt ist von Mendelssohnscher Wehmut. Dann aber das grell springende Finale mit der Gewißheit: es gibt keinen Trost.

Wenn er doch wieder malen könnte! Aber das kann er jetzt nicht mehr. Er eilt auf die Pässe, ins Gebirge, als ob er im Tal nicht atmen könne, er schreitet hier so heftig aus, daß Frau und Kinder zurückbleiben müssen. Vielleicht wird das Leben in Leipzig ihn heilen, der Wirkungskreis, das Konservatorium. Da tut er etwas sehr Unbedachtes: Er fährt nicht nach Leipzig, er fährt nach Berlin[14].

Er irrt durch den Garten. Durch Fannys Zimmer, wo alles unberührt so steht, wie sie es zurückgelassen. Die Sofadecke. Das offene Klavier... Er umarmt Wilhelm, fragt ihn nach seinem Malen und weiß, daß er mit Fannys Verlust jegliches Talent eingebüßt hat. Wilhelm schwatzt verwirrte Dinge: ob man nicht auf viele Jahre in den Orient fahren solle und versuchen, in Jerusalem das Geheimnis altchristlicher Kunst zu ergründen. Er sammelt Bücher und Notizen über Vorderasien. Als Felix das hört, wird ihm plötzlich schwindlig. Was soll diese Flucht? Ist sie nicht ganz nutzlos? Er eilt nach Leipzig. Irgendwo ist er in diesem Sommer auf das herzenstiefe Lied von Hoffmann von Fallersleben gestoßen, das »Comitat« heißt:

Nun zu guter Letzt
geben wir dir jetzt
auf die Wandrung das Geleite[15].

Jetzt komponiert er's. Für sich? Für Fanny? Seine Tränen verwischen das Schriftbild, als er fortschreibt: »'s geht hinab, hinauf, unser Lebenslauf« mit dem geheimnisvoll leisen Ende: »Das ist unser Los auf Erden.«

Nein, dirigieren kann er nicht mehr. Die Gewandhauskonzerte leitet jetzt Gade. Als Konservatoriums-Direktor vertritt ihn Ignaz Moscheles. Nur komponieren kann er noch. Und so schreibt er seinen Schwanengesang, für den Freund Konrad Schleinitz in Leipzig, nein, eigentlich für alle Freunde, das tiefrührende und erschütternde »Nachtlied«[16]:

Vergangen ist der lichte Tag,
von ferne kommt der Glocken Schlag;
So reist die Zeit die ganze Nacht,
nimmt manchen, ders nicht gedacht.

Wie einsam ist er doch, der Mensch:

Wo ist nun hin die bunte Lust,
des Freundes Trost und treue Brust,
des Weibes süßer Augenschein?
Will keiner mit mir munter sein?

Dieses Gedicht ist von Eichendorff. Wie es von keinem andern sein könnte. Ein Gedicht, das nicht »überreden« will. Ein Gedicht ohne Wortgewalt. Ohne jene Wortsprünge, die manchmal so hoch hinauswollen, daß man sie fast mit Diplomatie wieder hereinholen muß, die Bilder. Es ist ganz sacht, dieses Gedicht. Das kommt von der »freiwilligen Armut«, in die sich Eichendorff begibt, er, der den Dichtern seiner Zeit einmal zugerufen hat: »O klingelt, gleißt und spielet nicht! Zur Schande macht Ihr das Gedicht...«[17]

Die »franziskanische Armut der Worte«: Sie ist Eichendorffs Geheimnis. Schubert hat Eichendorff nicht gekannt – aber die Komponisten nach ihm, mit Mendelssohn und Schumann beginnend, bei Brahms, Hugo Wolf, Pfitzner und Strauß aber noch keineswegs aufhörend, greifen immer wieder zu Eichendorff. Es ist nicht wahr, daß nur »hohe« Worte, geist- und bedeutungsschwere Worte, die von optischen Reizen blinken oder von brauenden Nebeln dampfen, sich zum Komponiertwerden eignen. Je einfacher und innerlicher der Vers hinfließt, desto tiefer ruft er den Tonquell auf. – Hat nicht auch Fanny ihren letzten musikalischen Gedanken aus Eichendorffs »Wanderlied« geschöpft?

Vom Berge Vöglein fliegen
und Wolken so geschwind,
Gedanken überfliegen
die Vöglein und den Wind.

Diese Worte sind ebenso »arm«, wie ein japanischer Holzschnitt arm ist. Immer wieder derselbe Fusijama, aber wenn wir besser hinsehn, gewahren wir zarte Variationen der Luft, des Wetters in den Linien. So, oft gehört und längst gewohnt, gehen Eichendorffsche Worte immer neue Kombinationen mit ihren Nachbarworten ein:

Die Wolken ziehn hernieder,
das Vöglein senkt sich gleich,
Gedanken gehn und Lieder
fort bis ins Himmelreich.

Und die letzten Worte sind es auch, die auf Fannys Grabstein stehn werden: Gedanken gehn und Lieder fort bis ins Himmelreich.

Am 9. Oktober sitzt Mendelssohn bei seiner Freundin Livia Gerhardt-Frege. Immer wieder läßt er sich von ihr sein letztes Eichendorff-Lied vorsingen: »Vergangen ist der lichte Tag«. Ja, der Tag ist wirklich vergangen. Als es dämmert, geht Livia hinaus, um Lampen ins Zimmer hereinzuholen. Sie findet Felix schüttelfröstelnd auf dem Sofa zusammengesunken, mit kalten Händen, unfähig zu sprechen. Die qualvollsten Kopfschmerzen stellen sich ein. Man fährt ihn in einem Wagen nach Hause[18].

Am 28. Oktober wagt er noch einen Spaziergang mit Cécile. Sein Gang ist schleppend. Sie kehren um. Beim Betreten der Wohnung wirft ein Schlaganfall ihn zu Boden. Am 3. November wiederholt sich der Schlaganfall. Am 4. November 1847 erklären die Ärzte, daß keine Rettung mehr möglich ist. Die Familie und die Freunde umstehen das Bett des Bewußtlosen, der — wie einst der sterbende Mozart! — die Lippen wölbt und mit ziehendem Atem zu brausen und zu trommeln beginnt ...[19] Paul, aus Berlin herbeigerufen, steht, die Hände auf dem Rücken, reglos wie eine Statue. Neben ihm die Heldin Cécile, die nicht weiß, daß sie fiebert und selbst schon den Tod in ihrer Brust trägt. Sie beugt sich über ihren Gatten: Um neun Uhr abends ist alles vorbei.

»Man flüsterte auf den Straßen, als sei ein Mitglied des Königshauses gestorben«, schreibt ein englischer Student nach Hause. Bulletins an den Straßenecken, um die die Menschen schweigend geschart sind. Trauerkundgebungen in Dresden. Trauerkundgebungen auch in München, wo Ludwig I. nie aufgehört hat, in Mendelssohn den künftigen bayrischen Hofkomponisten zu sehn ...

Bestürzung in London, Mailand und Wien. Währenddessen gingen in Leipzig Tausende mit entblößten Häuptern an dem offenen Sarge vorbei. Dann wurde der Sarg geschlossen, und ein Extrazug führte die Trauernden nach Berlin. In Dessau stand nachts der Zug plötzlich still: der Oratorienkomponist Friedrich Schneider kam mit seinen Chören und feierte den verstorbenen Genius. — Dessau? Aus dieser Stadt war der Großvater zerlumpt und barfuß aufgebrochen, um ein großer Mann in Berlin zu werden. Jener »Sohn des Mendel aus Dessau«. Und sein Enkel Felix Mendelssohn, der von Ruhm und Ehren Bedeckte, machte in der Novembernacht jetzt denselben Weg nach Berlin, wo man auf dem Anhalter Bahnhof seinen Sarg wie den eines Fürsten empfing. Menschen. Chöre im Morgennebel: »Es ist bestimmt in Gottes Rat...«[20]

Eine Woche nach Mendelssohns Tod kam Ferdinand Hiller aus Köln durch Leipzig. »Am Abend fand ein Konzert im Gewandhaus statt, das dem Andenken des Toten geweiht war. Das Traurigste, sagt George Sand irgendwo, ist das Tafeltuch, das nach dem Fortgang eines geliebten Menschen zur bestimmten Essensstunde wieder auf den Tisch gelegt wird... Da stand das Orchester, da stand der Chor, da die langjährig begeisterten Hörer – man machte Musik und spielte und sang, und wenige Tage vorher hatte man seine Leiche zur Kirche geleitet... War es nicht eigentlich unmöglich, jetzt im Gewandhaus zu musizieren? Doch das Tafeltuch war wieder aufgelegt – und die Verwaisten vereinigten sich zum gewohnten musikalischen Mahle...

Und wieder nach einigen Jahren kam ich nach meiner Vaterstadt Frankfurt am Main. Man hatte mir von dem Gesundheitszustand der Witwe Felix Mendelssohns das Allertraurigste gesagt, und man befürchtete das Schlimmste. Ich ging am 25. September 1853 nach dem Hause von Céciles Familie und klingelte an der bekannten Schelle, die ich so oft erklingen gemacht, wenn ich den angenehmsten Stunden entgegensah. Nach wenigen Augenblicken stürzt die Schwiegermutter Mendelssohns, Madame Jeanrenaud, aus dem Zimmer und öffnet die Tür. Sie hatte der Ankunft von Céciles Schwager Paul Mendelssohn entgegengesehn. ›Ach, Sie sind es, lieber Herr Hiller?‹ sagte sie tonlos, mit jener erschreckenden Ruhe, die so oft die der Verzweiflung ist: *›Soeben hab' ich meine Tochter verloren!‹*«[21]

Der schwarzgrüne Ton

Die Trauer um Mendelssohn war wahrscheinlich am tiefsten bei den Namenlosen. Also bei den Sängerbünden, die seine Lieder im Chor sangen. 1840 hatten beim Niederrheinischen Musikfest Tausende von Sängern erstmals das »Wer hat dich, du schöner Wald« angestimmt[1].

»Ich singe mit, wenn alles singt!« sagt Paul Gerhardt in einem

Liede, das er »Sommerlied« genannt hat. Dieser Barockdichter, der beweist, daß man im siebzehnten Jahrhundert auch einfach dichten konnte, sang also mit, weil die Bienen sangen, weil die Sträucher jubelten, die Vögel, die Flüsse, die Wolken darüber? Sein »wenn« hat einen Beiklang von »weil«. Aber gleichviel, ob Paul Gerhardt hier an »Grund« oder »Zeit« dachte: es bleibt bestehn, daß er nicht aus dem Ich sang, nicht aus der Vereinzelung, sondern, als das andere schon sang, mit seiner Einzelstimme einfiel. Daß er also ein »wir« wurde.

»Ich singe mit, wenn alles singt.« Von der lyrischen Aussage ins Musikalische übersetzt: es ist hier vom Chorgesang die Rede. Vom Chor ohne Instrumentalbegleitung. Ob Männerchor oder Gemischter Chor: stets handelt es sich um ein Wir und kein Ich. Oder höchstens um jenes Ich, das auf geheimnisvollem Wege zu einem Wir ward[2].

Felix Mendelssohn hat um dieses Wir-werden gewußt. So entstanden seine »Lieder im Freien zu singen«, seine Männer- oder Gemischten Chöre, Opera 50 und 59. *»Die natürlichste Musik ist es doch«*, schrieb er einmal an Klingemann über diese Freiluftgesänge, *»wenn vier Leute zusammen spazierengehn in den Wald oder auf dem Kahn fahren, und dann gleich die Musik mit sich und in sich tragen ...«*[3]

Kaum einer der großen deutschen Liedmeister hätte ihm das nachsprechen wollen. Weder Schubert noch Schumann, nicht Brahms oder Wolf. Jeder von ihnen hatte nämlich ein gewaltiges Ich einzusetzen, das sich keineswegs auflösen wollte, sobald es entweder mit dem Klavier oder mit dem Orchester rang. Die Lieder von Wolf, Brahms, Schumann, Schubert sind *Stimm-Konzerte* — dies ist das Wort! —, wo eine führende Menschenstimme sich gegen den instrumentalen Sturm anderer, nicht menschlicher Stimmen behauptet. Auch Franz Schubert hat Männerchöre geschrieben wie die hochherrliche Goethe-Hymne »Gesang der Geister über den Wassern«. Doch eigentlich war die Geselligkeit des Chorischen nicht seine Handschrift. Bald sang er da Salieri an, seinen Lehrer, bald andere Freunde, bald feierte er einen toten Meister, wie den trinkfrohen Michael Haydn, den Schöpfer von Salzburger Rundgesängen. Die mehr als sechshundert Lieder aber, die der *wirkliche* Schubert schrieb, waren ohne das Klavier nicht denkbar. Das Klavier war Schuberts Wettkämpfer[4].

Warum beschimpft man die Sängerbünde, daß sie »ihren Schubert nicht singen«? Und darüber hinaus gar das deutsche Volk, daß es seinen Schubert »nicht kannte«, bevor nicht große Gesangsmeister wie Julius Stockhausen, Johannes Messchaert, Lilli Lehmann ihn im Konzertsaal vortrugen?[5] Als ob sich etwa die Liednovelle vom Müller und seiner unglücklichen Liebe ins Chorische übersetzen ließe! Jenes »Ich hört' ein Bächlein rauschen« ist ein lyrisch-dramatisches Einzellied, darin (wie in allen Müllerliedern) außer der menschlichen Singstimme noch zwei außermenschliche Wesen mitsingen, mitgrollen, mitschmeicheln, mitlachen: das Bachwasser und das Mühlenrad. Diese Wesen sind gar miteinander uneins: der Bach hat eine andere Stimme als das Mühlrad – fast in jedem Lied kämpfen und hadern sie miteinander. Und der singende Mensch horcht auf ihren Streit. Entweder hört er sein Liebesleid in ihr unwilliges Stampfen hinein, seine Eifersucht auf die grüne Farbe (»Was sucht denn der Jäger am Mühlbach hier? Bleib, trotziger Jäger, in deinem Revier!«) – oder, im letzten Lied des Zyklus schweigt das Mühlrad plötzlich still, und aus dem Bach, der sein Sechzehntelwesen zu traurigen Achteln beruhigt hat, steigen Todeswunsch und Todesgewißheit ...[6]

Mit dem Schubertschen »Genius der Einsamkeit«, der dramatisch-lyrischen Leidenspotenz, die in fast all seinen Liedern lebt – vor allem in der »Winterreise« – hatte Mendelssohns Talent nichts zu tun. Seine wunderbaren Chorlieder waren merkwürdigerweise Abkömmlinge des »Berliner Stils«[7]. Sie stammten von Reichardt und J. A. P. Schulz[8]. Ohne Zelters Singakademie, ja, ohne die »Liedertafelei«, die das Durchkomponieren verbot und streng auf das Strophenlied achtete, wären sie vielleicht nicht möglich gewesen. Nur daß sie unendlich viel tiefer sind als jene Berliner »Geselligkeitslieder«. Denn hinter solchen Chorwundern wie »O Täler weit, o Höhen« stand keine »Gesellschaft«, sondern das Volk.

Das Volk liebt das Herbe wie das Weiche. Und so ist es eine Torheit, etwa den Chören von Friedrich Silcher (der Heines »Loreley« vertonte)[9] oder denen von Hans Georg Nägeli, dem so volkstümlichen Schweizer Meister, Sentimentalität vorzuwerfen. Auch Mendelssohn ist das widerfahren. Sehr zu Unrecht. Macht ein Lied feuchte Augen, so beweist das noch nichts gegen seine Kunst. Es ist ein etwas »männischer« Irrtum, daß ein Lied »nicht weinen machen dürfe«, ein, sagen wir, wagnerdeutscher Irrtum. Das Volk schämt sich seiner Gefühle nicht; und ein Dichter wie Eichendorff wußte vom »Weinen aus Herzensgrund«.

Aber ob Jubel oder Träne: Mendelssohn war so eingenommen vom Chorlied, daß er seltsamerweise sogar das Wort »ich« in seinen Gesängen oft genug mehrstimmig singen ließ. Schwester Fanny hat von Herzen gelacht — und mancher der Freunde stimmte ein —, daß Felix Mendelssohn »es anscheinend nicht merkte«, als er die Romanze des Eichendorffschen Taugenichts:

Wohin ich geh und schaue,
in Feld und Wald und Tal,
vom Berg hinab in die Aue:
viel schöne, hohe Fraue,
grüß ich dich tausendmal.

als ... *Duett* gesetzt hatte. Und wie mußte man erst kopfschütteln, wenn er in Uhlands »Schäfers Sonntagslied«

Das ist der Tag des Herrn!
Ich bin allein auf weiter Flur;
noch eine Morgenglocke nur,
nun Stille nah und fern.

von einem *Männerchor* singen ließ[10]. Da war eben etwas Tieferes im Spiel, das Fanny und die Freunde nicht sahen: Das Auslöschen des Ichs im Wir.

Was ist ein Volkslied? Darüber haben Gelehrte Bedeutendes gesagt. Nicht Bücher, sondern Bibliotheken wurden über diese Frage geschrieben. Seit Florentin von Zuccalmaglio — und auch er war der erste nicht! — zwischen 1838 und 1840 zwei Bände »Deutsche Volkslieder mit ihren Originalweisen« herausgegeben hatte, schwieg das Interesse am Volkslied nicht mehr[11]; und der blutjunge Rochus von Liliencron suchte Meister Mendelssohn auf, um seine Meinung zu erfragen, warum das Volk das eine Lied zum Volkslied »erhob«, das andere nicht? Was hätte Mendelssohn antworten können? Die schönste Übereinstimmung zwischen Wort und Ton bot noch keine Erklärung. Andere Gründe sind maßgebend gewesen, quellentiefe und rätselhafte. »Das Volkslied«, hat Lenau einmal gesagt, »lebt wie Kaiser Barbarossa im Kyffhäuser. Es weiß nichts davon, daß wir draußen am Hang nach ihm suchen und nach ihm rufen.«[12] Das war sehr schön von Lenau gesagt, dessen »Schilflied« und dessen »Primel« zwar von Mendelssohn komponiert, aber niemals Volkslieder geworden sind.

Doch Eichendorffs Lieder sind es geworden. Nochmals: wir können nur ahnen, warum. Die Entstehungsgeschichte eines Liedes wie »Wer hat dich, du schöner Wald, aufgebaut so hoch da droben?« ist eigentlich völlig unbegreiflich. Mit »Abhängigkeit von einer Landschaft« hat solch ein Wunderwerk nichts zu tun. Wenn der Wald, der deutsche Wald, anzusingen war, sollte man meinen, daß ein halbes Jahrhundert zuvor Gluck der Meister war, das zu tun. Gluck war eines Försters Sohn. Er wuchs als echtes Naturkind auf. Es wird erzählt, daß er oft im Winter nacktfüßig auf schneebedecktem Boden durch die böhmischen Wälder zottelte, um dem Vater Geräte nachzutragen [13]. Aber sonderbar! In den Gluckschen Opern kommt auch nicht ein einziger Baum vor. Ginge es nach der »Milieutheorie« — jener wenig klugen Theorie, die ein kluger und feiner Kopf wie Hippolyte Taine sich ausgedacht hat —, so wäre Gluck der Mann gewesen, Bäume in Musik zu setzen. Was Taine und seine Freunde vergaßen, war aber, daß in jedem Genie der Stolz, ja, der Trotz und das Fortwollen herrscht: »Ich will nicht sein, was ich vatersher bin und wozu die Umwelt mich bestimmt hat — ich will ein Mehr sein und ein Andrer!« Jener Geist, von dem das Evangelium erzählt, »der da bläst, von wannen er will«, hatte da nämlich auch mitzureden. Der deutsche Wald hatte nichts getan, als Klein Gluck die Füße erfrieren zu machen — Mendelssohn, das behütete Stadtkind, dessen Heimat der Wald nicht war, schuf die schönsten Waldchöre der Deutschen.

Wirklich: Wenn er »Der Jäger Abschied« oder das andere Waldlied:

> O Täler weit, o Höhen, / O schöner grüner Wald,
> Du meiner Lust und Wehen / andächtger Aufenthalt!
> Da draußen, stets betrogen, / saust die geschäftge Welt,
> Schlag noch einmal die Bogen / um mich, du grünes Zelt!

vertonte, und sie so vertonte, daß hunderttausend Sänger sofort diese Lieder ans Herz nahmen —, wie will die Milieutheorie das erklären? Die Voraussetzung dieser Texte war doch Eichendorffs Oberschlesien [14], wo Felix Mendelssohn nie geweilt hatte. Also ein sanftes Mittelgebirge mit dunkelgrünen Mischwäldern, nirgends steinig, nirgends kahl, mit mäßig streichenden Höhenzügen über

Notenhandschrift Mendelssohns von
»Durch schwankende Wipfel . . .« von Eichendorff

hellgrünen Wiesentälern. Mit viel Wasserdunst, der Entfernungen vortäuscht, wo sie eigentlich gar nicht bestehn. Zwischen dem Drunten und dem Droben:

> Tief die Welt verworren schallt,
> oben einsam Rehe grasen,
> Und wir ziehen fort und blasen,
> daß es tausendfach verhallt:

gab es kaum Höhenunterschiede. – Und wo hat Mendelssohn das komponiert? In der Schweiz, in Interlaken, wo Wälder nur einen

Notenhandschrift Mendelssohns von
»O Täler weit, o Höhen . . .« von Eichendorff

schütteren Hüftkranz um die nackten Viertausender bilden![15] Im Angesicht der Eisgipfel hat er's skizziert. Mönch, Jungfrau und Eiger sahen mit morgenrotem Antlitz auf den Mann, der ehrfürchtig an den viele hundert Meilen entfernten deutschen Wald dachte:

Banner, der so kühle wallt!
Unter deinen grünen Wogen
hast du treu uns auferzogen,
frommer Sagen Aufenthalt!

Da rede uns einer von »Heimatkunst«, von einem Verhaftetsein an die Scholle! Mendelssohn war nie in Ratibor und in Eichendorffs Lubowitz gewesen — aber diesen Chorgesang mit der dräuenden Engführung der Ersten und der Zweiten Stimme, mit dem feierlichen Anheben, dem dreimaligen Anheben zur Quart, zur Sexte und zur Oktave, hat er so orgelhaft hingesetzt, wie Eichendorff es sich wünschen mußte, wenn er zu den schwarzgrünen Stämmen wie zu einer Kathedrale sprach.

»The dark green tune of Mendelssohn«, hat man in Amerika im Kreise Stephen Fosters Mendelssohns Eichendorff-Chöre genannt[16]. Schon 1844 hatte man ihn in New York haben wollen; aber, ähnlich wie Johann Strauß der Ältere, hatte er die Einladung zum Musikfest dort ausgeschlagen. Es war ihm zu weit! Als frühestes Chorlied hatte man, bald nach Mendelssohns Tod, »Durch schwankende Wipfel schießt goldener Strahl«, jenes Eichendorffsche Jagdlied, in Philadelphia und Boston gesungen. Der Kreis der Städte vergrößerte sich; und als 1871 Leopold Damrosch den New Yorker Männergesangverein gründete, geschah es im Zeichen Mendelssohns: vom ersten Taktstockheben an war seine große Kunst im Saal. Was diese Chorlieder für das Deutschtum in Amerika geleistet haben, das muß man in den Gesangvereinen von New York und Brooklyn erlebt haben. Eine verwandelnde Gewalt ging und geht von ihnen aus, seit in der zweiten Jahrhunderthälfte Karl Bergmann, Theodor Thomas und andre diese Lieder zu Gehör brachten[17]. Sie grünten und ließen Wälder wachsen, wo nie welche gestanden hatten. Und vollends in den dunklen Jahrzehnten der Hitlerschmach, als man vom Deutschen drüben nichts mehr wissen wollte, waren Mendelssohns Chöre da und mahnten mit dunkelgrünem Erzklang.

Mögen Mendelssohns reine Klavierlieder bezweifelt und vergessen werden. Seine Chorlieder werden es niemals sein. Ihnen hat sich der Kyffhäuser, das Herz des deutschen Volkes, geöffnet und sie bewahrt, als Mendelssohns Name im Vaterland geächtet war.

Der Schuß aus dem Dunkel

Und dann geschah 1850 jener »Schuß aus dem Dunkel«, der Mendelssohn ärger traf, als ihn der Tod getroffen hatte. Es erschien jenes anonyme Pamphlet »Das Judentum in der Musik«, ein psychologisch aufgemachter und scheinbar sozialwissenschaftlicher Beitrag, doppelt wirksam, weil sein Verfasser sich jahrelang verbergen konnte. Wo nahm eigentlich der Anonymus, der unter dem Namen Karl Freigedank schrieb, die Beweise für seine Behauptungen her? Für die Schädlichkeit des Eindringens der Juden in die deutsche Musik? Nirgends – doch seine Behauptungen waren so apodiktisch gefaßt wie später die nationalsozialistischen. Im Fall Mendelssohn brauchten Hitlers Leute keine Lügen zu erfinden: alles Brauchbare stand bereits in jenem Pamphlet von 1850.

Franz Brendel war kein schlechter Mann. Als der ermattende Robert Schumann die Leitung seiner »Neuen Zeitschrift für Musik« aus der Hand geben mußte, glaubte er keinen Bessern zu finden als diesen gewandten gebildeten Helfer. Daß Brendel der neudeutschen Richtung anhing, also Wagner und Liszt, sprach nicht gegen ihn. Seine Leipziger Vorlesungen[1] zeigten ihn als einen Mann, der auch anderen Richtungen Achtung erwies. Über Mendelssohn hatte er geschrieben, man müsse nicht neue Bahnen brechen, um ein vorzüglicher Meister zu sein: »Das Größte leistend auf weltlichem Gebiet, und dafür vorzugsweise begabt, eine überwiegend dem Lyrischen zugeneigte Persönlichkeit, liefert er uns das *erhebende Schauspiel,* wie sehr es möglich ist, durch rastloses Ringen die eigne Persönlichkeit zu erweitern und in Oratorien auch die Räume des Epischen zu erfüllen.« Und dieser Mann, der eben noch Mendelssohns »Lieder ohne Worte« als »Meisterstücke der kleinen Kunstform«, die »Hebriden« und den »Sommernachtstraum« als unübertrefflich gepriesen hatte, stellte seine Zeitschrift einem Heckenschützen zur Verfügung, der etwas völlig Neues in das deutsche Musikleben bringen sollte: den *Antisemitismus.*

Antisemitische Schriften gab es längst. Die von der deutschen Aufklärung erkämpfte und später von Napoleon, Hardenberg und Metternich befohlene Gleichstellung der Juden war vielen Deutschen unbequem — gerade weil sie von »oben« kam. Waren die deutschen Regierungen doch geschworene Feinde der »Burschenschaften«. Als ein Universitätsprofessor wie der Philosoph Jakob Friedrich Fries in den angesehenen »Heidelberger Jahrbüchern« eine Arbeit veröffentlichen durfte »Über die Gefährdung des Wohlstands der Deutschen durch die Juden«[2], da hatte er es leicht, einen Zusammenhang zwischen jüdischem Geld und der volksfeindlichen Tyrannis der deutschen Fürsten aufzufinden — auch dort, wo er keineswegs bestand! Inmitten der Demagogenverfolgung von 1819 hatte es sogar einen Pogrom in Deutschland gegeben, den letzten großen Pogrom vor Hitler. Daß die so »judenfreundlichen« deutschen Regierungen ihn toben ließen und erst im allerletzten Moment — nach Synagogen- und Hausbränden — Militär und Polizei aufboten, ist seltsam. Aber vielleicht nicht so seltsam, wenn man dem Amerikaner

Monkton Presley glaubt[3], daß die antisemitischen Exzesse vielleicht von oben »gepflanzt« worden waren, *um die deutschen Burschenschafter in ganz Europa zu diffamieren.* »Die Deutschen«, schrieb damals ahnungsvoll Börne, »sollten begreifen lernen, daß man sie zum Mißbrauche der Freiheit verleitete, um sagen zu können, daß sie keiner Freiheit würdig seien.«[4]

Die große deutsche Volkserhebung von 1848 fand die Juden politisch uneinig. Unter den Märzgefallenen, die in Särgen vor dem Berliner Schloß aufgebahrt wurden, befanden sich mehr als vierzehn Juden; andererseits war die Mehrzahl der Juden, die, vom deutschen Volke gewählt, in der Frankfurter Paulskirche saßen, Konservative, die Obrigkeitsstaat und Eigentum nicht angetastet wissen wollten[5]. Weder sie noch die jüdische Linke ahnte etwas von den Gefahren, die der Zusammenschluß des Kleinbürgertums mit den wirklichen Gewalten in Deutschland, dem Grundbesitz und den Industriellen, für die Juden heraufbeschwören sollte.

Eine Flugschriftenliteratur über die anthropologische und geistige Verschiedenheit zwischen Juden und Deutschen gab es schon damals. Karl Freigedank, ein »Allesleser«, spielte souverän auf ihr. Völlig neu war aber sein Vorwurf, daß die Juden »die deutsche Musik ruinierten«. Auf welchem Mond hatte dieser Fälscher in den letzten Jahren gelebt? Hatte er nie von Beethovens jüdischen Freundschaften gehört und nichts von jenem Textdichter, der für ihn die Liederfolge »An die ferne Geliebte« geschrieben hatte?[6] Von der Kunstfreundschaft E. Th. A. Hoffmanns, des »Undine«-Komponisten, mit dem jüdischen Kriminalrat Hitzig?[7] Von den unzähligen ausübenden Musikern in den deutschen Kapellen? Von Webers Londoner Oberon-Aufführung, wo das Urbild christlicher Ritterschaft, der Heros Hüon von Bordeaux, von einem Juden gesungen wurde — von Byrons Freund John Abraham-Braham?[8]

Von der dauernden Arbeitsgemeinschaft jüdischer und deutscher Künstler, der seit Jahrzehnten ungestörten, wußte Freigedank anscheinend nichts (oder gab doch vor, nichts zu wissen), wenn er 1850 mit gekrauster Stirne schrieb:

Von der Berührung mit unserem Volk aufs empfindlichste zurückgestoßen, jedenfalls gänzlich unvermögend, den Geist unseres Volkes zu erfassen, sieht sich der gebildete Jude auf die Wurzel seines eigenen Stammes hingedrängt, wo ihm ... das Verständnis leichter fällt. Wollend oder nicht wollend muß er aus dieser Quelle schöpfen: aber nur ein Wie, nicht ein Was hat er ihr zu entnehmen. Der Jude hat nie eine eigene Kunst gehabt — daher nie ein Leben von kunstfähigem Gehalt besessen.

Und das Alte Testament und die Psalmen zeugten *nicht* von künstlerischer Begabung? Doch — räumt Freigedank scheinheilig ein. Aber weil der Jude vom deutschen Volkslied und vom deutschen Kunstgesang und der Instrumentalmusik nichts wisse (!), sei er gänzlich »*auf die Melismen und Rhythmen des Synagogengesangs angewiesen*«. Diese musikalischen Hebraismen, heißt es weiter, mögen im Altertum einmal ganz schön gewesen sein — aber die jetzigen Vorsänger in den jüdischen Synagogen verzerrten sie fratzenhaft-widerwärtig. Selbst wo ein würdiger Gottesdienst herrsche, möge man nur die freche Zerstreutheit und Gleichgültigkeit auf den Gesichtern beobachten, um herauszufinden, wes Geistes Kinder diese Synagogenbesucher seien.

Nun, Zerstreutheit und Gleichgültigkeit: um *sie* zu beobachten, hätte Freigedank es auch näher gehabt. Wenn eine sächsische Durchschnittsgemeinde einer Bachschen Fuge gelangweilt folgt (o wäre man doch schon im Wirtshaus!), oder wenn bayerische Biergesichter eine Messe von Palestrina sonntäglich zu schlucken bekommen, sieht es auch dort nicht schöner aus. Musik ist Geist. Wo immer aber Menschengesichter, Gestik, Gerüche, Heuchelei uns beim Musikhören zu nahe treten, da ruft das bald unseren Ekel auf[9].

Der Jude sei »anders« als der Deutsche, fährt Freigedank fort, diese frühe Ausgabe eines »Völkischen Beobachters«. Nähere sich der Jude deutscher Kunst, so geschähe das nur »ganz oberflächlich«; nur das Zufälligste an ihr könne der Jude zurückspiegeln. Alle jüdische Musik müsse demnach einem Deutschen »*fremdartig, kalt, sonderlich, gleichgültig, unnatürlich und verdreht erscheinen. Jüdische Musikwerke bringen auf uns den Eindruck hervor, als ob zum Beispiel ein Goethesches Gedicht in jüdischem Jargon vorgetragen würde...*« Anders hätte es Julius Streicher in seinem »Stürmer« nicht sagen können.

Aber nun, welch bestürztes Bedauern:

An welcher Erscheinung wird uns dies alles klarer... als an den Werken eines Musikers jüdischer Abkunft, der von Natur mit einer spezifischen Begabung ausgestattet war wie wenig Musiker über-

haupt vor ihm? Alles was sich bei der Erforschung unsrer Antipathie gegen jüdisches Wesen darbot, aller Widerspruch dieses Wesens in sich selbst und uns gegenüber... steigern sich zu einem völlig tragischen Konflikt in der Natur, dem Leben und Kunstwirken des frühe verschiedenen Felix Mendelssohn-Bartholdy. Dieser hat uns gezeigt, daß ein Jude von reichster spezifischer Talentfülle sein kann, daß er die feinste und mannigfachste Bildung, das gesteigertste, zartempfindende Ehrgefühl besitzen kann, ohne es je zu ermöglichen, auch nur ein einziges Mal die tiefe, Herz und Seele ergreifende Wirkung auf uns hervorzubringen... die wir zahllos oft empfunden haben, sobald ein Heros unserer Kunst... nur den Mund auftat, um zu uns zu sprechen...

Diese Vornehmheit, diese falsche Stille: Gerade sie waren die Todesfalle, in die nicht nur Mendelssohn, sondern nach ihm auch Gustav Mahler und zahlreiche jüdische Tonsetzer stürzten[10]. Und in Wirklichkeit war hier doch nichts gesagt als: »Streng dich an, soviel du willst — es nützt dir nichts, denn du bist Jude...« Unterhalten, meint Freigedank, kann uns ein jüdischer Musiker durch Kapriolen und Sprünge. Das täte Mendelssohn ganz gewiß, wenn er »*zu unserer unterhaltungssüchtigen Phantasie spreche, uns eine Reihung und Verschlingung der feinsten, glättesten Figuren wie im Kaleidoskop vorführe*«, mit wechselndem Farben- und Formenreiz — nie aber könnten diese Figuren menschliche Herzensempfindungen wecken. »*Nur da, wo das drückende Gefühl von dieser Unfähigkeit sich des Komponisten bemächtigt und ihn zum Ausdrucke weicher und schwermütiger Resignation drängt, stellt Mendelssohn sich charakteristisch dar... Dies ist, wie wir sagten, ein tragischer Zug... Und wenn wir auf dem Gebiete der Kunst an die reine Persönlichkeit unsre Teilnahme verschenken wollten, so dürften wir sie Mendelssohn in starkem Maße nicht versagen.*«

Die Lebenstrauer, die tiefe Schwermut, die so oft aus Mendelssohns Oratorien — aber auch aus seinen Liedern, seinen deutschen Volksliedern! — klang, einzig darauf zurückzuführen, daß er, »weil er Jude war, sich nicht wahrhaft als Deutscher fühlen konnte«: weiter war die Fälschung nicht zu treiben! Für einsichtigere Menschen leicht durchschaubar, war diese Behauptung trotzdem tödlich. Um sie widerlegen zu können, hätte der tote Mendelssohn sich das Herz aus der Brust reißen müssen und es auf offenem Markt sezieren...

Dieser feige Strauchritterschuß gegen einen verstorbenen Meister gelang Karl Freigedank allzu gut. Und jetzt wurde er noch feiger. Er machte sich nämlich an Meyerbeer, den ebenfalls jüdischen Komponisten, aber ohne seinen Namen zu nennen – denn Meyerbeer lebte und war allmächtig! Alle schlechten Eigenschaften des Komponisten Meyerbeer, sein Haschen nach Glanz und nach Effekt, das triviale Verhältnis zur Melodie, schiebt Freigedank seinem Judentum zu. Und spottet damit seiner selbst: denn, wenn das Mendelssohnische etwas spezifisch Jüdisches wäre, wie könnte das Meyerbeerische, das eine Welt von Mendelssohn trennt, dann ebenso eindeutig jüdisch sein? Hierauf hat er freilich eine Antwort: Was bei Meyerbeer das Gefühllose ist, die Abwesenheit jeglicher Herzenswahrheit, das erscheint ihm bei Mendelssohn kompensiert durch Übertriebenheit des Gefühls, durch »jüdische Sentimentalität«. – Wie! Sentimentalität wäre »undeutsch«? Hatte dieser Karl Freigedank niemals ein Schubertsches Lied gehört, nie die »von Tränen glitzernden Wiesen und die seufzerbestandenen Höhen« dieses deutschesten Komponisten erlebt?

Und nun kehrt sich der Anonymus zum Schluß – wie könnte es anders sein! – gegen Heinrich Heine, der selbst Pamphletist ist. Heines schwer zu vergebende Späße über Mendelssohn und Meyerbeer müssen jubelnd herhalten, um Freigedanks These zu unterstreichen: daß beide nichts getaugt hätten! »*Keine Täuschung hielt bei Heine vor: vor dem unerbittlichen Dämon des Verneinens dessen, was verneinenswert schien, ward er rastlos vorwärtsgejagt, durch alle Illusionen moderner Selbstbelügung hindurch, bis auf den Punkt, wo er nun selbst wieder sich zum Dichter log, und dafür auch seine gedichteten Lügen von unseren Komponisten in Musik gesetzt erhielt.*«

Das war eine Beleidigung Schuberts und Schumanns. Und übrigens auch eine Beleidigung des Komponisten Richard Wagner, der in Paris die Übersetzung von Heines »Die beiden Grenadiere« in Musik gesetzt hatte.

Und nun meinen wir ihn selbst eintreten zu sehen. Ihn, den Schriftsteller Richard Wagner. Die Situation verlangte nach ihm. Wer hätte jenem Karl Freigedank die Maske vom Gesicht reißen sollen? – Zwar: neben Meisterprosaikern wie Nietzsche, Jacob Burckhardt, Gottfried Keller war Wagner kein »guter« Schriftsteller. Wenn er etwas ausdrücken wollte, konnte es ihm geschehn, daß er dreimal ansetzte, aber die ersten zwei Versuche nicht aus dem Wege zu räumen vermochte: das verlieh seinem Prosastil, besonders in den Anfangsjahren, oft etwas Schwülstig-Ermüdendes.

Auf der anderen Seite war aber Wagner einer der feinhörigsten Menschen der Zeit und geistig ungeheuer erregbar. Ein Pamphlet wie »Das Judentum in der Musik« konnte seiner Aufmerksamkeit nicht entgehn. Nun hatte er in seiner Pariser Zeit – also in den Notjahren um 1840 herum – nicht nur sehr viel mit Juden verkehrt, sondern jüdische Freundschaften geschlossen. Was mochte ihn zu den Juden so hinziehn? Vielleicht gewisse Eigenschaften, die er selbst nicht zu haben glaubte. In einem Alter, wo andere Meister längst über sich Bescheid wissen, wußte Wagner durchaus noch nicht, ob er Maler, Schauspieler, Dichter oder Musiker werden solle. »Seine Jugend«, schrieb später Nietzsche, »war die eines vielseitigen Dilettanten, aus dem nichts Rechtes werden will.«[1] Die merkwürdige Sicherheit, mit der sich seine jüdischen Freunde an ihre Lebensaufgaben machten – ob es künstlerische waren, wissenschaftliche oder rein kaufmännische –, muß Wagner imponiert haben. Mehr: es schreibt sich aus dieser Zeit wohl auch jene merkwürdige »Überschätzung des Judentums« her. Den Juden, schien es Wagner, »gelang eben alles«. Bei einiger Gerechtigkeit hätte er sehn müssen, daß das nicht stimmte. Und wo es doch stimmte, geschah es wohl darum, weil diese leiderzogenen Menschen fleißig waren und überaus maßvoll lebten; vor allem betranken sie sich nicht; sie leisteten sich auch keine Exzesse, die »ihr Lebenswerk gefährdeten«[2].

Das alles war bei Wagner anders, der sein Leben lang sich in angreiferischen Posen wohlfühlte. (Daß nämlich bei seinen Exzessen und Feindschaften auch Schauspielerisches mitwirkte, hat Paul Bekker richtig gesehn[3].) Paris, die Stadt der Emigranten von 1830, wurde ihm einstweilen Heimat. Daß er auf die Pariser geschimpft hat, ihre Äußerlichkeit, ihr Seelenloses, ihre Vergötzung des Erfolgs, sprach in keiner Weise dagegen. Hier sah man den kleinen Mann herumgehn, mit den merkwürdig kurzen Füßen und dem zu großen Kopf eines Trolls (jedenfalls »mehr Mime als Siegfried« — erst später veredelten sich seine Züge), in einem seltsamen Dialekt von seinem großen Wollen erzählend. Seine Armut, sein Idealismus, sein harmlos-melodramatisches Wesen, seine Tierliebe, seine sehr hübsche Frau und die Liebe, mit der er an ihr hing, sein naives Schuldenmachen, sein Optimismus: all das nahm sehr für ihn ein[4]. Es gab niemanden, der ihn nicht gern hatte.

In Paris traf Wagner das »Junge Deutschland«, mit dessen sozialistischen Befreier-Ideen er sympathisierte, vor allem den vergötterten Heine. Für die »Dresdner Abendzeitung« des Hofrats Theodor Winkler-Hell schrieb Wagner seine Pariser Berichte, höchst erstaunliche Kundgebungen[5] (Richard Sternfeld hat sie gesammelt), in denen er von Heinrich Heine das »Feuilletonisieren« gelernt hatte. Es stand ihm nicht allzugut zu Gesicht. Aber er hatte aus Heines »Salon« die Sage vom »Holländer« übernommen — und er, zu dessen Eigenschaften Dankbarkeit sonst schwerlich gehörte, verfolgte seither Heinrich Heine mit einer ganz sinnlosen Dankbarkeit. Schließlich hatte Heine nichts getan, als ihm erlaubt, die Holländer-Sage »zu einem Opernstoff zu benutzen«, was in einer Welt, in der sonst jeder jeden plagiierte, nicht gar so viel bedeutete. Aber seit damals ging Richard Wagner mit Heinrich Heine durch dick und dünn. Mochten Pariser Landsleute Heines private Eskapaden nicht ohne Grund bedenklich finden: Wagner begann vor Zorn zu sieden, sobald ein Wort gegen Heine fiel. Selbst im Streit um den toten Börne trat Wagner auf die Seite Heines. Heine sei der »wahre Stolz des deutschen Vaterlands in Paris«. Die undankbaren Landsleute hätten ihn in eine Krankheit getrieben, an der er in einem Pyrenäenbad augenblicklich darniederliege, hoffentlich würden sein Ehrgefühl und sein zarter Geist es überleben!

Derlei und andres ließ Wagner drucken. Daß er nicht nur an Heines Prosa, sondern in der Hauptsache an Heines lyrische Sendung glaubte, zeigt, daß er von Lyrik nicht viel verstand. Desto mehr verstand er von Musik. Er entdeckte den ausgezeichneten jüdischen Komponisten Halévy mit begeisterten Worten für Deutschland: 1838

»Die Jüdin« und später »Die Königin von Cypern« [6]. Merkwürdiger erscheint uns schon seine Hingabe an Meyerbeer. Wir trauen unseren Augen nicht, wenn wir jene Hymne lesen, die Julius Kapp 1911 entdeckt und zum Entsetzen aller Wagnerianer in der Zeitschrift »Die Musik« nachgedruckt hat. Ein Essay über die »Hugenotten« – eine Arbeit, dreitausend Worte lang, gewählte Worte: trotz allen Schwulstes, den er wieder mit dem Wort »deutsch« treibt, sind es doch klar verständliche Worte:

Meyerbeer schrieb Weltgeschichte, Geschichte der Herzen und Empfindungen, er zerschlug die Schranken der Nationalvorurteile, vernichtete die beengenden Grenzen der Sprachidiome, er schrieb Taten der Musik – Musik, wie sie vor ihm Händel, Gluck und Mozart geschrieben –, und diese waren Deutsche, und Meyerbeer ist ein Deutscher. Und fragen wir, wie war es diesem Deutschen möglich, daß er sich nicht in den Empfindungen dieser oder jener angenommenen nationalen Manier festsetzte, sich in ihnen nicht nach einem kurzen Glanz verlor, und daß er somit kein Sklave der fremden Einflüsse ward?

Er hat sein deutsches Erbteil bewahrt, die Naivität der Empfindung, die Keuschheit der Erfindung. Diese jungfräulich verschämten Züge tiefen Gemütes sind die Poesie, das Genie Meyerbeers; er hat ein unbeflecktes Gewissen, ein liebenswürdiges Bewußtsein bewahrt, das neben den riesigsten Produktionen oft selbst raffinierter Erfindungen in keuschen Strahlen erglänzt und sich bescheiden als den tiefen Brunnen erkennen läßt, aus dem alle jene imposanten Wogen des königlichen Meeres geschöpft wurden.

...Und ist nicht jener fast heftige Drang nach religiösem Ergießen in Meyerbeers Werken eine auffallende Kundgebung dieser tiefinnerlichen Intention des Meisters? Und ist das nicht gerade ein Zug, der seine deutsche Geburt so rührend in unser Gedächtnis ruft? [7]

Meyerbeers Religiosität! Und gar noch in den »Hugenotten« ... Wie konnte Wagner so etwas schreiben? Das war eine Proskynese, ein völlig unbegreiflicher Fußfall des Rienzi-Komponisten vor dem Phänomen »Meyerbeer« ...

Mit Unrecht haben die Wagnerianer später recht verlegen behauptet, Wagner habe so schreiben müssen, weil er sonst der Protektion Meyerbeers in Berlin und Dresden verlustig gegangen wäre. Nein! Meyerbeer war ein »Grandseigneur« – ähnlich wie Paganini und

Liszt –, der auch »gab, ohne zu bekommen«, der dem Menschen Wagner stets wohlwollte und der für den »Holländer« und den »Rienzi« alles tat, was in seinen Kräften stand.

Doch gleichviel ob auch etwas Opportunismus in jener Hymne auf Meyerbeer mitschwang, Wagner hatte sich festgelegt, und als jene anonyme Schmähschrift »Das Judentum in der Musik« erschien, mußte er seine Stimme erheben. Wenn nicht für den toten Mendelssohn, zu dem sein Verhältnis, wenn schon nicht frostig, so doch kein wirklich herzliches war, so doch für Meyerbeer und Heine.

Aber er schwieg. Schwieg er etwa deshalb, weil sein bürgerlicher Status damals, 1850, aus allen Fugen geraten war? Aus Dresden hatte er flüchten müssen, weil er 1849 am Maiaufstand teilgenommen und von den Barrikaden aus die Truppen angeredet hatte, auf die Aufständischen nicht zu schießen. Ein Steckbrief war gegen ihn erlassen. Mit Hilfe des hochherzigen Franz Liszt, der selbst durchaus kein Revolutionär war, war Wagner dann nach Zürich geflüchtet, wo er später die wunderbare Freundschaft des schweizerisch-amerikanischen Seidenmagnaten Wesendonck und seiner Frau Mathilde genoß[8].

Um so heftiger schwärte und schwelte jenes Pamphlet im deutschen Bewußtsein. Der Beethovenforscher Wilhelm von Lenz, russischer Staatsrat, machte sich wie etwas Selbstverständliches die Thesen Freigedanks zu eigen, als er 1852 in »Beethoven und seine drei Stile« schrieb:

Wir glauben, daß das hebräische Element, das in den Gedanken Mendelssohns erkennbar ist, ihn hindern wird, die ganze Welt ohne Unterschied von Zeit und Ort zu erobern. Die hebräische Natur, einst mächtig und reich, ist heute nur mehr ein in der Geschichte abgenutztes Material ... Die Juden stehn oft in der ersten Reihe, wenn es sich darum handelt, mechanische Gewandtheit zu entwickeln oder positive Kenntnisse mit Geist anzuwenden ... Das mag für einen Gelehrten auslangen ... Aber der wirkliche Künstler, der Komponist, darf nichts anderes ausdrücken als seine eigene Natur. Die hebräische Denkungsweise aber trägt ihr eigenes Siegel. Die psalmodierenden Gesänge der Synagoge sind ein Typus, der in der Musik Mendelssohns nachklingt, wie in seinem Denken der jüdische Geist eine Rolle spielt[9].

Daß ein Musikhistoriker damals nicht gewußt haben sollte, was heute jeder kleine Student weiß: daß die »Gesänge der Synagoge« schon vor vielen Jahrhunderten in den »Gregorianischen Choral« der Kirche Aufnahme gefunden hatten[10], können wir nicht annehmen. Also *sollte* es verschwiegen werden! Keiner hatte dem lebenden Mendelssohn je seinen »jüdischen Geist« vorgeworfen, doch jetzt begann sich die erste Phase der Ansteckung sprunghaft auszubreiten. Bald redete man von der »Undeutschheit« des verstorbenen Komponisten wie von etwas Selbstverständlichem. Von der Undeutschheit war es nur ein Schritt zu der Frage, ob man ihn nicht »überhaupt schon lange überschätzt« habe. Sein zarter, klassisch-romantischer Ton... Man liebte das Biedermeier nicht mehr, wollte gröbere, revolutionärere Kost. Waren die »Lieder ohne Worte« nicht *doch* etwas für junge Mädchen? Woher der Wind aber eigentlich wehte, zeigte in den neunziger Jahren ein Gedicht von Detlev von Liliencron, das er gar noch »Reinigung« nannte:

Es singt ein Lied von Felix Mendelmaier
der lange Leutnant mit dem Ordensbändel.
Das alte Fräulein brütet Rätsel-Eier,
besorgt den Tee und duftet nach Lavendel.
»O Isis«, baßt der Rat, der liebe Schreier.
Weh mir, wie langsam schwingt der Abendpendel!
Zu Ende. Gott sei Dank. Ich atme freier,
und bade mich daheim in Bach und Händel[11].

Liliencron war kein Antisemit. Doch: warum die Karikatur Mendelmaier? Und warum wußte er nicht, daß er ohne Mendelssohn, den Restaurator, es nicht so leicht gehabt hätte, auf dem Klavier Bach und Händel zu spielen?

Aber was ging das Wagner an, der mit dem Lorbeer auf der Stirn schon längst in der Walhalla ausruhte! In den fünfziger und sechziger Jahren hatte sein rastloses Genie an den großformatigen Schöpfungen einer neuen Musikdramatik gebaut. Schon »Holländer«, »Tannhäuser«, »Lohengrin« hatten einander nicht geglichen. Jedes Werk war ein neues Experiment. Und dann kam vollends jene Periode, in der »Tristan«, der »Nibelungen-Ring« und das Lustspiel »Die Meistersinger« entstanden. Sie wuchsen nicht hintereinander heran, sondern eigentlich nebeneinander und überschnitten sich gegenseitig. Nicht die »Erfindung« des Leitmotivs (es war schon lange vor Wagner erfunden), doch das Genie der Anwendung packte. Die Spannungskräfte im Gewölbe der zehnaktigen »Nibelungen«, die — seit den Forschungen von Alfred Lorenz[12] — doch noch etwas anderes bedeuten als eine »Überfülle an Klang« und die »Wollust des Nicht-aufhören-Könnens«. Eine völlig neue Harmonik und die Wahrheit einer Melodik, »die dieser Wagnerschen Harmonik erst zum vollen Glanze verhilft«[13] — so kühn auch Musikdramatiker wie Monteverdi[14] oder Gluck zu ihrer Zeit gesprochen hatten, so viel Rausch und Macht und Tiefe hatte doch ihre Musik kaum besessen. Gewiß, auf dem Theater war Wagner vielleicht noch nicht so durchgesetzt wie sein alter Gönner Meyerbeer; und 1861 gab es sogar einen bösen Rückschlag, als in Paris der Jockeyklub gegen die »langweiligen Pilgerszenen« der Tannhäuser-Oper demonstrierte[15]. Immerhin, was machte es? Die besten französischen Europäer, die Gautier, Baudelaire, Mallarmé[16] sagten zum Einzelgängerisch-Grüblerischen der Wagnerschen Musik längst schon ja. — 1864 starb Meyerbeer. Und vier Jahre später meldete sich jener peinliche Freigedank aufs neue mit seinem alten Pamphlet. Nein, siehe, es war gar nicht so »alt«, sondern blieb weiter aktuell. Vor dem toten Meyerbeer nahm 1868 der »Tapfere« nämlich die Maske ab, ließ seine Judenfresserei abermals und erweitert drucken und nannte sich mit seinem wirklichen Namen: *Richard Wagner*. —

Es ist unfaßbar! Nach achtzehn Jahren bekennt sich Wagner zu dieser Schrift! Läßt sie nicht Jugendirrtum sein, Studentenfrechheit, Schwarzalben-Bosheit, einen geistig betrunkenen Exzeß, dessen sich der Edle schämt. Nein: jetzt deckt er sie mit seinem Namen, mit dem Weltnamen Richard Wagner, dessen Kunstwerk sich durchzusetzen beginnt wie das keines gleichzeitig Lebenden sonst...

Kann man Unfaßbares erklären? Man hat es versucht, man hat so etwas wie eine »Theorie der Rache« konstruiert. Primitive Gemeinschaften, allerdings, sind rachsüchtig. Aber war Wagner, der Seelenfeine, der Leidensfähige, denn primitiv? Und womit hätte Mendelssohn überhaupt Wagners Rache herausgefordert? Vielleicht mit seiner verständnislosen Wiedergabe der Tannhäuser-Ouvertüre in Leipzig? Nun, zum Verständnis ist niemand verpflichtet. Oscar Wilde läßt seinen Sünder Lord Henry[17] in jenem »Bildnis des Dorian Gray« in tiefster Seele erschüttert werden bei dem Anhören der Tannhäuser-Musik. Mendelssohns Seele war nicht erschüttert; er dirigierte unbeteiligt, was er besser nicht getan hätte. Aber daraus einen hinterlistigen Anschlag auf Wagners Kunst zu machen! Minna Wagners uneheliche Tochter, die schwachsinnige Natalie Bilz-Planer, hat gezeigt, wie man in Wagners Umgebung über einen so reinen Menschen wie Mendelssohn zu sprechen wagte: Der aalglatte geschmeidige Jude habe die Nichtswürdigkeit begangen, die Partitur der Tannhäuser-Ouvertüre absichtlich zu verstümmeln und zu schänden, so daß das Werk bei der Londoner Aufführung (Natalie verwechselt Leipzig mit London) ausgepfiffen wurde und nicht zu Ende gespielt werden konnte[18]. Gleichviel, die Heimtücke wurde geglaubt. Wagners eigenes schlechtes Gewissen gegen den großen Vorgänger (gegen den er, was damals noch wenige wußten, das anonyme Pamphlet geschleudert hatte!) mußte nachträglich gerechtfertigt werden.

Und die Tannhäuserfeindschaft in München unter Hofkapellmeister Lachner? Als in der bayrischen Residenz die Ouvertüre von Protest, Schlußrufen und Pfeifen zerrissen wurde, stand hinter diesem Narren-Affront *auch* der tote Mendelssohn? Oder als Schweizer Pfahlbürger sich beim »Holländer« skandalisierten, weil »Schiffer Daland seine Tochter für Geld an einen Fremden verkaufte und sie ihrem Verlobten die Treue bräche« – war das ebenfalls die Propaganda eines Verstorbenen gegen Wagner?

Oder stand gar Meyerbeer dahinter? Was, vollends, war mit Meyerbeer? Hatte er Wagner je Feindschaft erwiesen? Hatte er nicht mit hilfreichsten Händen dem Jüngeren alle Türen geöffnet?[19] (Karl Friedrich Glasenapps Bericht, Meyerbeer habe an den Verleger Maurice Schlesinger geschrieben: *»Débarrassez vous de ce fou!«* ist von Ernest Newman[20], dem großen englischen Biographen, schon lange widerlegt worden!) Nein, nichts berechtigte Wagner zu seinem fürchterlichen Tun – wenn es nicht sein Verfolgungswahn war.

Nun gehört der Antisemitismus zu jenen Weltanschauungen, die freilich an Verfolgungswahn grenzen. Wenn wir – gegen jede Erfahrung! – zu glauben beginnen, daß in Australien sich Menschen zusammengetan haben und mit anderen Menschen am Nordpol gegen unser Wohl konspirieren, so sind wir vom Wahnsinn nicht eben weit entfernt: Die »jüdische Weltverschwörung« ist da!

Gruppenverdacht und Gruppenhaß sind immer Wahnsinn. Wie es logisch zu Wagners Judenhaß kam, das zu erklären ist nicht leicht. Unter Wagners Widersachern befanden sich eigentlich wenig Juden, und vor allem keine einflußreichen — man nähme etwa Paul Lindau aus, der, als Bayreuth schon in Blüte stand, seine unwichtigen Feuilletons bei einem Besuch dort zu Papier brachte[21]. Jedoch der berühmte Kritiker Hanslick, Hauptgegner der Wagnermusik in Wien, ein Mann von hoher Integrität, war durchaus kein Jude, sondern ein Abkömmling von böhmischen Bauern. Also gehörte es zu Wagners nicht weiter begründbarer »Weltanschauung«, die Juden zu hassen? Vielleicht war es so. Aber wichtiger als seine Weltanschauung war ihm zu allen Zeiten sein *Werk*. Und das legte ihm Verpflichtungen auf, die mit seiner Weltanschauung zuweilen gar nicht im Einklang standen.

Daß Antisemiten manchmal auch »jüdische Freunde haben können«, wissen wir. Es will nichts heißen. Noch weniger, daß Wagner, nachdem ein Großteil der Presse von jüdischen Menschen bedient wurde, nicht von vornherein sich schroff gegen die Presse stellen konnte. (Der Künstler Europas, der sich am stärksten durchgesetzt hatte, brauchte übrigens die Presse schon längst nicht mehr; eher brauchte sie ihn.) Aber es ist doch merkwürdig, daß Wagner jüdische Mitarbeiter in das innerste Heiligtum seiner Kunst, seines Umgangs, seiner Familie einließ. Das hätte er nicht tun können, wenn er Hitler oder Goebbels geheißen hätte.

Oder hat man davon gehört, daß Wagner jüdische Sänger oder Sängerinnen abgelehnt hätte? Oder jüdische Orchestermitglieder — was er doch hätte tun müssen, wenn er an seine eigene These vom »Judentum in der Musik« geglaubt hätte? Vor Hunderten von Menschen drückte er den Sänger Julius Lieban ans Herz, der den Mime gesungen hatte. Und wie war's mit den übrigen Intimen? Da war Karl Tausig, der Pianist, der glänzende Klavierauszüge aus den Wagnerschen Früh-Opern machte, und der vor allem die »Meistersinger«, welch kompliziertes Unterfangen, für das Klavier erobert hatte. Als Tausig, noch kaum dreißigjährig, in Leipzig plötzlich am Typhus starb, gab es Familientrauer bei Wagners. Da war Heinrich Porges, der Werbeschriftsteller und Bayreuther Hilfsregisseur. Da war vor allem Angelo Neumann, der aus Begeisterung für den Meister den fast wahnwitzigen Plan faßte, ein Richard-Wagner-Theater zu gründen und mit der Ring-Tetralogie ganz Europa zu durchziehn[22]. Norddeutschland und Süddeutschland, England, Holland, Belgien, Österreich, Italien und Rußland wurden so diesem textlich spröden, fast unverständlichen Werk gewonnen. Was Angelo Neumann nach außen war, ein theatralischer Organisator höchsten Ranges, war Levi nach innen: der größte Bühnenkapellmeister seiner Zeit[23]. Und Hermann Levi, der Parsifal-Dirigent, war eines deutschen Rabbiners Sohn. Wagners jüdische Helfer waren unzählbar, ihr Fleiß und ihre Treue ihm teuer. Einer erwies seine Anhänglichkeit noch über das Grab des Meisters hinaus: der schwermütige Joseph Rubinstein tötete sich nach Wagners Tod[24].

Und warum tat dann der alternde Wagner – allen Kämpfen um die Geltung seiner Werke längst entrückt – nicht endlich das einzig Würdige, menschlich Selbstverständliche: daß er sich von der Haßschrift lossagte und ihre Weiterverbreitung *verbot*? Er, der Autor des »Parsifal«, der »aus Mitleid Wissende«, der repräsentative »Christ«? Aber zu dieser inneren Größe vermochte er sich nicht aufzuraffen: denn fiel der alte Wagnersche Bannfluch gegen jüdische *Komponisten* fort, so wurden sie ja wieder geehrt und gespielt. Die »Konkurrenten« – das durfte nicht sein! Und entsetzlich ist der Freimut, der ihn zu Cosima, seiner zweiten Gattin, über Mendelssohn sagen ließ: *»Solch ein Schatten wächst nicht. Er kann nur verschwinden!«*[25] Meister Mendelssohn mußte im Orkus bleiben, ein leidender Schatten mit bleichem Gesicht – wie Thackeray ihn vorausgesehn hatte, damals in den vierziger Jahren, als die Welt ihn noch einen »Glücklichen« nannte.

Nein, der Stein von Mendelssohns Grab durfte von niemand weggewälzt werden! Wehe allen, die das versuchten! Als Hiller und Eduard Devrient, zwei im Grunde bescheidene und ganz unpolemische Menschen, ihre Erinnerungen an den Jugendfreund veröffentlicht hatten, fiel (ohne daß er den Grund gestehen durfte!) Wagner sie mit fast wölfischem Zorn an: denn des toten Mendelssohn *durfte nicht gedacht werden*. Auch die wütenden Angriffe, die Wagner gegen Schumann, Brahms und Joachim drucken ließ – diese reinen und leuchtenden Musiker! – galten mehr oder weniger dem Umstand, daß sie Mendelssohns Freunde gewesen waren und sein Andenken hochhielten. Mendelssohn hatte vergessen zu werden! So wollte es Wagners harter Wille. Und nun erkennen wir, wie recht Benedetto Croce hatte, als er zu uns vor ein paar Jahrzehnten über Wagners tiefstes Wesen sprach. Man irre, sagte er, wenn man Wagner dem neunzehnten Jahrhundert zurechne. Was habe er mit Beethoven–Schiller, ihrem sittlichen Idealismus und der Neunten Sinfonie zu tun? Er sei eine Renaissance-Natur, Zeitgenosse von Leonardo da Vinci und von Michelangelo – vor allem von Benvenuto Cellini und dessen prahlerisch-peinlicher, großspuriger Selbstbiographie. »Männer wie Benvenuto Cellini sind so einzig in ihrer Kunst, daß sie nicht an die Gesetze der übrigen Menschen gebunden sind!« läßt Cellini einen Papst ausrufen. Um seine Goldschmiede-Arbeiten zu fördern, verschmäht der Eifersüchtige kein Mittel, nicht Verleumdung oder Totschlag. Selbst Goethe, der die »Selbstbiographie« für die Deutschen übersetzte, muß am Schluß widerstrebend zugeben: *»Diese furchtbare Reizbarkeit verursacht schreckliche Explosionen. Durch den geringfügigsten Anlaß zu unbezwinglicher Wut aufgeregt, verläßt Cellini Stadt um Stadt... und die mindeste Verletzung seines Besitzes und seiner Ehre* – sogar wenn sie eingebildet ist! – *zieht eine blutige Rache nach sich...«* [26]

Eifersucht, Neid, Verfolgungswahn! Auch die Demagogie der Rienzi-Musik – schrieb ein anderer Italiener –, eine sonst großartige Musik, habe etwas Gewalttätiges und gehöre zu Wagners Amoral, seiner Renaissance-Moral. Sie leite bereits zum Faschismus hinüber [27].

Das mag stimmen. Zum Nationalsozialismus haben Wagners Kulturschriften ganz bestimmt hinübergeleitet. Das hat ein Freund Wagnerscher Musik, der kanadische Franzose André Hémois, betont, als er 1946 schrieb:

Wie sehr schadeten Wagners Kulturschriften übrigens seinen Kunstwerken... Welch barbarischer Dschungel von Begriffen! Von Ideen... die sich im engen Raum eines Kunstwerks die Köpfe zerstießen! Was hatte Schopenhauers Stille, sein Platonismus, sein Pessimismus, seine weltumfassende Leidenslehre mit Feuerbachs Materialismus zu tun? Was beide mit den Lehren Bakunins, des russischen Nihilisten und Dresdener Revolutionärs? War nicht Schopenhauers Nichts etwas völlig anderes als etwa das Bakuninsche? All diese Ideen morden einander, und ein Leichenduft herrscht im Dschungel, der die Gedanken schwülstig und bleich färbt. Wie kann aus dem eine Einheit werden, ein humanes, ein klassisch-gültiges Kunstwerk? Was für ein ichbesessener Wirrkopf ist dieser Mensch! Vor ein paar Jahren – oder waren es Monate? Waren es Wochen? – hat Wagner noch den Adel bekämpft und den Besitz an Grund und

Boden für die unsittlichste Macht der Welt erklärt; er hat die Feudalität des Mittelalters revolutionär zum Verbrechen gestempelt, gleich darauf hat er – nicht mit Unrecht! – die neuen Mächte seiner Zeit, das Geld und die Industrie, angeprangert. Da biegt er sein ganzes Leben um, langt nach Geld, kann ohne »Luxus« nicht leben, nimmt Fürstenprotektion an und will der Welt in Schriften erklären, daß er sich n i c h t gewandelt hat. Lug fährt der Lüge an den Hals. Neues Dschungel der Kunstschriften. Das Jahr 1870 kommt. Er speit den geschlagenen Franzosen eine Schmähschrift über den Rhein, ein vor Hohnlachen grölendes »Lustspiel«. Er glaubt an die Bismarcksche Reichsgründung wie an eine »Erlösung der Deutschen« – ein politisches Faktum also, dessen Dauer der klügere Bismarck selbst als ein höchst Gefährdetes hinnahm, ist ihm ein »volksreligiöses Wunder«. Kulturschriften über Kulturschriften. Keine Erscheinung, die er nicht zensiert, erklärt, mit Worten zudeckt. Was gingen seine Privatmeinungen über Vegetarismus, Kunst und Klima, Politik und Rasse die Mitwelt an? Hätte er nicht Jahre um Jahre bei seinem Kulturphilosophieren verbracht, hätte er uns vielleicht noch drei oder vier solche Herrlichkeiten schenken können wie den »Tristan«. Das ist's allein, was uns heute gilt. Darum unsere Scham und unser Bedauern – und daß niemand ihm in den Arm fiel, weil er Richard Wagner war! Als ob etwa ein Bildhauer auch ein Botaniker sein müsse. Als ob nicht ein Mathematiker ein Reich zuschanden regieren könne? Dieser wahnwitzige Glaube an eine »Pansophie«, der jedesmal eine »praktisch richtige« Tat wie ein Blitz entstürzen müsse! Hierin war Wagner der Vorgänger Hitlers...« [28]

Mag manches Wort hier auch ungerecht klingen: dieser Franzose verteidigte Wagners Musik, der er huldigte, gegen Wagners schlechteres Ich – gegen jenen Kulturpolitiker, der bereits viele Jahrzehnte zuvor in den großen Humanisten Gottfried Keller und Jacob Burckhardt ein ahnendes Grauen erregt hatte. Und ein Humanist unserer Tage, Thomas Mann, hat in »Altes und Neues« mit Trauer und Zorn davon gesprochen, wie oft sich »Bruder Hitler« leider auf den Schriftsteller Wagner berufen durfte...[29]

Littera scripta manet. Der geschriebene Buchstabe bleibt. Wie sehr erst der gedruckte Buchstabe! »Ist nicht jedes Wort ein Same, der tausend Taten erzeugen kann? Also ist ein böses Wort schlimmer als eine böse Tat«, hat der chinesische Weise gesagt[30]. Wie ist es möglich, daß Wagners Hetzschrift über das »Judentum in der Musik«, als sei inzwischen nichts geschehn, – *heute!* – zum Volke sprechen darf? Als ein ungereinigter Teil seiner »Gesammelten Schriften und Dichtungen«? Daß sie zur neuen Jugend sprechen und sich kanonisch gebärden darf? Unter all dem Unfaßbaren ist dies vielleicht das Unfaßbarste. –

Musik, wie sich erwiesen hat, ist durchaus nichts Unsterbliches. Aber wie jedes Zeitalter, dessen innerster Ausdruck sie ist, hat sie Anspruch auf einen *natürlichen Tod.* Die Musik Felix Mendelssohns ist keines natürlichen Todes gestorben. Sie wurde ermordet. Sie stehe auf! Und, bis auch sie dahingehn wird – wie einmal auch die ihres Feindes Wagner – erfreue sie ihre eigenen Enkel durch ihre »halkyonische Schönheit«, ihre Heiterkeit, ihren Ernst.

FINIS LIBRI

QUELLENVERZEICHNIS

ERSTES BUCH: *Die Vorbereitung*

Vier Akkorde und eine Sommernacht (Seite 11)

1. C. Bruhns: Johann Franz Encke, sein Leben und Wirken. Leipzig, 1869
2. H. Mackowsky: Häuser und Menschen im alten Berlin. Berlin, 1923
3. L. Leven: Mendelssohn als Lyriker. Krefeld, 1927
4. P. Heyse: Jugenderinnerungen und Bekenntnisse. Berlin, 1900
5. M. Susman: Frauen der Romantik. Jena, 1929
6. B. v. Brentano: August Wilhelm Schlegel. Stuttgart, 1944
7. H. E. Jacob: Mozart oder Geist, Musik und Schicksal. Frankfurt/Main, 1956
8. A. B. Marx: Erinnerungen aus meinem Leben. Berlin, 1865
9. F. Schulz: Der Tonwitz. Leipig, o. J.
10. H. E. Jacob: Joseph Haydn, Seine Kunst, seine Zeit, sein Ruhm. Hamburg, 1952
11. P. Dahlke: Handwerkerhumor und Vormärz. Berlin, 1912
12. E. Devrient: Meine Erinnerungen an Felix Mendelssohn Bartholdy. Leipzig, 1872
13. E. Devrient a.a.O.
14. R. Varnhagen: Ein Buch des Andenkens für ihre Freunde. Berlin, 1834
15. O. Zarek: Moses Mendelssohn, ein jüdisches Schicksal in Deutschland. Amsterdam, 1936
16. S. Hensel: Die Familie Mendelssohn 1729–1847. Berlin, 1879
17. G. Confalonieri: Il Romanzo di Luigi Cherubini. Milano, 1948
18. F. Garnett: Great Musicians of Yesterday, Musical Times. London, 1892
19. F. Garnett a.a.O.
20. K. Gaede: Alte und neue Klaviermeister. Leipzig. o. J.

Großvater Moses Mendelssohn (Seite 19)

1. F. Hiller: Felix Mendelssohn-Bartholdy. Köln, 1874
2. K. Bauer: Aus meinem Bühnenleben. Weimar, 1871
3. O. Zarek: Moses Mendelssohn, ein jüdisches Schicksal in Deutschland. Amsterdam, 1936
4. F. Muncker: Moses Mendelssohn. Allgemeine Deutsche Biographie, o. J.

5. M. Kayserling: Moses Mendelssohn, sein Leben und seine Werke. Leipzig, 1862
6. G. B. Mendelssohn: Moses Mendelssohns gesammelte Schriften. Leipzig, 1843–45
7. E. Schmidt: Lessing. Berlin, 1899
8. O. Zarek a.a.O.
9. K. Brunner: Der Judenhaß und das Denken. Berlin, 1922
10. J. C. Lavater: Physiognomische Fragmente. Leipzig, 1775–78
11. O. Goldberg: Maimonides, Kritik der Jüdischen Glaubenslehre. Wien, 1935
12. O. Zarek a.a.O.
13. O. Zarek a.a.O.
14. H. York-Steiner: Die Kunst als Jude zu leben. Wien, 1928
15. H. Hauvette: Boccace, Etude biographique et littéraire. Paris, 1914

Loyalitäten, Loyalitäten (Seite 27)

1. S. Hensel: Die Familie Mendelssohn 1729–1847. Berlin, 1879
2. B. Auerbach: Zur guten Stunde. Stuttgart, 1872
3. E. Wolff: Felix Mendelssohn-Bartholdy. Berlin, 1909
4. R. Huch: Die Blütezeit der Romantik. Leipzig, 1905
5. R. Haym: Die Romantische Schule. Berlin, 1870
6. S. Hensel a.a.O.
7. S. Dubnow: Weltgeschichte des Jüdischen Volkes. Berlin, 1925–29
8. S. Hensel a.a.O.
9. S. Hensel a.a.O.
10. W. Vogel: Die Hansestädte und die Kontinentalsperre. München-Leipzig, 1913
11. C. Mönckeberg: Hamburg unter dem Drucke der Franzosen 1806–14. Hamburg, 1864
12. Th. v. Haupt: Hamburg und der Marschall Davout. Aufruf an die Gerechtigkeit, o. O., 1814
13. P. Frh. v. Holzhausen: Davout in Hamburg. Mülheim/Ruhr, 1892
14. De Blocqueville: Le Maréchal Davout, Prince d'Eckmühl. Paris, 1883
15. R. Varnhagen: Ein Buch des Andenkens für ihre Freunde. Berlin, 1834
16. S. Hensel a.a.O.
17. I. L. Jacobi: Erinnerungen an August Neander. Berlin, 1882
18. P. Marheineke: Rede am Grabe des Professors Gans. Berlin, 1839
19. F. Julius Stahl: Die Revolution und die konstitutionelle Monarchie. Berlin, 1849
20. K. A. Varnhagen von Ense: Denkwürdigkeiten des eigenen Lebens. Berlin, 1922–23

21. L. Assing: Briefe von Stägemann an Varnhagen. Leipzig, 1865
22. K. Kuhn: Aus dem alten Weimar, Skizzen und Erinnerungen. Wiesbaden, 1905

Jetzt hört alle, alle zu (Seite 38)

1. J. P. Eckermann: Gespräche mit Goethe in den letzten Jahren seines Lebens. Leipzig, 1939
2. F. Soret: Zehn Jahre bei Goethe, 1822–32, Erinnerungen. Leipzig, 1929
3. J. C. Lobe in der Weihnachtsnummer der Gartenlaube. 1866
4. J. C. Lobe a.a.O.
5. K. F. Zelter: Selbstdarstellung, ausgewählt von Willi Reich. Zürich, 1955
6. L. Rellstab: Aus meinem Leben. Berlin, 1861
7. O. Bie: Das Klavier und seine Meister. München, 1898
8. L. Rellstab a.a.O.
9. L. Rellstab a.a.O.
10. F. Smend: Goethes Verhältnis zu Bach. Berlin, 1954
11. K. Gaede: Alte und neue Klaviermeister. Leipzig, o. J.
12. L. Rellstab a.a.O.
13. S. Hensel: Die Familie Mendelssohn 1729–1847. Berlin, 1879
14. Adele Schopenhauer: Leben einer Einsamen. Leipzig, 1921
15. Ph. Stein: Goethe als Theaterleiter. Berlin, 1905
16. H. Stewart Chamberlain: Goethe. München, 1912

Ein Wort über Zelter (Seite 49)

1. B. Riethmüller: Monacensia. München, o. J.
2. H. E. Jacob: Joseph Haydn. Seine Kunst, seine Zeit, sein Ruhm. Hamburg, 1952
3. L. Geiger: Briefwechsel zwischen Goethe und Zelter. Leipzig, 1902
4. K. F. Zelter: Selbstdarstellung, ausgewählt von Willi Reich. Zürich, 1955
5. E. Arnhold: Goethes Berliner Beziehungen. Berlin, 1920
6. H. J. Moser: Goethe und die Musik. Leipzig, 1949
7. H. J. Moser a.a.O.
8. R. Benz: Die Welt der Dichter und die Musik. Düsseldorf, 1949
9. L. Geiger a.a.O.
10. H. J. Moser a.a.O.
11. F. Günther: Schuberts Lied. Stuttgart, 1928
12. F. Hug: Franz Schubert, Leben und Werk eines Frühvollendeten. Frankfurt/Main, 1958
13. E. Genast: Aus Weimars klassischer und nachklassischer Zeit. Stuttgart, 1904

14. H. J. Moser a.a.O.
15. R. Rolland: Goethe und Beethoven. Zürich, 1929
16. H. J. Moser a.a.O.
17. J. W. v. Goethe: Gedichte. Vollständige Ausgabe. Stuttgart, 1949

Rezensionen und Schulterklopfen (Seite 57)

1. E. Wolff: Felix Mendelssohn-Bartholdy. Berlin, 1909
2. Berliner Allgemeine Musikalische Zeitung. Berlin, 1825
3. E. Wolff a.a.O.
4. Berliner Allgemeine Musikalische Zeitung a.a.O.

Eine c-Moll-Sinfonie (Seite 61)

1. P. D. A. Atterbom: Aufzeichnungen. Berlin, 1867
2. R. Wagner: Gesammelte Schriften und Dichtungen. Leipzig, 1907
3. A. Wheelock Thayer: Ludwig van Beethovens Leben. Leipzig, 1911

Das Oktett (Seite 64)

1. A. B. Marx: Erinnerungen aus meinem Leben. Berlin, 1865
2. Th. Schlesinger-Devrient: Jugenderinnerungen. Stuttgart, 1905
3. B. Lepsius: Lili Parthey. Berlin, 1926
4. E. Wolff: Felix Mendelssohn-Bartholdy. Berlin, 1909
5. R. Huch: Die Blütezeit der Romantik. Leipzig, 1905
6. A. B. Marx a.a.O.
7. Jean Paul: Flegeljahre, Nachwort von Requadt. Stuttgart, 1957
8. A. B. Marx: Maigruß an die Kunstphilosophen. Berlin, 1828
9. E. Wolff a.a.O.
10. O. Dambach: Gedächtnisrede auf Ludwig Ed. Heydemann. Berlin, 1874
11. G. Parthey: Jugenderinnerungen. Berlin, 1871
12. S. Hensel: Die Familie Mendelssohn 1729–1847. Berlin, 1879

Die Hochzeit des Camacho (Seite 70)

1. K. Gaede: Alte und neue Klaviermeister. Leipzig, o. J.
2. F. W. Gubitz: Berühmte Schriftsteller der Deutschen. Berlin, 1854
3. K. W. F. Solger: Vorlesungen über Ästhetik. Leipzig, 1829
4. A. W. Schlegel: Sämtliche Werke. Leipzig, 1846–47
5. F. H. Mautner: Das Wortspiel und seine Bedeutung. Vierteljahrsschrift 1931

6. W. Brüggemann: Cervantes und sein Don Quijote in Kunstanschauung und Dichtung der deutschen Romantik. Münster, 1956
7. M. Steinitzer: Richard Strauß. Berlin-Leipzig, 1911
8. H. Kienzl: Meine Lebenswanderung, Erlebtes und Erschautes. Stuttgart, 1913
9. E. Lert: Mozart auf dem Theater. Leipzig, 1913
10. A. B. Marx: Erinnerungen aus meinem Leben. Berlin, 1865
11. A. B. Marx a.a.O.
12. O. Fleischer: Napoleon Bonapartes Musikpolitik. Zeitschrift der internationalen Musikgesellschaft. Leipzig, 1901–02
13. H. E. Jacob: Joseph Haydn. Seine Kunst, seine Zeit, sein Ruhm. Hamburg, 1952
14. M. M. v. Weber: Carl Maria von Weber, ein Lebensbild. Berlin, 1912
15. M. Hürlimann: Berlin. Berlin, 1934
16. A. Einstein: Mozart. Zürich, 1950
17. I. Fürst: Henriette Herz, ihr Leben und ihre Erinnerungen. Berlin, 1850
18. Schleiermacher und seine Lieben, nach Originalbriefen. Magdeburg, 1910
19. G. Schünemann: Mendelssohns Jugendopern. Zeitschrift für Musik, 5. Jahrgang, 1923

ZWEITES BUCH: *Musik von gestern – Musik von morgen*

Die Flucht vor der Oper (Seite 85)

1. F. Mendelssohn-Bartholdy: Briefe aus den Jahren 1830–47. Leipzig, 1861
2. C. M. Wieland: Sämtliche Werke, Bd. 12. Leipzig, 1855
3. O. Gruppe: Zur Psychologie des Märchens. Berlin, o. J.
4. Th. Benfey: Kleinere Schriften zur Märchenforschung. Berlin, 1894
5. B. Litzmann: Clara Schumann. Leipzig, 1925
6. F. Mendelssohn-Bartholdys Briefwechsel mit Legationsrat Karl Klingemann. Essen, 1909
7. J. Meyer-Brunn: Das Glück des Faulen. Leipzig, o. J.
8. F. Panzer: Einleitung zu den Kinder- und Hausmärchen der Brüder Grimm. Wiesbaden, 1957
9. E. Devrient: Meine Erinnerungen an Felix Mendelssohn-Bartholdy. Leipzig, 1872
10. E. Wolff: Felix Mendelssohn-Bartholdy. Berlin, 1909
11. S. Hensel: Die Familie Mendelssohn 1729–1847. Berlin, 1879

12. H. Gaartz: Marschner als Opernkomponist. München, 1913
13. H. Pfitzner: Gesammelte Schriften 1926–29
14. B. Bekker: De betoverde wereld. Amsterdam, 1691–93
15. O. Gruppe a.a.O.
16. J. Bab: Die Devrients. Berlin, 1932
17. H. E. Jacob: Mozart oder Geist, Musik und Schicksal. Frankfurt/Main, 1956

Bach und die Romantischen (Seite 94)

1. R. Varnhagen: Ein Buch des Andenkens für ihre Freunde. Berlin, 1834
2. R. Huch: Die Blütezeit der Romantik. Leipzig, 1905
3. S. Hensel: Die Familie Mendelssohn 1729–1847. Berlin, 1879
4. R. Stephan: Das Fischer Lexikon der Musik. Frankfurt/Main, 1957
5. H. E. Jacob: Joseph Haydn. Seine Kunst, seine Zeit, sein Ruhm. Hamburg, 1952
6. R. Steglich: Über die kantable Art der Musik Johann Sebastian Bachs. Zürich, 1957
7. W. Gurlitt: Johann Sebastian Bach. 1947
8. R. Huch a.a.O.
9. K. Lachmann: Über die ursprüngliche Gestalt der Geschichte von der Nibelungen Not. Berlin, 1816
10. S. Boisserée: Denkmale der Baukunst am Niederrhein. München, 1833
11. A. Schweitzer: Johann Sebastian Bach. Leipzig, 1947
12. H. E. Jacob: Joseph Haydn a.a.O.
13. H. J. Moser: Johann Sebastian Bach. Berlin, 1934
14. H. J. Moser a.a.O.
15. W. Riezler: Beethoven. Zürich, 1936
16. A. E. Cherbuliez: Johann Sebastian Bach. Frankfurt/Main, 1957
17. A. Schweitzer a.a.O.
18. R. Schumann: Gesammelte Schriften über Musik und Musiker. Leipzig, 1891
19. O. Loerke: Johann Sebastian Bach. Frankfurt/Main, 1950
20. F. Deibel: Friedrich Schlegels Fragmente und Ideen. München-Leipzig, 1905
21. J. A. Scheibe: Kritischer Musicus. Leipzig, 1745
22. A. Prüfer: Sebastian Bach und die Tonkunst des 19. Jahrhunderts. Leipzig, 1902
23. G. Herz: Johann Sebastian Bach im Zeitalter des Rationalismus und der Frühromantik. Würzburg, 1935
24. F. Nietzsche: Menschliches, Allzumenschliches, Gesamt-Ausgabe. Leipzig, 1903–12

Die auferstandene Matthäuspassion (Seite 100)

1. G. A. Huber: J. S. Bach als Meister der Farben. 1949
2. O. Loerke: Johann Sebastian Bach. Frankfurt/Main, 1950
3. E. Devrient: Meine Erinnerungen an Felix Mendelssohn-Bartholdy. Leipzig, 1872
4. E. Devrient a.a.O.
5. E. Devrient a.a.O.
6. E. Devrient a.a.O.
7. S. Hensel: Die Familie Mendelssohn 1729–1847. Berlin, 1879
8. Th. Schlesinger-Devrient: Jugenderinnerungen. Stuttgart, 1905

Er liebt die Toten ein wenig zu sehr (Seite 106)

1. H. J. Moser: Heinrich Schütz. Kassel, 1936
2. J. N. Forkel: Johann Sebastian Bach. Leipzig, 1802
3. H. R. Cox: Musical Recollections of the last half Century. London, 1872
4. R. Werner: Felix Mendelssohn-Bartholdy als Kirchenmusiker. Frankfurt/Main, 1930
5. R. Schumann: Gesammelte Schriften über Musik und Musiker. Leipzig, 1891
6. H. E. Jacob: Joseph Haydn. Seine Kunst, seine Zeit, sein Ruhm. Hamburg, 1952
7. A. F. J. Thibaut: Über die Reinheit der Tonkunst. Heidelberg, 1825
8. A. F. J. Thibaut a.a.O.
9. A. F. J. Thibaut a.a.O.
10. H. Leichtentritt: Händel. Leipzig, 1925
11. A. F. J. Thibaut a.a.O.
12. S. Hensel: Die Familie Mendelssohn 1729–1847. Berlin, 1879
13. H. Grimm: Rede auf Schinkel. 1862
14. A. Grisebach: Karl Friedrich Schinkel. Leipzig, 1924
15. K. H. Wörner: Neue Musik in der Entscheidung. Mainz, 1954
16. K. H. Wörner a.a.O.
17. H. Berlioz: Mémoires. Paris, 1870.
18. F. Mendelssohn-Bartholdy: Briefe an Ignaz und Charlotte Moscheles. Leipzig, 1888
19. G. de Pourtalès: Berlioz et l'Europe Romantique. Paris, 1938

Die Freundschaft Schumanns (Seite 116)

1. R. Schumann: Briefe, Neue Folge. Leipzig, 1904
2. J. W. v. Wasielewski: Aus siebzig Jahren. Stuttgart, 1897

3. K. Scheffler: Die Melodie. Berlin, 1919
4. H. Kötz: Der Einfluß Jean Pauls auf Robert Schumann. Weimar, 1933
5. R. Pitrou: La Vie Intérieure de Robert Schumann. Paris, 1925
6. F. G. Jansen: Die Davidsbündler. Aus Schumanns Sturm- und Drangperiode. Leipzig, 1883
7. W. Gertler: Robert Schumann in seinen frühen Klavierwerken. Wolfenbüttel, 1931
8. W. Vetter: Der Klassiker Schubert. Leipzig, 1953
9. W. Wundt: Völkerpsychologie. Leipzig, 1911–12
10. A. Boucourechliev: Robert Schumann in Selbstzeugnissen und Bilddokumenten. Hamburg, 1958
11. G. Eismann und G. Rudloff-Hille: Schumanns Mendelssohn-Tagebuch. Zwickau, 1949

Abschied von Goethe (Seite 126)

1. E. Ludwig: Goethe. Die Geschichte eines Menschen. Berlin, 1926
2. L. Spohr: Selbstbiographie. Kassel, 1860–61
3. F. Mendelssohn-Bartholdy: Briefe aus den Jahren 1830–47. Leipzig, 1861
4. H. H. Houben: Damals in Weimar. Erinnerungen und Briefe von und an Johanna Schopenhauer. Leipzig, 1924
5. V. Tornius: Salons, Bilder gesellschaftlicher Kultur aus fünf Jahrhunderten. Berlin, 1925
6. L. v. Kretschmann: Erinnerungen der Jenny von Gustedt. Deutsche Rundschau. Berlin, 1891
7. L. Witte: Das Leben F. A. Tholucks. Bielefeld, 1884
8. K. Barth: Die Protestantische Theologie im 19. Jahrhundert. Basel, 1947
9. F. Mendelssohn-Bartholdy: Reisebriefe aus den Jahren 1830–1832. Leipzig, 1861

Meeresstille und Glückliche Fahrt (Seite 131)

1. W. Dahms: Schubert. Stuttgart, 1918
2. H. Frh. v. d. Pfordten: Schubert und das Lied. Leipzig, 1916
3. A. Einstein: Schubert. Zürich, 1952
4. R. Specht: Bildnis Beethovens. Hellerau, 1930
5. Berliner Allgemeine Musikalische Zeitung. November 1824
6. H. Kretzschmar: Führer durch den Konzertsaal, Bd. II. Leipzig, 1899
7. H. J. Moser: Goethe und die Musik. Leipzig, 1949
8. W. Dahms: Mendelssohn. Berlin, o. J.

9. B. Bartels: Mendelssohn-Bartholdy, Mensch und Werk. Bremen, 1947
10. W. Tappert: Wandernde Melodien. Berlin, 1868
11. H. E. Jacob: Joseph Haydn. Seine Kunst, seine Zeit, sein Ruhm. Hamburg, 1952
12. G. Ernest: Richard Wagner, sein Leben und Schaffen. Berlin, 1915
13. Sir G. Grove: Dictionary of Music and Musicians. London, o. J.

Walpurgisnacht (Seite 139)

1. F. Mendelssohn-Bartholdy: Reisebriefe. Leipzig, 1861
2. E. Trunz: Brief an den Autor vom 29. März 1958
3. S. Wukadinowic: Goethe und die slavische Welt. 1932
4. J. P. Eckermann: Gespräche mit Goethe in den letzten Jahren seines Lebens. Leipzig, 1939
5. L. Geiger: Briefwechsel zwischen Goethe und Zelter. Leipzig, 1902
6. E. Ludwig: Goethe. Die Geschichte eines Menschen. Berlin, 1926
7. H. S. Oakeley: Reminiscences. London, o. J.
8. E. Wolff: Felix Mendelssohn-Bartholdy. Berlin, 1909
9. F. Mendelssohn-Bartholdy: Briefe aus den Jahren 1830–47. Leipzig, 1861
10. H. Loiseau: Goethe et la France. Paris, 1930
11. H. Kretzschmar: Führer durch den Konzertsaal, Bd. II. Leipzig, 1899
12. H. Kretzschmar a.a.O.
13. H. J. Moser: Goethe und die Musik. Leipzig, 1949
14. F. Mendelssohn-Bartholdy: Briefe aus den Jahren 1830–47. Leipzig, 1861

DRITTES BUCH: *Grenzen und Innigkeit eines Zeitalters*

Biedermeier: Mann und Frau (Seite 153)

1. G. Hermann: Das Biedermeier im Spiegel seiner Zeit. Berlin, 1913
2. O. Jahn: Mozart. Leipzig, 1856–60
3. M. Osborn: Die Kunst des Rokoko. Berlin, 1929
4. E. Michel: François Boucher. Paris, 1886
5. Josz: J. A. Fragonard, Mœurs de XVIII. Siècle. Paris, 1866
6. J. Frh. v. Eichendorff: Geschichte der Poetischen Literatur Deutschlands. Paderborn, 1857
7. M. Spahn: Philipp Veit. Bielefeld, 1901

8. E. Heilborn: Zwischen zwei Revolutionen. Der Geist der Schinkelzeit 1789—1848. Berlin, 1927
9. E. Belling: Die Königin Luise in der Dichtung. Berlin, 1890
10. Novalis: Gesammelte Werke, herausgegeben von Carl Seelig. Zürich, 1945–46
11. M. v. Boehn: Die Mode, Menschen und Mode im 19. Jahrhundert. München, 1908
12. F. Tietze: Bunte Erinnerungen aus Berlins Theaterleben. Berlin, 1859
13. E. Dronke: Berlin. Frankfurt/Main, 1846
14. Jugendbekenntnisse des Alten Kaisers. Hrsg. v. K. v. Jagow. Leipzig, 1939
15. A. Cortot: Chopin, Wesen und Gestalt. Zürich, 1954
16. W. und P. Rehberg: Chopin. Zürich, 1949
17. A. Maurois: La Vie de George Sand. Paris, 1952
18. H. H. Houben: Gutzkow-Funde. Berlin, 1901
19. P. Haffner: Gräfin Ida Hahn-Hahn. Frankfurt/Main, 1880
20. K. Frenzel: Erinnerungen und Strömungen. Leipzig, 1890
21. B. v. Wiese: Die Deutsche Tragödie von Lessing bis Hebbel. Hamburg, 1948
22. W. und K. v. Humboldt: Briefwechsel. Leipzig, 1906–13
23. R. Wagner: Gesammelte Schriften und Dichtungen. Leipzig, 1907
24. F. Panzer: Lohengrin-Studien. Halle, 1894
25. K. Fulda: Chamisso und seine Zeit. Leipzig, 1881
26. A. Boucourechliev: Robert Schumann in Selbstzeugnissen und Bilddokumenten. Hamburg, 1958
27. Th. Mundt: Charlotte Stieglitz, ein Denkmal. Berlin, 1835

Cécile — die Frau ohne Vorgängerinnen (Seite 161)

1. E. Devrient: Meine Erinnerungen an Felix Mendelssohn-Bartholdy. Leipzig, 1872
2. J. Hübner: Schadow und seine Schule. Bonn, 1869
3. F. Hiller: Felix Mendelssohn-Bartholdy. Köln, 1874
4. F. Hiller a.a.O.
5. J. Hübner a.a.O.
6. H. A. Köstlin: Josephine Lang. Leipzig, 1881
7. B. v. Arnim: Sämtliche Schriften. Weimar, 1853
8. Unveröffentlichtes Manuskript, im Besitz der Internationalen Felix Mendelssohn-Gesellschaft, Basel
9. H. Kühner: Genien des Gesanges aus dem Zeitalter der Klassik und Romantik. Basel, 1951

10. S. Hensel: Die Familie Mendelssohn 1729–1847. Berlin, 1879
11. F. Grillparzer: Sämtliche Werke. Stuttgart, 1872
12. F. Hiller a.a.O.

Die Kleinmeister der Kinder und Blumen (Seite 169)

1. E. Reger: Mein Leben mit und für Max Reger, Erinnerungen. Leipzig, 1930
2. K. Groos: Die Spiele der Menschen. Jena, 1899
3. F. M. Böhme: Deutsches Kinderlied und Kinderspiel. 1894
4. B. Groethuysen: Über den Kindersinn. Die Wandlung II, Heft 7. Heidelberg, 1947
5. R. Lach: Studien zur Entwicklungsgeschichte der ornamentalen Melopöie. Leipzig, 1913
6. J. Schrattenholz: Eduard Bendemann. Düsseldorf, 1891
7. E. Schumann: Erinnerungen. Stuttgart, 1925
8 L. Richter: Lebenserinnerungen eines deutschen Malers. Frankfurt/Main, 1886
9. C. E. Horsley: Reminiscences of Mendelssohn. Dwights Journal of Music, Boston
10. S. Hensel: Die Familie Mendelssohn 1729–1847. Berlin, 1879
11. M. Friedländer: Das deutsche Lied im 18. Jahrhundert. Stuttgart, 1902
12. W. Taubert: Lieder. Berlin, 1840
13. G. Hermann: Das Biedermeier im Spiegel seiner Zeit. Berlin, 1913
14. E. Hoffmann: Das Wesen der Melodie. Berlin, 1924
15. K. Kraus: Heine und die Folgen. München, 1910
16. C. Holme: The Gardens of England. London, 1907
17. P Cornelius: Literarische Werke. Leipzig, 1904–05
18. A. B. Marx: Maigruß an die Kunstphilosophen. Berlin, 1828
19. S. Hensel a.a.O.
20. R. Wagner: Briefe an Theodor Uhlig. Leipzig, 1888
21. Th. Mundt: Geschichte der Literatur der Gegenwart. Berlin, 1842
22. L. Kompert: Gesammelte Schriften. Berlin, 1882
23. A. Stifter: Briefe. Pest, 1869
24. E. Hanslick: Vom Musikalisch-Schönen. Leipzig, 1854
25. E. Kurth: Grundlagen des Linearen Kontrapunkts. Berlin, 1922

Hauspolitik – oder Fanny und Wilhelm (Seite 181)

1. H. v. Wolzogen: Wagnerbrevier. Berlin, o. J.
2. M. Kalbeck: Johannes Brahms. Berlin, 1908–15

3. L. Geiger: Briefwechsel zwischen Goethe und Zelter. Leipzig, 1902
4. S. Hensel: Die Familie Mendelssohn 1729–1847. Berlin, 1879
5. R. Strauß: Briefe an die Eltern, herausgegeben v. Willi Schuh. Zürich, 1954
6. S. Hensel a.a.O.
7. A. Kohut: Friedrich Wieck. Dresden, 1888
8. S. Hensel a.a.O.
9. G. Vallet: Thomas Moore, sa Vie et ses Œuvres. Paris, 1886
10. Anonym: Briefe über Berlin. Berlin, 1821
11. A. Maurois: Disraeli. Paris, 1927
12. R. F. Eylert: Charakterzüge aus dem Leben König Friedrich Wilhelms III. Magdeburg, 1843–46
13. S. Hensel a.a.O.
14. J. B. Diel und W. Kreiten: Clemens Brentano. Freiburg, 1877–78
15. F. Bartscher: Der innere Lebensgang der Dichterin Luise Hensel. Paderborn, 1882
16. M. Spahn: Philipp Veit. Bielefeld, 1901
17. F. Eyssenhardt: Barthold Georg Niebuhr. Gotha, 1886
18. L. v. Donop: Die Wandgemälde der Casa Bartholdy. Berlin, 1889
19. S. Hensel a.a.O.
20. S. Hensel a.a.O.
21. P. Dahlke: Handwerkerhumor und Vormärz. Berlin, 1912

England oder Frankreich? (Seite 190)

1. W. Scott: The Life of Napoleon Buonaparte. London, 1827
2. H. Heine: Gesammelte Werke. Berlin, 1956
3. F. Strich: Goethe und die Weltliteratur. Bern, 1957
4. H. E. Jacob: Joseph Haydn. Seine Kunst, seine Zeit, sein Ruhm. Hamburg, 1952
5. E. Blom: Musik in England. Hamburg, 1947
6. H. E. Jacob: Johann Strauß, Vater und Sohn. Hamburg, 1956
7. S. Hensel: Die Familie Mendelssohn 1729–1847. Berlin, 1879
8. K. Geiringer: Haydn and the folksong of the British Isles. Musical Quarterly. New York, 1949
9. A. W. Thayer: Ludwig van Beethovens Leben. Leipzig, 1911
10. R. Sternfeld: Aus Richard Wagners Pariser Zeit. Berlin, o. J.
11. R. Wagner: Gesammelte Schriften und Dichtungen. Leipzig, 1907
12. F. Mendelssohn-Bartholdy: Briefe aus den Jahren 1830–47. Leipzig, 1861
13. J. Kapp: Meyerbeer. Stuttgart-Berlin, 1924

14. R. Schumann: Gesammelte Schriften über Musik und Musiker. Leipzig, 1891
15. H. Weber: Daniel François Esprit Auber. Zürich, 1881
16. R. Wagner: Gesammelte Schriften a.a.O.
17. B. Pougin: Adolphe Adam. Paris, 1867
18. C. Graves: Some Recollections. Times, London, 1894
19. J. P. Sousa: Marching along. Boston, 1928

Victor Hugo und Horace Vernet (Seite 199)

1. P. Levin: Victor Hugo. Kopenhagen, 1902
2. H. v. Hofmannsthal: Versuch über Victor Hugo. Berlin, 1901
3. P. de Saint-Victor: Victor Hugo. Paris, 1885
4. Delacroix devant ses Contemporains. Paris, 1886
5. W. Harich: E. Th. A. Hoffmann. Berlin, 1921
6. A. Nettement: Histoire de la conquête d'Alger. Paris, 1856
7. H. E. Jacob: Johann Strauß, Vater und Sohn. Hamburg, 1956
8. H. v. Hofmannsthal a.a.O.
9. E. Dupuy: La Jeunesse de Victor Hugo. Paris, 1902
10. H. v. Hofmansthal a.a.O.
11. H. Kühner: Genien des Gesanges aus dem Zeitalter der Klassik und Romantik. Basel, 1951
12. F. Mendelssohn-Bartholdy: Briefe aus den Jahren 1830–47. Leipzig, 1861
13. M. F. Schneider: Felix Mendelssohn im Bildnis. Basel, 1953
14. F. Mendelssohn-Bartholdy: Briefe 1830–47 a.a.O.
15. A. Dayot: Les Vernet. Paris, 1898
16. S. Hensel: Die Familie Mendelssohn 1729–1847. Berlin, 1879

Salonmusik? (Seite 206)

1. M. v. Schwind: Briefe und Bilder. Stuttgart, 1923
2. H. Leichtentritt: Musikalische Formenlehre. Leipzig, 1952
3. P. Egerth: Die Romantische Klaviersonate. 1934
4. G. Smith: John Field. London, 1901
5. F. Niecks: Fred. Chopin as a Man and a Musician. London, 1888
6. P. Bekker: Beethovens Bagatellen. München, 1920
7. F. Hebbel: Tagebücher. Berlin, 1885–87
8. O. Bie: Das Klavier und seine Meister. München, 1898
9. O. Bie a.a.O.
10. E. v. Hornbostel: A Theory of Intervals. London, o. J.

11. Ch. W. Wilkinson: How to interpret Mendelssohn's »Songs without Words«. London, 1930
12. M. Hauptmann: Briefe an Franz Hauser. Leipzig, o. J.
13. M. F. Schneider und Willi Reich: Felix Mendelssohn-Bartholdy. Basel, 1947
14. Wilkinson a.a.O.
15. H. Leichtentritt a.a.O.
16. B. Litzmann: Clara Schumann. Leipzig, 1925
17. R. Schumann: Gesammelte Schriften über Musik und Musiker. Leipzig, 1891
18. M. Mayer-Mahr: Mendelssohns »Variations Sérieuses«. Berlin, 1924
19. O. Bie a.a.O.
20. R. Schumann: Gesammelte Schriften über Musik und Musiker a.a.O.
21. A. Einstein: Schubert. Zürich, 1952
22. W. Vetter: Der Klassiker Schubert. Leipzig, 1953
23. W. u. P. Rehberg: Chopin. Zürich, 1949
24. B. Scharlitt: Friedrich Chopins gesammelte Briefe. Leipzig, 1911

VIERTES BUCH: *Der Gang zum Gipfel*

Elementarmusik (Seite 221)

1. M. Moser: Richard Wagner in der englischen Literatur des 19. Jahrhunderts. Bern, 1938
2. A. Einstein: Geschichte der Musik. Zürich, 1953
3. J. A. Glebow: Boje Zarja Krani. Petersburg, 1895
4. L. Spitzer: Wagner's Tristan, a Method of Interpreting Literature. Northampton, Massachusetts, 1949
5. E. Ludwig: Wagner oder die Entzauberten. Berlin, 1913
6. P. Stefan: Die Feindschaft gegen Wagner. Berlin, 1912
7. H. Bulthaupt: Dramaturgie der Oper, Leipzig, 1902
8. G. Ernest: Richard Wagner, sein Leben und Schaffen. Berlin, 1915

Die Hebriden (Seite 225)

1. R. Wagner: Gesammelte Schriften und Dichtungen. Leipzig, 1907
2. S. Hensel: Die Familie Mendelssohn 1729–1847. Berlin, 1879
3. Grübner: Ossian und Macpherson. Leipzig, o. J.
4. R. Schumann: Gesammelte Schriften über Musik und Musiker. Leipzig, 1891

5. F. M. Bojarski: Michail Glinka. Petersburg, 1904
6. O. Hostinsky: Bedrich Smetana. Prag, 1901
7. H. F. Chorley: Modern German Music. London, 1854
8. H. G. Whittaker: Introduction to the Hebrides by Felix Mendelssohn. London, o. J.
9. C. R. Leslie: Memoirs of the life of John Constable. London, 1912
10. C. Mauclair: Turner. London, 1949

Kolorist oder Plastiker? (Seite 231)

1. J. Brahms: Brief an Theodor Engelmann, mitg. bei H. J. Moser, Gesch. d. deutschen Musik, Bd. III. Stuttgart, 1928
2. H. v. Wolzogen: Wagner-Brevier. Berlin, o. J.
3. T. W. Adorno: Versuch über Wagner. Berlin, 1952
4. A. Carse: The Orchestra from Beethoven to Berlioz. Cambridge, 1948
5. Äschylos: Werke übers. von J. G. Droysen. Berlin, 1832
6. The Times. London, September 1880
7. Monthly Chronicle. London, 1840
8. Giehan: Wind instruments in the Romantic Era. New York, 1926
9. P. Bekker: Wagner, das Leben im Werk. Berlin-Leipzig, 1924
10. J. M. Thiele: Thorwaldsens Leben nach eigenhändigen Aufzeichnungen. Leipzig, 1852–56
11. S. Müller: Thorwaldsen, Hans Liv og Hans Verker. Kopenhagen, 1890 bis 1893
12. F. Mendelssohn-Bartholdy: Briefe aus den Jahren 1830–47. Leipzig, 1861
13. A. Reißmann: Felix Mendelssohn-Bartholdy. Berlin, 1872
14. R. M. Rilke: Briefe. Wiesbaden, 1950

Von Berlinern und Düsseldorfern (Seite 235)

1. A. Schering: Geschichte des Oratoriums. Leipzig, 1911
2. A. Brennglas: Humor im Berliner Volksleben. Berlin, o. J.
3. L. Lenz u. L. Eichler: Berlin und die Berliner. Berlin, 1840
4. E. Devrient: Meine Erinnerungen an Felix Mendelssohn-Bartholdy. Leipzig, 1872
5. J. Eckardt: Ferdinand David und die Familie Mendelssohn-Bartholdy. Leipzig, 1888
6. F. Mendelssohn-Bartholdy: Briefe aus den Jahren 1830–47. Leipzig, 1861

7. H. Maync: Immermann. Der Mann und sein Werk. München, 1921
8. R. Jonas: Karl Rosenkrantz. Leipzig, 1907
9. M. Beer: Briefwechsel, herausg. von E. von Schenk. Leipzig, 1837
10. F. Mendelssohn-Bartholdy: Briefe 1830–47 a.a.O.
11. M. Windfuhr: Immermanns erzählendes Werk. Zur Situation des Romans in der Restaurationszeit. Gießen, 1957
12. T. Kreutz: Immermanns Politische Satire. Münster, 1928
13. A. Wien: Liebeszauber der Romantik. Berlin, 1920
14. W. Deetjen: Immermanns Werke, ein Lebensbild. Leipzig, o. J.
15. Düsseldorfer Künstlerbriefe. Düsseldorf, 1858

Die Geschichte des Paul von Tarsus (Seite 242)

1. Briefwechsel zwischen F. Mendelssohn-Bartholdy u. J. Schubring. Leipzig, 1892
2. A. B. Marx: Erinnerungen aus meinem Leben. Berlin, 1865
3. G. Murray: Five Stages of Greek Religion. Oxford, 1930
4. M. S. Enslin: The Ethics of Paul. New York, 1930
5. T. Mosewius: Zur Aufführung des Oratoriums Paulus. Berlin, 1837
6. O. Jahn: Über Felix Mendelssohn-Bartholdys Oratorium Paulus. Kiel, 1842
7. A. Reißmann: Felix Mendelssohn-Bartholdy. Berlin, 1866
8. S. Drinker: Die Frau in der Musik. Zürich, 1955
9. C. Schlau: Die Akten des Paulus und der Thekla und die ältere Thekla-Legende. Leipzig, 1877
10. K. Loewe: Selbstbiographie. Berlin, 1870
11. L. Spohr: Selbstbiographie. Kassel, 1860–61
12. London Times, August 1840
13. H. Davison: From Mendelssohn to Wagner. London, 1912
14. J. G. Droysen: Geschichte Alexanders des Großen. Berlin, 1833
15. R. Wagner: Gesammelte Schriften und Dichtungen. Leipzig, 1907

»Ja, warum sterben denn alle Leute?« (Seite 253)

1. J. P. Eckermann: Gespräche mit Goethe in den letzten Jahren seines Lebens. Leipzig, 1939
2. Th. Mann: Leiden und Größe der Meister. Fankfurt/Main, 1957
3. F. L. Bunn: Stories of Music and Musicians. London, 1852
4. G. H. Pertz: Das Leben des Feldmarschalls Neithardt von Gneisenau. Berlin, 1864–80

5. K. Gutzkow: Aus der Knabenzeit. Frankfurt/Main, 1852
6. G. C. Reich: Die Cholera in Berlin. Berlin, 1831
7. F. Mendelssohn-Bartholdy: Briefe aus den Jahren 1830–47. Leipzig, 1861
8. P. Mérimée: Lettres à une Inconnue. Paris, 1873
9. J. Langlois: Essai sur les Danses des Morts. Rouen, 1851
10. F. v. Oppeln-Bronikowski: Koreff. Leipzig, o. J.
11. S. Kaznelson: Beethovens Ferne und Unsterbliche Geliebte. Zürich, 1954
12. R. Varnhagen: Ein Buch des Andenkens für ihre Freunde. Berlin, 1834
13. A. B. Marx: Erinnerungen aus meinem Leben. Berlin, 1865
14. W. Haape: Ludwig und Friederike Robert. Karlsruhe, 1895
15. Quicherat: Adolphe Nourrit. Paris, 1867
16. Clément: Leopold Robert d'après sa Correspondence inédite. Paris, 1874
17. M. Heine: Erinnerungen an Heinrich Heine. Berlin, 1868

Im Anfang war das Wort (Seite 260)

1. K. Weiss: Der Prolog des Johannes-Evangeliums, eine Apologie in Antithesen. Freiburg, 1899
2. J. Mackinnon: Luther and the Reformation. London, 1925–30
3. H. Kretzschmar: Führer durch den Konzertsaal, Bd. II. Leipzig, 1899
4. Times. London, April 1850
5. H. F. Chorley: Modern German Music. London, 1854
6. J. Wetter: Kritische Geschichte der Erfindung der Buchdruckerkunst. Mainz, 1836
7. M. Hauptmann: Briefe an Franz Hauser. Leipzig, o. J.
8. Sir G. Grove: Dictionary of Music and Musicians. London, o. J.
9. R. Doyle: A Sketch Book of Reminiscences. London, 1880
10. K. Nef: Die Neun Sinfonien Beethovens. Leipzig, 1928
11. E. Wolff: Felix Mendelssohn-Bartholdy. Berlin, 1909
12. Fraser's Magazine. London, 1848

Schottische Sinfonie (Seite 267)

1. H. R. Cox: Leaves from the Journal of Sir George Smart. London, 1907
2. H. Kretzschmar: Führer durch den Konzertsaal, Bd. II. Leipzig, 1899
3. W. Edwards: Times. London, 1863
4. S. Hensel: Die Familie Mendelssohn 1729–1847. Berlin, 1879
5. Briefwechsel zwischen Schiller und Goethe, 1794–1805. Stuttgart, 1828 bis 1829
6. St. Zweig: Maria Stuart. Wien, 1935

7. Janin: Béranger et son temps. Paris, 1866
8. W. G. Flood: The Story of the Bagpipe. London, 1911
9. J. Eckardt: Ferdinand David und die Familie Mendelssohn-Bartholdy. Leipzig, 1888
10. S. Hensel a.a.O.
11. A. Hadley: Was Sir Walter Scott Musical? Music and Letters XVII, 1936

Blauhimmel in A-Dur (Seite 274)

1. F. Mendelssohn-Bartholdy: Briefe aus den Jahren 1830–47. Leipzig, 1861
2. F. v. Bunsen: Bunsen aus seinen Briefen und nach Erinnerungen geschildert. Leipzig, 1868–71
3. J. Parton: Life of J. J. Astor. New York, 1865
4. G. Baini: Palestrina-Studien. Leipzig, 1834
5. L. Farges: Stendhal diplomate; Rome et l'Italie de 1829 à 1842. Paris, 1892
6. Stendhal: Rossini. Paris, 1892
7. G. Roccoli: Saltarello e Tarantella. Milano, 1901

»Nur keine Nationalmusik!« (Seite 278)

1. S. Hensel: Die Familie Mendelssohn 1729–1847. Berlin, 1879
2. A. E. Cherbuliez: Die Schweiz in der deutschen Musikgeschichte. Frauenfeld, 1932
3. Sir G. A. Macfarren: Mendelssohn's Antigone, Recollections. London, 1865
4. E. Devrient: Meine Erinnerungen an Felix Mendelssohn-Bartholdy. Leipzig, 1872
5. L. Waeles: Nikolaus Becker. Bonn, 1896
6. E. Friedell: Kulturgeschichte der Neuzeit, III. Band. München, 1931
7. Barine: Alfred de Musset. Paris, 1893
8. F. Mendelssohn-Bartholdy: Briefwechsel mit Klingemann. Wiesbaden, 1909
9. F. Mendelssohn-Bartholdy: Briefe aus den Jahren 1830–47. Leipzig, 1861
10. Th. Mann: Größe und Leiden der Meister. Frankfurt/Main, 1957
11. A. Streckfuss: Fünfhundert Jahre Berliner Geschichte. Berlin, 1880
12. S. Hensel a.a.O.
13. Briefwechsel zwischen Mendelssohn und Schubring. Leipzig, 1892

Zorn und Schwermut des Propheten Elias (Seite 284)

1. H. v. Hofmannsthal: Erzählungen und Aufsätze, ausgew. Werke, Bd. II, herausg. v. Rudolf Hirsch. Frankfurt/Main, 1957
2. H. Leichtentritt: Händel. Berlin-Leipzig, 1925
3. E. Wolff: Felix Mendelssohn-Bartholdy. Berlin, 1909
4. E. Wolff a.a.O.
5. F. G. Edwards: History of Elijah. London, o. J.
6. F. Chrysander: Georg Friedrich Händel. Leipzig, 1858–67
7. O. Gruppe: Die griechischen Kulte und Mythen. Leipzig, 1887
8. R. Wagner: Gesammelte Schriften und Dichtungen. Leipzig, 1907
9. A. Schering: Geschichte des Oratoriums. Leipzig, 1911
10. F. G. Edwards a.a.O.
11. H. Davison: From Mendelssohn to Wagner. London, 1912
12. T. Baxter: Mendelssohn's Elijah. Times, London, 1880
13. W. Tappolet: Arthur Honegger. Zürich, 1954
14. A. Liess: Die Musik im Weltbild der Gegenwart. Wien, 1949
15. M. W. Levinsohn: Der Prophet Elias. Nach den Talmudim- und Midraschquellen. Zürich, 1929
16. I. Bergmann: Die Legenden der Juden. Berlin, 1919
17. A. Z. Idelsohn: Jewish Music in its Historical Development. New York, 1948
18. A. Einstein: Schubert. Zürich, 1952
19. A. M. Rothmüller: Die Musik der Juden. Zürich, 1951
20. A. Z. Idelsohn a.a.O.
21. A. W. Thayer: Ludwig van Beethoven. Leipzig, 1907–17
22. M. M. v. Weber: Carl Maria von Weber. Ein Lebensbild. Leipzig, 1864 bis 1866
23. N. D. Bernstein: Anton Rubinstein. Leipzig, o. J.
24. Lord G. Byron: Poetical Works. London, 1898–1905

Buckingham Palace (Seite 296)

1. E. F. Benson: Queen Victoria. London, 1930
2. M. Wilson: Early Victorian England. London, 1932
3. W. Walker: Sir Robert Peel. London, 1899
4. The Letters of Queen Victoria. Vol. I. London, 1908
5. Bunsens Leben, aus seinen Briefen und nach eigener Erinnerung geschrieben von seiner Witwe. Leipzig, 1868–71
6. Recollections of Dr. Charles Graves. London, o. J.
7. E. Sitwell: Victoria of England. London, 1936

8. E. Sitwell a.a.O.
9. S. Hensel: Die Familie Mendelssohn 1729–1847. Berlin, 1879
10. S. Hensel a.a.O.
11. F. Mendelssohn-Bartholdy: Briefe aus den Jahren 1830–47. Leipzig, 1861
12. M. Kalbeck: Johannes Brahms. Berlin, 1908–15
13. H. Bolitho: Albert the Good. London, 1930
14. Sir S. Lee: Queen Victoria. London, o. J.

Fünftes Buch: *Vollendung und Sturz*

Leipzig und das Talent zur Freundschaft (Seite 305)

1. K. H. Wörner: Robert Schumann. Zürich, 1949
2. E. Wolff: Felix Mendelssohn-Bartholdy. Berlin, 1909
3. Briefwechsel zwischen Felix Mendelssohn-Bartholdy und Julius Schubring. Leipzig, 1892
4. S. Hensel: Die Familie Mendelssohn 1729–1847. Berlin, 1879
5. E. Wolff a.a.O.
6. Sir G. Grove: Dictionary of Music and Musicians. London, o. J.
7. A. Dörffel: Geschichte der Gewandhauskonzerte. Leipzig, o. J.
8. R. Schumann: Gesammelte Schriften über Musik und Musiker. Leipzig, 1891
9. H. E. Jacob: Joseph Haydn. Seine Kunst, seine Zeit, sein Ruhm. Hamburg, 1952
10. F. Hiller: Felix Mendelssohn-Bartholdy. Köln, 1878
11. G. de Pourtalès: Berlioz et L'Europe Romantique. Paris, 1937
12. P. Raabe: Liszts Leben. Stuttgart, 1931
13. F. Mendelssohn-Bartholdy: Briefe aus den Jahren 1830–47. Leipzig, 1861
14. F. Hiller a.a.O.
15. K. Viëtor: Goethes Anschauung vom Menschen. Bern, 1952
16. W. A. Lampadius: Felix Mendelssohn-Bartholdy. Berlin, 1872
17. H. Barbedette: Felix Mendelssohn, sa Vie et ses Œuvres. Paris, 1868
18. E. Devrient: Meine Erinnerungen an Felix Mendelssohn-Bartholdy. Leipzig, 1872
19. C. D. Pflaum: J. G. Droysens Historik in ihrer Bedeutung für die moderne Geschichtswissenschaft (Lamprechts Untersuchungen). Gotha, 1907
20. O. Hintze: Johann Georg Droysen. Leipzig, 1903
21. J. G. Droysen: Briefwechsel, Bd. I. Berlin, 1929
22. R. Werker: Die Gebrüder Heydemann. Berlin, 1898

23. G. Krolop: Adolph Henselt, nach seinen Erinnerungen gezeichnet. Leipzig, o. J.
24. F. Mendelssohn-Bartholdy: Briefe an Ignaz und Charlotte Moscheles. Leipzig, 1888

Der Fall Marx (Seite 316)

1. Originalbrief im Besitz der Internationalen Felix-Mendelssohn-Gesellschaft, Basel
2. A. B. Marx: Anleitung zum Vortrage Beethoven'scher Klavierwerke. Berlin, 1863
3. A. B. Marx: Erinnerungen aus meinem Leben. Berlin, 1865
4. A. B. Marx: Erinnerungen a.a.O.
5. Th. Marx: Adolf Bernhard Marx' Verhältnis zu Felix Mendelssohn-Bartholdy. Leipzig, 1869
6. A. B. Marx a.a.O.
7. R. Schumann: Gesammelte Schriften über Musik und Musiker. Leipzig 1891
8. Th. Marx a.a.O.
9. F. Hiller: Felix Mendelssohn-Bartholdy. Köln, 1878

Dies Jahr gehört dem König (Seite 321)

1. S. Hensel: Die Familie Mendelssohn 1729–1847. Berlin, 1879
2. F. Mendelssohn-Bartholdy: Briefwechsel mit Klingemann. Wiesbaden, 1909
3. E. Friedell: Kulturgeschichte der Neuzeit, Bd. III. München, 1931
4. Briefe von und an Georg Herwegh. o. O., 1896
5. Barz und Macke: Der Magdeburger Kirchenstreit. Berlin, 1868
6. J. Cottrell: Bunsen and the Court of St. James. London, 1872
7. K. Kersten: Die Deutsche Revolution 1848–49. Frankfurt, 1955
8. P. Dahlke: Handwerkerhumor und Vormärz. Berlin, 1912
9. T. Koller: Heinrich Grunholzer, Lebensbild eines Republikaners. Zürich, 1878
10. B. v. Arnim: Sämtliche Schriften. Weimar, 1853
11. A. Stahr: Aus der Jugendzeit. Lebenserinnerungen. Schwerin, 1870
12. Krebs: Antigone-Erinnerungen. Berlin, o. J.
13. J. Kapp: Meyerbeer, Leben und Schaffen. Stuttgart, 1924
14. F. Frh. v. Droste-Vischering: Über Kirche und Staat. Münster, 1838
15. Sachse: Erinnerungen an August Böckh. Berlin, 1868

Das Erbe der Antike (Seite 327)

1. M. Talmann: Ludwig Tieck, der romantische Weltmann aus Berlin. Bern, 1955
2. Minder: Ludwig Tieck, un poête allemand. Paris, 1928
3. H. C. Andersen: Das Märchen meines Lebens. Leipzig, 1849
4. E. H. Zeydel: Ludwig Tieck. Princeton, 1935
5. E. Devrient: Meine Erinnerungen an Felix Mendelssohn-Bartholdy. Leipzig, 1872
6. W. Krägenbrink: Tieck als Vorleser. Königsberg, o. J.
7. F. G. Welcker: Briefe an Droysen, in J. G. Droysens Briefwechsel. Berlin-Leipzig, 1929
8. W. Krägenbrink a.a.O.
9. Letters of Tieck. New York, 1937
10. K. Reinhardt: Sophokles. Frankfurt, 1933
11. K. Kerényi: Sophokles und das Tragische in der Antigone. Frankfurt, 1934
12. L. Preller: Demeter und Persephone. Ein Zyklus mythologischer Untersuchungen. Hamburg, 1837
13. J. G. Droysen und Felix Mendelssohn-Bartholdy. Deutsche Rundschau, April-Juni. Berlin, 1902
14. J. G. Droysen und Felix Mendelssohn-Bartholdy a.a.O.
15. J. G. Droysen und Felix Mendelssohn-Bartholdy a.a.O.
16. L. Lüdeke: Ludwig Tieck und die Brüder Schlegel. Frankfurt, 1930
17. Krebs: Antigone-Erinnerungen. Berlin, o. J.
18. A. Reissmann: Felix Mendelssohn-Bartholdy. Berlin, 1867
19. B. Bartels: Felix Mendelssohn-Bartholdy. Bremen, 1947
20. W. Schadewaldt: Sophokles und Athen. Frankfurt, 1935
21. A. Böckh, E. H. Tölken, F. Förster: Über die Antigone des Sophokles. Berlin, 1842
22. T. Georgiades: Musik und Rhythmus bei den Griechen. Hamburg, 1958
23. S. Hensel: Die Familie Mendelssohn 1729–1847. Berlin, 1879
24. E. Wolff: Felix Mendelssohn-Bartholdy. Berlin, 1909
25. G. A. Macfarren: Adresses and Lectures. London, 1888

Leb wohl, Berlin (Seite 338)

1. H. E. Jacob: Johann Strauß, Vater und Sohn. Hamburg, 1953
2. Düsseldorfer Künstlerbriefe. Düsseldorf, 1858
3. J. J. Engel: Herr Lorenz Stark. Berlin, 1801
4. L. Assing: Briefe von Alexander von Humboldt an Varnhagen von Ense aus den Jahren 1827–58. Leipzig, 1860

5. G. Brandes: Voltaire. Berlin, 1923
6. M. Brod: Franz Kafka. Frankfurt/Main, 1954
7. B. Bartels: Felix Mendelssohn-Bartholdy. Bremen, 1947
8. S. Hensel: Die Familie Mendelssohn 1729–1847. Berlin, 1879
9. S. Hensel a.a.O.
10. C. Ledoux: Les Rois insanes. Paris, 1899

Zurück zu Shakespeare! (Seite 344)

1. B. Lumley: Reminiscences. London, 1864
2. J. Eckardt: Ferdinand David und die Familie Mendelssohn-Bartholdy. Leipzig, 1888
3. A. Moser: Joseph Joachim. Berlin, 1908–10
4. S. Hensel: Die Familie Mendelssohn 1729–1847. Berlin, 1879
5. H. E. Jacob: Die Dreiwelt in Shakespeares Sommernachtstraum. Blätter des Deutschen Theaters. Berlin, 1912
6. S. Hensel a.a.O.
7. S. Hensel a.a.O.
8. H. Herald: Max Reinhardt, Bildnis eines Theatermannes. Hamburg, 1953

Hast uns mit Märchenmilch gesäugt (Seite 350)

1. London Times, London, January 1847
2. F. Grillparzer: Sämtliche Werke. Stuttgart, 1872
3. R. Schumann. Gesammelte Schriften über Musik und Musiker. Leipzig, 1891
4. W. Dahms: Mendelssohn. Berlin, o. J.
5. M. v. Schwind: Briefe und Bilder. Stuttgart, 1923
6. Mitteilung von Frank C. Slatter. New York, 1950
7. Mitteilung von Frank C. Slatter a.a.O.
8. Emanuel Geibels Gesammelte Werke. Stuttgart, 1883
9. E. Devrient: Meine Erinnerungen an Felix Mendelssohn-Bartholdy. Leipzig, 1872

Dirigent und Zeit (Seite 353)

1. E. Friedell: Kulturgeschichte der Neuzeit, Bd. III. München, 1931
2. H. Heine: Gesammelte Werke. Hamburg, 1861–69
3. A. Maurois: Lord Byron. Paris, 1930
4. M. Petit: Histoire de la Révolution de 1830. Paris, 1831

5. M. B. Foster: History of the Philharmonic Society of London. London 1912
6. R. Wagner: Gesammelte Schriften und Dichtungen. Leipzig, 1907
7. R. Wagner a.a.O.
8. K. Nef: Die neun Sinfonien Beethovens. Leipzig, 1928
9. R. Wagner a.a.O.
10. W. A. Lampadius: Felix Mendelssohn. Berlin, 1872

Es ist ein Schnitter, der heißt Tod (Seite 357)

1. London Times. London, March 1861
2. A. Moser: Joseph Joachim. Berlin, 1908–10
3. S. Hensel: Die Familie Mendelssohn 1729–1847. Berlin, 1879
4. Sir T. Martin: Life of the Prince Consort. London, 1920
5. W. Kuhe: My Musical Recollections. London, 1896
6. Holland and Rockstro: Jenny Lind, the Artist. London, 1891
7. A. J. C. Hare: Freifrau von Bunsen, ein Lebensbild. Gotha, 1881–83
8. G. Brandes: Ferdinand Lassalle. Berlin, 1900
9. Sir G. Grove: Dictionary of Music and Musicians. London, o. J.
10. S. Hensel a.a.O.
11. P. Hensel: Sebastian Hensel, ein Lebensbild aus Deutschlands Lehrjahren. Berlin, 1904
12. S. Hensel a.a.O.
13. Personal Recollections of Geoffrey Pfister. New York, 1882
14. P. Sutermeister: Felix Mendelssohn-Bartholdy, Briefe einer Reise und Lebensbild. Zürich, 1958
15. A. H. Hoffmann v. Fallersleben: Mein Leben, Aufzeichnungen und Erinnerungen. Hannover, 1868
16. M. F. Schneider und W. Reich: Felix Mendelssohn-Bartholdy. Basel, 1947
17. J. v. Eichendorff: Gesammelte Werke. Berlin, 1924
18. B. Bartels: Felix Mendelssohn-Bartholdy. Bremen, 1947
19. J. Eckardt: Ferdinand David und die Familie Mendelssohn-Bartholdy. Leipzig, 1888
20. E. Wolff: Felix Mendelssohn-Bartholdy. Berlin, 1909
21. F. Hiller: Felix Mendelssohn-Bartholdy. Köln, 1874

Der schwarzgrüne Ton (Seite 365)

1. W. Hauchecorne: Blätter der Erinnerung an die Niederrheinischen Musikfeste. Düsseldorf, 1868
2. E. Müller: Ich singe mit, wenn Alles singt. Vom Wesen des Chorgesangs. Basel, o. J.

3. F. Mendelssohn-Bartholdys Briefwechsel mit Legationsrat Karl Klingemann. Essen, 1909
4. F. Günther: Schuberts Lied. Stuttgart, 1928
5. J. Wirth-Stockhausen: Julius Stockhausen, der Sänger des deutschen Liedes. Frankfurt, 1927
6. A. Einstein: Schubert. Zürich, 1952
7. L. Leven: Mendelssohn als Lyriker. Krefeld, 1927
8. H. J. Moser: Geschichte der deutschen Musik, Bd. III. Stuttgart-Berlin, 1930 ff.
9. Liedersammlung des Schwäbischen Sängerbundes, 1851–61, o. O.
10. S. Hensel: Die Familie Mendelssohn 1729–1847. Berlin, 1879
11. H. J. Moser: Geschichte der deutschen Musik, Bd. III a.a.O.
12. E. J. Morehouse: German Weltschmerz and French Romantisme. New York, 1904
13. E. Preußner: Musikgeschichte des Abendlandes. Wien, 1951
14. H. Taine: Philosophie de l'Art, 2 vols. Paris, 1881
15. A. E. Cherbuliez: Die Schweiz in der deutschen Musikgeschichte. Frauenfeld, 1932
16. E. F. Morneweck: Chronicles of Stephen Foster's Family. Pittsburgh, 1944
17. E. T. Rice: Personal Recollections of Leopold Damrosch. Musical Quarterly. New York, July 1942

Der Schuß aus dem Dunkel (Seite 372)

1. F. Brendel: Geschichte der Musik in Italien, Deutschland und Frankreich. Fünfundzwanzig Vorlesungen. Leipzig, 1852–55
2. J. F. Fries: Über die Gefährdung des Wohlstands der Deutschen durch die Juden. Heidelberg, o. J.
3. E. Sterling: Er ist wie Du. Aus der Frühgeschichte des Antisemitismus in Deutschland (1815–50). München, 1956
4. L. Börne: Gesammelte Schriften. Hamburg und Frankfurt, 1862
5. E. Sterling a.a.O.
6. S. Kaznelson: Beethovens Ferne und Unsterbliche Geliebte. Zürich, 1955
7. W. Harich: E. T. A. Hoffmann. Berlin, 1921
8. A. Maurois: Byron. Paris, 1930
9. J. P. Sartre: La Nausée. Paris, 1938
10. D. Newlin: Bruckner, Mahler, Schönberg. New York, 1947

Das Unfaßbare (Seite 378)

1. F. Nietzsche: Unzeitgemäße Betrachtungen. Leipzig, 1930 ff.
2. K. Rosenkranz: Aus einem Tagebuch. Leipzig, 1854
3. P. Bekker: Wagner, das Leben im Werk. Berlin-Leipzig, 1924
4. K. Gutzkow: Briefe aus Paris. Leipzig, 1842
5. R. Sternfeld: Aus Richard Wagners Pariser Zeit. Berlin, o. J.
6. C. de Lorbas: Fromental Halévy. Paris, 1862
7. J. Kapp: Richard Wagners ausgewählte Schriften. Berlin, 1914
8. R. Wagner: Briefe an Otto Wesendonck, 1852–1870. Berlin, 1905
9. W. v. Lenz: Beethoven. Kassel, 1855
10. E. Nikel: Geschichte des Gregorianischen Chorals. Breslau, 1908
11. D. v. Liliencron: Kämpfe und Ziele. Ges. Gedichte, Bd. II. Berlin, 1901
12. A. O. Lorenz: Das Geheimnis der Form bei Richard Wagner. Berlin, 1924–33
13. A. O. Lorenz a.a.O.
14. H. Prunières: La Vie et l'Œuvre de Claudio Monteverdi. Paris, 1926
15. C. Servières: Le Tannhäuser à l'Opéra 1861. Paris, 1895
16. A. Ließ: Deutsche und französische Musik in der Geistesgeschichte des XIX. Jahrhunderts. Vaduz, 1950
17. O. Wilde: The Picture of Dorian Grey. London, 1918
18. R. Wagner: Briefe der Sammlung Burrell (1835–65). Frankfurt, 1953
19. J. Kapp: Meyerbeer. Stuttgart-Berlin, 1924
20. E. Newman: The Life of Richard Wagner. New York, 1933–46
21. P. Lindau: Nüchterne Briefe aus Bayreuth. Breslau, 1876
22. A. Neumann: Erinnerungen an Richard Wagner. Leipzig, 1907
23. Th. W. Adorno: Versuch über Wagner. Berlin und Frankfurt, 1952
24. C. v. Westernhagen: Richard Wagner. Sein Werk, sein Wesen, seine Welt. Zürich, 1956
25. R. Du Moulin Eckart: Cosima Wagner. München-Berlin, 1929
26. Das Leben des Benvenuto Cellini. Übers. und herausg. von Goethe. Tübingen, 1803
27. G. Volpe: Italia Moderna. Fiorenza, 1946–51
28. A. Hémois: Les Coupables. Montreal, 1946
29. Th. Mann: »Bruder Hitler« in »Altes und Neues«. Frankfurt, 1953
30. R. Wilhelm: Chinesische Lebensweisheit. Tübingen, 1950

ABBILDUNGSVERZEICHNIS

Umschlagfoto und erste Abbildung: Felix Mendelssohn. Original im Archiv, Stiftung Preußischer Kulturbesitz, Berlin. © Archiv für Kunst und Geschichte, Berlin. Aquarell von James Warren Childe, London 1829.

Lea Mendelssohn, die Mutter Felix Mendelssohns. Zeichnung von Wilhelm Hensel. Historia Photo, Hamburg.

Abraham Mendelssohn, der Vater Felix Mendelssohns. Zeichnung von Wilhelm Hensel, ca. 1829. Bildarchiv Preußischer Kulturbesitz, Berlin.

Moses Mendelssohn, der Großvater Felix Mendelssohns. Rötelzeichnung von Daniel Chodowiecki. Ullstein Bilderdienst, Berlin.

Der zwölfjährige Felix Mendelssohn. Gemälde von Karl Begas, 1821. Ermeler Haus, Berlin. Bildarchiv Preußischer Kulturbesitz, Berlin.

Das Gartenhaus Leipziger Straße 3 zu Berlin (Mendelssohnsche Wohnung) auf dem Grundstück des jetzigen Herrenhauses. Federzeichnung von Felix Mendelssohn. Bildarchiv Preußischer Kulturbesitz, Berlin.

Karl Friedrich Zelter. Kreidezeichnung von J. J. Schmeller, 1826. Nationale Forschungs- und Gedenkstätten der klassischen deutschen Literatur in Weimar.

Robert und Clara Schumann. Ullstein Bilderdienst, Berlin.

Paul Mendelssohn, der Bruder Felix Mendelssohns. Unveröffentlichte Daguerreotypie nach der Zeichnung von Wilhelm Hensel. Bildarchiv Preußischer Kulturbesitz, Berlin.

Rebekka und Fanny, die Schwestern Felix Mendelssohns. Zeichnung von Wilhelm Hensel. Historia Photo, Hamburg.

Der zweiundzwanzigjährige Mendelssohn, gemalt in Rom von Horace Vernet, 1831. Bildarchiv Preußischer Kulturbesitz, Berlin.

Cécile Mendelssohn-Jeanrenaud, die Gattin Felix Mendelssohns. Gemälde von Eduard Magnus, ca. 1837. Bildarchiv Preußischer Kulturbesitz, Berlin.

VERZEICHNIS DER BRIEFE UND NOTENHANDSCHRIFTEN

NAMENVERZEICHNIS